区域国别史丛书

区域国别史丛书

俄国史

（第五卷）

［俄］瓦·奥·克柳切夫斯基 著

刘祖熙　李建　郝桂莲　张爱平　陈新民 译

李建　刘祖熙 校

В. О. Ключевский

СОЧИНЕНИЯ

ТОМ V

КУРС РУССКОЙ ИСТОРИИ

ЧАСТЬ V

Гос. Изд. Политической Литературы

Москва 1957г.

根据苏联国家政治书籍出版社莫斯科1957年版译出

目　录

第七十五讲 1
　　时代的基本事实——女皇叶卡捷琳娜二世——她的出身——伊丽莎白的宫廷——叶卡捷琳娜在宫廷里的地位——叶卡捷琳娜的行为方式——她的课业——考验和成就——А. П. 别斯图热夫——留明伯爵——彼得三世皇帝在位期间的叶卡捷琳娜——性格

第七十六讲 28
　　叶卡捷琳娜即位时的形势——她的纲领——对外政策——当前的任务——叶卡捷琳娜爱好和平——Н. И. 帕宁伯爵及其体制——同普鲁士结盟的害处——同土耳其的战争——东方问题的扩大——同波兰的关系——瓜分波兰——继续瓜分——瓜分的意义——对外政策的总结和性质

第七十七讲 57
　　形势——旅途感受——改革的开始——御前会议草案——叶卡捷琳娜二世的政治思想——《圣谕》的起源、结构和文献——对《圣谕》的检查和批评——《圣谕》的内容——《圣谕》的主旨

第七十八讲 74
　　编纂法典尝试失败——1767年委员会的组成——委员会的选举——代表委托书——委员会的组织结构——委员会的开幕及其工作概述——讨论——两个贵族阶层——由农奴制度引起的争论——委员会和新法典——委员会任务的改变——委员会的意义——《圣谕》的命运——关于改革地方行政和法院的思想

第七十九讲 99

彼得一世去世后中央机关的命运——地方机关的改革——省——省级管理体制，行政和财政机关——省级司法机关——省级管理体制制度的矛盾——贵族和城市御赐诏书——1775年省级管理体制的作用

第八十讲 113

彼得一世以后农奴制度的发展——彼得一世时期农奴地位的变化——彼得一世以后农奴制度的加强——地主权力的扩大——地主权力的界限——彼得一世继承人时期关于农民的立法——对占有者完全私有的农奴的看法——叶卡捷琳娜二世和农民问题——乌克兰的农奴制度——叶卡捷琳娜二世的农奴立法——作为地主私有财产的农奴——农奴制度的后果——代役金的发展——劳役制——地主的家仆——地主的管理制度——买卖农奴——农奴制度对地主经济的影响——农奴制度对国民经济的影响——农奴制度对国有经济的影响

第八十一讲 138

农奴制度对俄国社会思想道德生活的影响——贵族社会的文化需求——贵族教育纲要——科学院和大学——公立和私立学校——家庭教育——贵族社会的风尚——法国文学的影响——法国文学的传播者——启蒙文学影响的结果——文明贵族社会的典型代表——女皇叶卡捷琳娜二世当政的意义——物质财富的增长——社会对立的加剧——贵族与社会

第八十二讲 160

18世纪末至19世纪中（1796—1855年）事件概述主要事实——保罗一世皇帝在位时期——19世纪俄国对外政策——领土的扩大——东方问题——俄国和南斯拉夫人——对外政策的总结

第八十三讲 174

亚历山大一世皇帝在位时期——亚历山大一世的教养——亚历山大一世的性格——初期的改革尝试——斯佩兰斯基和他的改

革计划——斯佩兰斯基计划的中央管理体制

第八十四讲 197
　　亚历山大一世在位后半期；政策的变化——波兰王国宪法——波罗的海东部沿海地区农民的解放——农民问题——反动——十二月党人——十二月党人的教育——上流社会的情绪——十二月党人和俄国的现实——秘密协会——亚历山大一世之死——1825年12月14日的行动——1825年12月14日行动的意义——亚历山大一世改革的失败

第八十五讲 226
　　尼古拉一世执政时期；任务——尼古拉一世执政初期——编纂法典——御前办公厅——省级管理体制——官僚制的膨胀——农民问题——国有农民的组织管理——关于农民的立法——农民立法的意义

第八十六讲 244
　　亚历山大二世重大改革概述——农奴人口——地主经济——农民的情绪——亚历山大二世登极——农民改革的准备——农民事务秘密委员会——省委员会——改革方案——编审委员会——1861年2月19日法令的基本特点——农民的土地制度——农民的义务和土地的赎买——贷款——赎金——地方自治改革——结论

附录 267
　　叶卡捷琳娜二世女皇（1729—1796年）——农奴制的废除

评述 347
注释 366
人名索引 439
地名索引 459

第七十五讲

  时代的基本事实——女皇叶卡捷琳娜二世——她的出身——伊丽莎白的宫廷——叶卡捷琳娜在宫廷里的地位——叶卡捷琳娜的行为方式——她的课业——考验和成就——А.П.别斯图热夫——留明伯爵——彼得三世皇帝在位期间的叶卡捷琳娜——性格

  时代的基本事实　1762年7月6日叶卡捷琳娜二世的诏书，宣示了今后指导俄国国家生活的新的力量。此前，君主的独裁意志、个人专断，乃是国家生活的唯一动力，这是帝国唯一的基本法，即彼得大帝皇位继承法所确认的。叶卡捷琳娜在诏书中宣称，专制独裁政权，即便对善良和博爱的天性不滥加抑制，本身也是危害国家的祸胎。她庄严地承诺颁布法律，以规定所有的国家机关的活动权限。如何把宣布的法制原则贯彻到国家生活中去，这是叶卡捷琳娜二世及其继承人统治的利益所在，恰恰就是叶卡捷琳娜二世宣布的这项原则，体现了她个人的利益、命运和性格。

  女皇叶卡捷琳娜二世　1762年的6月政变[1*]，使叶卡捷琳娜二世成为俄国专权的女皇。从18世纪一开始，我国最高政权的当权人物是这样一些人：或者是像彼得大帝那样的非凡人物，或者是像他的男女继承人那样的侥幸者，其中甚至也有如前所述根据彼得一世法规偶然被扶上皇位的人，如幼主伊凡六世和彼得三世。18世纪的俄国混乱不堪，怪象丛生，叶卡捷琳娜备受折磨，因为她是最后一名侥幸登上皇位者,并且在位时间又长,景况非同寻常。是她在我国历史上开创了整整一个时代,往后便进入了按照法律制度和既定的习俗进行统治的时期。

她的出身 叶卡捷琳娜按母系属于霍尔施坦戈托普亲王家族——北德意志众多亲王家族中的一支;按父系属于当地另一支更小的领主家族——安霍尔特-策尔布斯特家族。叶卡捷琳娜的父亲克里斯蒂安·奥古斯特,出身于安霍尔特家族中的策尔布斯特-多恩堡支系。他同许多近邻、北德意志的小王公一样,曾经为普鲁士国王服役,当过团指挥官,先后任什切青市的城防司令和市长,在竞选库尔兰大公中失败,最后在俄国女皇伊丽莎白的庇护下,被授予普鲁士元帅的称号,就此结束了外交使者的职务。在什切青,他的女儿索菲亚·奥古斯特降生了(1729年4月21日),这就是我们要说的叶卡捷琳娜。这样一来,通过这位公主就把西北德意志的两个小王族联结起来了。这个西北德意志在18世纪许多方面是欧洲一个吸引人的地方。这里照旧保存着德国中世纪封建制度、末代王朝的特权和宗法传统。家族世世代代无止境地繁衍,他们就是不伦瑞克-柳涅堡亲王和不伦瑞克-沃尔菲布特尔亲王,萨克森-哥姆堡亲王、萨克森-科布尔亲王、萨克森-哥特亲王和萨克森-科布尔-哥特亲王,麦克伦堡-什维林亲王和麦克伦-斯特列利茨亲王,什列斯维希-霍尔施坦亲王,霍尔施坦-戈托普亲王和戈托普-艾因丁亲王,安亨尔特-特沙乌亲王,安亨尔特-策尔布斯特亲王和策尔布斯特-多恩堡亲王,这就出现了晚起的一窝忙乱的封建家族,他们多半处境贫穷,相互结亲和互不和睦之风极盛,在财政拮据和不利的困难情况下,甘愿离开贫乏的老巢而飞奔异土。这群人,人人都盼望时来运转,寄希望于亲属关系和国外行情,亟待情况发生意外的变化。因此,为了储存备用的钱财,这里经常有一些年岁不大的未婚男子追求年岁大的未婚女子，也有一些贫寒的姑娘想攀上富有的未婚男子，最后还有等待皇位空缺的男女继承人。显然，这样的风尚培养了政治上的世界主义者；他们考虑的不是祖国而是功名利禄，对于他们，哪里能飞黄腾达，哪里就是祖国。靠别人养活是他们世代相传的谋生之道，为异国宫廷效力，继承异国遗产，乃是祖祖辈辈的遗训。正因为如此，这个王族小集团在18世纪就已在国际上起着相当重要的作用：这里出生的一些小亲王多次在欧洲大国（其中包括俄国）的命运中起过巨大的作用。麦克伦堡、不伦瑞克、霍尔施坦、安亨尔特-策尔布斯特，轮流向我国派送一些亲王、公主和一般供职人员身份的异乡政治游客。由于这个缘故，彼得大帝的一个女儿嫁给了霍尔施坦亲王，这个家族在我国历史上颇为重要。叶卡捷琳娜的母系亲属，直系的或旁系的，从18世纪开始，或是在别国服务，或是通过联姻谋求那里的皇位。她的一位远房外祖父弗里德里希·卡尔，是瑞典国王查理十二世的妹夫，北方战争初期，参加其内兄的军队，在一次交战中丧命。她的一个舅父，即弗里德里希·卡尔的儿子——卡尔·弗里德里希公爵，同彼得一世的长女安娜结婚，此人曾觊觎瑞典王位，但未得手。可是，他的1728年出生的儿子卡尔·彼得·乌烈里希（他出生后母亲去世），在1742年瑞典人结束一场同俄国的失败的战争时，被选为瑞典王位的继承人；瑞典人以此来取悦于他的姨母——俄国的女皇，以期降低和约的条件。但是，伊丽莎白已经选中自己的外甥为皇位继承人；为了替代他，她在对俄国利益不无损害的情况下，强使瑞典人接受了霍尔施坦的另一个亲王，即叶卡捷琳娜的亲舅父阿道夫·弗里德里希。在此以前，俄国政府已封他为库尔兰公爵。出身于霍尔施坦家族的卡尔是叶卡捷琳娜的另一个亲舅父，他曾经被宣布为伊丽莎白本人的未婚夫，当时她还是公主，只因亲王很快死去，婚事就此了结[1a]。由于这种家族的机缘，布劳恩什维格一位年迈的牧师，神态自如地以他那预言家的口才向叶卡捷琳娜的母亲说："从您的女儿的前额我看到至少有三个王位的福分。"世界已习惯把德意志的小亲王当作首脑，没有自己首脑的外国王位在期待着他们。

叶卡捷琳娜出生于德意志小亲王中一个普鲁士将军的简朴的环境里，她是一个活泼、淘气，甚至鲁莽的姑娘，喜欢捉弄年长的人，特别是女监护人，喜欢在男孩子面前夸耀自己的勇敢，胆怯时善于不露声色[16]。父母的管教并未使她受到约束。父亲是一个勤勉的公职人员。她的母亲约安娜·伊丽莎白是一个乖戾好动的女人，流行的奇闻、惊险的轶事都能使她跟人闹翻或借题纠缠。她到处都能过得舒畅，唯独在家里感到不自在。她一生几乎漫游了整个欧洲，无论哪国的首都她都到过，为了效忠于弗里德里希国王陛下，真正的外交家羞于干的外交事务她都去干，因而赢得了国王的格外尊重，在她女儿称帝前不久，她在十分窘迫的情况下死于巴黎，因为弗里德里希偿付给代理人的酬金是极其微薄的。叶卡捷琳娜庆幸的是她母亲很少在家：在教育孩子方面，什切青城防司令夫人只遵守一些最普通的常规。叶卡捷琳娜自己后来承认，稍有过失，她就习惯于挨母亲的耳光。她还不满15岁就有一位先在萨克森后来在普鲁士服役的霍尔施坦的舅父爱上了她，他竟得到外甥女的同意，嫁给了他。但是，慰藉人心的霍尔施坦的邂逅，破坏了早期的幽静生活，使安亨尔特-策尔布斯特公主摆脱了充当普鲁士团长夫人或将军夫人的淡然命运，证实了不伦瑞克牧师的预见，留给她的虽不是三个王位而只有一个，但这一个抵得上十个德意志的王位。第一，尽管女皇伊丽莎白直到很晚还有一些朝三暮四的风流韵事，但她至死仍对那位早已夭折的霍尔施坦未婚夫怀着美好的回忆：她对他的外甥女及其母亲关怀备至，向她们寄赠镶有自己肖像价值1.8万卢布（不少于现在的10万卢布）的钻石戒指作为礼物。这样的厚礼，对于艰难度日的什切青市长和后来的普鲁士元帅家庭，是不小的接济。以后，这种微不足道的家族渊源却大大地帮了叶卡捷琳娜的忙。当时，彼得堡宫廷正在为俄国皇位继承人物色配偶，彼得堡富有远见的政治家奉劝伊丽莎白寻找某一个清寒的封建主家族，因为出身世代大家庭的闺秀兴许不会本分顺从，也不会尊重女皇和丈夫[1B]。最后，在试图把叶卡捷琳娜嫁到彼得堡的媒人中，有一位当时欧洲极为显赫的人物，这就是普鲁士国王弗里德里希二世本人。他用强盗手段侵占了奥地利西里西亚以后，急需同瑞典和俄国建立友好关系，渴望通过这两个强国王位继承人的婚姻来巩固这种友谊。伊丽莎白也非常愿意自己的外甥同普鲁士公主结婚，但弗里德里希却舍不得把自己的亲妹妹送给俄国的野蛮人去糟蹋，何况他已决定把她许配给瑞典的王位继承人，即上面提到的伊丽莎白的代理人——霍尔施坦家族的阿道夫·弗里德里希，目的是强化设在斯德哥尔摩的外交代理机构；同时打算把忠实的元帅——前什切青市市长的女儿许配给俄国的皇位继承人，指望她在这个可怕帝国的首都成为可靠的代理人。他在自己的日记里沾沾自喜地承认，彼得和叶卡捷琳娜的婚事是他的事业、他的理想，他认为这件婚事对普鲁士国家利益是必不可少的，叶卡捷琳娜正是从彼得堡[1Γ]方面来保证这种利益的最合适不过的人选。这一切决定了伊丽莎白的抉择，虽然有些仓促，但顺便说明，待嫁的姑娘按母系是未婚夫的堂表妹[1*]。伊丽莎白把霍尔施坦亲族视为一家，并把这桩婚事当作自己家庭的事。剩下的事是安抚她的父亲——一个旧正统派虔诚的路德教徒。他是不允许把女儿许配给希腊异教徒的。但是大家劝他相信，俄国人的宗教几乎同路德教一样，他们甚至不容许崇拜圣像[2]。14岁芳龄的叶卡捷琳娜的打算正符合国王陛下精密的盘算。在她身上，早就萌发了家族的本能：根据她的自白，从7岁起脑海里就泛起了王位的念头，当然是外国的王位。所以，当霍尔施坦的彼得亲王成为俄国皇位继承人的时候，她就"打心坎里预先把自己许配给他"，因为她认为这是一切可能的婚姻中最显要的一门亲事。后来，她在日记里坦率地承认，来到俄国后，她对俄国皇位的喜欢，超过了对未婚夫本人的喜欢。当彼得堡发函给在策尔布斯特的叶卡捷琳娜母亲，请她立即带女儿去俄国的时候（1744年1月），叶卡捷琳娜劝说双亲决定这次旅行。母亲对自家钟情的堂弟表示内疚，因为叶卡捷琳娜答应过嫁给他。母亲责备地问道："我的弟弟乔治，将会说什么呢？"女儿绯红着脸回答[3]："他只会希望我幸福。"就这样[4]，母女俩深藏秘密，隐姓埋名，像是去干坏事一样匆忙启程去俄国，2月，在莫斯科觐见了伊丽莎白。欧洲的整个政界获悉俄国女皇的这一抉择，惊讶不已[4]。叶卡捷琳娜刚到，立即给她派来了神学、俄语和舞蹈教师。这是伊丽莎白国家正教院和舞蹈院进行高等教育的三门主课。叶卡捷琳娜在没有学好俄语、只会背诵一些日常用语，像鹦鹉学舌一样，反复学习为她编写的东正教教义；到俄国五个月后，在宫廷教堂里举行的入教仪式上，她清晰而大声地朗读教义，而且没有任何差错。她被授以东正教教名——叶卡捷琳娜·阿历克塞耶芙娜，以纪念女皇的母亲。这是她在宫廷的舞台上第一次庄重露面，并获得了普遍的好评，甚至使朝臣们感动得热泪盈眶；但据一外国大使的观察，她本人没有掉泪，蛮像一个真正的女英雄。女皇赏给新的皈依者以价值几十万卢布的钻石纽扣和项链[5]。次日，即1744年6月29日，举行了订婚仪式；1745年8月，举行了结婚典礼，庆祝活动延续了十天。在这样的盛典面前，东方的神话也显得黯然失色。

伊丽莎白的宫廷　叶卡捷琳娜[6]来到俄国时是一个十分贫穷

的姑娘。她自己后来承认,随身带的是一打衬衫、三四件外衣和彼得堡寄送的一叠旅费,连一条床单也没有。要在俄国宫廷过体面生活,这就太寒酸了。可是宫廷一次失火,光伊丽莎白被烧掉的一小部分衣服,就有4 000件外衣[7]。叶卡捷琳娜后来自鸣得意和泰然自若地回忆了那些年在宫廷的所见所闻和印象,这是一个人从头回顾其经历过的坎坷道路所抱的态度。皇宫并不是那种经过乔装的化装舞会,也不是赌场。宫女们一天换两次、三次装,女皇甚至要换五次装,一件外衣几乎从来不穿第二次。从早到晚掷千金行狂赌,整天都在造谣中伤、暗中倾轧、流言蜚语、诬陷告密和无节制的卖弄风情中度日。晚上,女皇本人也参与豪赌。纸牌维系了宫廷一群人的日常生活:这些人没有别的值得协调的共同利益,他们每天在宫里相见,彼此怀恨在心;他们相互交谈彬彬有礼,但言不由衷,唯有在互相诽谤中显示自己的才智;一讲到科学、艺术之类的东西,就小心翼翼,噤若寒蝉,因为他们全是不学无术之辈。照叶卡捷琳娜的说法,这一伙人大概有一半勉强能看书,会写字的未必有三分之一。这是朝廷里一批衣冠楚楚、阿谀奉承的庸才,他们的习性和观念与奴仆相差无几,虽然这班人有的出身豪门,有的封有爵位,也有一般人士。当宠臣阿·拉祖莫夫斯基伯爵玩牌时,他自己当庄家,为了维护他这位慷慨大方的老爷的荣誉,他故意赌输,近侍女官和其他廷臣就偷他的钱。二等文官兼世袭领地委员会主席奥多耶夫斯基公爵,像是一位大臣,他有一次偷了这个笨蛋1 500卢布,并把偷来的钱送给了自己的仆役。可见这些达官贵人的形象同仆人一样。伊丽莎白时期最机敏的国务行家——舒瓦洛夫伯爵的妻子总要为她的丈夫祈祷,希望他从拉祖莫夫斯基那里平平安安地回来,不要遭到这位好心肠的宠臣的敲打,因为他只要喝醉[7],就暴跳如雷。叶卡捷琳娜说,有一次过节,彼得三世在奥兰宁鲍姆,当着外交使团和几百名俄国宾客的面鞭打自己的宠臣：御马司纳雷什金、陆军中将麦尔古诺夫和三等文官沃尔科夫。疯狂的专制君主对待自己显贵宠臣的态度就像精明女皇的喝醉酒的宠臣对待廷臣的行为一样。女皇本人对待宫廷生活也采用同样的方式。为了显示帝国非常富有，她在公众场合露面时总是穿着宽大的鲸须架式筒裙，全身布满了金刚石，驱车去三圣教堂祈祷，是代表当时所有的俄国教团。在宫廷的日常工作中，粗枝大叶、随心所欲的现象比比皆是。无论是宫廷生活制度还是宫内厅室布置以及出朝事宜都显得一片杂乱无章。曾发生过这样的事：一个外国大使进宫谒见时，宫中丑闻暴露无遗。近侍女官必须处处模仿女皇，但是不能丝毫凌驾于她；如果长得比她漂亮，穿着比她优美，就必然引起她的愤怒：由于这种原因，有一次她当着全体宫廷人员的面剪掉了总狩猎官夫人纳雷什金娜头上"富有魅力的发带装饰"。有一次，她要剪掉自己浅色的头发，把它染成黑色。现在，她命令所有的近侍女官剪掉头发。她们含泪舍弃了自己的发式，换上丑陋的黑色假发。还有一次，她因四个宠臣闹不和而生气，复活节的头一天，又朝40个侍女大骂，斥责歌手和司祭，破坏了大家过节的心情。她喜欢取乐，希望周围的人说些使她高兴的趣闻，但在她面前谈论疾病、死人、普鲁士国王、伏尔泰、美丽的女人、科学，哪怕是无意中说错一句话都要遭祸，所以大家多半为了小心起见，保持沉默。伊丽莎白常常是恼怒地把餐巾往桌上一扔拂袖而去[8]。

叶卡捷琳娜在宫廷里的地位 叶卡捷琳娜来到俄国，是抱着当皇帝的理想而不是为了家庭的幸福。但初来时，她倾倒在未来幸福的幻想中：她觉得，大公（系沙皇子孙、兄弟的爵号）在热恋着她；女皇说过，她对叶卡捷琳娜的爱超过对大公的爱，她宠爱她，给她礼物，最小的礼品也值1万到1.5万卢布。但她很快清醒过来,感到宫中确有危险在威胁着她。照她尽量温和的口气讲,宫廷的思维方式低贱而卑劣[9]。她立足的根基开始动摇了。有一次,在三圣教堂[10],他们,加上她的未婚夫靠窗坐着,说说笑笑。突然,御医列斯托克从女皇房间跑出来,向这对年轻的未婚夫妇宣告:"你们的欢乐就要结束。"接着,他吩咐叶卡捷琳娜:"收拾你的东西,你马上要出发回老家!"原来是叶卡捷琳娜的母亲同廷臣发生了争吵。由于她卷入了法国使节什塔尔第侯爵的阴谋,所以伊丽莎白决定将这位爱吵闹的市长夫人和女儿打发走。后来,她被送走,女儿却被留下了[10]。遇到这种意外离散的险境,未婚夫示意未婚妻,他毫不怜惜同她分离。她当即回敬,对此她补充说:"至于我,知道他的本性,对他也不怜惜,但对俄国皇位,我却不能表示漠不关心。"在结婚前不久,她对自己的未来重新做了考虑。心绪没有向她预示过幸福;出嫁却向她预示了一场烦恼。很久以后,她在日记里回忆往事时补充说:"一种功名心支撑着我;我不知道,在我的心坎里是什么使我片刻都没有怀疑过:迟早我会当上专制俄国的女皇。"这种预感使她在荆棘丛生的人生道路上能承受住风险。14 结婚以后,这位16岁的女幻想家继续接受学校教育。17岁,按常规尚未成年的时候,她的家庭生活开始蒙上了灰暗和冷酷的阴影。其实,最沉痛的教训并非来自丈夫方面,她还勉勉强强同他和睦相处。他玩自己的动物玩具和小兵游戏,每当做了蠢事后,总要向妻子求救,她也就给予救助。而他却常常使她当众难堪,他有时教她枪法和布哨,有时玩纸牌输给她就骂她。他向她倾叙同她的宫女和侍女的风流韵事,而对她的思想和情感毫不关心,让她成天同书本和眼泪去打交道。夫妻生活就这样日复一日地度过了许多年。彼此间无任何共同点,不关心,甚至互相仇恨。他们虽然同居,有夫妻之名,但在他们那层人中,哪里谈得上最高尚的家庭幸福,顶多只不过是一种习以为常的事情。叶卡捷琳娜敬爱的姨母是她的真正暴君。伊丽莎白把她当笼中野鸟一样来管束,未经请示不准外出散步,甚至不准进浴室,不得移动房间的家具,不准用墨水和笔。侍者不敢同她低声说话。她只能给父母通过外交院寄发信件。她每走动一步都有人监视,每讲一句话都有人窃听,禀告到女皇那里总是加上一些诽谤和捏造之词。她一个人在房间,常有人从钥匙孔进行窥视。她信任和器重的侍者立刻被赶出宫廷。有一次,由于侮辱性的告密,她被迫在不同往常的时间进行斋戒祈祷,为的是通过忏悔,弄清她同一个漂亮男侍的关系,因为她在经过大厅时,当着许多仆人的面,同他交谈了几句话;同时也是为了更使她亲身感到,笃信上帝的宫廷并没有任何神圣的东西。奉女皇之命,禁止她为父亲的死而哭泣。她父亲死前没有当上国王,她认为是巨大的损失。多年之后,叶卡捷琳娜仍然怀着愤慨的心情回忆起这种冷酷的情景。厚爱和无节制的厚礼同越来越多的粗暴责骂相交替。这种屈辱性的责骂常常是通过侍者来转达的。伊丽莎白亲自责骂时,发狂似的以挨揍相威胁。叶卡捷琳娜写道:"我没有过一天不挨骂、不招诽谤的日子。"在一次淫秽的闹剧之后,当伊丽莎白正在滔滔不绝地讲述"千奇百怪的丑闻"时,叶卡捷琳娜遭到了一次可怕的袭击:一个手拿大刀子的侍女朝她冲来,幸好刀钝,紧身胸衣没有被砍破[11]。

叶卡捷琳娜的行为方式 叶卡捷琳娜在生活的苦难面前,精神上曾经有过短暂的沮丧[12]。但是,她来到俄国,对日常生活中的千难万苦,是有足够思想准备的。她虽年轻但见识很广。她出生在什切青,在汉堡由祖母照管了很久。她到过不伦瑞克、基尔和柏林,在柏林看到了普鲁士国王的宫廷。这一切有助于她积累丰富的观察力和阅历,增长了处世的技巧和识别人的习性,激发了思考力。这种处世的洞察力和思索力也许是由于她生性活泼而早熟的原因：14岁时,她就已经像一个成年的姑娘,她的身高和发育程度同她的年龄不相称,所有的人为之吃惊。叶卡捷琳娜接受的教育使她很早就能摆脱不必要的偏见,而这种偏见常常阻碍人生道路上的成就。当时的德国,到处是路易十四取消南特敕令后逃离祖国的法国胡格诺派教徒。这些移民多数属于法国勤劳的市民阶层;他们很快控制了德国的城市手工业并且开始从事德国社会最高阶层子女的教育。给叶卡捷琳娜教神学和其他功课的是法国宫廷传教士——神甫彼拉尔(罗马教皇的忠诚仆人)和路德教牧师多维和瓦格涅尔(他们已经鄙弃了教皇),学校教师是加尔文教徒洛兰(他已经鄙弃了路德和教皇)。当她来到彼得堡时,东正教的大司祭西蒙·托多尔斯基被指派做她的希腊—俄国宗教教师。托多尔斯基在德国大学修完神学学业,对教皇、路德、加尔文和同一基督真理的所有教派统统持冷漠态度。可见存在如此包罗万象的传教师,只能挑选对多种宗教观和人生观兼容并蓄的人[12a]。这种多样性在15岁机敏姑娘的头脑里造成了混乱和对宗教的淡漠——这对叶卡捷琳娜是很有益的。当她受安霍特—策尔布斯特—霍尔施坦的命运和个人功名心驱使,被扔进彼得堡宫廷的时候,照她的说法,时刻都在伤心,"只是不求天国王冠而是对地上王冠的渴求和愿望,才鼓起了她的精神和勇气"。为了实现这种愿望,需要现存的一切手段,这些手段是她的天性和教育赋予她的本钱;而且她已使之变成自己的独有的本领。童年的时候,人们常说,她自己从7岁起也知道,她长得很难看,简直是个丑姑娘,但人们也知道,她很聪明。所以,外形的缺陷要用日益完善的精神品性来弥补。她来俄国所抱的目的给她的行动指明了独特的方向。为了实现深藏心底的野心勃勃的理想,她决心务必获得所有人的欢喜,首先博得丈夫、女皇和人民欢喜。这项任务在她15岁的脑海里就已经形成为整套计划。她带着激动的语调和几分迷信色彩的兴奋情绪讲到这个计划时,说这是她毕生最重要的一项事业,而且是秉承上帝的意志来实现的[13]。她承认,这个计划是在没有任何人的参与下制订的,是她的智慧和心灵的产物,她永远铭刻不忘。"凡我所做的一切,始终是为了这个计划,而我的一生也是致力于寻求实现这个计划的手段。"为此,她从不吝啬自己的智慧和心灵,不放过一切手段,从坦诚的眷恋到卑劣的谄媚。任务之所以容易完成,因为她的想法赢得一切有用之人的喜欢,对他们既不计较职位,也不取决于她内心看待他们的本意;聪明和善良的人因她对他们的谅解和器重而感激她,愚蠢和恶意的人因她把他们看作聪明善良而心满意足;她还使另一些人对她的关心胜过对他们自己的关心[14]。她遵循这个策略,尽量处理好同所有人的关系,努力博得人人的欢心(不论大人物还是小人物),至少也要淡化对她不怀好感的人的敌意。她为自己定了一条规矩:她需要一切人,但不支持任何一派,也不从中干预,始终显露出愉快的表情,对一切人都显得殷勤、关切和和蔼,不对任何人表示偏爱,对她不喜欢的母亲给以极大的尊重,对待奚落她的女皇百般恭顺,对待蔑视她的丈夫体贴入微。"总之,为了博得公众(其中也包括母亲、女皇和丈夫[15])的欢心,使用了一切手段。"作为一条常规[16],她必须讨好不得不与之相处的人,摸透他们的行为方式、手腕、脾气,处处小心,以便好好地熟悉命运突然把她带进的那个社会。按她的说法,她完全变成了一个非常被动、非常谦逊,甚至对事事冷淡的旁观者,但同时她却向女仆勤打听,用心听取一位多嘴夫人的闲谈。此人对彼得大帝以来(甚至更早些时候)所有俄国宫廷皇族诱人的大事如数家珍,其中有许多奇闻轶事对她认识周围社会大有用处。为此,她甚至不惜采取偷听手段。叶卡捷琳娜来到俄国不久,连续重病期间,习惯于卧床紧闭双眼,侍候她的宫女以为她已入睡,毫不拘泥地在她床边闲聊。她不露破绽,通过这种计谋获悉了许多从未听说过的东西。"我想成为俄国人,好得到俄国人喜爱。"[16]她用她已掌握的讨人喜欢的方法,就是按俄国方式生活,也就是模仿宫廷里朝夕见面的那些俄国人一样生活。照她的说法,起初,她"一头钻进了"宫廷琐事,成天玩牌和梳妆打扮,开始讲究装束,探索宫里的是非,狂热赌博大输特输,最后发现宫里所有的人,从最穷的仆役到皇位继承人——亲王,都爱送礼,她也如法炮制,胡乱挥霍。在她看来,凡因某事受到她夸奖的人不给馈赠,那是羞耻的事。拨给她的个人开支3万卢布不够用,并且债台高筑,因而遭到女皇难堪的申斥。她甚至在英国大使帮助下借数万巨款,此事已构成政治贿赂。伊丽莎白去世时,她已囊空如洗,连过生日做一件外衣的钱都没有。根据她当时的估计,不包括承接母亲的债务,她负债50多万,不少于俄币350万卢布——"一笔偌大的巨款只是到我即位时才逐步偿还。"[17]她[18]把自定的规矩运用到她已深知的伊丽莎白宫廷的另一个特点上。在宫里,宗教感情全部耗费在履行教会义务上,这是由于畏惧心理和崇尚礼节的缘故,有时不无感动,但良知总是无愧的。刚来俄国,她就勤奋地学习俄国教堂的仪式,严格遵守斋戒,勤于祷告,尤其在当众场面,她的动人之举有时甚至超过了虔诚的伊丽莎白,因此大大触怒了自己的丈夫。在结婚的第一年,叶卡捷琳娜在大斋期的第一周就实行斋戒。女皇希望她在第二周也实行斋戒。叶卡捷琳娜请求她让她在整个七周里都吃素。人们屡次看到她手捧祈祷书站在圣像前面[18]。

她的课业 不管她多么机智,多么迎合俄国宫廷的习俗和风尚,周围的人感到并使她意识到,她仍然是不受欢迎的人,不属他们的行列。宫廷的娱乐、同宫廷爱献殷勤之人有节制的挑逗、长时间的梳妆打扮、终日乘坐马车漫游、夏日猎季荷枪沿彼得戈弗或奥兰宁鲍姆郊外海岸漫游,这一切都不能消除她身心上的那种沉思的忧闷和孤独感。她离开家乡来到一个遥远的国家,希望在这里找到第二个祖国,然而却不知不觉身陷野蛮和敌意的人群之中,心里话无处诉说,不管你怎样待人和善都无人理会。这样,在她陷入如此孤寂的荒漠里追逐功名的美好愿望,顷刻之间化为泡影。起初,叶卡捷琳娜不知偷偷地流了多少眼泪[19]。但是,她随时准备反抗和自卫,不甘屈服,通过自我修养和精神磨炼的办法挣脱忧郁。她最担心自己成为悲惨的、无自卫能力的牺牲品。女皇的妄作非为使她作为一个人而感到愤怒,丈夫的蔑视[20]使她作为妻子和女人而受到侮辱,自尊心使她感到痛苦,但她为了尊严,尽量克制住自己,不申诉自己的屈辱,以免成为受人怜悯的对象。她偷偷地泪如雨下,但立刻悄悄地擦干眼泪满带喜悦的笑容奔向宫娥[20]。叶卡捷琳娜发现书本是抵抗忧郁的真实朋友,但是,她不是一下子能找到书籍的。在德国和来到俄国之初,她没有表现出对读书的特别嗜好。婚后不久,一位很有学问和受她尊敬的外宾,担心她的智力受到俄国宫廷的坏影响,劝她读一些重要作品,其中有《西塞罗的一生》和孟德斯鸠的《罗马盛衰原因论》。她好不容易在彼得堡弄到了这些书,关于西塞罗的书才读了两节,就开始读孟德斯鸠的书,这本书启发了她的思考,但是她未坚持连续读下去,就打起呵欠来,说了一句这是一本好书,就丢开书梳妆去了。但是,伊丽莎白给外甥女安排的是不堪忍受的杂乱生活,周围是些庸俗之辈,每天听到的都是毫无意义的谈话,这就促使她更要认真地读书,让书本成为她摆脱苦闷和烦恼的隐蔽所。照她的说法,婚后她唯一做的一件事就是读书。"任何时候不离开书本,任何时候就没有悲伤,但始终是没有欢乐。"——叶卡捷琳娜概括地描述了她当时是这样消磨时光的[21]。1778年,她为自己写了滑稽的墓志铭[22],她承认,在 18 年的忧闷和孤静（结婚）中，她有足够的时间通读许多书。开始时，她不加选择地阅读小说，后来，伏尔泰的著作使她手不释卷。这些著作使她在选择读物方面发生了根本转变：她不能也不愿离开这些书，在给伏尔泰本人的信中补充说，要不是书写得这样好，能从中汲取如此多的教益，她是不会读的。但是读书对她来说不单纯是为了消遣[22]。后来，她着手读一部德国史，这是 1748 年出版由法国牧师巴尔写的十卷难懂的著作，一卷要埋头苦读八天，同样定期地研读培尔著的四卷本哲学辞典，这是一部篇幅浩繁的巨著，每通读一卷，要花半年时间。她自己都很难想象，她是怎么对付这部辞典的。她钻研了一大堆神学和哲学学术用语，并非全都弄懂；也很难想象，她是怎样开动脑筋把从字母顺序紊乱的资料中汲取的知识合乎逻辑地整理好。同时，她还读了能弄到的好多俄文书籍，很难的笨拙的语句并没有把她吓倒。叶卡捷琳娜把她的读书热变为正常的活动，而且喜欢在极度紧张中进行。她能关在房间里读巴尔或培尔的著作坚持消磨好多个小时。夏天，她常常整个早晨扛着枪在奥兰宁鲍姆漫游或一昼夜有 13 个小时骑马疾驰，毫不害怕过度疲劳。她好像是要试试自己，检查自己的体力和智力。她读书，似乎主要不是为了读它的内容，而是为了锻炼注意力和智力。她确实磨炼了自己的注意力，扩大了思维能力，以致毫不费力地读完了 1748 年同时问世的孟德斯鸠的《论法的精神》；她对此书爱不释手，像以前读他的另一本书一样，不断大声喊道：这是一本好书。塔西佗的《编年史》政治上带有极浓厚的悲观情绪，这使她的头脑发生了异乎寻常的转变，使她看清了黑暗世界的许多东西，并使她对映入眼帘的因利害关系发生的现象开始沉思[23]。

考验和成就 但是，叶卡捷琳娜不能像学院式幽居的循世者那样死啃学术书本，因为宫廷里那种嫉妒和粗暴地排斥她的政治气氛触怒了她，使她个人的安全受到直接威胁。德国国籍被废除以后，她唯一的目的是在法定继承人体力和精神不堪胜任时，随时充当俄国皇位的候补继承人。很长一段时间，整整九年，她未能完成这项任务；延宕使她忍受了许多痛苦。甚至生了保罗大公爵（1754年9月20日），她也没有得到一点宽慰。相反，她被置于一切事务之外，事事都成了多余的人。作为国宝的新生婴儿立刻从母亲怀里被夺走，只是在过了40天以后，才头一次让她看看。一个卧病呻吟的泪人被抛弃在一间破旧不堪的房间里，两边的门对开，窗户也关不严，无人照管，不给换洗内衣，喝不上水。而这时的大公却兴致勃勃地同情妇在饮酒作乐，偶尔到妻子这里打个转，告诉她一声，他没有工夫来陪她。女皇因叶卡捷琳娜生了儿子赏给她10万卢布。彼得怒气冲冲地说："为什么不给我？"伊丽莎白吩咐也给他10万卢布。但是办公厅囊空如洗，于是秘书恳请叶卡捷琳娜，看在上帝的份上借用她的赏钱好转交给大公爵。她竭力巩固自己摇摇欲坠的地位，想尽一切办法，利用应得的功劳来获得人们的同情。她会说俄语，写得也不坏；而宫里大多数人却是文盲，他们请求她原谅他们在造句，特别是书法上的错误：三个字的一句话，写错四处。人们发现她对俄罗斯国家有丰富的知识，这在当时宫廷和政府那些不学无术的人中间是很少见的[24]。照叶卡捷琳娜的说法，她终于使人们开始把她看作一个漂亮而又相当聪明的少女，而外国大使在七年战争前不久写到叶卡捷琳娜时说，现在许多人，甚至那些同女皇关系最好的人，不只喜欢她，而且害怕她，到头来还是要寻找机会巴结大公夫人。

А. П. 别斯图热夫-留明伯爵 但是，当时俄国的社会舆论仍旧是一切政治权势的卑劣支柱。叶卡捷琳娜物色更加可靠的盟友。一等文官 А. П. 别斯图热夫-留明伯爵，是一个非常狡猾、多疑、固执己见、蛮横、独断、惯于记仇、性格乖僻、过于小气的人,叶卡捷琳娜认为他不同于伊丽莎白身边一群微不足道的宫廷小人。他是彼得大帝时期的留学生,多年在国外担任外交职务,谙熟欧洲各国内阁的态度。后来,在安娜女皇的内阁里,是比隆的亲信,曾被判处四裂之刑,摄政垮台后被伊丽莎白女皇赦免,并从流放地召回为女皇效劳。在道德和政治根基丧失殆尽的情况下,他居然有本事能在彼得堡宫廷里站住脚。他有一副在宫廷诡计和外交场面中锤炼出来的头脑,惯于把每个主意想得完整无缺,使每一个阴谋酿成最后结局和种种后果。有一次,他想好一个意见后,不惜一切去实现它,不管付出什么代价、得罪什么人。他断定,掠夺成性的普鲁士国王对俄国是种危险,因此不赞成同这个在欧洲闻名的强盗国家普鲁士打任何交道。他敌视叶卡捷琳娜,把她看成普鲁士的奸细。然而,预料这个敌人会对自己产生种种恶意的叶卡捷琳娜却第一个以率直的信任态度向他伸手表示支持。就这样,他们成了朋友,彼此心照不宣,并且巧妙适时地忘却不应再提的往事,但暗地里彼此恨透了。共同的敌人和危险使他们接近起来。女皇的疾病开始发作。一旦女皇去世,真正的普鲁士代理人彼得三世即位,那么别斯图热夫会因普鲁士的事有遭到流放的危险,叶卡捷琳娜会由于沃伦佐娃的事而有离婚进修道院的危险。私人和派系之间的敌视情绪加深了这种危险。18世纪的女权王朝,宠臣个个充任女皇的代理。女皇总是把自己的亲属带进皇宫,他们把宫廷生活搅得乌烟瘴气。在日益老朽的伊丽莎白身边,有一个最时髦的年轻宠臣伊·伊·舒瓦洛夫,他提高了他的家族及其追随者在宫廷的地位,从而使敌视那个可怕又可恨的一等文官的人数扩大了,宫廷到处都是这些人。叶卡捷琳娜因同别斯图热夫关系友好,这些人也成了叶卡捷琳娜的敌人。两个朋友警惕起来并开始做好防备。别斯图热夫制订了计划并报知叶卡捷琳娜。根据这个计划,一旦伊丽莎白去世,叶卡捷琳娜就宣布她是自己丈夫的共同执政者,而一等文官留任对外政策的主持人,并领导近卫军团和主管整个军队——陆军部和海军部。但是,叶卡捷琳娜同丈夫共理朝政看来不会比夫妻生活顺利多少。她需要全部政权,而不是分享政权;照她的话说,她主意已定,当皇帝要不就毁灭。她在致友人的信中写道:"我或许死去,或许称帝。"她开始筹措资金和物色支持者,向英国女王借款一万英镑作为送礼和行贿之用,并口头保证,此举是为了英俄的共同利益;着手策划一俟伊丽莎白亡故就利用近卫军起事;就此事,开始同哥萨克军统领、近卫军团长 K. 拉祖莫夫斯基秘密协商;在一等文官参与下,暗中干预日常的政务。但是七年战争像旋风似地袭击了这两个谋反者,一等文官倒下了,叶卡捷琳娜却站住了。别斯图热夫-留明为了讨好英国,熟巧地把普鲁士和法国作为敌人一起看待,英国拿出 1.2 万卢布的养老金,贴补了俄国一等文官的 7 000 卢布的薪俸,从而激发了他尚未消退的俄英两国利益一致的信念。现在,国际关系逆转了:法国落到普鲁士敌人一边,而英国却与弗里德里希二世交好。别斯图热夫还未能一下子摆脱困境,舒瓦洛夫家族就破坏了伊丽莎白对他的信任;结果 1758 年 2 月,他被逮捕。他和叶卡捷琳娜赶紧焚毁危险性文件。但是,审讯揭露了他们的秘密关系和她与坚决反对弗里德里希的俄军总司令的往来通信,以及被严加禁止的干预政治的行为。女皇于是大发雷霆。社会上盛传谣言,似乎叶卡捷琳娜就要被逐出俄国。她的敌人怂恿彼得说[25]:"必须铲除阴险分子。"廷臣们害怕同她这个失宠者讲话。大公的不体面行为使她的处境更为难堪。大概不久,她又要做母亲了。愚妄的丈夫就此对周围的人诉说,他极端困惑。叶卡捷琳娜挺直身躯准备自卫了。面对受驱逐的威胁,她干冒风险做出反应,用俄文给女皇写了一封请求让她回德国的决心书,因为遭丈夫的仇视和女皇的失宠,她在俄国的处境再也无法忍受了。伊丽莎白答应同她面谈,但面谈遥遥无期,叶卡捷琳娜等得疲惫不堪。她陷入极度苦闷,痛哭欲绝,日渐消瘦,终于病倒,要求请神父。慌了手脚的宫廷事务大臣 A. 舒瓦洛夫伯爵请来了医生,她却向来人宣布:濒临死亡的人,需要宗教来拯救,因为她的精神处于崩溃中,而躯体已不再需要医生了。接受她和女皇忏悔的神父杜比扬斯基听取了她细述自己的遭遇后,立刻做了安排。一天以后,午夜时分,叶卡捷琳娜受到召唤。宠臣劝告她,为了觐见顺利,应当向女皇表示恭顺,哪怕是微小的表示。叶卡捷琳娜则极意表现恭顺,跪拜在伊丽莎白面前,在她无意命她平身时,她就跪着不动。伊丽莎白眼含热泪说:"你想让我把你送回到父母身边吗?但是你有孩子!"——"他们靠您抚养,这对他们是最好不过的。"伊丽莎白争辩说:"但是怎样向外界解释这种遣返故里的事呢?"——"如果方便的话,请陛下昭示,我为什么失宠于您和遭到大公的仇视。"——"那么你回到父母身边,将靠什么生活呢?"——"像您把我弄到这里以前那样生活。"伊丽莎白无言以对,再次吩咐叶卡捷琳娜站起来,踌躇地走到一边,考虑下一步怎么办。她曾记得,她斥责过大公夫人,责备她干预的不是她本人的事,而是政治,斥责她过分傲慢;联想到四年前她无意崇拜她这个女皇的情景时,又说了一句:"你把自己想象得比谁都聪明。"叶卡捷琳娜的回答是明确和慎重的,但对最后那句责备表示反对:如果她真是那样想象自己,就不会落到眼下这种愚蠢的地步了。在整个这段时间里,坐得稍远一点的大公一直同舒瓦洛夫伯爵窃窃私语。他确信叶卡捷琳娜大病不会痊愈,就在当天他兴高采烈地向沃伦佐娃许下诺言:只要他丧妻,就同她结婚。现在,他全神贯注谈话现场,大为懊丧的是,发现叶卡捷琳娜根本没有死的迹象,因此对她大动肝火。叶卡捷琳娜对他恶语伤人的荒唐举动给予了坚定而又克制的回敬。伊丽莎白在室内踱来踱去,逐渐变得温和起来。她走近叶卡捷琳娜,好心地轻轻对她说:"我还有许多话要跟你讲。"同时示意,她不愿意在旁人在场时说话。叶卡捷琳娜连忙悄悄地说:"我也不能说,因为我多么想向您倾诉我的肺腑之言。"倾心的私语奏效了,它感动了伊丽莎白;她又流泪了,为了掩饰自己的激动心情,借口时间已晚,"她离开了我们"。叶卡捷琳娜这样亲笔描述了这次历时一个半小时的难堪的谈话。两个皇位篡夺者交锋了,未来的一个获胜:因为后来,人们一再恳求她,不要做别人用来威胁过她的那种事情,恳求她放弃曾让女皇和一切正直人士深感痛惜的回国的念头。伊丽莎白从这次谈话中得出印象,她向周围的人评述说:她的外甥是个笨蛋,而大公夫人却聪明伶俐。[26]

彼得三世皇帝在位期间的叶卡捷琳娜 叶卡捷琳娜就这样以战斗的姿态争得了自身的地位,并在伊丽莎白统治结束时,其稳固程度,已使她顺利地经受住了宫廷的种种波折。因为她善于顺从悲惨的逆境,容忍了一个年轻妻子被遗弃的艰难处境,甚至从中得到了不少好处。夫妻间的不和促成双方政治前途上的分道扬镳:妻子执意走自己的路。伊丽莎白临终前已完全颓丧了。照叶卡捷琳娜的说法,她每天做的事是一连串的遐思幻想、假仁假义和任性妄为;神经若是因嫉妒和虚荣心稍受刺激,就垂头丧气、坐立不安;恐惧折磨着她,生怕她亲自为安娜·列奥波尔多芙娜安排的命运落到自己头上。她这个女人,成天心慌意乱,不做半点正经事,但她却十分精灵,懂得自己处境是荒诞的,于是她陷入了无边的苦海,唯一的办法就是尽可能用睡觉来从苦闷中拯救自己[27]。这种状况使她顺从了心腹们坚持要改变皇位继承办法的建议。宫里一些人考虑16岁的皇太子保罗,而让他的双亲远离俄国,另一些人希望只把他的父亲打发走,认为他的母亲是维持秩序的支柱;而这些人都忧心忡忡地等待着伊丽莎白的死亡,认为她的外甥,除了给俄国带来灾难,没有任何指望。伊丽莎白本人对此无不感到十分焦虑,于是她心绪不定,不再认真思考任何问题,而宠臣们敦促她作出决断[28]。彼得三世登基了。从他即位的头几天起[29],叶卡捷琳娜就遭到蔑视。但是受害者的角色是她很熟悉的。法国大使勃列铁尔在其外交报告中援引了她的日记。1762年4月初,他写道:"女皇力图用哲学武装自己,虽然这与她的性格并不相容。"在另一份报告里,他说:"见过女皇的人都说,她变得认不出了,形容憔悴,大概快进坟墓了。"可是,她不但没有死,而且一直很坚强,她默默地沿着既定的道路前进,悄悄地走近了皇位。凡到彼得堡进宫向伊丽莎白遗体致哀的人,都看到叶卡捷琳娜身着丧服,虔诚肃穆地站在一旁守灵。出殡时,她比谁都更诚恳地履行俄国教会的殡仪。僧侣和人民无不为之感动,因此他们对她倍加信任,而对皇帝的狂妄行为越来越恨之入骨。照这位大使的说法,她严格地遵守节假日和履行职责,处理好皇帝轻率对待的一切事务,办好俄国人所喜欢的一切。也是这位大使,不顾他在4月关于女皇会死的预言,6月初他写道:女皇表现了勇敢精神,所有的人对她无比热爱和尊敬,而对皇帝却无比憎恨。我们看到,叶卡捷琳娜如何利用了普遍的不满情绪,特别是近卫军中的不满,同她的共谋者一起,发动了政变,一举结束了彼得三世六个月的统治。

性格 她生下来就命途多舛,很早就同贫穷和忧虑打交道,与无保障的地位结下了不解之缘。孩童时期,命运就把她从家乡贫穷艰难的环境抛到嘈杂的政治大舞台,这是大人物活动的舞台,也是不断发生重大事件的场所。在这里,叶卡捷琳娜看到了名目繁多的荣誉和权力、豪华和财富,遇见了像弗里德里希二世一类的人物,他们为了攫取这些东西，敢于冒一切危险；看到了像伊丽莎白女皇那类的人物，通过冒险而获得一切。这些看得见的榜样，诱发和刺激了追求野心的欲望，驱使叶卡捷琳娜把全部精力倾注于此，而她生来就有一种品性，经过适当的锤炼造就出无往不胜的才能，这样的才能在那诱人和难以捉摸的舞台上是必不可少的。叶卡捷琳娜变得成熟了，她要为自己开辟道路，飞黄腾达，就需要磨炼必备的性格；而婚后生活给她提供了极好的实践机会，不仅给她指明了贪图功名的目的，而且不顾个人安危使她达到了这个目的[29]。她向来是善于料理个人事务的。从童年起，人们就谈论她长得不漂亮；这很早就促使她要学习爱好艺术，从心灵上去寻求外表上欠缺的东西。她写道，要想在世界上成就某件事，一想到自己幼稚的思想，就感到需要具备成事必需的品质，让我们好好地剖视一下自己，有没有这种品质，如果没有，就去培养它。于是她就开始在自己身上不断发现，或去发扬日常生活中高贵的品德、关于精神财富的清晰知识、自我克制而不冷漠无情、生动活泼而不兴奋紧张、机智灵活而不局促不安、坚决果断而不轻率鲁莽。她时刻做好充分的准备，很难使她措手不及。经常观察使她保持了随时可用的力量，遇到要用的时候，即使在日常冲突中，她也能轻易地把它用来对付旁人和事态。对待别人的态度，她使用的高招就是听人讲话，耐心地注意听取一切胡言乱语，猜测谈话人的情绪，猜测他言谈之间胆怯或不自在的心思，并给以帮助。这就使人感动，博得了人们的信赖，促成了坦诚相见。交谈者感觉轻松、随便，宛如自我交谈一样。此外，叶卡捷琳娜违反人们的日常习惯，窥察一些人的短处，好用来损害他人。她也比较喜欢学习别人的长处，使之有时候于己有利，并且善于指出其本人的长处。人们一般不喜欢别人揣摸自己的精神世界，但一旦他们身上的优点被发现，特别是他们自己不易察觉的优点，他们不但不会恼怒，甚至会受到感动。运用这种本领会使人感到，他自己身上有着美好的东西，即隐藏着使人倾倒的诱惑力。按有过这种体会的达什科娃夫人的话说，叶卡捷琳娜想使人欢欣满意，就是运用了这种诱惑力，她希望所有的人永远称心如意，认为这是她的本职工作。她学会的待人处事的方式为她的执政活动起到了不可估量的作用。她非常熟练地掌握了通常称为感化才能的艺术，不盛气凌人，只是暗示自己的愿望，启发人的才智，使人不知不觉地把这些愿望变为自己的思想，从而更加勤奋地去付诸实现。对人们的细心观察教会她能识别出他们坐骑，她让一个精通骑术的人骑上他的马令他奔跑，他像小孩一样扬鞭飞跑起来，并奋力鞭策着自己。她善于把维护别人的自尊心变为自己图取功名的手段，把别人的弱点变为自己的力量。她把自己待人接物的态度喻为俄国宫廷生活的榜样，认为过去的朝廷不是茨冈人的屯营，就是消遣娱乐场所。规定了消磨时间的制度，不要求严守习俗，但必须礼貌待人，举止端庄。叶卡捷琳娜本人对待宫廷侍从和气诚恳，与以往习惯的粗鲁行为相比，完全是一种新的风尚。只是在晚年，她变得衰弱、任性、易怒，不过总是要求受委屈的人谅解，承认自己是缺乏耐性的人[30]。她对待环境同对人的态度一样。她尽力适应遇到的任何环境，不管怎样不合她的口味和习惯。她说："我和阿基米德一样，在斯巴达和雅典都能住习惯。"她喜欢把自己比作古代的英雄。这就意味着舍弃对自己乡土的眷恋，甚至放弃道德的信念。为什么这样做呢？她本是一个侨民，自愿拿真正的祖国换取政治上的祖国，即换取被现实生涯选定的异邦。爱祖国对她只是童年的回忆，而不是现时的感情，也不是安于现状的动机。她的北德意志小公主出身、她天生机敏以及时代精神都有助于她放弃地域性的爱国主义。她容易跳出安霍特—策尔布斯特式的小天地，把观点提到当时欧洲哲学思想推崇的世界主义的高度。叶卡捷琳娜自己承认："她摆脱了偏见和哲学的理性。"尽管如此，但她毕竟是个过于具体的人，对个人实际欲望的追求过分强烈，结果还是安于全人类挨饿的思想，在脱离现实的世界主义荒漠中飘忽不定。大地的远方，而不是天蓝的高空在召唤着她。她在习惯了的俄国宫廷生活方式中证实，再没有比这种生活方式更坏的了。她在日记里写道，她的生活准则，就是博得必须与之相处的人们欢心。必须和不容选择的人共同相处，迫使她借助哲学分析的方法执行这项准则，为了保住一点点精神上的独立，只好在别人和对立的人中间照他们的方式生活，按自己的方式思考。

对叶卡捷琳娜来说[31]，从青年时代起，生活就意味着工作，因为她的人生目的在于劝导人们帮助她挣脱黑暗的命运，所以改造人和环境就成了她的日常工作。就这一工作的本身特性而言，她需要别人，比别人需要她要多得多。而且，命运迫使她长期同比她更厉害但眼光比较短浅的人打交道。这些人只有在用得上她的时候才想到她。因此，她很早就树立了这样的思想：利用环境和人的较好手段，对第一种人可暂时随波逐流，但不宜盲从，对第二种人可充当他们的驯服的工具。她不止一次顺从了别人的摆布，只是为了得到她想得到的地位，而这种地位靠她自己是无法得到的。这种人生准则的根源在于她的性格和活动力具有强弱两种特性。迎合别人是为了制服别人，而她从别人那里得到的回报和好感却都成为顺从的结果[31a]。她不喜欢刚愎自用或任意妄为的人，他们也不跟她接近或者敬而远之，因此，她在物色人的时候以冷漠的态度轻松地战胜了他人的心灵。另一方面，她能应付紧张场面，能对付繁重的甚至是力不能及的工作，因此她自己和旁人都觉得，她的能力远远超越了她自己。比起提高自身修养，陶冶其情操和开阔心怀，她更惯于锤炼自己的行为方式和处世之道，因此，她的行为方式和处世之道胜过她的情操和心怀。她的思维灵活、敏感，但缺乏深思熟虑，模仿能力大于创造能力[31a]。精力不集中和缺少主见，使叶卡捷琳娜离开了正确发展的道路，这是她那走运的天性给她安排的。她早就懂得，要认识人，每个人必须从认识自己开始。把自己客观地当作所谓好奇的路人一样来留心观察的人，是相当少的，叶卡捷琳娜就是其中的一个。她发觉自己的弱点和缺点，总表现某种自满，不加掩饰并直言不讳，没有丝毫的良心责备和任何遗憾后悔之意。15岁时，她曾匆忙地为一个有学问的外国人描绘了自己的哲学形象。13年后，她重读了《15岁的哲学家》对自己的描绘时，感到惊讶不已：那样的年龄，就已深知自己内心的曲折和奥秘。这种惊讶给她的自我认识注入了一滴诱人的毒汁。她眼睛盯住好奇的路人，心想，他一定会成为令人神往的典型人物；固有的自豪感和心灵受到的痛苦磨炼，要使他成为不幸的人那是不堪想象的；他是光荣而高尚的骑士，甚至开始由女性转化为男性。叶卡捷琳娜在日记里对自己是这样描写的，她的智慧和性格，男性的东西远远超过了女性的，虽然在她身上还保存着一个值得爱的女性招人喜爱的一切特征。认识自我之树缺乏足够的精神肥料，就会结出有病的果实——自负。

叶卡捷琳娜的著作反映出她多方面的兴趣和兴致勃勃的激奋思想。她出身是德国人，就语言爱好和受教育来讲是法国人，在18世纪俄国作家的行列里，占有显著地位。她有两种强烈的欲望：读书和写作。年长日久它们便变为嗜好或每日必不可少的事。她一生，读了数不清的书籍。晚年时，她向秘书赫拉波维茨基承认，她曾一下子读过六本书。博览群书激发了她的文学创作。她用法语和俄语写了许多作品，尽管有错误，但她总是拿错误取笑[32]。没有书和笔,她就像彼得一世没有斧子和车床一样寸步难行。她承认,不写作,即使胡乱画上一张纸,就不知如何度日。不久前,我国科学院出版了她的十二卷本巨著。她写的丰富多彩的著作中有:童话劝善故事、教学指南、政论抨击文、剧本、自传体笔记。她还为杂志撰稿,翻译普鲁塔克的阿基米德生平,甚至为教师谢尔盖·拉多涅日斯基编写传记。当她有了孙子的时候,她着手为他们编写俄国编年史,嘱托切鲍塔列夫教授、穆辛-普希金伯爵和其他人搞摘录和查阅资料,主张编辑一套俄国史简明丛书,附上年表和世系表。她给格里姆的信写道:"您总是反复说我为人狡猾,而我要告诉您,我成了一只真正啃档案的老鼠。"她的著作没有表现独特的天才。但是,她富有模仿力,容易理解别人的思想,并占为己有;在她那里,往往听到的是塞维涅夫人、伏尔泰、孟德斯鸠、莫里哀等人的回声和旧调重弹。这在她特别喜爱的法文信札里尤为明显。她同伏尔泰及其国外代理人格里姆男爵的通信汇编成书[33]。她心领神会地掌握了她的楷模——当代法国作家创作的体裁和风格,特别是他们优雅别致的文风和敏锐诙谐的技巧。内容五光十色,格调千篇一律,但它显然是情态自然和文雅轻快的;她用这种格调写圣餐仪式、写政治、写自己的宫廷以至宫内小狗的患病。信札的文笔比思想优美得多,叶卡捷琳娜的戏剧创作在其写作活动中占有很重要的地位。她创建了埃米尔塔日剧院,把一批经过挑选的人集中在这里,她本人是该院剧目的主要提供者。她编写了谚语或通俗喜剧、喜剧、滑稽歌剧,甚至《留里克和奥列格生平的历史剧。仿莎士比亚》。奥列格在彼得堡市剧院演出正值同土耳其在雅西(1791年)缔结和约,场面非常壮观:上场演员和配角超过700人。可怜的赫拉波维茨基通宵达旦地坐着抄写女皇的脚本,给她的歌剧和通俗喜剧配咏叹调和主调词;叶卡捷琳娜本人怎么也平静不下来。她在脚本里刻画了瑞典国王、神秘教徒及其宫廷侍从。很难说清，她在剧本里表现自己的地方有多少。当然，她的性格和行为方式有许多戏剧性的动作。她生来性格快活，离不开交际场合；她自己承认，喜欢生活在人们之中。在其亲密的一班人中，她是真挚的、亲切的、快活的，大家都感到在她身边心情愉快，不受拘束。但只要她走进客厅，神态就变了，表情沉着严肃，步履轻盈，说话从容，对觐见者报以刻板的微笑，同时一双浅灰色眼睛投以几分狡猾的目光。这种表情在所有活动中都有表现，它构成整个性格的一部分。叶卡捷琳娜不论同谁交往，不论做什么事，她总觉得是在演戏，因为她过分做作。她考虑事情时，想得更多的不是决定了的事情能产生什么结果，而是看人家说她什么；在她看来，周围环境和印象比事情本身及其结果更重要。由此她特别喜欢广告式的宣扬，酷爱喧闹场面，热衷于使她神志模糊、心肠冷漠的阿谀奉承。她认为，同代人的关照比后代人的评论更可贵；因此，她在世时人们对她的评价高于死后的评价。由于她把全部精力用来造就不需要任何同情心的理智，因此在她的活动中，同庄严和创造力相比，表现更多的是矫揉造作和炫耀才华。看来，她希望人们怀念她本人比怀念她的业绩要更加长久〔34〕。

第七十六讲

叶卡捷琳娜即位时的形势——她的纲领——对外政策——当前的任务——叶卡捷琳娜爱好和平——Н. И. 帕宁伯爵及其体制——同普鲁士结盟的害处——同土耳其的战争——东方问题的扩大——同波兰的关系——瓜分波兰——继续瓜分——瓜分的意义——对外政策的总结和性质

木匠沙皇开始的我国百年史，是由作家女皇结束的。政府采取的实用办法，似乎始终如一地强化精神影响和致力于人心的工作。这就是观察我国18世纪时展现的前景。对此我们在研究叶卡捷琳娜二世当政过程中，将予以注意。

叶卡捷琳娜即位时的形势 叶卡捷琳娜即位之时[1]，对帝国事务的现状、政府经费及其面临的困难一知半解，然而她是通过政变篡位的，所以必须平息政变的影响，为非法篡权进行辩护。最初，她抑制不住由于成功地实现夙愿而产生的狂喜。这种夙愿在什切青或策尔布斯特似乎只是孩童的梦呓。但是这种狂喜夹杂着皇位难保的败兴念头，所以她面对宫廷上下，常常愁思满怀；尽管她竭力控制自己，但仍不能掩饰其忐忑不安的心绪。并非所有人，甚至是政变的参与者，始终都是满意的，因为他们没有受到足够的奖赏。一部分人的得势迷惑了另一部分人，他们煽动再次政变，支持当时确实存在的抱怨情绪。叶卡捷琳娜完成了双重篡夺：从丈夫那里夺得了政权，但没有把它交给儿子——父亲的当然继承人。在近卫军里，流传着使叶卡捷琳娜不安的闲话：关于让被叫作前皇帝伊凡六世的伊凡努什卡称帝的说法；皇太子保罗为什么不登基的传闻。社会上甚至传说，叶卡捷琳娜为了巩固皇位不妨同前皇帝结婚。即位不久，叶卡捷琳娜就会见了他并命令他出家为僧。近卫军中成立了小组、"政党"；但是，还没有来得及组织密谋。特别使叶卡捷琳娜在1764年惊惶不安的事是步入歧途的陆军少尉米洛维奇的狂热企图，他打算从施里塞利堡要塞解救伊凡努什卡，并宣布他为皇帝。这种狂热企图因监禁的囚徒被杀而告终，他成了不法行为的牺牲品，而这类不法行为的培养场就是彼得一世死后的俄国皇位。策划和实行六月政变的帮凶们也给叶卡捷琳娜招致了许多麻烦和伤心事。他们觉得，叶卡捷琳娜应当多多感谢他们；当然，他们也愿意利用自己的地位。若干年以后，卡尔·弗里德里希二世同前来彼得堡的法国大使塞居尔的谈话说得对。他说：与其说叶卡捷琳娜是罪人，毋宁说是政变的工具，因为她软弱、年轻、身居异国、孤苦伶仃；在离婚和幽禁前夕，她屈服于愿意拯救她的人，而政变后，却什么也指挥不了[1a]。

这些人现在亲近叶卡捷琳娜，为首的是已被授予伯爵称号的奥尔洛夫五兄弟，他们加紧夺取"伟大事件"（他们这样称呼六月事件）的果实。照外国人的说法，他们全是顽固守旧的俄罗斯性格类型，教养贫乏得出奇；在这方面有伊丽莎白时期的小人物帕宁、舒瓦洛夫、沃伦佐夫之流。早在秘密活动期间，他们对待叶卡捷琳娜的态度就很随便，而政变后，也不想改掉这种习惯。在女皇伊丽莎白去世的瞬间，近卫军大尉，达什科娃公爵夫人的丈夫对叶卡捷琳娜说："命令吧！我们拥戴你即位。"现在这些人决定对她说："我们辅你即位，你是我们的人了。"他们不满足已获得的奖赏：叶卡捷琳娜一次就赐予他们1.8万名农奴和20万卢布（不少于现在的100

万卢布）[16]，这还不包括终身恤金。他们包围女皇，强迫她接受他们的意见和要求，有时直接索取金钱。她在一次同勃列铁尔大使的谈话中，把自己比作一只被人惊动和使尽了力气追赶的兔子，因为来自四面八方的并非总是合理和正当的呈文，这使她难以忍受。叶卡捷琳娜不得不同这些人和睦相处。这事既不愉快，也不干净，但不算太复杂。她施展了惯常的手段，实在难办的时候，拿出绝招：耐心倾听，亲切答复。在达什科娃公爵夫人的日记里，我们发现了女皇运用这种手段玩弄技巧的例子。政变后的第四天，当两位夫人单独谈话时，陆军中将 И. И. 别茨科伊闯了进来，倒地跪下，差点眼泪都出来了，他恳求叶卡捷琳娜说明，她的即位应当归功于谁，叶卡捷琳娜回答说："上帝和臣民的选择。"别茨科伊高声感叹说："这样，我不配这枚勋章。"说着就要从自己身上扯下亚历山大勋章的绶带。叶卡捷琳娜问道："这是什么意思？"他说："既然陛下不承认我是您即位的唯一功臣，那么我就是最不幸决一死战的人。难道不是我鼓动近卫军战士起事的吗？不是我把钱撒给百姓的吗？"起初窘迫不安的叶卡捷琳娜很快镇定下来，并说："我承认，我该重重感谢您，因为我这顶皇冠应归功于您，是谁受托准备好皇冠赶在我加冕礼时戴上的呢？当然是您。我现在把帝国的所有珠宝商交给您管理。"别茨科伊欣喜若狂，连忙向久久忍住笑的两位夫人敬礼告辞。[1B] 叶卡捷琳娜需要忍耐一些时间，好让她的拥护者来得及觉悟过来，给她以恰如其分的回报。要让人民认定新政府是个好政府，困难就大得多了。叶卡捷琳娜即位前对人民的境况知之不多，了解人民的办法也很少，因为伊丽莎白统治下的俄国宫廷不只是在地理上而更多的是在精神上远离俄国[1]。叶卡捷琳娜即位后很快了解到，俄国的情况一团糟，因为她发现"对近年来的统治方式有纷纷埋怨的迹象"，工厂和寺院农民几乎全都公开对抗当局，各地地主的农民也开始同他们联合。1763年，民间流传着一份伪造的叶卡捷琳娜敕令，内容充满了对贵族阶级的强烈气愤，说它"蔑视神学和国法，要抛弃真理并把它从俄国根除掉"。[2]远离首都的边远人民群众没有感受过女皇个人的诱惑力，而满足于不怀好意的谣言和只可能从公告中获知的简单事实：曾经有个彼得三世皇帝，但是妻子——女皇推翻了他并把他投入监狱，不久死于狱中。要使这些早已愤愤不平的群众安定下来，只有采取使他们人人都能感觉得到的公平合理和普遍都有好处的措施。

她的纲领 由于叶卡捷琳娜用革命手段夺取了政权，这就使她把给她指明行动方向的多种需求和期望拧成的复杂结子拉紧了。为了缓和夺权的印象，她需要在广大人民群众中享有声望，逆前任者之道而行之，整顿被他败坏了的风尚。前任损害了民族感情，蔑视俄国的一切，向敌人泄露俄国的秘密。叶卡捷琳娜务必振奋民族精神，恢复被践踏的人民荣誉。前任政府用肆意专横的暴虐手段对待所有的人，新政府则必须以合乎理性的自由主义措施来强化管理方面的法制，这是在七月文告中已经许诺的。但是，叶卡捷琳娜是由贵族近卫军拥上皇位的，而贵族则不满意关于贵族特权的敕令，要求扩大和巩固自己作为统治阶层的权利[3]。贵族近卫军的意见，对于6月28日运动而产生的最高政权来说，不言而喻是最有影响力的。因此[4]，新政府的工作要想得到拥护，就必须同时遵循民族主义的、自由主义的和贵族阶层利益的方针。不难看出，这三重使命受到无法调和的内部矛盾的损害。贵族在2月18日敕令以后，开始反对全体人民的利益以至国家的改革要求。

合乎这一阶层要求的政府工作，既不能是自由主义的，也不能是民族主义的，也就是说，不可能是受欢迎的。何况，合乎时代思潮的自由主义改革要有一批训练有素、支持改革的引导者和执行者，这样的人在政府机关和供职阶层中是不可能找到的。因为这种思想同俄国当局的一切老传统、旧观念和旧习惯格格不入。不知道是由于机敏的思考力还是经验和观察力的提示，叶卡捷琳娜找到了使其纲领摆脱窘境的出路。她无法把相互矛盾的使命调和起来，也不打算为了其他使命而放弃某一使命，她把它们区分开来，在国务活动的专门范围内贯彻每项使命。民族利益和民族感情在全面开展的对外政策中得到充分的体现。根据当时西欧进步政论家的观点，开始对地方行政和司法进行大幅度的改革，但主要是根据本地的情况，目的是使闲散的贵族阶级在国家和社会生活中占有地位并巩固其地位。必须把自己的地区纳入时代要求的自由主义思想轨道：以这种思想为基础制定出筹划好的立法制度；把这种思想作为原则在单项法令中体现出来，在每天交换意见中贯彻这种思想，而且把它当作政府工作和社会生活的风尚加以推行，在女皇的私人交谈、上流社会的社交场所，著作界乃至作为教育手段的学校里都流行这种思想。但是，现行立法的实际内容确认了早在叶卡捷琳娜以前就已形成的本乡本土的事实，或者实现了主要是当地贵族提出的愿望。这些事实与愿望是同正在传播的思想是完全格格不入的。三重使命发展成的实际纲领是：严格奉行民族主义，大胆推行爱国主义的对外政策，实行温和的自由主义，即可能范围内的人道管理方式，建立由三级管理的复合均等的地方机构，对著作界和教育界空泛宣传当代启蒙思想的做法持慎重态度，但特别注重一个阶层利益的保守立法被视为是合乎情理的。纲领的基本思想可以表述如下：放开传播时代思想和加强地方事务立法。

对外政策 现在我们来简述这个纲领的执行情况，从对外政策开始。我不想逐一地讲述你们已经熟知的事件、俄国在这一时期的国际关系、战争、战役、和约，而只是综合起因和结局，把俄国内阁制定和执行的规划同取得的成就作个比较。

当前的任务 对外政策是叶卡捷琳娜国务活动最卓越的一个方面，给同时代人和下一代人留下了最深刻的印象。当人们希望讲述这个朝代最美好的事情时，就可能讲到关于同土耳其的胜利战争、关于波兰的瓜分、关于叶卡捷琳娜在欧洲国际关系中发号施令的口气。另一方面，对外政策是叶卡捷琳娜能够博得人民好感的最便当的舞台，因为在这里解决了全民很了解和支持的问题。波兰人和鞑靼人是当时俄国闻名的宿敌。最后，对外政策无需制定规划，也不需要去寻找激动人心的事，因为问题是现成的，是由几个世纪的历史准确指明了的，比之其他问题只是要求更加坚决地加以解决。因此，女皇把最大注意力集中到这一方面[4]。尼什塔特和约以后，俄国在波罗的海站稳了脚跟，对外政策方面剩下亟待解决的是两大问题：一个是领土问题，另一个是民族问题。头一个问题是把国家的南部边界伸展到它的自然疆界，即伸展到连同克里木和亚速海在内的黑海北部海岸线和高加索山脉。这就是当时历史本身安排好的东方问题。其次，当务之急是完成俄罗斯民族的政治统一，使脱离出去的西部重新同俄国合并。这就是西部俄罗斯问题。这两个问题本身实际上具有地区性的意义，是从邻国的相互关系中历史地产生的；而且，彼此没有任何的历史联系。因此[5]，为了顺利地解决这两个问题，必须加以限制和区分，也就是说在没有外人的干涉、没有第三者参加的情况下，分别加以解决，而不是一道解决。但是，国际关系的错综复杂和办事人员的无能或傲慢，使事情的进程转了方向[5]。

叶卡捷琳娜爱好和平 叶卡捷琳娜即位之初，对巩固其不稳定的地位忧心忡忡，根本不希望欧洲有某种纠纷，渴望共享安宁[6]。七年战争已近结束，所有参加国疲惫不堪，财源枯竭。叶卡捷琳娜没有放弃彼得三世同普鲁士缔结的和约，从普鲁士领土上撤回自己的占领军，停止了同丹麦作战的准备。对帝国事态的最初认识，也使叶卡捷琳娜遇事心平气和。她即位时，在普鲁士的俄国驻军已经八个月没有领到薪饷。据财务总署统计，国库无法偿还的债款达1700万，参议院清楚，国库年收入总额不过100多万。七年战争期间，每年赤字达700万。俄国贷款的路断了[7]，因为伊丽莎白女皇从荷兰借到200万卢布，再没有愿意借款的人了。照叶卡捷琳娜的说法，海军被忽视，陆军混乱，要塞倒塌。晚些时候，1765年，叶卡捷琳娜检阅了波罗的海舰队。展现在她面前的是，彼得大帝的宠儿成了可怜的孤儿：战舰相撞，缆索折断，主力舰根本列不成队形，射击不能命中目标。叶卡捷琳娜写道，这是捕鲱鱼的船只，哪是战舰；她承认，我国有非常多的船只和船员，但是既没有海军也没有水兵[7]。1762年，她不慎心直口快地向极不友好的法国大使承认，她至少需要五年和平，以便把事情整顿好，目前她像个老练的卖俏妇，要同欧洲所有国家周旋。但是，她错误地估计了自己的对手。

Н.И.帕宁伯爵及其体制 波兰事件使叶卡捷琳娜提前放弃了不干涉的主张。眼看波兰国王奥古斯特三世即将死去。一向使波兰邻国不安的选举新国王问题产生了。谁将应召充当由波兰历史发明的共和国莫里哀式角色的国王，对俄国来说反正都是一样，因为根据共和国的现状，对俄国抱敌视态度的国王于俄国无害，表示友好的国王于俄国无益。无论哪种情况，叶卡捷琳娜都必须通过收买和武力手段才有成功指望。但她无论如何也要把选中的候选人推上台。此人就是斯坦尼斯拉夫·波尼亚托夫斯基，一个纨绔子弟，生性沉湎于贵妇的小客厅而不是某个王位，满嘴不离漂亮话，尽干傻事。可以料想，叶卡捷琳娜坚持这样做，有两个主要原因：第一，还在女皇伊丽莎白在位的时候,斯坦尼斯拉夫在彼得堡就给叶卡捷琳娜留下了难忘的好感;第二,叶卡捷琳娜称心如意的是,通过斯坦尼斯拉夫这个候选人,可以迫使弗里德里希二世写信承认,奉送给他的阿斯特拉罕西瓜,对他来说无比珍贵,因为那是从接管王国的人那里得到的。公开表露这些原因是合乎情理的。

这位候选人引发了一连串的诱惑和困难。首先,需要筹措的10万巨款,用来收买以大主教为首拿国土做交易的波兰大贵族;尔后,派3万俄军驻守波兰边境,动员5万人保持戒备状态,以维护共和国的自由和独立;最后,必须使整个对外政策方针来个急转弯[8]。在此以前,俄国保持着同奥地利的同盟,七年战争时,法国也同奥地利联盟。叶卡捷琳娜即位之初,对事态还缺乏了解,曾征询身边顾问对彼得三世同普鲁士缔结和约的意见。他们不认为这个和约对俄国有利,而主张恢复同奥地利的结盟。持这一主张的是叶卡捷琳娜从流放地召回的她的老友阿·彼·别斯图热夫-留明,她当时特别器重他。只要办事碰到什么困难,就亲自给他写便条:"巴丘什卡·阿列克塞·彼得罗维奇!劳驾,出出主意。"[9]可是,在他身旁有个比他年轻的外交家,既是他的学生,又是抵制他的做法的大公保罗的导师尼·伊·帕宁伯爵。帕宁不但赞同和约,而且主张干脆同弗里德里希结盟,并论证说,没有此人的协助,在波兰将一无所获。叶卡捷琳娜有时坚强果断:她不想继续其前任的可恶政策,不希望成为国王的盟友,在七月文告里她公开骂国王是俄国的祸星。结果,帕宁获胜了,并在对外政策上很长时间成为叶卡捷琳娜最亲密的合作者。

当时,叶卡捷琳娜坚信潘宁的外交才干,但是后来时而不同意他的意见,时而不满意他迟钝的智能和优柔寡断的性格,便用他充当自己意图的灵活解释者。同普鲁士的同盟条约[10]是在1764年3

月31日签订的,当时波兰国王奥古斯特三世已去世,选举宣传活动正在进行。然而,这个同盟只构成拟议中复杂的国际关系体系的一个组成部分。潘宁不同于别斯图热夫,是个新风格的外交家。他多年在斯德哥尔摩坚持艰难的大使职守,谙通外交事务,但没有把智慧同老师的勤奋作风结合起来。他死后,叶卡捷琳娜曾抱怨说,在第一次土耳其战争时,他这个懒汉,吃够了苦头。别斯图热夫是个耍小聪明和贪图眼前实惠的外交家,他的频繁活动和追求实际的做法达到了恬不知耻的程度。在他之后,帕宁作为思想、原则的预言家出现在外交界。他却是个无所事事的思想家,行动总是优柔寡断,爱好设想庞大的计划,使之具有大胆创造性和内容繁杂,但不喜欢研究计划执行的细节和精确执行计划的条件。这是一个不干实事的外交家,因为他的庞大计划是建筑在对欧洲大国之间友爱和平的幻想之上的。所以在他奢侈逸乐的外交生涯中,他又是田园诗人式的外交家,其敏锐和幻想程度,甚至达到马尼洛夫的水平。因此,帕宁成了欧洲虚幻的国际联合的导演者[10]。其实,关于这种联合最早的设想人并不是他。1764年3月31日条约签订前不久,俄国驻哥本哈根大使科尔弗就向女皇呈请,可否在北方建立一个强有力的大国同盟,这样会有可能同南方的奥地利、法国、西班牙同盟相对抗[11]。帕宁赶忙采纳并详细订出了方案。根据他的草案,[12]北方非天主教国家(但包括天主教波兰),为了互相支援和由强国保护弱国,共同联合起来。直接反对南方同盟的战斗使命由北方同盟承担,即由它的"积极"成员国俄国、普鲁士和英国负责,对次要国家,即"消极"成员国瑞典、丹麦、波兰、萨克森和其他小国,只要求它们在两个同盟冲突时,不加入南方同盟,而保持中立。这就是当时喧嚣一时的"北方体系"。它的破绽是显而易见的。一些结构大不相同的国家,如专制制度的俄国、贵族立宪的英国、黩武的君主制的普鲁士和无政府共和制的波兰,要齐心协力是难以办到的。不仅如此,同盟成员国很少有共同利益:英国除了关心贸易和殖民地之外,对欧洲大陆毫无兴趣;普鲁士丝毫没有打算保卫倾向于奥地利的萨克森,甚至想同占领西里西亚一样占领萨克森。受英国、俄国和普鲁士保护的同盟的一群消极成员国只不过是装满了狗鱼、海虾和天鹅的外交大车[12]。弗里德里希二世对潘宁的计划持愤怒和嘲笑的反对态度。他反复强调:对他来说,有俄国的同盟就足够了,有了它谁他都不怕,谁也不会触犯他,他无需别的同盟者。[13]弗里德里希对他的俄国同伴一般不大赞许。他写道,帕宁对于欧洲各国君主的利益、政策、势力强弱,均无确切的概念。帕宁未能说服国王,英国也避开了同盟,结果北方体系根本没有履行国际协议书(未等降生,就死在母胎里!),它最终成了俄国宫廷天真的臆想,成了俄国各种天真的外交计划的一项内容。现今的外交家都带着宽容讪笑的语气谈论这些计划。

44

同普鲁士结盟的害处 3月31日的条约并非毫无效力,它给俄国带来了多方面的不利后果。首先,它并不是俄国所需要的。条约的主要条款包括:互相确保占有权;彼此承担不准对波兰宪法作任何变动的责任;同时双方力求恢复异教徒原先享有的权利,至少不受迫害[14a]。但是在七年战争以后,按全部条款来衡量,弗里德里希之对于俄国,或者说没有益处,或者说他利用同盟来损害俄国的利益,要比没有同盟顺手得多。他孤立无援,最害怕同俄国决裂,甚至又一次患了战争恐惧症,因为他忘不了1760年哥萨克和加尔梅克人降临柏林的情景;后来,他亲口承认:长久以来他常常梦见这些不速之客。本来这个同盟的目的是便于俄国实现在波兰的任务,但是它却加重了困难。俄国在波兰依靠的是恰尔托雷斯基公爵家族的爱国党,他们力图同新国王一起,通过改革使祖国消除无政府状态,由多数票代替国会的自由否决权、建立世袭的君主制、废除贵族结党的权利等等。帕宁本人并不反对改革,主张不必采用过于激烈的手段去干预波兰人挣脱野蛮的行动,而是以梦想博取波兰复兴者盛誉的功名心而自慰。使波兰稍许强大并成为向共同敌人土耳其做斗争的有用同盟国,这种改革对俄国没有危险,甚至有利。但是,弗里德里希却不愿意听到关于波兰从政治的沉睡状态中觉醒的消息。他示意,他已催促叶卡捷琳娜同波兰签订条约(1768年2月13日),规定由俄国保证波兰宪法不受侵犯,并承诺不许有任何更改。[14⁶]这样,普鲁士同盟便迫使叶卡捷琳娜脱离恰尔托雷斯基的革新党——俄国政策在波兰的重要支柱。这个同盟还武装俄国已遗弃的早年盟友奥地利来反对俄国,而奥地利一方面伙同法国怂恿土耳其反对俄国(1768年)[14],另一方面警告欧洲各国:俄国单方面的保证,威胁着波兰的独立和生存,威胁着波兰邻国的利益和整个欧洲政治体制。维也纳邀请弗里德里希共同向波兰建议,把奥普保证波兰宪法的内容,补进俄国保证书。单一的保护被集体保护所取代,共和国处在三个邻国的保护之下。弗里德里希乐意响应号召,因为他已意识到能获取猎物和地图上的有利布局:在波兰划分势力范围可以为瓜分领土奠定基础,而同俄国的同盟可以变为反俄的工具。难怪皇帝约瑟夫二世通过这次维也纳联合行动(1769年),在同弗里德里希的会晤中,从评述国王的言谈举止中得出如下的印象:"这是一位天才,说起话来美妙动听,但每一句话都显露出一副骗子相。"俄国怕奥地利,奥地利也怕俄国,而一旦两国结盟,法国都害怕,因为这个同盟会把欧洲各国内阁本来错综复杂的关系搅得乱七八糟,甚至使用搅混当代[15]外交良心的无耻手段来补充势力。弗里德里希依靠同俄国结盟,把俄波和俄土问题捆成一个结,让这两个问题脱离俄国的政策范围,使之变为欧洲问题,这样就剥夺了俄国政策从符合历史的角度（即单独并无外人参与）来解决这些问题的手段。

这就是[16]北方体系和普鲁士同盟给俄国制造的不便和困难。这个体系使叶卡捷琳娜走上了空想政策的道路，她给自己提出了离当前需要过于遥远以致无法实现的目的；而这个同盟迫使她屈服于外国的政策。最终，还是这个体系和这个同盟共同给达到历史指示的直接目标制造了困难。把研究的朝代对外政策的过程和方式作粗略简述，就足以看出，当时对外政策的这些缺陷对解决当前两项任务所产生的影响。

同土耳其的战争 我们从东方问题开始。在这个问题上反映特别明显的是：缺少策略眼光，也就是从最近目标的表面观察风向，不考虑现有的条件。问题在于把国家南疆领土推进到黑海—亚速海自然边界，这并不是当务之急的问题。征服荒凉的草原、征服克里木鞑靼人这样的目标显得太微薄了，因为所获成果不够抵偿消耗的火药。伏尔泰曾在给叶卡捷琳娜的信中诙谐地写道，她同土耳其的战争可以轻而易举地使君士坦丁堡成为俄罗斯帝国的首都而告终。书简上的恭维话正好同彼得堡的重大作战行动同时发生，听起来像是预言[16]。土耳其战争是对叶卡捷琳娜的考验。六年之内，女皇得志振翼高飞，外处理波兰事务，内召开1767年代表委员会，这些事向欧洲显示了她的胆略。于是她的名字笼罩了一层雄才大略的霞光。当她降落大地，像普通君主一样步行时，对她来说就意味着容忍荣耀被沼泽地的战火冲散无存。由于她的成功，使得因沮丧而产生的一切嫉恨甚嚣尘上，天知道，会产生什么后果。就在这种激愤情绪之下，叶卡捷琳娜遇到了土耳其战争，对此她毫无准备。绝不能气馁。"振作精神向前走，——我伴随这句谚语照样度过了好的和坏的岁月，并且生活了整整40年，较之过去的岁月，目前的不幸算得了什么？"——在军事行动刚刚开始，还没有取得任何战果的时候[17]，叶卡捷琳娜在给一个外国友人的信中就这样写道。她发挥了惊人的毅力，像现在的总参谋长一样工作，参与筹划军备的细节，制订计划和训令，竭尽全力赶忙建成了亚速夫小舰队和用于黑海的三桅巡洋舰，搜寻了土耳其帝国的每个角落，以求在黑山、阿尔巴尼亚、马依诺人中以及在卡巴尔达找机会制造动乱，策划反对土耳其人的阴谋或起义，给伊美利特和格鲁吉亚王公撑腰打气，但因准备不足，处处碰壁；于是决定向摩利亚沿岸派遣海上远征队，敦促驻伦敦大使给她寄张地中海和群岛的地图，并物色一名比国内要精明得多的铸炮工，因为国内铸工"制造100门大炮，合格的顶多10门"。同时她迫不及待地促使外高加索行动起来，但搞不清第比利斯在何处，是里海沿岸还是黑海沿岸，或者在内地。由于感受的不断变换，心情上也起了变化。她在获悉断交（1769年11月）消息时即刻写道："该把那些急躁鬼揍一顿。"半年后正当战事方酣时，她经过良苦沉思写道："我们惹起了许多麻烦，这会合谁的口味。"好在光会果断行动而不善于思考的奥尔洛夫兄弟莽撞之辈打消了她忐忑不安的疑虑。因战争问题在女皇主持下召开的最早的一次国务会议上，叶卡捷琳娜称格里戈里·奥尔洛夫是弗里德里希二世式的英雄，他像共和国极盛时期的古代罗马人一样，主张把远征队派往地中海。稍后，他的刚从意大利病愈归来的兄弟阿列克谢指明了远征队的直接目标：如果出发，就直奔君士坦丁堡，解放遭受沉重压迫的所有东正教徒。照彼得大帝的说法，把不信上帝的伊斯兰教徒，驱逐到野外和荒沙、草原，即他们从前的住地。他本人就会被拥戴为土耳其基督教徒起义的领袖。派遣舰队去办这件事，几乎要驶遍全欧洲，而叶卡捷琳娜在四年前就认定舰队根本不中用。应该说，这种预见是十分可信的，而奥尔洛夫赶忙辩解。结果分舰队在斯皮里多夫统率下刚刚驶离喀琅施塔得（1769年7月），进入公海时，一艘刚建造的战舰，就不能继续航行。俄国驻丹麦和英国大使视察了通过的舰队，发现军官不学无术，缺少优秀水兵，病员很多，全队士气低落，对此颇感吃惊。舰队行进缓慢。叶卡捷琳娜心急如焚，敦促斯皮里多夫看上帝份儿上万勿延宕，振奋精神，切莫在世人面前丢脸。在分舰队的15艘大小舰只中，驶抵地中海的只有8艘。当阿·奥尔洛夫在里窝那视察分舰队时，他毛发悚然，痛心欲绝：既没有粮食和现金，也没有医生和内行军官。他禀告女皇："如果全体服役人员都像这支海军舰队一样紊乱无知，那我们祖国将会是最不幸的。"奥尔洛夫带着一支人数不多的俄军小分队迅速在摩利亚发动了起义，但未能使起义者形成巩固的战斗组织，旋即被赶来的土军打败，于是抛弃了希腊人，任凭命运去摆布。他因没有找到地米斯托克利分子而恼怒[18]。叶卡捷琳娜认可了他的全部行动。当时，他同前来的由埃尔芬斯通率领的另一支分舰队会合，追击土耳其舰队，并在开俄斯湾靠近切什梅要塞的地方追上了数量上超过俄国舰队一倍的土耳其大舰队。斯米尔契克在获悉"该舰队的装备"后害怕了；但是，恶境却激发了视死如归的精神，全体舰员一条心，"不是牺牲就是消灭敌人"。经过4个小时的战斗，结果尾随俄舰"叶甫斯塔菲伊号"的土耳其旗舰被炸，燃起大火烧毁，土耳其人便躲进了切斯梅海湾（1770年6月24日）。次日月夜，俄国人开出放火船，拂晓时密集在海湾的土耳其舰队被烧毁（6月26日）。早在1768年，关于着手进行海上远征的事，叶卡捷琳娜写信给一位大使说："如果上帝保佑，将会看到奇迹。"奇迹已经发生。出现了这样一件事：在群岛发现了一支比俄国更差的舰队。关于俄国舰队，奥尔洛夫亲自从里窝那写信讲道："如果我们的敌手不是土耳其人，我们就会随便被通通捻死。"但是，奥尔洛夫未能按预定的计划完成战局，即冲过达达尼尔直抵君士坦丁堡，再经过黑海返航回国。继群岛惊人的海战胜利，陆上在比萨拉比亚的拉尔加湖和卡古尔湖也取得了胜利（1770年7月）。占领了摩尔多瓦和瓦拉几亚，攻克了宾杰里；1771年，占领了茹尔日以下的多瑙河下游，夺得了整个克里木。看来，俄国南部政策的领土问题已经解决。弗里德里希二世本人认为，克里木合并于俄国是和约的温和条款造成的[19]。然而，彼得堡的政策在开创之初过分大胆，等到总结战果时却相当胆怯。原因是害怕因兼并库班河与德涅斯特河之间的以游牧为生的诺盖鞑靼人栖息的克里木和亚速夫—黑海草原这种大规模的行动会惊扰欧洲，于是想出了一个新的计谋：不把全部鞑靼人归并到俄国，而只让他们脱离土耳其宣布独立；确切地说，强迫他们脱离对同教苏丹的温和依附，而由严厉的异教女皇来保护。诺盖人答应了俄国的建议，但克里木汗懂得其中的奥秘，在给俄国全权代表的答复中率直地斥之为无稽之谈和狂妄之举[20]。1771年，克里木的被征服正是为了迫使其接受俄国的自由。在俄国的和约条款中，还提到了使俄国占据的摩尔多瓦和瓦拉几亚摆脱土耳其的问题。弗里德里希二世认为这样做是允许的。现在来对照战争结束和开始的情况，便知前后存在多大的差异。在土耳其帝国所属欧洲不同边区，对基督教徒预计实行两种解放：解放摩利亚的希腊人，解放摩尔多瓦和瓦拉几亚的罗马尼亚人。第一种解放因为未能完成而放弃了。第二种解放为了要讨好奥地利而被迫放弃。最后以第三种解放而结束：使伊斯兰教徒分离，使鞑靼人脱离土耳其人，这是战争开始时没有想到的，也是任何人，甚至被解放者自己都不希望的。早在女皇安娜时期，克里木就已经是俄军过往之地，现在重新被俄军占领，本来用不着一次战争，可是竟因此打了两次仗。

第二次同土耳其战争，是由第一次战争准备不周或伴随而生的疏忽现象引起的。受俄国保护的假独立的克里木，由于俄土两派内争剧烈和用强制手段撤换汗[21]，使俄国招致了比以前更多的麻烦。最后，决定把它合并于俄国，这就导致了同土耳其的第二次战争。由于这次战争，放弃了同普鲁士结盟的北方体系，而回到从前奥地利同盟体系。叶卡捷琳娜对外政策上的助理也更换了：由波将金、别兹鲍罗德科取代帕宁。虽然关系和人员变了，但先前的思维方式仍然保存。叶卡捷琳娜把自己大胆的计划叫作建立"西班牙城堡式"的一种习惯爱好。鉴于第二次对土战争，建议新的盟国奥地利建立两座城堡（1782年）：在三个帝国（俄国、奥地利和奥斯曼土耳其）之间，由摩尔多瓦、瓦拉几亚和比萨拉比亚组成一个以古代达基亚命名并由希腊正教的君主统治的独立国家；在战争胜利结束时，恢复希腊帝国，叶卡捷琳娜有意让她的第二个孙子康斯坦丁当帝国的皇帝。她在致约瑟夫二世皇帝的信中写道，土耳其废墟上两个新国家的独立存在，将保障东方的持久和平。约瑟夫表示完全同意，特别是奥地利能兼并土耳其的某个地方的情况下，他就绝对赞同。他同他的大臣考尼茨制订了计划，在俄国外交的这个希腊计划中，谋取德涅斯特河的霍丁要塞和从多瑙河支流奥列塔河到亚得里亚海的广阔地带，包括小瓦拉几亚、塞尔维亚、波斯尼亚，以至威尼斯共和国的省份伊斯的利亚和达尔马提亚。为此，威尼斯共和国将从土耳其领土摩利亚、克里特、塞浦路斯和其他岛屿获得补偿。而这一切都是为了某种达基亚国和没有希腊的希腊帝国！在这里考古学式的复古政策同现实利益的政策，即掠夺领土的意图汇合在一起了。第二次战争[22]是用人命和钱财的高昂代价取胜的战争（1787—1791年），其结局同第一次战争所要达到的目的一样：控制了克里木，夺得了奥恰科夫至德涅斯特河的草原，俄国边境的黑海北岸得到了巩固,没有出现达基亚国,也没有第二个孙子登上君士坦丁堡的皇位[22]。

东方问题的扩大 然而,东方问题并没有因此而消除。同土耳其的斗争,解决了一些问题,也引起了另一些问题,东方问题因此扩大了。号召臣服于奥斯曼土耳其政府的各少数民族起义,最初只不过是为了给敌人制造麻烦的宣传手段;照叶卡捷琳娜的说法,煽动鞑靼人、希腊人、格鲁吉亚人和卡巴尔达人的人心,是让土耳其陷入四面楚歌之境,并没有盘算在这个废墟上建立什么。阿列克谢·奥尔洛夫受了感动,一心指望,在把土耳其人从欧洲驱走的地方重新建立虔诚区。甚至在尼基塔·帕宁的方案中发挥了叫人心满意足的创造性智慧,主张俄国同普鲁士和奥地利结盟(1770年),目的是把土耳其人赶出欧洲,奥地利可从土耳其领土中获得报酬,连同君士坦丁堡在内的土耳其剩余领土则成为共和国[23]。这个三角同盟是帕宁外交马车的新套马术,结果土耳其共和国则与土耳其空闲地上的奥尔洛夫虔诚区相当。这个外交狂想临第二次土耳其战争时,才开始变为以历史回顾或宗教—民族关系为基础的更坚定的计划。但是,计划的创立者,根本不了解宗教利益和民族利益是政治结构的基础,而把土耳其斯拉夫人地区并入奥地利,把东正教希腊人地区并入天主教威尼斯;第一次土耳其战争前夕,在彼得堡有人劝说奥地利大使,对奥地利来说,占领贝尔格莱德及其周围,要比西里西亚有利得多,并劝他朝这个方向行动。然而实际上,事件没有遵循外交设想的框框,而是依军队运动的地理距离而定。因此,解放摩利亚希腊人的企图,以解放克里木鞑靼人而结束;把东正教格鲁吉亚发动起来了,却把对伊斯兰教卡巴尔达的兼并列入了和约条款。在凯纳吉条约(1774年)中,对奋起为自由而斗争的希腊人,只说到大赦,而为本公国的解放未尽半点力的摩尔多瓦和瓦拉几亚的大公,却在俄国驻君士坦丁堡大使的庇护下,获得了通过本国代办向奥斯曼土耳其政府请愿的权利;这个权利成了多瑙河两公国[24]自治的基础。俄国大使对摩尔多瓦—瓦拉几亚的保护扩大之后,变成了俄国对所有土耳其基督教徒的保护。由于这种因素,东方问题从19世纪初就提上了俄国对外政策的日程。在俄国保护者的庇护下,一片接一片的欧洲土耳其领土,按地理上接近俄国的顺序,脱离了奥斯曼土耳其;有时这个顺序因这个或那个民族或迟或早的政治觉醒而受到破坏。事情从多瑙河两公国开始,由塞尔维亚和希腊继续进行,在保加利亚停住了。

同波兰的关系[25] 在西部罗斯或波兰问题上,假定政治幻想不多,那么却有不少外交幻想,不少自欺自慰(误会)和矛盾百出的事。问题出在把西部罗斯同俄罗斯国家重新合并;早在15世纪,这个问题就已存在,一个半世纪来一直朝着这个方向在解决。18世纪后半期,西部罗斯本地的人也是这样理解的。叶卡捷琳娜从前来参加1762年加冕典礼的白俄罗斯主教格奥尔基·康尼茨基的通报中已看出,问题不在于政治派别,不在于保障国家制度,而在于因民族宗教的本能使各方痛苦加剧的互相残杀;任何条约和任何保护人,都无法用和平手段解开这个民族宗教的死结;势必求助于武装占领,而不是外交干涉。叶卡捷琳娜的疑问是:俄罗斯国家去保卫波兰东正教徒能从中得到什么利益?当代一位司祭直截了当地做了回答:俄罗斯国家遵守教规,就能从波兰人手里获得包括无数东正教民在内的600俄里最肥沃的土地。叶卡捷琳娜未能把问题的这种笨拙直率的提法同自己政治思维的死板公式加以衡量,而要通过曲折的外交途径疏通民众心理上的问题。普遍存在的民族宗教问题被三个局部问题(领土、保护和警察问题)所取代:设想把西北边界延伸到西德维纳河和第聂伯河(包括波洛茨克和莫吉廖夫),力争恢复被天主教徒剥夺的东正教徒的权利,要求停止继续收容俄国大批逃亡者并将他们交还。俄国政策的最初纲领就限于此。关于对同教者和其他异教徒实行保护的异教徒问题,按当时的情况,保护他们同天主教徒享有同等权利,对于叶卡捷琳娜来说是特别重要的、最得人心的事,但是困难也特别大,因为会触动好多人的痛处和好斗需求。但是恰恰在这个问题上,暴露出叶卡捷琳娜的政策最不善于根据形势来考虑行动方式。处理异教徒问题必须使用强权手段,否则就不能赋予国王斯坦尼斯拉夫·奥古斯特四世这个怯弱的人以力量和权力,因为他要履行同普鲁士签订的条约,即不允许在波兰实行可能加强王权的任何改革。斯坦尼斯拉夫依然无能为力,照他的说法"毫无作为",没有俄国的补贴,就穷困不堪,有时连同他的宫廷人员不足糊口之资,靠零星的借债度日[26]。拿自己的保证叫国人维护使无政府状态合法化的波兰宪法,连他们自己也为之愤慨,在这种无政府状态下,从波兰得不到半点好处。何况,帕宁给异教徒问题作的安排是很虚假的。俄国政府要求东正教徒权利平等,也许是政治上的平等,也许是宗教上的平等。东正教徒期待于俄国的首先是宗教平等、信仰自由、恢复被天主教徒和联合教派夺走的教区、寺院和教堂,使被迫改宗的联合教徒有恢复对东正教神父信赖的权利。政治平等、参与立法和管理的权利,对他们来说是不抱什么希望的,甚至是危险的。在共和国,只有贵族享有政治权利。罗斯东正教贵族上层已经波兰化和天主教化,保全下来的是贫穷和无教养的贵族,在东正教贵族中间,很难找出有能力充当议会议员和参加参议院、胜任某种国家公职的人。正如俄国驻华沙大使在致本国宫廷的信中所写的,因为所有东正教贵族亲自耕种土地,没有受过任何教育[27]。甚至白俄罗斯主教格奥尔基·康尼茨基——西部罗斯东正教的首脑,根据其教职应当参加参议院,但无法取得席位，因为他不是贵族出身。更何况，政治平等使力量单薄的东正教贵族感到害怕，因为被迫同自己的敌人分享统治权的天主教统治贵族早已愤恨不平。所有这一切遏止了异教徒对政治权利的追求。与此相反，帕宁却竭力为政治平等而奔走。作为东正教大国的大臣，他为信仰自由奔波的时候，发现在波兰加强东正教或新教有损于俄国。新教能使波兰人摆脱愚昧状态，并引导其国家制度作出危害俄国的改进。"对我们同一教派的人不存在这种不方便的情况"，也就是说，绝不应担心根除愚昧和改进国家制度与东正教无关。但是，由于我们的努力，努力得到加强的东正教徒闹独立是多余的。应当赋予他们政治权利，目的只是为了在他们中间组成可靠的政党，让它享有参加波兰一切事务的合法权利，唯有在我国的保护之下，"我们才可永远地享有这种保护权"。北方体系富于幻想的田园诗人在这里成了真正的权术家。俄国政府通过组建贵族党的办法，也就是在俄国军队压力下组织的武装反抗，通过对克拉科夫主教索尔蒂克之流最固执的反对派的逮捕，达到了自己的目的：俄国对宪法的保证、异教徒信仰自由、异教徒同天主教贵族政治上平等，议会都通过了。但是，帕宁失算了，异教徒的恐惧发生了。异教徒的平等激动了全波兰。批准2月13日条约的议会刚散，律师普瓦夫斯基就在巴尔开始鼓动波兰贵族党反对议会。由于他的缘故，全波兰到处都掀起反异教徒的贵族党的浪潮。来自破落贵族、地主仆役、城市和乡村无家可归的游民和流浪汉，统统汇集在波兰贵族党的旗帜下，一伙一伙地散到全国，在信仰和祖国的名义下掠夺尚未破产的人，异教徒和犹太人忍受最大的痛苦。按照通常波兰贵族结党的权利，凡是贵族党活动的地方，当地政权就撤销，并且处于完全无人管理的状况。这是波兰贵族式的普加乔夫起义，其风尚和手段一点也不如俄国农夫；很难说，它们之中哪一种会给国家制度蒙受更多的耻辱，尽管两种运动的起因截然相反：那里是压迫者为争夺压迫的权利而杀戮，这里是被压迫者为挣脱压迫而杀戮。俄国女皇主张共和国有制度、有法律，波兰政府让她镇压叛乱，而自己充当好奇的旁观者。在波兰的俄军达到1.6万。正像当时人们所说的，这个师同半个波兰作战。大部分军队分布各城市驻防，只有四分之一的人追捕贵族党人；但是，正像俄国大使报告的，尽管紧追不舍，终未追上，只不过枉费心机。贵族党人到处得到支持，中小贵族秘密地供给他们全部的必需品。僧侣掀起的天主教狂热发展到顶点，受这种狂热的影响，一切社会和道德关系全都搅乱了。上面提到的主教索尔蒂克临被捕前向俄国大使表示，自告奋勇去劝说天主教徒向异教徒让步，只要大使允许他为维护本党的威信，照常以宗教英勇战士的身份活动，也就是允许他做一个骗子手和煽动者。俄国内阁确信，俄国大使不能承担本国政策的后果，便授命他诱劝异教徒牺牲赐予他们的一部分权利，以便保持其余的权利，并呈请女皇容许他们做这样的牺牲。叶卡捷琳娜允许了，即被迫放弃了异教徒参加参议院和内阁的权利，只是在第一次瓜分波兰以后，1775年，才确认了异教徒享有被选入议会和担任一切公职的权利。不直接提出异教徒问题的原因之一，是出于与此相连的警察事务上的考虑。俄国贵族专制统治制度沉重地压在下层阶级肩上，以致老早就有成千上万的民众逃往自由的波兰，在放任的波兰贵族土地上，生活过得不错。所以，帕宁特别认为，给予共和国的东正教徒过于广泛的权利是有害的，因为"当信仰自由同各方面已是自由民族的利益相结合的条件下"，俄国的逃亡现象会更加厉害。俄国政界用贵族党人的同一观点看待共和国东正教平民，因为他们把平民，即同一信仰的人当作干涉波兰事务的借口，但是不愿用作反对统治阶级的政治鼓动材料，因为他们本身就处在这一阶级的地位。

在乌克兰，异教徒问题加剧了东正教徒同联合教徒以及天主教徒之间早就一直不断进行的斗争。这种情况既鼓舞了前者，又激怒了后者。东正教徒对贵族党的回答是海达马克暴动（1768年）。参加暴动的海达马克分子，就是来到草原的俄国逃亡者，同他们一道奋起反抗的有热列兹尼亚克率领的查坡洛什人、定居的哥萨克和以百人长冈塔和其他领袖为首的农奴。出现了伪造的叶卡捷琳娜女皇的敕令，它号召为了信仰行动起来反对波兰人。暴动者照样屠杀犹太人和贵族，对乌曼实行了屠城。国王斯坦尼斯拉夫就暴动事件做了这样的表述：希腊东正教和农奴的狂热，用火与剑同天主教和贵族的狂热做斗争，而俄军却平息了俄国的暴动，暴动者逃避了刺刑和绞刑，恢复了先前的状态。俄国政策表现的这种二重性，使西部罗斯的东正教徒不能理解，俄国究竟要为他们干些什么，是使他们从波兰统治下获得彻底解放还是只争个平等，是使他们摆脱天主教僧侣和联合教教士还是摆脱波兰地主[28]。

瓜分波兰 自从国王奥古斯特三世去世（1763年），在波兰延续六七年的混乱期间，俄国的政策还看不出有重新合并西部罗斯的意图，因为保障问题、异教徒问题、贵族党问题就已经够呛了。帕宁对俄国"永远地"享有对异教徒保护权的关心，不久就表明，这种念头同他是格格不入的。

俄国内阁起初只满足（只是设想）于修改波兰方面的边界，对弗里德里希因在波兰的合作取得某种领土酬报也心甘情愿。但是，俄土战争使情况更加复杂。弗里德里希最初害怕这次战争，因为他担心奥地利因抱怨俄普同盟而干预战争，会站在土耳其一边，而连累普鲁士。为了消除来自柏林方面的这一危险，从战争一开始，就产生了瓜分波兰的思想。这种思想不属于任何人，它是从共和国的全部制度、生活方式和邻国的包围中自然地形成的，从17世纪起[29]，在外交界早就议论纷纷。弗里德里希二世祖父和父亲时期，就曾经三次向彼得一世建议瓜分波兰，并始终不渝地要求把东普鲁士同勃兰登堡分开的伤脑筋的中间地带西普鲁士让给普鲁士国王。弗里德里希二世亲口承认，他非常害怕俄国势力强大，曾试图不通过战争、不付出牺牲、不去冒险，而只通过巧妙的手法，从俄国的成果中得到好处[30]。俄国同土耳其的战争，给他提供了希望的时机，照他的说法，他紧紧抓住了这个机会。按照他的计划，促使俄国同普鲁士结成同盟，引起奥地利对这两个国家抱敌对态度，以便在对土战争中给俄国以外交上的而绝不是军事上的协助，这样三个大国将不是从土耳其，而是从造成战争借口的波兰获得领土的补偿。照帕宁的说法，经过三年"假仁假义"的谈判，参加者把地区和居民当作纸牌玩来玩去，牌局的结果是这样：摩尔多瓦和瓦拉几亚，这两个由俄军从土耳其人手中夺来的基督教公国，本来从土耳其压迫下解放出来是经过庄严许诺的，但是在盟友弗里德里希的坚持下，重新落入土耳其桎梏。现在俄国内阁用来替换这种让步的办法是伙同波兰邻国合谋蚕食波兰。然而这个内阁却曾承担维护基督教波兰领土完整免受贪婪邻国掠夺的义务。结果是这样：波兰一些地区顶替土耳其领土作为战争费用和胜利果实划归俄国；另一些波兰地区分别划归普鲁士和奥地利，其用途是，对前者似乎是抵偿补助金和报答它，处理问题采取了新的办法和方式，对后者是抵偿它放弃了因俄普同盟引起的对俄的敌视态度。最后，在1772年（7月25日），三个参与分赃的大国达成了协议。根据协议，奥地利获得早在瓜分前就已占领的整个加里西亚及其周围地区，普鲁士获得西普鲁士和若干其他地区，俄国获得白俄罗斯（今维帖布斯克省和莫吉廖夫省）。俄国这个在土耳其战争和对付波兰骚乱中承受了全部重担的国家分得的数目并不是最大的。根据帕宁的计算，按人口密度，俄国居中；按收入，俄国居末；人口最多的一份属奥地利，收入最多的一份属普鲁士。但是，当奥地利大使向弗里德里希亮出他的那一份时，国王忍不住瞅了一下牌，不无感叹地说：“先生，见鬼！我发现您有极好的胃口，因为您的份儿居然等于我的与俄国的加在一起那么大；的确，您的胃口特好。”然而，弗里德里希瓜分到的要比其他两个伙伴多，对此他很满意，以致得意忘形，也就是说想充当一位良知，因为他承认，俄国有处理波兰的许多权利，"至于我国对奥地利，就绝不能那么说"。他看到，无论在土耳其，还是在波兰，俄国在行使自己权利方面很糟糕，感到从这些错误中他增添了新的力量。其他的人也有所觉察。法国大臣就幸灾乐祸地预先警告俄国代办，俄国在促使普鲁士强大方面出力不小，总有一天因它的强大而后悔莫及。在俄国，也有人责怪帕宁过分加强普鲁士，他自己也意识到，他走得比希望的要远；奥尔洛夫伯爵认为，瓜分波兰的协定，如此加强了普鲁士和奥地利，是一种足够判处死刑的犯罪行为。无论怎么说，在欧洲的历史上，下面这种情况将成为罕见的事实：一个在统治制度上具有民族主义倾向的斯拉夫—俄罗斯国家竟帮助一个领土分散的德意志选侯国变成一个大国，它的领土分布在辽阔完整的地带，也就是从易北河到涅曼河之间斯拉夫国家的全部遗址上。由于弗里德里希的过失，1770年的胜利，给俄国带来的是荣誉多于利益。叶卡捷琳娜从第一次土耳其战争和第一次瓜分波兰所得到的是：取得独立的鞑靼人、白俄罗斯人，而在道义上吃了大败仗。在波兰、西罗斯、摩尔多瓦和瓦拉几亚、黑山、摩利亚，激发了人们那么多的希望，但没有收到预期的效果。

继续瓜分 我不想详细叙述以后两次瓜分波兰的情况。这两次是第一次瓜分的必然继续，是由同样的原因引起的，类似现象同时存在。参与瓜分的还是那些股东,采用的是同样的瓜分方式。波兰现在用自己的土地来支付奥地利和普鲁士对革命的法国作战的费用,像以前支付俄国对土战争的费用一样。以前的牌局仍在,只是换了手法:俄国不再同普鲁士结盟来反对奥地利,而恰好相反。不过,今天的盟友不比以前的敌人好。波兰的革新党在四年议会(1788—1791年)期间,制定了在1791年5月3日勉强用革命方法通过的新宪法,内容包括王位继承权、没有自由否决权的议会制、允许市民选举议员、异教徒完全平等、取缔贵族党。但是,年老的信徒照旧组成了贵族党(在塔尔果维茨),并召来了俄国军队,普鲁士军队没有应召。半个波兰又一次被俄军占领。从前外国干涉的借口,由于新的"极端学说"而复杂化了,这种学说就是"民主精神"的毒菌,它已传染到对邻国[31]有极大危险的波兰。第二次瓜分(1793年)以后,人口1 000万、国土跨"两海"的共和国,缩小成为地处维斯瓦河中上游和涅曼河—维利亚河之间仅300万居民的一个狭小地区,保持着从前的宪法,国王的对外政策听从俄国的监督。1794年具有对俄普宣战和科斯丘什科专政性质的起义,是波兰的垂死挣扎。国家再一次被俄军占领。三个大国之间瓜分波兰剩余部分的协定,以国际决议的方式确认了波兰国家的灭亡(1795年10月13日)[32]。

瓜分的意义 我们把波兰问题的始末作一总结。本来面临的情势是重新合并西部罗斯,结果却瓜分了波兰。显而易见,这在本质上是不同的行为:前者是俄国人民的切身利益所使,后者是国际性的暴力所为。解决的方式与要完成的任务并不相符。诚然,西部罗斯并入了俄国;但是,从另一种政治目标看,可以说,它不是为了俄罗斯人民的政治统一,通过俄国同波兰进行一对一斗争的结果,而是为了强权,把它当成三个邻国掠夺勾当中的一份。俄国不仅合并了西部罗斯,而且还有库尔兰在内的立陶宛;但是西部罗斯也不是全部,加里西亚就让给了德意志人。有人说,在第一次瓜分时,叶卡捷琳娜为这个让步而哭了。21年以后,在第二次瓜分时,她心平气和地说,"将来一定要同皇帝交换加里西亚,但现在还不是时候"[33]。但是,加里西亚在第三次瓜分以后仍归属奥地利。波兰[34]在东北欧国家的家庭中,并非是一个多余的成员,它充当了三个强大邻国之间软弱的中介人。但是,它摆脱了使它削弱的西部罗斯,改造自己的国家制度,这是瓜分时期它的优秀人士竭力谋求的;它有可能为斯拉夫人尽责效劳,为国际均衡效力,成为反对竭力向东扩张的普鲁士的坚强堡垒。随着波兰的垮台,任何国际缓冲剂都未能使所谓三个大国之间的冲突有所减弱。该感到更难过的正是俄国,因为它在涅曼河的边界同普鲁士前哨毗邻,安全就更难保了。叶卡捷琳娜随便讲述了一段胡话。她说,弗里德里希的继承人、虔诚的信徒弗里德里希·威廉二世,"梦想求助于幽灵,一连两个礼拜身着衬衣,腰佩宝剑,在同基督交谈后受基督的禁止,才没有向我们宣战"。一个同幽灵打交道的人醉心于明智的计谋。况且,"我们的生力军减少了"——一个斯拉夫国家变得很小了;它被并入两个德意志国家,这是斯拉夫族的巨大损失。俄国未占有波兰任何固有的地方,只夺回了古时候就是俄国的领土和立陶宛的一部分,这一部分曾经被并入波兰[34a]。但是,随着俄国的参加,宽大的新墓穴把斯拉夫族的墓地扩大了,别的不说,我们西斯拉夫同胞都被埋葬在这里。历史已(向叶卡捷琳娜)指明,要从波兰收回的是曾经属于她的俄国部分,而不是怂恿她去伙同德国人瓜分波兰。应当把波兰放到民族疆域内来考虑,使它成为真正波兰人的波兰,而不是德意志人的波兰。国民现实的理智是要求把西部罗斯从波兰化中挽救出来,而政府的政策偏要叫波兰德意志化。在没有俄罗斯人的地区，在本民族的疆域内，甚至在国家制度已经改变的情况下，独立的波兰对俄国，与波兰成为奥地利和普鲁士的省份比较，那危险就少得多了。最后，消灭波兰这个国家没有使我国避免同波兰人民的斗争：在第三次瓜分波兰以后不到70年的时间，俄国就已经同波兰人进行了三次战争（1812、1831和1863年）。共和国的幽灵从历史的墓穴中站起来，化为活生生的人民力量。也许，为了避免同人民作对，要保护好人民的国家。[34*]

对外政策的总结和性质　摆在日程上的两个对外政策问题解决了，虽然有动摇、付出的牺牲太多，有偏离捷径的地方，但从第聂伯河到库班河之间的黑海北岸得到了巩固，南部草原这个自古以来凶猛牧民的巢穴，纳入了俄国国民经济的流通轨道，开辟了定居的垦殖区和种植地，出现了许多新的城市（叶卡捷琳诺斯拉夫、赫尔松、尼古拉耶夫、塞瓦斯托波尔等）。据叶卡捷琳娜说，第一次土耳其战争前，黑海没有出现过一艘俄国船只[35]，1774年的条约，为俄国商船打开了黑海自由航行之路。1776年俄国黑海贸易周转额不到400卢布，到1796年几乎增长到200万卢布。新的政治力量增进了经济利益：随着克里木的合并，塞瓦斯托波尔出现了舰队，它保障了沿海领地，并成了俄国保护东方基督教徒的支柱。1791年，海军中将乌沙科夫在能看到伊斯坦布尔海峡的距离内，成功地同土耳其舰队进行了决战，在叶卡捷琳娜的脑袋里又一次闪现了可能直抵君士坦丁堡的念头。

另一方面，由于几乎整个西部罗斯被重新合并，这样，全罗斯这一极富荣耀的准确表述具有了与现实相关联的意义。在西部获得的地区，当时估计有677万人，大部分是罗斯土著居民；在南方，人数不多、有20万伊斯兰教徒和基督教徒。西部合并地区正在组成10个省，南部组成3个省。叶卡捷琳娜的国际策略手段大大降低了在解决两个问题方面所得成果的价值。在统治的初期,叶卡捷琳娜抱定同一切大国友好相处的目的,以便随机站到最受压迫的一边,据此成为欧洲的第三个仲裁人[36]。在当时欧洲的政治形势下,很难扮成这样的角色。那时候,大陆大国和大部分小国推行的欧洲国际政策,起作用的不是各国人民,而是宫廷和内阁。人民的利益隶属于外交利益和风格,或者通过外交思维的棱镜(它歪曲而且往往摧残人民的利益)渗入到政治。所有这些内阁的大师们——舒阿泽尔、考涅茨、格尔兹别尔格之流打完最后几手牌,革命还来不及把他们丢满一地的牌扔出窗外,就到了维也纳会议。这个会议再次把欧洲变为内阁外交的赌场。这些赌徒深知自己本行的价值,都去寻找不会客套的人,而不是任何仲裁人[37]。叶卡捷琳娜通过驻彼得堡的各国代表,认识了这个政治世界,懂得了在这个世界上成就寓于影响之中,而他们未能建立功业,谦恭会被看作软弱的表现。然而,为了国内的影响,她需要影响力。她大胆迈开步伐,走进了这个政治世界,摆出一副傲慢自大的神态,引起了外国大使们的抱怨。在处理离得最近的周边国家库尔兰、波兰、瑞典的对外关系中,她没有以和解的中介人身份出现,而是挑衅的一方。她拉帮结派、玩弄阴谋、收买行贿,到处树敌。最后使自己的国际政策一片混乱,她自己把这种混乱比作一团烂泥:一只脚刚拔出来,另一只脚又陷进去。[38]她在执政的34年间,不是同所有大国友好,而是使俄国几乎同所有国家闹翻,并以流血最多的朝代之一载入我国史册。她在欧洲进行了六次战争,临死前还在准备第七次,即同革命法国[39]的战争。她在欧洲的仲裁全靠她的手腕和毫无责任感的政权,实际上已构成对别国事务的直接干涉。假如叶卡捷琳娜的政策不是经常遭受削弱的危险,那就会惹出许多麻烦。这种危险来自她的政策缺少远见,办事不会准确地审时度势,不坚决把事情贯彻到底。叶卡捷琳娜承认,她办事的前半段是好的,一开始就远大计划发表豪迈的演说,随后环顾四周,遇到了障碍,于是搞交易、作让步、缩小自己的打算,有时向大臣呵斥:"顽强地挺住,不后退一步!"——终究还是退却了。于是,转而在体面原则的掩饰下,策划别有用心的计谋[40]。当法国革命爆发时,叶卡捷琳娜认识到它的严重影响,对路易十六的胆怯行为表示愤慨。还是在1789年,她在向他预示英国查理一世的遭遇之后,号召亲王,即国王的兄弟要同心同德,有英勇气概,还说必须给他们鼓气。她已走投无路了。她表示,要促使奥地利和普鲁士为了君主政体的原则而去对付革命的法国,可是她自己暗地里的真实想法是,希望奥地利人和普鲁士人陷入法国事务,以便使自己腾出手来,因为"我有许多未做完的事情,必须叫他们忙着,不来打扰我"。[41]叶卡捷琳娜想按自己的意见处理波兰事务。但是,奥地利人和普鲁士人看透了无法掩饰真相的诡计,缓慢地向法国推进,对各项原则不感兴趣,一心渴望在维斯瓦河获得战利品,故对莱茵河遭到的损失不心痛,并且在俄国的协助和参与下,圆满地完成了对波兰的瓜分。相比之下,俄国在西方还不够强大,它自身的强大,是以付出巨大牺牲为代价,而换来的却是敌人未付出任何牺牲而得到加强。但这不认为是重要的,而看成是细节,因为叶卡捷琳娜自认为,她习惯于做大事,而不喜欢区区小事。大事就是700万新的臣民和在国内外的强大影响。政治世界认为叶卡捷琳娜是"欧洲的大人物和唯一的女强人"。[42]在俄国,即便遥远偏僻的地方,人们久久记得并常说:在这个朝代,邻国没有欺凌过我们,而我国士兵却战胜了一切敌人,为此而受到赞誉。继帕宁之后最著名的外交家别兹鲍罗德科,在其仕途告终之时向年轻的外交家谈话,用简练的形式表达出最简单而普遍的印象:"我不知道,你们的情况会怎样,在我们那个时候,欧洲没有我国的允许,谁也不敢放一炮。"

第七十七讲

形势——旅途感受——改革的开始——御前会议草案——叶卡捷琳娜二世的政治思想——《圣谕》的起源、结构和文献——对《圣谕》的检查和批评——《圣谕》的内容——《圣谕》的主旨

叶卡捷琳娜的对内政策就其任务来说，并不比对外政策简单。对外政策需要显示帝国的力量和满足民族感情，而对内政策要表明政权的显赫，巩固政权的代表者的地位，并协调敌对的社会利益。此外，动用武器不利于对内政策：代替武力的是建立光荣功绩的外交，即富有机灵谋略的外交。在这方面官员们是一些进退维谷的因循守旧（墨守成规）之辈，贵族不学无术和"衰颓怠惰"，前一等文官别斯图热夫—留明为此而痛惜埋怨。

形势 叶卡捷琳娜早在即位以前就着手研究帝国事务发展的进程，现在继续加强了，这为她开辟了新的更广阔的研究途径。她经常出席参政院会议，听取枢密官的报告和讨论，亲自通读某些卷宗，进行查阅，询问所有的人，过问每一件事。这样，便形成了她即位时帝国状况的景象——这就是她在早期和晚期的日记和记事中描述的一幅极其阴暗的图景。我们已经看到，她所遇到的军事力量和财政正处在一种什么样的境况。伊丽莎白和彼得三世独揽国库收入，凡请求他们拨款以应国家之需，他们就愤怒地回答："你们愿意，就到有钱的地方去找钱吧！休想动用我们的钱。"因此，国

库几乎不向任何人付钱。彼得堡的面包上涨了一倍。几乎所有的贸易部门都变成了面临破产危险的私人专营企业。为一件小事动辄严刑拷打和处罚,以致使人心变得残忍,根本想象不到会采用别的较为人道的审判方法。监狱有人满之患。伊丽莎白女皇临死前释放了1.7万人。1762年叶卡捷琳娜即位时仍有8 000人在押。在残暴横行的时代,审判可以高价收买。[1]法律多如牛毛,朝令夕改;法院完全不关心保护法律,只是在对有钱有势的人有利的时候,才利用法律。所有的审判机关都有越权行为。一些人停止活动了,另一些人被镇压。人民对行贿受贿怨声载道,而省长们及其职员因为领不到薪俸靠贿赂为生。参政院的决定要等到第三道命令公布方可执行。连彼得一世奉为珍宝的参政院这个法律制度的最高维护者,都变成了总检察官格列波夫手中完全不干正事的机关。叶卡捷琳娜称他为"欺诈者兼骗子手"[2]。参政院成员全部而不是摘要地听取上诉案件,光宣读马萨尔斯克城的放牧案就一连拖了六个星期。[3*]参政院委派省长们赴各城市,但是没有城市清单,也不知道有多少城市,讨论时从不查阅帝国地图,以致连自己也不知道在干什么。其实,参政院从建立时起,就从没有地图;有一次,叶卡捷琳娜到了参政院,掏出5个卢布,派人到科学院购来印好的地图册赠给了参政院。参政院作为国家经济的最高检查部门,不能制定准确的预算一览表[3a]。叶卡捷琳娜即位后,参政院向她呈递了一份入款清单,进款数为1 600万。叶卡捷琳娜吩咐重新计算,计算委员会总计收入为2 800万,其中1 200万参政院不知下落。但是,它在挥霍国家财产和收入方面,却不惜花费巨大精力。它把所有海关以200万让出。当叶卡捷琳娜将其收交官营时,仅彼得堡一地海关收入就有300多万。伊丽莎白在位的末期,参政院擅自把官办工厂转归最重要的朝臣——舒瓦洛夫、沃伦佐夫、车尔尼雪夫等家族私人所有，并分发了 300 万卢布的开办费。工厂主在首都挥霍贷款，付给工厂农民微薄工资或分文不给，结果 4 900 万工厂农民暴动，只好派遣装备大炮的讨伐队，工厂负债重新收归官产[3*]。通过公债形式和其他手段总共盗用了 400 万款项和价值 700 多万的地产和矿产，当国库要求归还早已被挥霍的款项时，就埋怨国库不公正。政府已威信扫地，所有的人已习惯于这样考虑，政府除了发布有害于公益的命令，已无法发出任何别的命令。这就意味着，在人民的心目中，国家已经丧失了它的意义，甚至蜕变成了某种反人民的阴谋，照叶卡捷琳娜的说法，对人民隐瞒了法官和其他官员的错误。如果说，除了无政府状态的皇位继承法，缺乏基本法是对这种情况的一种补充的话，那么叶卡捷琳娜描述的形象，就会给亚洲专制国家提供一幅完整的图画，在那里个人的专横代替了法律和制度。彼得一世给俄国留下了一座"尚未完工的大厦"，已树好庞大的支架，但缺房顶、缺门窗，和已安装了门窗的框架。在他以后，继续统治的有他的同僚，接着是外国人，尔后是伊丽莎白的平庸之辈，他们都没有建成大厦，反而毁坏了已准备好用来建立规章制度等的材料[4]。

旅途感受 叶卡捷琳娜即位后，希望弄明白人民，也就是想弄清楚这个不好治理的国家，希望不靠来自离宫廷遥远地方的消息，也不根据朝廷的传说，而是就近直接地观察国家的生活。为此[5]，她在即位后的头几年做了多次巡游：1763 年，巡游了罗斯托夫和雅罗斯拉夫尔；1764 年，访问了波罗的海各省；1765 年，游览了拉多加运河，她发现这是一个风光秀丽的地方，但是无人照管；最后一次是 1767 年春，她决定走访亚洲，她的意思就是游览伏尔加河。在大队侍从（达 2 000 人）和整个外交使团的陪同下，她从特维尔乘小船驶抵辛比尔斯克，由这里经陆路返回莫斯科。在这次巡游中，她获得了许多有教益的发现。第一，她看到，在自己的臣民中她拥有很适合治国的好材料,这就是要博得人民的好感,给他们做好该办的事情是远远不够的,因为到处都出现了欢迎女皇的难以用言语形容的狂热场面。叶卡捷琳娜在旅途中写道,甚至外国人,即外国的大使们,目睹人民的喜悦情景,无不感动得流泪。在科斯特罗马,负责考察的车尔尼绍夫伯爵,被当地贵族"彬彬有礼和亲切的"态度所感动,整个欢庆宴会上他热泪不止。在喀山,人们并排躺下代替地毯让女皇走过。叶卡捷琳娜写道:"在途中的一个地方,农夫们举着蜡烛,前来朝拜我,结果被赶走了。"这是普通的伏尔加人对巴黎明哲之士的报答,即对这些人士尊称为沙皇村女神的叶卡捷琳娜的报答。旅途走马观花的视察,为叶卡捷琳娜启示了不少执政方面的思考。在途中她遇见"地势很好而建筑很坏"的城市。人们的文化水准低于周围的自然环境。叶卡捷琳娜从喀山给伏尔泰的信写道:"这就是我的亚洲之行。"喀山这个城市形形色色的居民使人非常吃惊。她写道:"这是一个独特的王国,有那么多值得注意的各式各样的目标,在这里可以花上十年时间收集各种思想。"[5]辛比尔斯克是最悲惨的城市,所有的房屋因欠款全被没收。她感到,伏尔加河人民丰衣足食,生活非常富裕:人人吃面包,不闻抱怨声;城市里物价很高,农村去年未脱粒的储备粮还很充裕;农民担心歉收自行禁止售粮。

改革的开始 积累的考察资料还没有来得及形成完整的改革计划,对外政策还不可放松注意力的时候,叶卡捷琳娜就忙着修补她在综述情况中指明的管理上的严重缺陷。由于农民骚动和谣传,即位后第六天颁布了一道敕令,它使地主可望占有地产和农民的权利不受侵犯。废除了许多的包销权和专营权。为了降低粮食的价格,暂时禁止粮食出口。食盐的官价从每普特50戈比减到30戈比,为了填补食盐收入的差额,叶卡捷琳娜从盐税收入的100万卢布中减少了 30 万卢布的皇室费用。同时，女皇向参政院宣布，她本人属于国家，她认为自己的一切也属于国家，今后在她和国家利益之间不应当有差别。参政院的成员当场起立并含泪感谢"明达深情"。叶卡捷琳娜做了补充。制定收支一览表的工作就此完成。叶卡捷琳娜坚持对罪犯施行拷打和没收财产要限制，但是没有决定废除这两种由法律确定的制度。颁布了反对贪污行贿的严厉敕令。一个参政院书记官被推上参政院广场的耻辱柱，向彼得堡居民示众，以儆效尤，他胸前的罪行牌写着："违抗法令之受贿罪犯。"施行新的官员编制并且规定了养老金、抚恤金。为了抵补新的开支，提高了盐的价格。官吏机构渎职成员和放肆的参政院成员都逃脱不了惩罚。1763 年，参政院"因内部不和、互相敌视和仇恨"以及派性作怪受到严厉警告[6]。有时，参政院成员伙同总检察官不择手段从事酒类专卖的丑行受到指责。居民区的教会财产国有化这件难办的事业已完成，由此仅在大俄罗斯境内就给国家提供了 89 万卢布的纯收入，这些钱用于教会和慈善机构的正常开支（1764 年 2 月 26 日敕令）。最后，1765 年，成立了国家土地测量委员会，这是伊丽莎白女皇时期没有完成的基础工程。头三年的这些措施，应该说产生了良好的影响，甚至收到了实效。税收负担有所减轻，促进了普遍缓和的气氛，给腐败的统治集团带来了某种生机，官员受到惩戒，但是对叶卡捷琳娜来说，最重要的是她的政府博得了某种信任。她本人对采取的措施取得的成就自然很满意。她在一本早年的笔记里写道，活跃了商业，废除了专卖，平息了暴乱，现在人们有工作有报酬，出卖审判的现象少多了，法律受到尊重并付诸执行，所有司法机关都恢复了职能，等等。[7]

御前会议草案 但是所有这些措施只是细节，大部分几乎是零星琐事。7月6日的诏书允诺普遍进行行政改革，宣布了在法律范围内始终有效的政府法规。然而，中央机关仍存在着非常明显的缺陷，即集中于君主一人的立法权，没有任何的合法建制，没有辅助这项工作的机关。立法的倡议权归参政院的总检察官，不过这只是偶尔有之，譬如属参政院受理和审判权限范围的案件要求新的法律的时候，才可这样做。叶卡捷琳娜即位后立即委托七月诏书的起草人尼·伊·帕宁编制有关机关缺编的计划。帕宁提出了一份报告，同时呈交了诏书草案，其内容是关于御前会议和改组参政院并把它划分为若干部的主张。由这两个机关组成了新的最高行政机构。帕宁严厉抨击了伊丽莎白的朝政，认为"个人势力比国家机关的权力更起作用"，宠臣、佞臣、幸臣和狂妄之徒，利用女皇的家庭内阁——"一个不公开的和没有任何国家机关形式的内阁"，抱着不负责任的态度操纵着一切事务。这在帕宁看来很像是个既没有法定政府也没有成文法律的"野蛮时期"。我们究竟能懂多少帕宁冗长、巧妙而又不明确的叙述。他的御前会议分为四个部，均由御前大臣领导，且纯粹是咨询机关，丝毫不会蓄意侵犯全部最高政权。除通过参政院呈交皇上钦定的以外，所有需要新法律的案件全归御前会议办理，由有关的御前大臣拟订法律草案，由皇帝的顾问一起讨论，然后交皇帝批准。御前会议是合法机关，是公布法律兼办理文牍程序的机关。由它颁布的每一项新法律均需君主签署和有关的御前大臣会签。但是，御前会议并非从前与君主个人融为一体的最高枢密院，而是充当立法权的参与者。参政院仍然是独立于新设御前会议的最高机关[8]。根据诏书草案，御前会议——"本身就是我们为帝国效力的场所"。这是根据相应的形式和程序完成立法准备工作的立法工作室，好让"仁慈的君主在百忙中少犯人类特有的错误"。最高政权没有让立法事务机构来限制自己，实际上只是克制一下自己。帕宁的草案用不高明的含混手法预先确定了未来斯佩兰斯基那个政治上确保安全的国务会议[9]。叶卡捷琳娜签署了诏书（1762年12月28日），并且任命了御前会议的成员，但随后就坠入犹豫之渊：究竟跟哪个人商量为好？事情就此不见下落了。炮兵总监维尔博阿是否猜中了叶卡捷琳娜的秘密想法，或许是出于朝臣奴仆的虔敬之心，发表了独具远见的看法。他宣称，法定的御前会议将来会上升到起共同执政者的作用，臣仆过于接近君主，有可能萌发同君主分享权力的欲望，就女皇的看法，并不需要有什么御前会议，而只是为了减轻呈交给她的案卷负担，才需要把她的私人内阁分为若干部；简言之，由家庭秘书代替国家顾问。付诸实现的只有帕宁关于划分参政院为若干部的思想，但其依据已是第二个方案（1763年12月15日）[10]。结果限制了中央机关的改革，立法的职能仍处于混乱状态，照旧被用来充当偶然的或暂时的工具。个别问题赋予参政院立法权或组成委员会处理，始自1763年的贵族权利及其与之相关的多种事务委员会受命制定把参政院划为若干部的新草案。第一次土耳其战争爆发，叶卡捷琳娜就开始召集御前会议，内容主要是军事问题，这个会议很快变成一种常务会，并且还是秘密进行的。

叶卡捷琳娜二世的政治思想　她要推行纯粹的个人政治，现行的哪怕只是咨议性的，而且是通过法律固定下来的责任机关，都别想从中干扰。在她亲自掌管的范围内，不许有使她关切的专制制度的光辉呈现暗淡的法权阴影。按她的想法，法权的任务是领导下属的管理机构，它的作用应当像地球大气层中的日光热：离地越高，热能越弱。权力不仅是无限的，而且是不具任何法律外形的不定型的东西。——这就是延至叶卡捷琳娜时期已形成的俄国政体史的基本事实。她保护这种现存事实，不许给最高政权提供任何法律制度的尝试。但是，她希望用时尚思想来掩盖本国的事实。这种思想经过她头脑加工以后,运用起来在逻辑上就有可能相当困难[11]。我们发现,她早在即位前,致力于攻读政治历史著作,特别是启蒙学派的著作。这派作品的国外男女崇拜者对其领会并不一致。一部分人从中汲取抽象原则和急进方法的备用材料,由此论证人类社会的结构。他们爱好把人类社会建立在从纯粹理性中引申出来而未经历史实际体验的基础上,一旦他们注意到现实社会,就认为非彻底摧毁不可。另一部分人从这些作品中得到的不是养料,可以说是调味品,他们所以迷恋作品的抽象思想和大胆计划,并不是把它当成理想的生活制度,而是单纯当作胆大而无聊念头的一种诱人动听的遁词。叶卡捷琳娜对待这些作品比政治上的急进派要谨慎,比自由主义的轻浮之辈要严肃。照她的话来说,她力图从新思想的丰富宝库中只吸取养育正直人物、伟大人物和英雄人物的那些高尚精神品德,抑制那种使"崇尚古风为光荣豪迈的气质"[12]黯然失色的卑劣行为。她的这种学习和思考的痕迹在遗留下来的法俄两种文字写成的摘录、日记和偶感中还保存着。早在即位前,她曾写道:"我的愿望,就是一心让上帝引我来的这个国家吉祥幸福,国荣我亦荣,这就是我的原则;如果我的理想能促使这个原则实现,我会是三生有幸。我希望国家和臣民富裕;这就是我依据的一条原则。不受人民信任的政权,对于想成为受到爱戴和享有荣誉的人来说是毫无意义的;得之容易:在于你把人民的幸福和正义这两者不可分割的东西作为你行动的准则,作为你规章的准则。自由乃万物之灵!没有你,一切都将死气沉沉。我愿意服从法律,不希望有奴隶;希望共同的目标是使人幸福,而不要任性、怪癖或残暴。"这些札记使人联想到,像是祖辈时代贵族女子中学学生珍藏的小记录本,上面记录了喜爱的诗歌和少女早期的梦想。但是,叶卡捷琳娜在其全部宽容的自由思想中所持的"原则",对她具有更切合实际的指导作用,因为这些原则使她养成思考国家和社会生活问题的习惯,明白权利和社会生活的基本概念;她只有凭借自己智能的气质或依据所读作品的精神,才能赋予自己的原则非同平凡的含义[13]。对她来说,理性及其伴随的产物——真实、真理、平等、自由,并不是为统治人类而同旧习及其伴随的产物——谎言、虚伪、特权、奴隶地位,进行殊死斗争的战斗原理。这些产物同样都是社会生活的要素,同自己的对立面相比,只不过前者比后者干净些、崇高些。从世界建立时起,这些崇高的原则已经被玷辱,现在它们的统治地位已经消失,而能同另一种制度的原则共处。任何事情,不论它的目的如何,为了自己的成功,就应当掌握这些原则。叶卡捷琳娜在致达朗贝尔的信中写道:"耶稣会所犯的最大错误同任何机关可能犯的最大错误如出一辙,都是没有以任何理性不能推翻的原则作基础,因为真理是不可攻破的。"[14]这些原则是很好的宣传工具。我们在她的一页札记里读到:"当真理和理性在我们一边时,就应当把它们显示在人民眼前,向他们讲明:某某原因促使我做某某事。理性就该讲必然性,你们要相信,理性会在人们的心目中占上风。"善于协调各种制度的管理原则,这是政治上的贤明。这种贤明给叶卡捷琳娜提示了锦囊妙计。她写道:"使生来自由的人沦为奴隶,是违反基督教和违反正义的。在某些欧洲国家,宗教会议解放了所有农民;这种变革现在在俄国不会成为赢得地主仁爱之心的手段,因为他们顽固不化,成见太深。但是有一个容易的办法,就是借出卖地产之机,作出解放农民的决定。一百年来,全部或几乎全部土地,都变换了主人——这就是自由民。"还有,我们帝国需要人口,因此就让通行一夫多妻制的异族人皈依基督教,这样做倒不见得有利。"我希望查明,出于谄媚向我说真话的人,其中有的朝臣也这么做,他们认为这是通向受宠的途径。"用功利主义的观点看待原则,可以同他们做交易。"我发现,诚实在人的生活中已陷于窘境。[15]"不公道的事情只要能提供好处就容许存在,得不到好处的不公道行为才是不可宽恕的。我们看到,通过读书和思考,叶卡捷琳娜的思想变得辩证机灵,即八面玲珑,同时也给她提供了丰富的格言、套语、范例,但没有提供任何信念,因为还没有充分的决心承认真理已在她本身和周围成为树立道德规范的依据。没有这一点,承认真理就势必成为简单思维的模式。叶卡捷琳娜属于这样一种精神结构型的人物,即有了想法时,不懂得什么叫信念,为什么要有信念。她的听觉也有类似的缺点:她讨厌音乐,但在艾米尔塔什宫听滑稽歌剧时,却情不自禁地大笑,甚至剧场上的咳嗽声都被认为是搅乱音乐。由此可见,她的政治观点和感情是多种多样、兼容并蓄的[16]。她在孟德斯鸠的影响下,曾经写到,法律是最好的东西,人们能够赐予,也可得到它。可是她在奉行自由放任运动思想时,想到的却是:"君主的宽容与和解精神胜过成千上万个法律,政治自由会给全民以灵魂。"[17]她在承认"共和精神优异"的时候,却认为专制政体或独裁政治最适合俄国的管理形式。她没有把专制与独裁认真加以区别,博学的政论家也难以区分这种相同的管理形式。虽然她赞同,把共和制的"坚韧精神"同专制政体的实践相结合可能会是绝妙的,但她亲自急切关心的还是实行专制统治形式。何况同她的专制独裁制度一样,在俄国实行的也是贵族政体。"虽然我不存有偏见,也没有哲学家头脑的禀赋,但我还是感到,要倾注爱心去尊重古老的家族,令人忧虑的是,在这里看到他们之中有的处于贫困潦倒的境地,我一定要让他们振兴起来"。她认为可行的办法是恢复长子继承制,授予家族嫡长者勋章、公职、养老金和土地。这不妨碍她认为枢密院大臣的贵族图谋是狂妄之举。在她宽大的脑海里,除了俄国式的统治习惯和启蒙时期的政治思想,还有德国封建主义的老规矩。她按照自己的意向和想法，利用了这一切手段。她自夸她像阿基米德一样，无论在斯巴达还是在雅典都能随遇而安。1765年，她写信给伏尔泰，说她的座右铭是蜜蜂——它在花丛中飞来飞去，为自己的蜂房采蜜，但是她的政治概念仓库要比蜂房更快地想到人群[18]。

《圣谕》的起源、结构和文献 叶卡捷琳娜很快为自己的思想找到了广泛的运用途径。照她说，在她即位的头些年，在呈文、参政院和文官文档以及参政院大臣的争论和其他许多人的议论之中，她发现了一份晚近的简短呈文，内容是说，根本还没有制定出统一的规章，不同时期不同思绪下颁布的法律，许多地方互相矛盾，因此，大家要求和希望，立法工作的进行最好井然有序[19]。由此，[20]她得出结论："一般的思想方式和民法本身"不能按另外的样子来修改，要像根据各种立法对象为帝国居民确立规章那样由她写好并经她批准。为此，她开始为法典委员会讲解并撰写《圣谕》，共花了两年工夫。她在致巴黎女友、当时文学沙龙的名流卓弗林夫人的信中（1765年3月28日）写道，她已经连续两个月每天早晨三个小时从事修改帝国法律的工作，这是暗示在编写《圣谕》。也就是说，1765年1月动手工作，至1767年年初，《圣谕》已经写好。由我国科学院编撰的批判性的（1907年）《圣谕》版本，仔细地分析了制定这份文献的丰富材料，并指明了这些材料的来源。《圣谕》是根据当时启蒙学派的若干作品汇编而成的产物。其中主要是孟德斯鸠的名著《论法的精神》和1764年出版很快风靡欧洲的意大利犯罪侦察学家贝卡里亚的著作《论犯罪与刑罚》。叶卡捷琳娜称孟德斯鸠的著作是具有健全思想的君主祈祷书。《圣谕》由20章组成，后来又补充了2章，各章分条款，即简明条例，用这些条例写成章程。出版的《圣谕》共655条，其中294条是借用孟德斯鸠的。叶卡捷琳娜还广泛利用了贝卡里亚关于反对中世纪刑事诉讼程序残余的专题论文，这种诉讼程序包括刑讯以及类似的审讯证据。这篇论文对犯罪的责任能力和惩罚的合理性发表了新的见解。《圣谕》第10章《关于刑事法庭的程序》篇幅最长，几乎全部摘引自这篇论文（从108条中摘引了104条）。用批判的态度研究《圣谕》文本，还可以从中找到法国百科全书派和当时德国政论家比尔斐尔德和尤斯季著作的痕迹。研究者在全部《圣谕》中只能找到四分之一左右的非借用条款。虽然也能发现内容非常重要的独创性条款，但大部分借用的条款的标题、问题或补充说明原封未动。叶卡捷琳娜本人没有夸大，甚至贬低了自己参与创作《圣谕》的地位。她在把她的著作德文译本寄给弗里德里希二世时写道："您一定看得出来，我像是寓言里的乌鸦，虚有其表，这本著作属于我的东西仅仅是对材料的处理，间或某些地方有片言只语。"[20]工作的程序是这样：叶卡捷琳娜从她使用的文献中逐字逐句或用转述方式摘录适合其纲领的地方，有时还曲解了原意[21]。摘录时进行增删，把章分成条款，由秘书科齐茨基翻译，再由女皇校订。叶卡捷琳娜本人那时还不敢翻译，因为俄语还掌握得不好。这样的工作过程难免有缺点：从文献上下文摘录出的词句表达得不清楚。俄语译文尚未固定的术语有时很难考究它们的意思[22]，碰到这样的地方，《圣谕》的法语译文比俄文原件易懂，尽管原件是从法文文献中抄来的。有人指出，《圣谕》有许多不清楚的地方，为此叶卡捷琳娜结束著作前曾就有关部分做了介绍[23]。有的地方暴露出矛盾，如摘自孟德斯鸠的一个条款容许死刑，而根据贝卡里亚的著作的其他条款却反对死刑[24]。

对《圣谕》的检查和批评　《圣谕》[25]在出版前，受到多方的检查和批评。根据叶卡捷琳娜的叙述，当她的作品有相当进展的时候，她开始按不同人的爱好，把作品的有关部分分别给他们看。

尼·帕宁在评论《圣谕》时说，这是能够推倒城墙的公理。或许是因听取意见受了影响，也许是自我思考的结果，她把写好的《圣谕》的整整一半删去、撕毁并烧掉了。1767 年年初，她把这事告知达朗贝尔时，补充说："剩下的部分会怎样，只有天知道。"剩下的部分是这样：当委员会的代表们齐集莫斯科时，叶卡捷琳娜召集了"几位思想极不相同的代表人物"，以便预先讨论《圣谕》。"讨论中每一个条款都发生了争论，我听其自便，任凭他们诋毁和删节；他们把我写的一半以上涂改了，好像只剩下《法典圣谕》留待出版"。可以想象，如果经过第二次删节，那么我们在出版的《圣谕》中读到的就不到初稿的四分之一。当然，这势必大大损害了作品的完整性[25]。第 11 章——关于农奴的地位，显得特别不连贯。原因在于该章初稿在出版时删掉了 20 个条款，内容是：关于农奴受压迫的表现、关于反对滥用领主权力的措施、关于解放农奴的方式。贵族出身的代表兼检查员对此最怕不过了。尽管遭到反对和删节，叶卡捷琳娜对自己的作品这份政治自白书仍然非常满意。她在交付出版前写道：她在作品中把一切都说了，整个脑袋已空空如也，一生之中不再多说一句话，所有看到她工作过的人无不异口同声地说，这已达到完美的极点，但是她认为，还需要进行删改[26]。

《圣谕》的内容　《圣谕》有 20 章[27]涉及的内容是：俄国专制政权；下属管理机关；法律保管处（参政院）；国家全体居民的地位（关于公民的平等和自由）；一般法；具体法（即关于惩办与犯罪的一致关系）惩治（特别是关于判处死刑）；一般审判程序；刑事诉讼程序（刑法和审判程序）；农奴的地位；国家人口繁殖；手工业和商业；教育；贵族；中等阶层（第三等级）；城市；继承权；法律编纂和法律文体，最后第 20 章阐明需要解释的各项条款，即关于因凌辱陛下提交审判事宜；关于特别法庭；关于宽容异教和关于颠覆和破坏国家的证据。附加的两章讲的是城市警察局或警察以及国家经济即收支事项[27]。我们看到,尽管《圣谕》被删减,但仍然十分广泛地囊括了立法领域,涉及国家机构的各个主要部门、最高政权及其对臣民的态度、管理、法律、公民的权利与义务、等级,最突出的是立法和司法。同时,它从各方面给俄国人以许多启示。它[28]宣告公民的平等在于人人服从同样的法律,国家享有的自由,即政治自由,不仅指依照法律许可的权利行使一切,而且指不能用强制手段做非分的事,还要坚信本国的安全会产生人心安定;为了这种自由,就需要这样的政府,有了它,一个公民不用害怕另一个公民,人人只害怕同一种法律。这是俄国公民在自己那里从未见到过的事。《圣谕》教导说,制止犯罪应晓以知其廉耻,而不是靠政府的棍棒,如果对惩罚不感到羞耻,只有靠严刑来制止恶习,那么就该归咎于严酷的管理制度,是它使人变得残忍,促使他们习惯于暴力[28a]。频繁使用死刑,始终改造不了人。用强制手段规定残酷法律来实行管理是一种不幸。《圣谕》严厉谴责俄国法院那种热衷于拷打的办法,使法院成了违反健康理智和人类尊严的机关。它还认为,没收罪犯的财产是一种不公道的措施,但在俄国司法实践过程中已司空见惯,要求对此加以限制是明智之举。众所周知,办理凌辱陛下的案件,其残酷和专横手段何等荒谬。例如,因出言不慎,说了关于当局的模棱两可的糊涂言论,便招致告密,遂以恐吓"言行"论处,遭受拷打和死刑。《圣谕》说,言论如果不同行动结合,永远也构不成罪行,"谁把言论当成应处死刑之罪,那他就是在歪曲和颠倒一切"[28б]。就俄国司法政策实施而言,《圣谕》对特别法庭的批评是大有教益的。它说:"在专制统治条件下,最无益的事情莫过于让特别法庭审判自己的某个臣民。"[28B]在俄国容许不同的宗教信仰,但只能根据国家的考虑,限制在很小的范围内。《圣谕》认为，在俄国[28f]这样一个多民族的国家里，禁止不同信仰是极其有害的；反之，容许不同宗教信仰是"把所有迷途的羔羊重新领回真正忠实群伙"的唯一手段。《圣谕》继续说："压迫会激怒人心，允许按自己的常规去信仰，会软化铁石心肠"。最后，《圣谕》多次涉及一个问题：国家，即政府，要不要履行其对公民的义务。它指出，俄国农民家庭儿童死亡率惊人，竟达到"国家死亡率指数"的四分之三。《圣谕》悲痛地哀叹："如果明智的机关能阻止或预防这种危害，那么这个国家会是多么兴旺发达。"[28g]《圣谕》除了讲儿童死亡率和毁灭俄国的鼠疫之类的外来传染病，还提出了地主迫使其农奴负担的苛捐杂税，强迫他们长年累月背井离乡出外谋生，"几乎浪迹全国各地"。不知是讽刺，还是埋怨政府的冷漠，《圣谕》指出，"非常需要用法令、命令约束地主"，用更慎重的方式向农奴课税。[28e][28*]

  难以解释清楚，这些条款是怎样逃脱贵族代表的检查写进《圣谕》印刷文本的。关于国家人口增殖这一章，仿照孟德斯鸠把国家描绘为一片荒芜的可怕景象，这是由于常年病害和管理不善造成的；在这里，人们受政府错误主张的压制，在忧郁、贫困和暴力的环境中生儿育女，他们看到自己在毁灭，但他们本身发现不了毁灭的原因，他们的朝气、劳动热情正在丧失，以至能够养活整个民族的田地，只能供一个家庭糊口[29]。这般情景使人沉痛地想起，18世纪大批的人逃亡国外，已成为当时国家的真正灾难。《圣谕》在列举防止犯罪的方法时，似乎用贝卡里亚的话列举了俄国政府的缺陷。"你们想防止犯罪吗？那你们就要做到，让法律多关怀每个公民，少关照公民中的各种官员；做到使人们害怕法律，除了法律，不怕任何人。你们想防止犯罪吗？那你们就要做到普及教育。最后，使人从善的最可靠而又是最艰难的手段就是完善教育"。谁都知道，俄国政府是不关心这些手段的。《善行法律读本》也能制止恶事危及邻里。这本书应当像识字课本那样低价出售，便于广为流传，应当命令学校采用这个读本。应当通过这本书和教会的书轮流学习识字[30]。但是，俄国还不曾有过这样的书；为了编写这本书，这才写了《圣谕》这个本子。因此，由皇上签署的法令通告俄国公民：他们已丧失了公民共同生活的主要财富，管理他们的法律同理智和真理并不一致，统治阶级给国家带来了危害，政府没有履行其对人民的主要义务。

《圣谕》的主旨　俄国现实在《圣谕》宣布的思想面前，其表现形式就是这样[31]。怎样把这种思想贯彻到与之大相径庭的环境中去？《圣谕》找到某种手段并选定了开路人。它在序言里提出了一条总的原则：法律必须适合国民的自然状况，因为它是为国民而编纂的。根据这个论点，它从以下的条款得出两个结论：第一，俄国就其所处的位置是欧洲国家。彼得一世的改革就是证明，他引进了欧洲人民的风俗习惯，改革获得了很大成功，俄国从前的风俗习惯同本国的风土迥然不同，要学习别国人民的风俗习惯。不管哪种可能性，假定这一切是对的，自然就会得出结论：俄国的法律应当有欧洲的原则。《圣谕》在搜集到的欧洲政治思想诸论断中提供了这些原则。结果发现有某种与结尾带暗示意思的三段论相似的东西。叶卡捷琳娜认为，这种暗示结语不便和盘托出。《圣谕》没有揭示其文献资料。它采用了孟德斯鸠、贝卡里亚和其他西方政论家的论断，但这些人在新法典编纂委员会俄国代表的心目中，没有任何立法权威：他们采纳《圣谕》的规则，只不过是作为俄国最高政权思想和意志的体现。假如过快地向西欧的博学之士提出这种三段论，那他们就有可能怀疑，俄国是否在政治上已成熟到能使非常崇高的思想变成本国法典的基础；第二个结论是从俄国的自然位置得出的，那就是从其辽阔的幅员来说，它应当由专制君主来治理，因为"必须迅速处理从远方发送来的案卷，以弥补因地方遥远造成的拖拉现象"。如果用当时的话来讲，专制制度的全部"智能"等于从赤塔到彼得堡的长度，那么，最出人意料的三段论也可以拿第二个结论作依据。孟德斯鸠的著作是《圣谕》的主要来源，它对君主立宪制作了完美的描述。三段论的第一个前提是：国家的法律应当适应它的自然位置。第二个前提是：俄国就其自然的，即地理的幅员看，应当有专制制度的统治形式[31]。结论是：君主立宪制的原则应当成为俄国立法的基础。三段论具有不合逻辑推理的形式，然而这正是叶卡捷琳娜的真实思想。她不受政治信念的约束，用政治策略手段替代了政治信仰。她一丝一毫也不放松专制政体，但同时却容许社会阶层间接甚至直接地参与管理，现在又号召人民代表在编制新法典中给予合作。根据她的思想，专制政权获得了新的外壳，成为某种个人立宪专制政体。在丧失了法权意识的社会里，君主的优良个性这样的偶然现象，能够起法律的保证作用。

第七十八讲

编纂法典尝试失败——1767年委员会的组成——委员会的选举——代表委托书——委员会的组织结构——委员会的开幕及其工作概述——讨论——两个贵族阶层——由农奴制度引起的争论——委员会和新法典——委员会任务的改变——委员会的意义——《圣谕》的命运——关于改革地方行政和法院的思想

编纂法典尝试失败 早在[1]1700年，就已经成立了一个由国家机关几个高级官吏组成的委员会，它受命把1649年法典颁布以来公布实施的法令补充到这部法典中去。从那时以后，从事这项工作的历届委员会都没有取得成效。曾经试验过各种工作方法，有时以旧的法典为基础，补充新的法令，有时同瑞典的法典结合起来，使用它的条款，或者用新的决议[1a]代替不合适的条文。这样做是为了让任命的或选举出来的专家，即"善良的知名人士"，同由文武官员临时组成的法典编纂人员一起工作。那些专家有时只许从军官和贵族中产生，他们通常来自其他阶层，即僧侣和商人。在这样组合起来的法典编纂委员会中，曾出现了对缙绅会议参与编制古罗斯最重要的法律大全（1550年法典和1649年法典）一种不安的追忆。[1]由中央政府公职人员组成的1754年委员会，在"科学院教授"什特鲁别·德·皮蒙特的参加下，制定了新法典的两个部分，并在1761年根据委员会的建议，会同参政院共同再次审查委员会的工作。为此,参政院指明要召集的代表是:每省从贵族中选送 2 名,从商人中选送 1 名,并建议主教公会从僧侣中选派代表[2]。这一次的工作没有结束,于 1763 年就遣散了代表,但是委员会一直存在到 1767 年召集新的代表为止。

1767 年委员会的组成 叶卡捷琳娜面临的是,把很久以来的事了结,根据经验的启示,排除了以往尝试失败的原因。现在这件事的安排在很多方面已不同于从前。1766 年 12 月 14 日关于召集拟议中的新法典草案编纂委员会(正式名称)代表的敕令一发布就开始工作了[3]。代表名额大大增加了。委员会由政府机关的代表、居民中各等级或阶层的代表组成。参政院、主教公会、各部和中央机关各主要办公厅各派 1 名代表。为了了解选举居民代表的程序,应当记住当时帝国划分为 20 个省,省又划分为州,州又划分为县。每一个城市从房主中委派 1 名代表,每一个县从贵族—地主中委派 1 名代表,每一个州从独院小地主、农垦士兵、国家农民和每个定居的异族人(受过洗礼或没有受洗礼)中委派 1 名代表,总计派出 4 名代表,他们代表州的四个居民等级。哥萨克代表的人数由最高指挥官决定。县和市为直接选举,州实行三级选举。县的贵族—地主在当选的首席贵族(任期二年)领导下,而市民—房主在当选的市长(任期也是二年)领导下,直接选举委员会的代表,只有那些很大的城市才可首先选举各市区的复选代表。独院小地主和上述各类"拥有乡村房子和土地(乡村收入)"的其他自由的乡村居民,选举乡代表,乡代表选举县代表,从县代表中选举州代表。这样,委员会里有中央政府机关的代表、某些阶层的代表、异族的代表和各居住区的代表。根据城市选举"例行方式"一词的字面意思,所有房主(各种身份的人都能成为房主)都参加了。由此产生了同当时俄国社会整个制度相矛盾的关于城市选举全民性的思想。[3] 我们还想起，当时叶卡捷琳娜幻想在俄国建立像西欧那样的中等阶级的"中等人士"。《圣谕》把那些既非贵族又非农民而从事艺术、科学、航海、贸易和手工业的人，以及所有将离开教养院和俄国学校的非贵族人员，最后还有官府工作人员的子弟，列入一个早就被称为市民的阶级。市民的主要特征是在城里拥有"房屋和地产"，并缴纳城市税[4]。然而，在俄国尚不存在这样的阶级，只存在着某些分散的因素。对于选举，市民只有一个可抓住的特征——占有房屋。根据叶卡捷琳娜的思想，城市就是一个等级，但是个虚构的等级，因为事实上城市不是等级的也不是所有等级的选举，而简直是无等级的选举。我们从保存下来的卷宗中发现，参加城市选举的还有在官府任职的宗教界人士。参政院没有批准一些当选的商人代表，因为他们是具有其他身份的房产主[5]。在小俄罗斯各城市，同市民一起参加选举的还有波兰贵族。在彼得堡到处是贵族的房屋，按彼得的敕令，出身于官僚贵族的显贵房主，排挤了商人；城防司令当选为市长，首都的代表是阿·格·奥尔洛夫伯爵。仿照彼得堡的榜样，旧都的选举也具有同样的性质，维亚泽姆斯基公爵当选为市长，代表是戈利岑公爵[6]。但是[7]在扩大了的代表名额中，委员会的组成还远没有包括帝国当时居民的所有阶层，不要说农奴，就是教区僧侣的代表也见不到，可是宫廷农民，甚至过去的教会农民或经济农民（因管理他们的经济委员会而得名）却参加了城市选举。他们从世俗化时候（1764年）起，就成了自由的农村居民[7a]。当选的代表总共564名。代表名额的数字分配，既不符合所代表的居民团体的数量，也不符合他们在国家中的作用。城市的代表最多，因为每一个城市，大城市和小城市，首都莫斯科和居民只有几百人的县级市布伊，都选派1名代表。在委员会的成员中，城市代表有39%，而城市居民只占帝国总人口的5%。各阶级代表名额的比例

关系如下：[76]

  政府机关——5%左右

  贵族——30%左右

  城市——39%左右

  农村居民——14%左右

  哥萨克、异族人、其他阶级——12%[7]左右

  委员会的选举 叶卡捷琳娜的当务之急，是克服居民中积习已久的冷漠和不信任态度，因为他们已习惯于用这种态度来对待政府关于进行社会协助的号召，他们凭经验就知道，除了增加负担和杂乱无章的指令，是什么也不会有的。他们抱同样的态度对待1761年参政院的命令，命令号召"社会各界"，即贵族和商人，以建议和行动帮助政府编纂新法典，并提醒"祖国的儿子们"记住自己的天职和"本人声名世代流传"的良机。参政院命令中的这些言辞对于居民来说荒唐可笑，特别是依仗法典编纂委员会实行恫吓，说因农村贵族尚不分明，要对他们进行查抄[8]。现在，当局竭力把它对臣民高度信任的姿态装扮得更加体面堂皇。关于召集代表的诏书，一连三个礼拜天在所有的教堂宣读，诏书告谕：皇上以仁慈为法律的基础，臣民应感谢皇恩，安分守己。代表们应召从事"伟大事业"。代表的选举必须在保持"宁静、沉默、谦恭"的气氛中进行。决定发给代表们[9]薪金，代表的身份提高到空前高度，享有俄国最高特权。他们受女皇"私人卫队"的保护，终生不会"涉及犯罪"，不受死刑、刑讯和体刑；他们的财产只有在负债的情况下才被没收，人身安全用严厉惩罚的办法加以保护[9]。发给他们用以佩戴的特殊标志，事后贵族代表可以把标志换成他们的徽章，"以便让后代能够知道，他们是哪件伟大事业的参加者"。俄国臣民中，任何人在当时都不享有这样的特权。大俄罗斯的选举一般说来

还算顺利。类似戈罗霍维茨市代表之事与督军冲突或放肆的诺夫哥罗德贵族（因为他们已摆脱义务服役）拒绝参加选举的事件是少见的[10]。但是在小俄罗斯，选举引起了一场轰动一时的骚乱，触发了大俄罗斯行政当局同当地公众之间、波兰贵族同市民之间、哥萨克众庶同哥萨克长老之间长期积累下来的仇恨。

代表委托书 1767年委员会最重要的新鲜事物是选民保证向自己的代表呈交委托书，内容是陈述自己的"社会需求和困难"，但不涉及由法庭裁决[11]的个案。选民们乐于反映这些要求，他们感到：如果说这不是权利的话，那么就是允许给平民百姓打开一条向皇上呈递委托书的直通之路。同时，代表委托书向代表本人宣布的内容，是关于本村社的需求，这是众所周知的代表应有的作用，因为当时人民代表所能理解的也仅此而已。代表们带来的委托书比他们的人数要多一倍多，大约是1 500份。农民代表[12]带的特别多，在1 000份以上。这种盛况由给代表们起草委托书的程序得到说明。城市和贵族进行直接选举时，选民们在选出代表后，由选民组成五人委员会，该委员会用三天时间听取选民们申述自己的要求，再用三天把这些申述归纳为委托书，并向选民宣读，经选民签字后递交给代表[13]。农村阶层地方代表分三级选举产生，在选举过程中，村社或教区的选民提出陈述自己需求的"最恭顺的呈文"，交代办人转交县代办人，县代办人再转交地区代表。这就是说，地区代表，不是独院小地主，就是国家农民，带到委员会的呈文或委托书的数目，就是他所代表的地区范围内农民村社的数目。阿尔汉格尔斯克州的农民代表带来了195份村社委托书。然而，县甚至州的综合委托书多半是由村社呈文编成的。1767年，委员会做的第一次委托听询，是来自诺夫哥罗德省白湖州卡尔戈波尔县的国家农民。社会的不协调也促成了委托书的递增，因为当选民们不能就自己的需求达成协议时，就不可能编成委托书。这种现象在城市里最常见。但叶卡捷琳娜却设想城市是团结的社会团体，对需求和利益的认识会是协同一致的。然而由于内部不和，通过各种方式，城市出现了持不同意见的阶级，他们给代表提供了多种委托书，内容很不一致，甚至彼此矛盾。或者由城市居民各个阶级的代表口授条文，编成共同的城市委托书，而不在乎这种委托书内容是否紊乱不堪。最后还有更简便的办法，把落款签有"白僧侣拜托"、"商人拜托"、"工厂主拜托"字样的各种委托书拼凑到一起，等等。（所有这些方式已由基泽维捷尔先生在其关于城市委托书[14]的文章中做了详细的解释。）阿斯特拉罕不顾选举条例，竟然选举了5名代表，单独给每名代表提供委托书。最后，我们在1767年城市和贵族代表的委托书中发现有彼此借用的现象，正像17世纪参加缙绅会议的"名册"中出现的情况一样。

代表要对自己的选民团负责，应该做到及时呈交申请书。除了委托书，代表还享有提出申请的权利；他自认为，申请绝不应当同自己的委托书有抵触，如果发现有不一致的情况，他就应当让出所享受的权利。[15]

委员会的组织结构　过去由最高官员组成的法典编纂委员会，没有同各等级的代表结合在一起，代表们只是奉召协助工作，因为事实上委员会已拟好了新法典草案，代表们被当作辅助工具来使用。现在，政府机关的代表同各等级的代表平起平坐，参加委员会工作，不是委员会的领导者，只不过是平等的参加者；因为他们还有本职工作，只允许在委员会里每周待二天，而不是五天[16]。12月14日的诏书[17]给委员会规定了双重任务：把代表召集起来不单是为了从他们那里听取各个地区的需求与短缺，而且让他们进委员会起草新法典草案。根据这样的任务，委员会形成了很复杂的结构。从总委员会，即全体会议选举产生三个分委员会，每个分委员会由五名代表组成。管理委员会，负责领导工作，根据需要向全体会议建议成立行政区法典编纂委员会，每个区委员会不超过五人，目的是制定各区法典，并对法典工作进行监督，将编好的草案同"大圣谕"（这是女皇《圣谕》的称呼，以区别于代表委托书）对照，修改后再提交全体会议，并对修改作出说明。发行兼编辑委员会说明或分发地区委员会的草案和总委员会本身"按照语言和音节规律"作出的决定，删去其中含糊不清的、令人费解的、无说服力的词句；没有编辑委员会，其他所有的委员会和总委员会本身将"无所作为"，因为即使统治集团，其中最常见的现象是无知和无能，表达出来的是一些抽象的概念。第三个委员会是筹备委员会，整理代表委托书，"按题材"做好摘录，再提交全体会议[17]。由这三个分委员会组成的机构像是总委员会的执行局。全体会议主席叫总管或首席代表，由女皇根据法典编纂委员会和总检察官提名的候选人中任命。总管在法典编纂委员会中要同这位最高当局的代表人物携手合作。经他的同意，总管才确定全体会议的议程，并同其一起出席各个区委员会。总检察官的主要公务是不许委员会的决议有任何违反《圣谕》精神的内容。叶卡捷琳娜给予委员会的会议记录以特别重要的意义：必须使它做到，让子孙后代在委员会"伟大事业"的作品中受到启迪。为此，在安排上要更加可靠。而我们现在的大厦，我们在委员会例行管理方式里读到，如果我们拥有以往时代[18]同样的记录，"我们就会少受累赘"。为了搞好全体会议和各区委员会的日记，命令从贵族中选拔能干的人才，并指定一人为"日记总办"，隶属于女皇本人；加上总管和总检察官一共三人组成委员会的主席团，坐在全体会议大厅的专席上，日记总办居中，总管和总检察官分坐两端。委员会的公文处理也符合其复杂的[19]结构。提交全体会议的立法文件，附上全体会议的初步意见，转发给管理委员会，由它按分类分别发给各个区法典编纂委员会。区委员会编成草案后，把它介绍给有关的政府部门，中央的某个委员会或厅，再附上他们的意见和自己的结语，回送管理委员会，由它把草案同《圣谕》对照后，或者退回修改，或者转送发行委员会作语法和文字的修饰，当时只有通过管理委员会，草案才能提上全体会议进行最后讨论[19]。由此可见，莫斯科缙绅会议的基本思想，对1767年法典编纂委员会的建议工作起了有益作用，除此之外，组织结构的细节、办事的程序则仿效了西欧立宪国家的惯例。

委员会的开幕及其工作概述 叶卡捷琳娜在愉快地进行考察的同时，从伏尔加河的巡游中，带回了600多份呈文，其中大部分是农奴对老爷沉重苛捐杂税的控诉。呈文都被退回，并指示以后不准这样做。但是农民绝不甘心。流言传开了：地主农民将像不久前的教会农民一样，转归国有。农奴开始整村整村地向女皇请求直接从地主束缚下解放出来，并以强硬的口气回答当局的规劝：他们再也不愿听从地主的摆布了。这种情况反映出一种惊恐的迹象，于是命令参政院设法用体面的办法对付这种行为。参政院立即想出两个办法：下令禁止农奴控告自己的主人，对要求自由的具禀者当众处以鞭笞刑。农民同地主的流血冲突事件发生了。刚刚驯服的工厂农民[20]又重新行动起来。同时，在南方独院小地主中，拒绝国教仪式的教派在迅速扩大。结果教派分子被充军，独院小地主和农民的寡妻和未婚女子沦为劳工。乡村呈现出一片死气沉沉的可怕景象。就在这时，1767年7月30日，叶卡捷琳娜在克里姆林宫举行了隆重的招待会，宣布新法典委员会开幕。她是从戈洛文宫乘礼车到克里姆林宫的，护送礼车的有皇宫仪仗队、随从仆役、黑人奴仆、宫廷女官以及一些其他显示威严的装饰物。这是凭借长期的阅历感受和象征性思维设想出来的。委员会[21]在克里姆林宫多棱宫举行会议。委员会主持了最初的几次会议，推选并批准了科斯特罗马贵族代表亚·伊·比比科夫为总管，听取了《圣谕》和其他有关规定，选举了三个分委员会[21]的委员。根据日记的评述，人们怀着钦佩乃至渴望的心情聆听了《圣谕》。尤其是有的条款叫人吃惊，其中称：迫害现象正在惹人愤恨恼怒，最好让君主发挥鼓舞作用、让法律发挥威慑力量，现在人民不是天天颂扬君主的恩德，相反，似乎他们在为君主进行创造。"我们认为，荣誉归于自己，并无愧地说，是我们在为我国人民进行创造"[22]。许多人都哭了。这项条款的结束语激起了欣喜若狂的气氛。它说："千万不要以为这次立法工作结束以后，人民就会得到更多的公道，国家就会更加繁荣，要是那样，将会是一种灾难，我不希望落到这种地步。"过度狂热使献忠心之举显露得淋漓尽致：委员会请求女皇接受伟大英明的国母称号。叶卡捷琳娜在给代表们的亲笔妙语的答复中半推半就，甚至在致总管的便函中装出对代表们抱怨的态度，"我嘱咐他们为俄罗斯帝国制定法律，而他们却颂扬我的品德"。尽管如此，参政院在这件事情上附和了委员会的意见，给自己找到了实现委员会意愿的合适机会[23]。总委员会的法典编纂[24]工作，只是从第8次会议宣讲和讨论国家农民和农垦士兵的委托书才开始。最先宣读的是卡尔戈波尔县国家农民的委托书，共有26次发言和一些书面意见。用14次会议宣读和讨论了12份乡村委托书。此后，全体会议没有宣读1份代表委托书。委员会摒弃代表委托书后，转而宣读和讨论贵族权利法案，引起了热烈的辩论。总委员会就此开了11次会议，并把宣读过的法案连同听取的意见转发"国家等级审理"分委会；然后举行了46次会议，宣读和讨论商人法案。用10次会议宣读和讨论了里夫兰和爱斯特兰的特权。会上对商人的意见和其他偶尔提出的问题交错进行讨论。

1767年12月,委员会会议在莫斯科终止,委员会迁到了彼得堡,1768年2月18日恢复工作,在冬宫宣读和讨论司法法案。这项工作延续了五个月,其中举行了70次会议。会上听取了200位代表的意见。同时,由国家阶层分委会起草的"高尚阶层权利",即贵族权利草案送交全体会议审议。这个问题代表们已经讨论过,现在又整整花了三个月时间认真讨论。最后把草案退还分委会修改,内容要同多数代表的意见保持一致。此后,代表们着手宣读和讨论关于封地和领地的法案。在进行这项工作时,总委员会在1768年12月接到了关于停止工作的命令。关于委员会的消息引起了人民的骚动,流传要更改法律,恰好这时发生同土耳其的战争,要求现役军人代表返回部队,同时要求解散全体会议,直到新一届会议的召开,只留下分委会,它们还工作了多年。第二届全体会议并没有召开。总委员会在一年半的工作中,召开了203次会议[24]。

讨论 从这个概述中,我们看到,没有制订出工作计划,讨论题目是临时指定的,没完没了地变换题目。既然分委会已事先对代表委托书进行了分类,为什么还要从代表委托书开始,并完整地宣读呢?因为委托书的申述遭到吹毛求疵的审查,引起了不信任和要求当场检查。卡尔戈波尔农民在其委托书里请求允许他们违命全年捕猎鸟兽,结果遭到反驳。阿尔汉格尔城的国家农民代表丘普罗夫的意见压倒了争议,他说:"如果允许在任何时候捕捉,那么鸟兽不会减少,如果禁止,也不会增加,是增是减全赖上帝的威力。"但是,宽容并未成为讨论的基调。那些农民还请求在他们那里建立公共储备粮库,春季贫苦农民可以从粮库借到粮食,待新一轮收成时归还。诺夫哥罗德贵族代表反对,认为根本不需要这样的粮库,农民指望公共粮食,就将放弃耕作。维列亚的贵族代表斯捷潘诺夫诅咒卡尔戈波尔农民是懒汉和暴民。这种粗鲁行为受到科波尔斯克贵族代表格·格·奥尔洛夫伯爵的委婉反驳：大概维列亚代表不是这样说的，而是司书错记了他的话。斯捷潘诺夫比另一个贵族代表格拉佐夫还略胜一筹，后者向委员会提出一条下流无耻的意见，这就是他不成体统地辱骂所有的国家农民及其代表，以致总管停止宣读他的报告，发生了把他开除出委员会的问题，由于宽恕，才罚他5个卢布并强制他在全体会议上向受委屈者赔罪[25]。随着讨论范围的扩大，委员会逐渐从地方琐事上升到国家制度的共同问题。在此，特别是在讨论贵族和商人的法案时，委员会的辩论陷入了纵横利益交错和乱成一团的境地。彼得一世以前，莫斯科政府努力从立法和行政方面对各阶层的义务做了研究，决定给予它们在履行义务时以一定的优待和好处。现在，代表委托书和委员会上的发言，同这项赋役政策正好对立，因为它们坚持要求，不论尽义务的情况如何，都得承认这些好处是各阶层的权利。更有甚者，上层阶层都希望自己的那份权利成为独占权，而不顾损害其他阶层的利益。贵族要求单独有权占有土地和农奴，商人要求单独有权从事工商业，留给乡村自由居民的唯一的一件事是种地，连自由出售农产品的权利也没有。彼得一世的经济政策给等级概念增添了新的理解，犹如水中的折射，反映了自己的本身，这样就把1649年法典的等级标准彻底翻过来了。众所周知，彼得曾力图使自己的官员乐于从事工厂事业，用赐予贵族权利的办法鼓励厂主占有土地和农奴。现在，贵族在坚持垄断土地和农奴的同时，不放弃拥有工厂的权利，而商人也声明要求拥有农奴的权利。

两个贵族阶层 委员会讨论的主题指向了社会制度，其论据明显地表现了社会情绪，即政治觉悟的水平。"为有利于本会事业之需要"，委员会指令赋予每个代表有"大胆"发表自己意见的权利。

代表们广泛地利用这个权利，既不害怕当局，也不害怕说蠢话。贵族在委员会里是作为"国家第一等级"[26]出现的。贵族的权利卫士是会上最著名的发言人雅罗斯拉夫的贵族代表米·米·谢尔巴托夫公爵，他现在是一位博学多识、聪明机智、热情有余、审慎不足的人物，稍后成了俄国的史学家和政论家。我们已经看到，彼得一世以后，由于贵族权利的增大，这个阶层竭力洗刷、抖掉自己身上从社会底层沾染的尘土。彼得一世关于把供职已达军官级的平民知识分子晋升为世袭贵族的敕令，使旧有贵族深感不安。谢尔巴托夫公爵抨击这些敕令和服役贵族。同时，他发展了贵族阶层的历史和政治理论，认为按照继承权，荣誉和门第还有农奴垄断权均属于现在的贵族，——他们是历来天生的贵族，在他们的背后，有许多建立了光荣业绩的显赫前辈。自然，他是以此来反对贵族中人数最多的服役贵族，因为他们指责旧贵族态度傲慢和地位特殊，而且鄙视个人功绩和尊严。他们当中的一个代表声言，从委员会宣读的有关法律可以看到，贵族起源于通过服役建立功绩的最不显眼的家族。有23名代表同意这个意见，但其中没有一个是贵族。谢尔巴托夫公爵因此失去了精神上的平衡：他发言非常激动，声音颤抖。他认为所有贵族或者起源于留里克和外来的王公，或者来源于为罗斯大公服务的非常显赫的外国人，他制造了这种别出心裁的历史输出论，甚至把克里姆林宫的圣物当成见证，仿佛这些东西是出身古老家族的[27]贵族从异教徒羁绊下拯救出来的。服役贵族的第二个庇护人提出质问：俄罗斯贵族先生们能不能说自己的祖先全都出身于贵族。这就使谢尔巴托夫公爵碰上这样一个问题：第一个贵族是什么出身？天生的贵族谁也回答不出这个问题。有关第一个贵族的问题，像普洛斯塔科娃夫人关于第一个裁缝的问题一样，没有顺利解决。但是，米哈伊洛夫卡的贵族代表纳雷什金胜过谢巴尔托夫公爵，他把问题穷追到底，直截了当地宣称："在我国贵族的尊严被认为是一个人区别于其他人的某种神圣的东西，是它赋予这个人及其后代有权占有同样的东西"[28]。此后，留下来谈论的只是贵族的宗教规范。

贵族由于自身表现前后不一致，力量受到削弱，为了免受商人的侵害，只好花很大力气来进行自卫。谢尔巴托夫公爵和其他贵族代表主张严格划分等级，按照一份贵族委托书的说法，就是使每一个等级"拥有自己的特权，一个等级不得介入另一个等级的特权"[29]。但是，贵族不满足于自己的土地垄断权，还希望拥有工厂的权利。谢尔巴托夫公爵从最高原则出发，很独特地根据"工厂本身的实质"提出了这项要求。国家的确立如果以显贵和富裕家族这种坚实的柱石为基础，它就是牢不可破的。西班牙和法兰西国家的伟大，就在于以贵族为基础。结论是：贵族无论怎样都应该发财致富。占有土地是某些贵族的权利；矿石产在地下，因此办矿井应当成为贵族的一项权利。商人的代表则以嘲笑责备口气反对说，工厂和一切商业不属于俄国贵族，贵族的事情是努力改善其农民的耕作。一个城市代表指出了在工厂问题上商人和地主的显著差别：商人建厂后，给整个乡村发工资，帮助它如期缴纳赋税和地主的代役租，而地主兼厂主只会从自己的农奴身上榨取新的无偿劳动；如果不知道他的秘密[30]，情况就会很糟。

由农奴制度引起的争论 但是，城市已干预了别人的"特权"。商人代表坚持要求在自由雇佣工人靠不住的情况下拥有契约奴仆和雇员的权利，因为农奴事先拿了钱，没有做完工就逃走了[31]。特别是从地主那里来的雇佣奴仆吊儿郎当、懒惰狡猾——这是他们从其主子那里接受教育的表现。农奴制度是国家政权抛给俄国社会各阶级的一根骨头。自从1762年2月18日颁诏以来，农奴制度在贵族操纵下已失去了政治上的合理性,尽管仍然合法,但已无公正可言。从委托书中可明显看出,有一种想法当时已从贵族意识中消失,这就是他们的地产和农奴是有条件的权利,即要对国家承担法定义务。他们只有一半是所有者,另一半是国家(司法的)警察的代理人。有一份委托书请求在新法典草案里确认"自古以来合法化了的地主对人民和农民的统治权,不论过去还是今后,不通过废除是消失不了的"。但是贵族的这种观点损害了他们对农奴的垄断权,如果非贵族的居民地产权——平民的私有财产无故被拒绝承认的话。其他的社会阶级没有同贵族争夺这种权利,但他们希望能够分享这种权利。必须给国家想出最好的办法来证实这项权利是贵族专有的,也就是说,需要谢尔巴托夫公爵发表高见,这就是他在委员会里的作用。他发表了新的政治三段论。效忠君主和祖国是贵族身份的职责所在。这种效力在于管理好本国君主的其他臣民,为此必须受培训。办法是赋予贵族掌管乡村和奴隶的权利,在此基础上使他们从幼年时代起就学会管理帝国的一些地区。[32]结论是不言而喻的。奴隶占有制理应成为纯属统治阶层的特权。总之,农奴制是俄国国家人员的学校,而奴隶制的乡村则是管理俄罗斯帝国的榜样。性情暴躁的公爵这一次也未能保持沉默。其实,克伦贵族在其委托书里论证的地主对农奴拥有无限权力的意见也是很重要的,其中说道,俄罗斯人"在品质方面不能同欧洲人相提并论"[33]。其次,如果允许的话,商人可以拥有农奴,但不零售土地。谢尔巴托夫公爵继续说,"我们感到惭愧的是,一种思想是如此冷酷:在本质上同我们相等的人,被当作牲畜,一个一个地被出卖。"但是,公爵不相信贵族会惭愧,因为他们知道,贵族乐意零售农奴。他坚信,委员会将用法律禁止不带土地单个地卖人——这是可耻的行径;他承认,只要谈到这种想法,全身的血液就会沸腾。可见,他的讲话旨在反对商人的要求,但却不知不觉反过来反对自己的贵族同伙。其实,在差不多半个世纪前,彼得一世曾经向参政院表示希望或要求取缔零售农奴。谢尔巴托夫公爵运用统计方法证明商人占有农奴对国民经济的危害。全俄总人口有 1 700 万,农民占 750 万,农民人口中真正从事农耕的人口不超过 330 万。所以,每个庄稼人必须供应五个多人的粮食。

如果 2 万个商人每人购买两户农家,就要减少 4 万庄稼人。但是,商人也利用了谢尔巴托夫公爵用来为维护贵族农奴垄断权所引用的统计数字,维护自己的贸易垄断权以抵制农民。一个商人代表估计,由于贸易活动的结果,庄稼人将只剩下不到 200 万人,因此将会出现大量荒地和昂贵物价。[34] 贵族不满足于自己现有的地产,把目光扩大到过去的教会土地及其农民:我们在贵族的委托书里见到"关于把经济村出售给贵族"的项目。在多数贵族处于完全封闭的奴隶制"观念"的条件下,直接提出废除农奴制的问题,是徒劳的。科兹洛夫的贵族代表科罗宾,试图从某个方面来研究不受侵害的问题;他在委员会讨论农民的逃亡时指出,主要原因是地主在支配农民劳动和财产方面的可恶专横,建议在不触动地主对农奴个人统治权的条件下,限制贵族对农奴通过个人劳动所得的权利。女皇的《圣谕》帮助了科罗宾。《圣谕》第 261 条宣称:"法律能够确定某种有效益的东西可作为奴隶的私人财产。"但是,委员会认为,这种分割地主权力的做法是行不通的,结果科罗宾只争取到 3 票,反对的却有 18 票[35]。然而,科罗宾的建议是正确解决问题的途径。对农奴个人的统治权属于充当政府警察代理人的地主。科罗宾把这种权力同农奴私人占有主的权利分割了。他把农奴个人当作物品,以此来拒绝法律对农奴财产的保障。对农奴私人财产的法律保护,应当扩大到对农奴劳动和作为纳税人的个人本身的法律保护。

1861年2月19日的条例就是从划分司法警察权力和地主占有权开始的。政府和地主在农奴问题上观点的全部虚伪性就在于把这些各不相同的因素混淆在一起。被搅乱了的农奴问题拖延了几代人的时间才得到解决。这种混淆把权利和营私舞弊之间的任何差别洗刷得一干二净。同时也说明，为什么在政府机关的一份代表委托书里会出现这样的条文："关于订出用来审理因地主毒打造成人命案的法律。"在古罗斯，法律不惩办打死自己奴仆的主人，因为奴仆是被当作物品的。但在18世纪，农奴不再是物品和奴隶，正像谢尔巴托夫公爵和其他贵族代表由于考虑不周而称呼的那样，是纳税人，即不享有充分权利的国民。他们因毒打丧命，就应按照常规，按杀人罪论处。如果连政府机关也感到这种情况需要另定法律，这就说明国家权力机关不懂得也不会运用原有的法律。叶卡捷琳娜对代表们关于农奴和奴隶的观点表示愤慨。她曾扼要地记述了一次大怒时的气话："如果不能承认农奴是人的一分子，因而他就不算人，那就请承认他是牲口，这样全世界将会由于我们而增添不少的光荣和博爱；关于奴隶所发生的一切，都是由于时下慈善规章纯粹把奴隶当成畜生和使之变成畜生所造成的后果。"但是，在委员会里，人们没有把农奴制当作法律问题，而是当作猎获物，正像对捕捉到的熊一样，社会各等级的人：商人、官府职员、哥萨克，乃至国家农民，都急忙抢到自己的一份。连僧侣也没有忘记参加分配，他们抓住熊的耳朵不放：在一份城市代表委托书里提出申请，要求允许神职人员同商人和平民阶层的人一样能购买农民和地主家仆[36]。

委员会和新法典 无论[37]是委员会的组织结构还是委员会的公文处理，都不能适应对其赋予的任务，代表们表露的情绪也直接妨碍任务的顺利完成。政府面对的代表，其社会身份、宗教信仰、信念和文化程度极不相同。同彼得堡的将军和参政员坐到一起的有喀山车累米西人和奥伦堡捷普捷里人的代表；应召来从事同一件非常复杂工作的还有：正教行政总署成员、学识渊博的诺夫哥罗德都主教、大卢茨克人德米特里·谢切诺夫，乌拉尔伊谢茨克州服现役的米舍尔亚克人的代表阿布杜拉-穆尔扎·塔维舍夫，以及未受洗礼的喀山楚瓦什人的代表阿纽克·伊舍林。萨莫耶德人的代表在委员会宣称，他们是普通人，不需要法典，只希望禁止俄罗斯人邻居和长官压迫他们，此外，他们毫无所需。甚至还派出两名古怪的西伯利亚野人，手里拿着沙皇鲍里斯·戈都诺夫赐予的公国证书，因为这两个人是鄂毕河河口奥勃多尔和库诺瓦茨牧民的首领。要组织一个比1767年委员会更齐全的全俄民族大展示是很困难的。[37a]

这些代表在世界观上彼此格格不入，只能把自己紧锁在思想和道德各不相同的冗长链条的两端。俄国社会就是由这种链条组成的。代表的发言涉及需求和意见，必然产生分歧，不同阶层的委托书反映的利益自然极不协调。那么，立法者如何使所有意见协调，抓住主题，从互相冲突的利益中找出和解的立法标准呢？照叶卡捷琳娜的比喻，要为所有民族缝制合适的衣衫。仅喀山一地，她就数出有20种民族。[37б] 而且内容不一致的代表委托书和发言那么多，只能作为从中吸收可用于新法典准则的一种资料来源。

俄国法典编纂者手头还有两份资料：一份是向他们坦诚说明西方思想家深邃政治思想的《圣谕》；另一份是一大堆未经清理的各个时期的俄国法律，它们没有共同思想，而且矛盾百出[37в]。因此，代表们就得分别站到思想和利益完全不同的三种队列中去[37г]。或许这些法律同《圣谕》的条款不相吻合；或许居民的需求同法律背道而驰，否则三者就各行其是[37]。有一种情况表明，这种不协调会引起怎样的争吵。正像我们看到的，《圣谕》把一些人，其中有非贵族出身的艺术家和学者，划入"中间等级"或城市阶层。审查国民的分委会把僧侣算作中间等级。主教公会提出反对，认为僧侣是特殊阶层，在权利上应当同贵族平等[38]。分委会解释说，它是把僧侣当作人民教师，列入学者一类。然而科学院的学者也提出抗议，抱怨把他们同商人并列划入应缴纳人头税和应募新兵的一类。

最后，从前在1648年和1761年，曾召集代表来听取和审查由专门的政府委员会拟好的法典或各个部分的草案。现在，代表们组成了自己的委员会并且直接参加编写草案，内容要求有许多专门知识和对俄国法律事先进行过广泛的研究，但委员会里这种行家太少了。把法典各部分分给由委员会代表组成的分委员会以后，全体会议在等待分会的草案时，讨论一般性的问题，全文宣读法律和代表委托书。

这样的程序，大大地延缓了工作进程：在一年半里总共只写成了法典的一章——关于贵族的权利。

委员会任务的改变 法典编纂工作的一切不顺利引发了一个问题：编写新法典草案是不是委员会当前的目的？叶卡捷琳娜即位伊始，就从周围听到关于必须整理俄国法律的议论。她本人早在委员会建立前也想到这些法律已完全不适用，并在1767年从喀山写道，她在那里看到，法律很少符合帝国的状况，它折磨着广大的人民，使其福利尽遭破坏[39]。在起草关于召集代表的诏书时，她动摇过：在诏书里选择哪条途径？是继续在她之前业已开始的整理俄国法律，使之同《圣谕》一致，还是宣布这种忙碌徒劳无益，得"从头"开始——在保存完好的草稿中她没有写完这件事。她在1766年12月14日诏书中选择了第一条路；如果说第二条路，她设想的是一部崭新的法典，那么委员会的工作进程就给她指出了第三条路。她选择了这条路[40]。在城市和贵族代表的委托书里，与地方需求和各阶层要求并提的是关于缺乏医生、药店、医院、养老院、

104 孤儿院、公共粮库、银行、邮局、学校等这些事关公民社会生活的最简便设施的申诉。这已经不是回答政府关于居民需求的询问，而是居民质问政府为什么没有履行其义务。彼得一世已经着手添置这些设施，但是他死后几届不景气的朝廷，没有继续他的倡举，甚至延误和破坏业已开始的事业。根据这些申诉，俄国被描绘成一所破旧不堪难于栖身之所，那里四壁皆空，屋角漆黑，纳税人和政府机关则挤成一团。对司法机关现状的埋怨尤为厉害——这几乎是各阶层委托书批评最多的地方。贵族抱怨法院管辖范围太宽，猛烈抨击贿赂行为，和善地要求通过良心感召制止政府官员的种种不羁行为，不管对官员的良心相信与否，建议责成政府机关全体职员遵守特定的誓言："绝不沾染贿赂之风"，违反誓言者处死，这样贿赂必然会减少。他们不愿绕过选出的政府去同军政官员打交道，贵族代表莱蒙托夫甚至建议撤销司法委员会，因为它成了拖延审判和进行诽谤的场所，应把案件从地方法院直接移交参政院。市民请求减少审判次数和诉讼罚款，独院小地主和国有农民则"除人丁税外，政府机关所做的任何事他们一无所知"[41]。

各阶层都像畏避魔窟一样畏避政府的法院和行政当局。贵族、市民和农民都请求：对不很重要（初级）的案件进行就近、快速、廉价的口头审判，法官从他们当中推选，并且让警察服从法官，或把警察事务委托给单另选出的法官，这样就能取代昂贵、拖拉的书面公文（形式主义）的审判。贵族建议仿照英国和荷兰建立调解法官。由于法官是选举出来的，它显示出与各阶层团体紧密合作的意图，即按团体利益办事。城市委托书希望，为选举委员会代表而临时确定的市长，成为常任职务，并且"一般情况下由全体公民"选
105 举产生[42]。独院小地主和农民请求"由全县的全体民众"选举法官，他们之中也可以有人当选，可不要由贵族中推选，因为他们

"按自己的习惯"行事,常常要大车、食品和其他东西,农民要是表示反对,他们就打人。这种小团体意向在贵族委托书中反应非常强烈,并且同想在地方社团和管理机关中占支配地位的要求结合到一起。他们要求定期召开县代表大会,因为这个大会有权监督县的办案过程,如遇破坏法律或法官和行政长官迫害任何人,就上报参政院。代表大会选举司法——警察当局,不仅贵族及其农奴,而且还有宫廷农民和经济农民都交它管辖。某些委托书甚至希望由选举的贵族机构代替县的政府机构,请求赋予代表大会有选举地方长官及其副手的权利[43]。季米特洛夫县贵族的独特委托书,言辞尖锐,超出一般水平。委托书写得极好,而且毫不过分,它认为无休止的吵架和各类所有主农民之间的暴力行为,是贵族造成的地方上的主要缺点。对此,不论是个别的所有主还是长期的和"几乎是无限期的"政府各级法院及其书面诉讼程序都无能为力。为了迅速、就近和廉价地审判通常并不重要的案件,委托书建议把县划分为四个区,各区从贵族中选举一名为县的首席法官;由首席贵族领导各区法官工作,"以最快的速度"用口头方式解决农奴间的讼争,惩办有罪的农民,"用温良态度抑制"地主。每年当贵族外出时,他们要选举首席贵族(两年一次)和新的县法官,并听取前任的工作报告。选举结束后,代表大会变为农业会议:贵族们交流经济方面的想法,互相通报办好自己乡村的措施和农艺方面的经验,探求新的尝试,分类整理经验。此外,首席贵族和县法官有责任说服贵族,让自己的子女学习有用的科学和语言,特别要努力使他们熟练掌握本族的语言,并且"尽力劝说"地主为农户雇佣100名熟练的教师,教农民子女识字和算术四则,向每一个地主讲明,识字农民对他更有用处。"国家需要农民不是为了一个村社,识字不妨碍种地,尤其是夏季可以教儿童识字,让他们到处乱跑也没有什么好处"。当地首席贵族提醒地主们,过多的仆人正在使他们破产,多方地说服大家"自己给自己定下法规","不管是谁,一小块土地也不能荒废",县法官必须监督此事[44]。

满怀对祖国责任感的有识之士号召地主同仁就地为农业和农民的教育出力,保护微小的自治,免遭官府的干涉。这种立足于就地活动的方法,不仅表现为等级利己主义和侵犯别人权利为主旨的粗野形式,而且也成为其他贵族委托书的一个十分显著的特点。谢尔巴托夫公爵划分等级的主张,即在联合成地方团体的各等级之间实行权利的准确分配,在法典委员会里成了各等级代表最关切的问题。但他们对法典编纂中有关权利的更改并不满足,因为法律条文是官吏手中的玩物。委托书要求,凡属等级权利的条款应由选举的等级机关制定,对此人们不能掉以轻心。这种对已申述的意图的坚持态度,促使叶卡捷琳娜摆脱了对她设想的新法典性质的动摇状态。她已看出,委员会的工作既不能产生旧法律汇编,也不能产生符合《圣谕》精神的新法典,于是她改变主意,转向地方改革。

委员会的意义 我们认为,代表的发言和委托书最关切的有关等级权利问题就是1767年委员会的主要意义所在。叶卡捷琳娜按自己的意思评价了这种意义,夸耀这个委员会可与卡伦和涅克尔时期的法国等级会议相媲美,她写道:"我的代表会议是成功的,因为我对代表们说:要知道,我的原则就是这样;现在你们把苦处说说,鞋子哪个地方夹了脚?我们就尽力把它修好。"过了好多年,叶卡捷琳娜在去世前不久还回想起,委员会向她呈报过"上流社会和整个帝国的情况,现在同谁打交道和应当关心谁"[45]的事。她没有把话说完,她是怎样了解并与之打交道的上流社会,可是上流社会对她通过自己的委员会提供的机会却了解得清清楚楚。立法部门至今仍全力以赴地在仔细研究国家制度的一个课题——国家赋役问题。社会按出身在各阶级之间分配义务，它不考虑政治意义上的权利，只是把履行等级义务当作辅助手段时才容许给予优惠（或特权或优先权）。但是，自彼得一世逝世后，有一个等级开始获得特权，他们不但与新增加的赋税不发生联系，而且还伴随着对旧赋税有减轻的趋势。这就使非特权等级看成是不公正之举，促使他们对政府和贵族产生了相应的情绪，它突出地表现在日益增长的农民骚动上。早在即位前，叶卡捷琳娜就想好了防止立法工作出错的方法——在市集上传播有关拟定法律的消息，听取大家的议论[46]。现在，为此目的召开了似乎能听到"人民呼声"的代表会议。但是，代表会议上的意见分歧，众说纷纭，不亚于市场上的叫卖声。一名代表提出了关于贵族神圣头衔的新等级教条，另一名代表在委托书里受委托提出请求，现役军人，就是通常说的贵族，不能对商人乱加欺凌和殴打，拿走商品要付钱。在代表的发言里，发出了不和谐的声音。善于独立思考的代表认为，为了《圣谕》，他们有责任号召会议和解、互爱和同心同德。提到贵族免受体刑、刑讯和死刑的要求时，城市代表激烈反对。他们说：法律犹同自然规律，是神圣的，绝不容徇私；骗子总是骗子，不管他是下贱的（平民）或高贵的，只有高尚行为才能保持光明正大；在俄国，政权是君主的，而不是大贵族的，无论贵贱，同样都是仁慈女皇的臣民。总之，由于当局的惠允，在政治认识上发生了合法的转变。她本人曾询问臣民，缺少什么。他们回答：等级权利和等级自治。很难说，许诺召开的第二届委员会[47]会有什么结果。但不管怎样，愿意还是不愿意，立法工作必须从赋役制度着手，重新调整法律程序。

对权利的需求，是最突出的特点，它反映了当时俄国社会的情绪，委员会使这个特点公开化，同时不仅向叶卡捷琳娜指明它要朝哪一方向改革，而且指明就这个方向所要做的事情。一百多年前，各阶层代表应召听取和补充对法典的意见并在上面签署。这部法典把按国家义务划分阶层的办法肯定下来。这是莫斯科立法部门精心努力的结果。每个阶级都按照自己特有的等级赋役为国效劳，把专门的经济利益与赋役联系在一起，以有助于提高地产、城市商店和农业的收入。各阶层代表在1767年再次聚会时看到，他们的社会制度和道德风貌没有离开1649年法典奠定的基础，他们的利益和观念也来源于这部法典确认的等级划分。但是，这次代表们是带着不同想法来的，因为把他们招来是为了其他目的。当时，向代表们宣读法典草案是让他们知道，对土地是否用强迫或不强迫的办法实行已确定好的土地赋役制度。代表们很不乐意作肯定的答复，只想为减轻赋役谋求某些优惠。有时，特别是彼得一世时期，负担无力承受，公职人员和纳税人怨声载道。由于没有召开过缙绅会议，人民的不满情绪或者表现为暴动和小规模的地方性骚动，结果都遭到残酷镇压；或者表现为和平申诉，最好的情况被置之不顾。然而，彼得的改革把国家义务和经济利益的等级标准搅乱了，工厂主——商人享受贵族特权，吸引贵族参加工业企业，所有阶层一律承担服兵役的义务。彼得在连续不断地制定法律的过程中，对各不同职业阶层的负担和特权进行了总结，同时也把阶层拆散了，结果通过实施共同权利和义务的办法，使各阶层趋于平等。但是彼得死后的短暂政府，开始赐予一个阶层特权，即不增加新负担而且还减轻旧的负担。这种分散等级义务的片面做法，把与义务相关联的经济优势割裂开来，结果成了一种纯粹不正当的特权。

社会底层把这种破坏权利和义务之间均衡的做法，看成是国家办事不公的表现。叶卡捷琳娜即位之初，在民间流传着这样的传闻：贵族已把神学和法律置之脑后，把正义赶出了俄国国土[48]。但是，这种法律上的矛盾现象，在贵族本身以及按社会等级与之相近的阶级（叶卡捷琳娜曾用"中间等级"予以团结）中被理解为一种等级权利。这些等级中的每个等级，在维护自己固有利益和攫取他人利益时，竭力避免与这些利益相关的义务，即把这些义务推给其他阶级。由此，为等级权利而进行的讼争，在代表委托书和委员会的争论中，进行得最为激烈。经过这种讼争，社会意识闪烁出某种变化的曙光。等级利己主义忸怩地力图用体面的动机来掩饰，有时遭到个别人士和某些社会团体的抵制，这是某种公民感的表现。

《圣谕》的命运 关于《圣谕》的事，叶卡捷琳娜事后写道：它把规章和推理归而为一，这是没有先例的，现在"许多人开始就花品花，而不是瞎子评花，至少根据上述行动开始了解法律制定者的意图"[49]。把《圣谕》分发给代表，在全体会议和每月初的分委会上宣读，在讨论中被引用。总检察官会同总管不许在委员会的决议中出现半点与《圣经》精神相抵触的东西。叶卡捷琳娜甚至打算在《圣谕》颁布周年纪念日时，命令在帝国所有司法机关宣读[50]。但是[51]，参政院（当然在女皇的同意下）赋予它特殊的使命，只分发给中央最高机关，而不发给地方政府机关。甚至在中央机关，也只有当权官员才能知道，无论是普通的办公人员还是局外人，既不准抄录也不准阅读。《圣谕》始终只在每星期六（这一天不呈报日常事务）放在审判席上，审判人员在很小的范围内进行阅读，像内阁一样，锁上大门，应邀挑选的来宾禁止夹带书籍。《圣谕》预先就没有公之于众的打算，而只用作统治阶级一部分人的指南，他们只有通过受管制的策略行动自行领会最高当局为臣民幸福必须传授的那些道理具有的特性[51]。《圣谕》一定会照亮舞台和观众大厅，变成一盏见不着的明灯。为了防止民间不出现歪曲的传闻，参政院设计了这种舞台魔术，使《圣谕》的最大秘密只限于促进关于某种新法律消息的传播。阅读或听了《圣谕》的代表们和当权者从中得到一些新思想，即思想精华，但这些思想对行政机关和社会思想方式的影响却难以察觉到。只有叶卡捷琳娜本人在随后的敕令中，特别是在刑讯案件方面，提醒主管当局，《圣谕》的条款是必须遵守的命令。应当大加赞扬的是她严格坚持："在审问时，不得以任何形式对任何人施行任何肉体折磨。"[52]尽管实际效果不大，但《圣谕》仍然是叶卡捷琳娜整个对内政策精神特有的现象。她在致弗里德里希二世的信中，对自己的创造精神做了解释。她说，她必须适应现状，但同时，不能堵住通向未来更加美好的道路。叶卡捷琳娜用自己的《圣谕》投身俄国的变革，虽然很有限，但许多思想，不仅对俄国来说是新鲜的，而且也没有完全为西方政治现实所接受，也没有来得及体现成事实，没有来得及以此来改造俄国的国家制度。推理是：思想犹如原因，必然产生结果，早晚一定会变成事实。

关于改革地方行政和法院的思想　到1775年，叶卡捷琳娜已经结束了三次严酷的战争：同波兰、土耳其和自己起死回生的丈夫普加乔夫侯爵（她这样称呼普加乔夫）。随着时间一闲，她旧病复发，照她说就是"立法狂热病"。新法典的思想没有完全放弃，地区委员会还在工作，但她已不再考虑召集全体会议，把注意力放在第二步立法事业上。各种不同的动机促使她注重这个方面。早在1764年给省长的指令中，她就认为省是"最需要改善的"国家体制部门，答应逐步着手这项工作[53]。地方政府刚刚表明，它已无能为力，既未能预防，也未能及时扑灭普加乔夫的烈火。而且1767年委员会各阶层代表一致坚决表示，希望由自己的代表来管理自己的事。

第七十九讲

彼得一世去世后中央机关的命运——地方机关的改革——省——省级管理体制，行政和财政机关——省级司法机关——省级管理体制制度的矛盾——贵族和城市御赐诏书——1775年省级管理体制的作用

彼得一世去世后中央机关的命运 委员会没有制定出新法典草案，但是代表委托书和讨论反映了国民各阶级的需求和愿望。叶卡捷琳娜本人就是从这一观点出发器重委员会的；她写道："委员会给她提供了上流社会以及同谁打交道和关怀谁的情况。"叶卡捷琳娜实行的新的省级机关就是这种关怀最好的实际运用。

应该想得起，彼得一世在中央和地方管理体制方面做了何种变革。莫斯科国家旧的行政机关具有双重性质，即等级和官僚主义机关。在彼得时期，这种双重性并未消除，只是原先糅合在一起的职能现在被各不同范畴的行政部门所分割。中央机关的组成和性质纯粹是官僚主义的，而地方行政机关则由社会两个阶级参加的等级成员来支撑。我们看到，彼得大帝时期的地方行政机关是怎样组成。彼得的继承人大大地改变了这种结构；他们发现彼得的政府机构过于复杂[1]，便开始关闭许多被认为是多余的办事处和办公厅（室），把他们认为过于分散的部门予以合并。彼得曾多次为把地方管理机关所属的法院同行政分离而忙碌，并在主要省城建立了独立于省长的地方法院。在叶卡捷琳娜一世时期，这种地方法院

被撤销了，审判和惩治职能被托付给中央政权的行政机关——总督和省长。彼得也认真地关心过城市自治的发展，起初建立了城市自治局，后来建立了独立于省长、受彼得堡总市议会领导的市议会。1727年，叶卡捷琳娜一世当政时，市议会隶属省长；同年，彼得二世在位时，总市议会完全被取消，市议会成了更加简单的机构，即变为原先的城市自治局，只保留公民司法权。因此，彼得去世后，地方行政机关的等级成分遭到削弱，地方民众各阶级的参与权受到限制。地方机关的这种状况一直保存到叶卡捷琳娜二世以前。

中央机关开始朝着完全不同的方向改组，结果旧日惯常的领导人——大贵族消失了，由颇多的行政内行组成的官僚贵族取代。这班人部分地继承了古代大贵族的传统旧习，部分地因熟悉西欧政治制度而受到影响，他们沾染了贵族政治的某些派头，力图从普通的政府工具变为执政阶级，即独特的政治力量，因此，可以称他们为官僚贵族阶级。随着彼得一世去世，受这个贵族阶级风格和欲望的影响，中央机关实行了变革。为了使贵族的代表人物享有特权地位，对一般的参政员根本未予理睬，而是在参政院之上，即行政和法院最高领导人和检察官之上，相继建立了一系列享有立法权威的新的最高机构。这类机构相当于叶卡捷琳娜一世和彼得二世时期的最高枢密院，安娜时期的内阁，伊丽莎白时期的代表会议，彼得三世[2]时期的九人委员会。官僚贵族阶级的这种企图还在其他人身上突出表现出来；政府各部机关中最大官僚主义成分是参政院以总检察官为首的检察机关。检察机关是"君主的耳目"，是法律的维护者。当然，它也限制了官僚贵族阶级。

由于上述原因，彼得去世后，很快发生了一件意外的事情：1730年，总检察官、参政院检察官、各部普通检察官突然都不露面了，谁也不知道他们到哪里去了，不过这些任职人员都还活着，例如，当时任过总检察官的亚古任斯基还健在。安娜女皇在1730年10月2日的诏书中恢复了检察机关，承认"我们叔父去世后，是哪道法令废除了上述官衔，何人所为，我们从不知晓"。[3]安娜恢复的检察机关，在安娜·列奥波尔多夫娜摄政时期再次被废除；饶有趣味的是，这一祸首不是别人，正是官僚贵族阶级的一个著名人物、有海军大将称号并主持俄国外交事务的奥斯捷尔曼伯爵。因此，在中央行政管理方面，官僚成分开始加强，与此同时，正像地方行政管理一样，地方自治会即等级成分参与的机会越来越下降。

由于这种种变化，在中央，一个阶级处于对法律的优势地位，而在地方，个人处于对社会各阶级的优势地位。新兴官僚贵族阶级在中央摆脱了显贵的压力，在地方摆脱了社会的监督以后，在行政管理方面造成了不受遏制的个人专横，破坏了彼得建立起来的行政制度。

叶卡捷琳娜很了解行政管理方面的这些缺点[4]，在给总检察官维亚泽姆斯基公爵的密谕中写道："所有政府机关和参政院本身，背离了自己的原则，部分是由于对其先辈的事业不尽心，部分是由于得势者的徇私舞弊。"[5]叶卡捷琳娜明确地认识到她面临的任务：应当赋予政府机关固定的原则，规定出明确的法律及其工作权限。这两项诺言在1762年的7月诏书中得到了郑重申述。

有个接近叶卡捷琳娜的人急忙向她提出了就以这些原则为基础的机构设置草案；尼基塔·帕宁伯爵在政变后立即向女皇提出了常设国务会议的草案。尼基塔伯爵[6]不是完全没有1730年贵族阶级思想的人。他长期在斯德哥尔摩充任公使并非无益，他把由贵族组成的瑞典国务会议看成是最高政府机关的榜样。帕宁的主要思想是："君主的权力只有在合理地为某些少数卓越的代表人物分享时才会行之有效。"这一难以表达的朴实思想，说明了现行制度主要弊病的根源所在。按照帕宁的意思，这种根源在于行政管理方面要人的权势比国家机关政权起的作用更大，也在于政府缺少能使其形式更加稳固的某些起码的原则；简言之，帕宁想说的是，俄国没有能限制个人专横的基本法律。叶卡捷琳娜采纳了帕宁的草案，并且签署了关于新的常设会议的诏书，甚至任命了会议的成员，但不知是谁把帕宁的意图向她讲明了，结果签署了的诏书一直没有颁发[6]。

叶卡捷琳娜偶尔就重大问题召集近臣会议，但是这种会议对她来说并不是和帕宁的常设会议一样而必须设置的机构，而且没有为直接法所确认。所以，在叶卡捷琳娜时期，中央机关也同以前一样，仍然处于不稳定的混乱状态之中[7]。

地方机关的改革 对叶卡捷琳娜来说，地方机关是她借用所喜爱的著作中的政治思想进行传播的合适基地。此外，还有一些特殊意图促使她把主要注意力转向改组地方机关。第一，制定新法典草案委员会结束工作后不久，1773年至1774年爆发了可怕的普加乔夫暴动，地方当局既未能预防，也没有及时地予以扑灭[8]。第二，1767年法典编纂委员会的贵族代表坚持要求的，正是改组地方机关。鉴于这些动因，于1775年11月7日颁布了省级管理体制公告。

省 我现在对这份法律文献作一概述。同"体制"公告一道颁布的有1775年11月7日诏书，它指明现行地方机关有下列弊病：第一，省辖行政区地域太宽；第二，给这些区安排的机构数量太少，人员编制短缺；第三，在管理方面，各部门互相混杂，同一机关既管理行政本身，又管理财务、刑事和民事法院。为了消除这些弊病，考虑设置新的省级机构。叶卡捷琳娜首先对行政区划重新进行了划分：原来俄国划分为20个幅员广大的省份，现在整个帝国划分为50个省[9]。从前的省区疆界部分根据地理特征或条件，部分地根据历史特征或条件来确定，叶卡捷琳娜划分省的原则仅仅根据居民的人数。她划分的省是一个拥有30万到40万人的居民区，省又划分为拥有2万到3万居民的县。

省级管理体制，行政和财政机关 每省一律设行政和司法建制。省行政制度的主要机构是以省长或总督为省的省行政公署[10]。这是一个集警察和管理职能于一体的执行机关：在省内颁布和执行上级政府的指示和命令，监督其他机关正确处理事务，敦促其履行自己的职责，监督政府机关正常的工作，监督省内的秩序与安宁。省辖县级机关是以县警察局长或大尉为主席的地方初等法院，这也是执行警察职能的机关。县警察局长执行省级机关的命令，监督本县的商业，采取措施预防传染病，关心"人民的保健医疗"，维护道路和桥梁的通畅，还要关心本县居民的道德风尚和政治上遵纪守法的情况，协助法院进行预审工作，总之，遵照法律的要求，以"勤勤恳恳、细心和气、善良仁慈的态度对待人民"进行工作。县警察局长的权力扩大到除县城以外的全县；在县城与之相应的是市长或城防司令。财政管理集中于省税务局，它掌握征收国税、承办包工和建筑。国税由省税务局管辖。储备国库收入的省、县地方金库隶属于省税务局。

省级司法机关 司法制度历来特别复杂。省高级法院分两种：刑事法院和民事法院。这是所有阶层的司法机关。实际上，案件受到严格的划分。这些省级司法机关下设等级法院（案件实际上混同一起，但按等级区分）：贵族高级地方法院，商人和市民省议会、自由农村居民高级农民特别法院。两个高级法院设在省城；各县城分别设立低级法院。这就是：贵族县法院、商人和市民市议会和自由农村居民初级农民特别法院。此外，警察对县的管理集中于以县警察局长为主席的低级县法院。县等级司法机关隶属于省等级司法机关，而省等级司法机关隶属于按照上诉和检查程序不分等级的法院,即案件从低一级的法院转呈高一级的法院,其根据或者是因双方申诉,或是为了审查下级法院的判决,或是为了宣布最后的判决。在各省城还建立了负有专门使命的司法机关。某些性质特殊的刑事和民事案件集中由省感化法院审理[11]。归感化法院审理的案件是:刑事案件中凡犯罪根源不属犯罪者的自觉意志,而是出于不幸,或者由于肉体上或精神上的缺陷,因年幼、痴呆、狂热、想入非非等等;民事案件中凡诉讼当事人双方请求审理的案件。在这种情况下,感化法院的工作,像我们的调解法院一样,首先应当努力对争讼双方从中调解。为了管理学校、养老院、孤儿院和其他慈善机构,建立了社会救济署。无论是感化法院,还是社会救济署,就其成员来说,是面对所有阶层的政府机关。进入这些机关的代表从当地民众三个主要阶级中选举产生。此外,在县等级司法机关建立了监护机构:在县首席贵族主持下的贵族县法院,为了管理贵族的寡妇和孤儿,设有贵族监护所;在市长主持下的市政府,为了监护商人和市民的寡妇和孤儿,设有监护法院。

119　　**省级管理体制制度的矛盾**　我们首先容易发现,叶卡捷琳娜建立的省级政府机构的异常复杂性。在这里我们也首先看到,当时西方政治书籍传播的思想,特别是政权分立的思想,对这些机构产生的重大影响。没有严格的政权分立,即立法、执行(行政)和司法的分立,当时先进的政论家就不会想到建立公正的国家制度。叶卡捷琳娜在其省级机关中对这一思想给予了充分的重视。

等级法院的复杂体制有另一个根源。诚然,《圣谕》重申了贝卡里亚的思想,即为了正确履行诉讼程序,应当有效地建立与之相等的法院,俾能限制高级阶层(贵族和僧侣)对法院的压力;但是根据《圣谕》表述法律面前人人平等的思想而建立的等级司法机关,却反映出某种封建的,即中世纪划分阶层的情况。只要重新察看1767年委员会上贵族代表的委托书，就不难看出这种根源。许多委托书表达出等级的强烈愿望，即安排好县的等级社体和积极参与地方管理和法院的事务。贵族为选举委员会代表，曾经在各县分别集会选出了县首席代表；现在，贵族在委员会申述要求，希望保留等级选举县首席代表、定期集会和监督地方行政的权利。一些委托书甚至要求，地方长官——省长由地方贵族选举。对贵族参加管理的制度，波罗夫斯克县贵族委托书规定得特别明确：委托书要求，县贵族每两年召开一次代表大会，选举全县候补委员，该委员在每区选出的一名警官协助下进行工作。[12]县政委员在对各种身份的人进行审理和惩治时，区警官辅佐他进行预审。

1775年的省级制度明显地反映了贵族委托书陈述的愿望；显然，关于县政委员的思想，已经在县警察局长身上体现了；至于有关区代表或区警察所长的思想被拖延了，后来在尼古拉一世皇帝在位时得到实现。

因此，省级机关制度显露的矛盾，其根源是贵族反映的愿望。遵照西欧政论家的方针行事的女立法者，同以东欧实际利益为指针的贵族，发生了冲突。只要分析叶卡捷琳娜建立的行政和司法机关的人员结构，不难看出，这种矛盾是由同一阶层的利益引起的。《圣谕》表述的人人应公正待己的思想，在省级机关里没有得到认真贯彻[13]。正像我们看到的，这些机关是由三个层次组成的。其中最高层不分等级：省管理局、省税务局、刑事法院和民事法院。这些机关的全部人员，是在当地民众没有任何参与下，由君主任命的。

第二层由省等级法院构成：高级地方法院、省议会和高级农民法院以及由所有阶层组成的机关——感化法院和社会救济署。第二层机关的人员具有混合性质：院长（主席）由君主任命；但被称为顾问和陪审员的代表，则由每个机关的一定阶层选举，而感化法院和社会救济署的人员,由所有三个阶层选举。第三层,即由附设地方警察低级法院的县司法机关组成的最低层,情况也完全一样,都是按集体原则组成的机关,但所有人员来自当地各阶层:无论主席,还是代表,都由各阶层选举产生。只有初级农民法院的院长或审理自由农民案件的法官,由地方最高当局从官员中任命。看来,社会各阶级参与地方行政和法院的分配是极为均匀的。然而不难看出,给了一个阶级——贵族某种优越地位;初级地方法院成了全县警察的机关,尽管在办理涉及自由农民的案件时,有初级农民法院的代表参加,但是初级地方法院的院长——警察局长,只由贵族选举。此外,低级农民法院远非各县都有,因为它的开设要由省长裁夺,凡由他管辖的阶层,即自由农民达到足够数量的管区,才可设立;凡由自由农民达至1万至3万的管区就设立初级农民法院。

因此,县的警察制度、治安和不分等级的法院,都集中在贵族机关里。反映这一阶级占据优越地位的另一种形式,就是省级机关。省高级机关无等级之分,但是政府通常都从贵族阶级选拔机关职员;被选入贵族等级机关的这个阶级的代表:有省长、省高级行政和司法机关的要员,如厅、局长通常是由贵族出身的人担任。因此,等级在地方管理方面的决定性意义表现为两种形式:(一)贵族等级机关全体人员要经过挑选;(二)普通非等级机关全体人员要论等级出身。由于这种优势,贵族在地方行政机关和在中央行政机关一样,成为领导阶级。贵族既作为本阶层选出的代表,也作为被最高当局任命的皇室官员[14],控制着地方行政机关。

贵族和城市御赐诏书 过了一些时候,地方行政管理体制以颁布贵族和城市两个御赐诏书宣告完成。这两份诏书是在同一天,即1785年4月21日签署的。这就是两份诏书的主要特征。御赐贵族诏书完成了等级小圈子利益体制:除了在当初选举1767年委员会代表而召开的以贵族为首席的县贵族会议之外，现在又产生了以贵族为首席的省贵族会议。1775年的省级管理体制推行了二十年。执行期间，所有各县的贵族会集在省城推选省贵族代表。1785年的御赐诏书认定该阶层有选举省级代表的权利。这一诏书最终确立了贵族的权利：贵族对其不动产和农奴享有充分的所有权，他们可把自己的爵位传给妻子儿女，除非被判定有某种犯罪行为，否则这种权力不能被剥夺；关于贵族犯罪的判决，只有经过最高当局批准才有效。贵族免除人丁税、服兵役义务和体刑；贵族会议有权向最高当局[15]提出有关本阶层需要的请求。

城市阶层也同样确立了完善的体制。迄今司法事务连同对城市警察的司法监护，都由省和县政府包揽；根据1785年俄罗斯帝国城市诏书，除充当司法机关的政府外，还建立了城市警察总务局。城市居民被划分为六个阶层：高贵公民、真实居民（即在城市拥有房地产而不从事工商业的人）、行会商人、行会手工业工人、外国和外城市的客商，最后是干粗活的或从事手工业而在城市没有不动产的城郊居民。这些不同身份的人是依据出身或资本大小来区分的。例如，商人被分为三个行会：第三等行会的商人资本低微——1 000卢布。没有这笔资本的商人，被列入小市民，归属各手工业行会[16]。两个杜马：全体杜马和六人杜马主持城市经济和管理；全体杜马在市长主持下由所有各等级的议员组成，起指挥作用，定期或根据需要召集会议；六人杜马由六个等级各出一名成员组成，也由市长主持，是执行机关，主营日常工作，每周召开会议。贵族的和城市的这两个自治机关并未取得同样的成效。省级机关在省贵族中间显得非常活跃。每隔三年贵族会聚省城，在其伙伴——省首席代表和省长为他们安排的大型宴会和狂欢中选举各种职务；相反，市级机构在总督或省长的严密控制下，显得毫无生气。以活跃著称的贵族省级机关，甚至使外国人也深感不安：90年代初两名在俄国旅行的法国人，听到了许多这方面的议论，他们在日记中预言："这种聚会早晚会导致大革命。"

现在，剩下问题是要说明导致贵族自治非常成功而与之并行的城市自治却显得软弱无力的原因。在解释这些原因时，我们稍稍回顾一下我们已经研究过的贵族的历史。

1775年省级管理体制的作用[17] 省级管理体制和等级管理体制是受两种明显的影响制定出来的：（一）叶卡捷琳娜从西欧政治著作中借用来的政治思想；（二）当地的需要和影响。

但是，这些思想对俄国地方管理体制的影响仅仅是表面的；它们反映在制定制度的技巧及其形式、部署和相互关系上；表现对各个部门严格分工和确定各机关的工作权限上，可是，新原则的贯彻并不彻底，对新设机关的精神作用没有产生明显的影响。诚然，基于古罗斯行政机构从未有过的任务，建立了两个机关，这就是管理诉讼和慈善机关的社会救济厅和多半是凭良心而不是根据正式证据判决案件的感化法院。以往的政府体制，不论是中央还是地方机关，都没有国民教育和社会慈善事业的专门机构；现在的省社会救济厅就成了这样的机构。同样，过去不论俄国的诉讼程序，还是当时欧洲其他国家的诉讼程序，都没有凭良心进行审判；但是很有意思的是，正是这两个机关活动最少，对事务的进程影响最小。社会救济厅是在几乎没有国民学校而又未拨给城市经费的情况下建立起来的[18]。感化法院被迫处于瘫痪状态；例如，就民事案件而言，具有调解作用的感化法院要解决的是那些按争讼双方协议提交的案件。如果有理的一方有意要把案件提交感化法院，那么无理的一方就要予以阻碍，那时感化法院不能不为此审理案件，而且强迫抗拒一方出席。感化法院制度在俄国，特别是在国外，曾经备受欢迎。叶卡捷琳娜熟悉的法国政论家麦尔西用热情洋溢的话欢迎这种制度,他说:"人类幸福生活的曙光出现在北方,全世界的君主,人民的立法者,赶快向午夜的亚述女皇参拜,接受教诲,因为她第一个建立了感化法院!"但是,乌发感化法院的审判员承认,在他供职的12年中,由他审判的案件不到12起,因为他的仆从应诉讼双方有罪一方的请求,经常驱赶向感化法官申诉的所有状告者。根据当代人的供述,同样的情况也发生在其他感化法院;叶卡捷琳娜在位的整个时期,所有感化法院妥善解决的案件不到10个。因此,叶卡捷琳娜的省级管理体制,给彼得改革[19]建立的体制更增加了矛盾。众所周知,中央和地方管理制度只有建立在同一原则的基础上才能正确地发挥作用。叶卡捷琳娜时期,地方体制中彼得建立的等级成分加强了,省级管理体制还为贵族和市民参加地方行政管理开辟了更广阔的余地。但是,即使在叶卡捷琳娜时期,保持原来官僚主义性质的中央机关,也已失去了17世纪有过的那种同社会的联系。因此,中央和地方机关与基本原则相抵触的状况,在叶卡捷琳娜时期,更加尖锐了。

另一方面,贵族的优越地位更加破坏了社会各阶级权利和义务的平衡。先前的贵族在地方行政管理方面,是按其对国家所负的义务运用政府的功能;现在,贵族免除了最沉重的国家义务,在地方机关中的作用更大了。第二,省级管理体制是根据《圣谕》提出的基本原则建立的,这就是:每个等级的人都应当受同一等级的人的批评和管理。但是,实际的发展是这一基本原则却变为另一个阶层,即贵族,在地方机构中占有决定优势。

最后,叶卡捷琳娜建立的行政和司法制度一个重要缺陷,就是极端庞杂。例如,由于各部门的严格分工和法院的复杂结构,当选的和政府委派的官员猛增:原先由10个、15个官员办事的部门,现在增加到上百人。这就使高昂的行政费用不断增加。

126 　　省级和等级机构在我国社会史上具有重大意义，因为它反映了我们研究的这个时期的特殊变化。社会上两个最高层阶级在这些机关中的地位成了国家的支柱。我们看到，在贵族御赐诏书里，已经明确了先前的立法所确定的贵族权利，同样在城市御赐诏书里，也明确了市民的权利。这些权利不是等量地分配给城市居民各阶级，但是这些权利的总和使市民地位得到巩固，免除了古罗斯加在他们身上的国家专项义务。城市等级获得了等级的自治和等级法院。其次，行会公民，即城市居民中的高等阶层，免除了人丁税，代之以商人如实申报的百分之一财产税。同样免除了行会公民本人服兵役的义务。公民——行会商人可以用钱雇人服兵役[20]。再其次，免除了所有行会公民和市民按各种官税应服的"公差"或"勤务"，在古代罗斯，这些差使是城市居民最沉重的义务。最后，免除了头两类行会商人的体刑，而商人中具有"高贵公民"称号的高等阶层，在一定条件下可取得贵族身份。

　　这样，省级管理体制连同等级御赐诏书，是我国社会史上的第一批文献，它准确而详尽地阐明了两个阶层的权利，并使这两个阶层免除了国家专项义务。

　　这与省级管理体制的另一个对我国社会史[21]更重要的方面密切相关。如同我们看到的，在17世纪，国家义务在各阶层中的分配，破坏了他们之间的相互联系，毁掉了他们的共同行动。由于这

127 种隔离状态，缙绅会议在17世纪垮台了。从此，每个阶层各自承担勤务，不同其他阶层联系而单独行动。叶卡捷琳娜在省级管理体制中第一次做了重新使各阶层接近、进行友好合作的尝试。由政府委派代表领导的社会救济厅和地方基层感化法院工作的陪审员，是由三个自由阶层：贵族、城市居民和自由村民阶级推选出来的。诚然，正如我们看到的，这两个机构在地方管理体制中只占次要的地

位，但是，它们作为恢复各阶层联合行动思想的第一道闪光却是重要的，这也是叶卡捷琳娜省级管理体制最好的特点之一。

然而，省级管理体制在贵族史上具有特别重要的意义，因为它巩固了贵族在地方管理方面的决定性支配地位。我们看到，这种优势地位表现为两种形式：贵族等级机构的当选人员和不分等级的政府机构全体人员都出身贵族。

从此，居支配地位的贵族参与了地方管理，并由其一手操纵。处于贵族——省长监督之下的城市自治，发展迟缓，景象萧条，而贵族自治却显得生动活泼。贵族自治发展较为顺利的原因，是这个阶层在历史上养成了一种主动精神。在这方面，以御赐贵族诏书为终结的1775年省级管理体制，只不过完全实现了这个阶层的夙愿。我们知道，早在古代罗斯，贵族（服役人员）就已按县联合成为严密的等级团体了。这种团体的基础是军役和服役土地。县贵族保卫自己的县城，组成城防部队，指挥县民团作战，选举自己的税务员处理土地事宜，最后，用互相担保的办法连在一起。如果说彼得时期组建正规军，对这种县团体没有产生破坏作用的话，那也起了严重的阻碍作用；结果用不分地域成分的正规兵团代替了县民团。这样，兵团取代了县民团。由各师和团的军官组成联谊会，即社团；根据彼得的法律，团长通过团的全体军官选举和保荐产生；校官通过师的全体军官和将军选举和保荐产生。可是彼得在组建这种贵族团队社团时，还竭力维持当地原有的贵族地方联合会。彼得在位末期，贵族在国民经济中发挥了重要作用。政府开始把这个阶层看作是农村自己编额内的警察代理人。因此，彼得竭力维护贵族与警察的土地占有关系，让这个阶层参加地方管理。正如我们知道的，其表现是在省长主持下由省内贵族选举县长、顾问和选举县的地方自治委员。彼得去世后，随着贵族军役义务的减轻，他们同地方的联系不断巩固,因此,贵族团体的团结精神也加强了。自1730年12月法令[22]承认封地连同世袭领地都由贵族拥有完全继承权以来,这个阶层的定居状况更加强了,在地方发挥着更为稳定的土地占有人的作用。1762年2月18日的法律,免除了贵族的义务兵役,加速他们从中央涌向地方。从此,贵族只剩下土地所有人的一种作用,使他们在地方稳固下来了。基于这种变动,贵族的政治风尚也发生了变化。义务兵役把贵族牵制在首都和中央机关,这就是1762年前贵族的全部利益依附于中央的原因。我们看到,18世纪上半期贵族是怎样影响政府的,甚至在安娜时期他们就申请恢复专制制度,请求赋予他们选举参政议员、各院委员和省长的权利,二人对中央和地方政府的组成施加直接的影响。随着贵族义务兵役制的废除,贵族利益的重心从首都转移到了地方。贵族在1767年的委员会里,提出了参加地方管理的广泛要求,但任何一个贵族代表只字未提贵族参加中央管理的事。1775年的省级管理体制使这个阶层成为地方执政阶级的夙愿得偿,地方上近一半居民——农奴,完全被贵族控制。这就是说,省级管理体制尽管掺杂了法国政论家的思想,但我国历史上固有的社会政治现实仍在不断加固。因此,在地方管理制度中显示了叶卡捷琳娜全部国务活动的特点:在每一项事业中,都有俄国社会不熟悉的思想,在这些思想的掩盖下,我国古老的历史现实仍在发展和巩固。为了牢记省级管理体制在贵族阶层发展史中的作用,我们可以把贵族在地方执政的发展分几个阶段加以说明。在莫斯科国家,贵族不参与管理,而只是管理的工具,即义务服役,既在中央也在地方服役。18世纪上半期,贵族创立了中央政府,继续在中央义务服役,而参与地方管理则仅仅是开始;在这个世纪的下半期,这个阶层于1762年最后一次组建政府之后,不再在中央义务服役,从1775年起,最终控制了地方管理,开始参与省的管理[23]。

第八十讲

彼得一世以后农奴制度的发展——彼得一世时期农奴地位的变化——彼得一世以后农奴制度的加强——地主权力的扩大——地主权力的界限——彼得一世继承人时期关于农民的立法——对占有者完全私有的农奴的看法——叶卡捷琳娜二世和农民问题——乌克兰的农奴制度——叶卡捷琳娜二世的农奴立法——作为地主私有财产的农奴——农奴制度的后果——代役金的发展——劳役制——地主的家仆——地主的管理制度——买卖农奴——农奴制度对地主经济的影响——农奴制度对国民经济的影响——农奴制度对国有经济的影响

彼得一世以后农奴制度的发展 叶卡捷琳娜在位时期,贵族得以广泛地参与地方管理,是该阶层土地占有者起作用的结果。贵族领导地方行政管理机关,除了贵族的执政作用外,还因为地方上几乎一半居民——农奴,受贵族控制,他们居住在贵族的土地上。这个阶层作为土地占有者的作用是靠农奴制度来维持的。农奴制度同地方管理制度的这种关系,迫使我们来研究这种制度的命运。

据说,叶卡捷琳娜在颁布御赐两个阶层权力的诏书后,曾经考虑过第三个诏书,打算规定自由农村居民——国家农民的权利,但是这个意图没有实现。自由农村居民在叶卡捷琳娜时期占全体农村居民的少数,在叶卡捷琳娜二世时期大俄罗斯农村居民的绝大多数由农奴组成。

彼得一世时期农奴地位的变化 我们知道，彼得一世在位时期，农奴居民的地位发生了怎样的变化：关于第一次人口调查的敕令，从法律上把以前按法令区分的两种农奴身份（奴仆和农奴）混同了。农奴在人身上依附于地主，而同时还依附于本阶层，甚至地主都不能使他们脱离本阶层，他们永远是国家的义务纳税人。奴仆同农奴一样，永远依附于自己的主人，但是不承担农奴应服的国家赋役。彼得的法律把农奴承担的国家赋役扩大到奴仆。这样，就改变了农奴制的起源：你们知道，在此以前，奴仆或农民同主人的私人契约是农奴制的根源；现在，国家法令即人口调查成了农奴制的来源。不是按契约履行农奴义务的人，而是在人口调查名册上被列入某人名下的人，被认为是农奴。这种新的来源取代了从前的契约，它宣告农奴阶层有很大的伸缩性。从此，不再有奴仆，也不再有农奴，两者被一种身份——农奴身份的人或入册农奴所代替；因此，有可能任意地缩小或扩大农奴居民的人数和农奴依附的程度。从前，农奴身份是由个人同个人的契约建立起来的；现在，却建立在政府法令的基础之上。

自从彼得去世以后，农奴身份在数量方面和质量方面都扩大了，也就是说同时越来越多的人处于农奴依附地位，主人统治农奴的权限越来越扩大。我们必须仔细考察这两个过程。

彼得一世以后农奴制度的加强 农奴身份是通过两种方式——登记和赏赐来增加的。登记是根据彼得一世的敕令，凡没有来得及列入社会主要阶级而为自己选择了固定生活类型的人，必须为自己找到主人和位置，在某人或某团体的名下，登记人丁税。否则，在他们没有找到主人或团体时，就要按照普通警察的盼咐进行登记。这样，根据第二次和第三次（1742年和1762年）人口调查，多种等级低下的人，首先是自由人——非婚生的子女、记不起亲属的释放农奴和其他流浪者、士兵的子女、教会额外仆人、养子养女、被俘的外籍人等[1]都逐渐沦入农奴的依附状态。两次人口调查在这方面延续了17世纪业已开始的社会成分的净化和简化过程。因为登记有时是在违背登记人意愿的情况下进行的,而在这里面纵容了大量的舞弊行为。后来,法律承认了所有这些舞弊行为,强行剥夺了登记人控告违法登记行为的权利。为统治阶层利益服务的贵族参议院,对这种暴力行为放任不究,所以,抱着警察目的(即为了消灭流浪现象)进行的登记在当时具有高贵阶级窃掠社会的性质。通过赏赐使农奴居民的数量增加得更多,现在我就来讲这个问题。

赏赐是从原先分封领地发展起来的,但是赏赐的占有对象和占有者权利的范围不同于分封领地。在法典以前,分封领地只是把国家土地交付服役人员使用;自从农民的农奴地位确立以后,即从17世纪中叶起,分封领地赋予地主对居住在封地上的农奴使用强制劳动的权利。地主是封地的暂时占有者,农奴依附于地主或在税册上列入地主的名下,并依附于地主的后代,因为他在地主的土地上隶属于纳税的农民协会。凡属这种协会的农奴,必须为权占有土地的任何地主劳动。这里,我重复一下,地主获得了对农奴实行强制劳动的那部分土地的权利。随着封地同世袭领地的合流,这种农奴强制劳动连同土地按同等权利,即完全世袭所有权,全归地主占有。这种合流导致了分封领地被彼得一世开始的赏赐所代替。按法令,农奴身份的人不论对主人,还是对主人尽责的国家所承担的义务,综合起来构成了第一次人口调查以来农奴的名称。分封领地只是授权土地占有者暂时使用国家土地和农民劳动,而赏赐则允许他占有国家土地以及被列为这个土地上的农奴。同样,分封领地的权利范围也不适用于赏赐。17世纪,分封领地把国家土地赐给地主,作为有条件的和暂时的占有,就是说是以服役为条件的占有,直到占有者死亡，支配权一直受到限制——既不能出卖，也不能随意馈赠。但是，1731年3月17日颁布法令以后，封地与世袭领地最后合流，赏赐把国家土地连同农奴变为完全的世袭财产而不受上述限制。赏赐是18世纪增加农奴人口最通用的有效手段。从彼得时期起，居住在国家和宫廷土地上的居民，根据不同情况，转为私人占有。在保留原先分封领地性质的同时，赏赐有时具有因服役而受褒奖或养老金的意义。例如，在1737年，在国家矿厂服役的贵族军官，得到的赏赐，是把宫廷村和国有村的10个农户计入薪俸。非贵族出身的军官所得赏赐少一半。据称当时平均每户有4个纳税农奴，这40个或20个农奴成了军官的世袭不动产，但条件是：不只他们，而且他们的子女必须为国家工厂服役。到18世纪中叶，这种带封地性的有条件的赏赐停止了，只有按不同条件将有人居住的土地简单分配变为完全私有的情况仍在继续：农民连同土地被赏赐给因打了胜仗和顺利完成战役的将军，或用来纯粹"为了取乐"，为了十字架或作为新生儿的礼物。宫廷里的每次重大事件，即宫廷政变，俄国军队的每次战功，都伴随着成千上万的农民沦为私人所有。18世纪土地所有者拥有的巨额家产，是通过赏赐途径建立起来的。缅什科夫公爵——宫廷饲马员的儿子，在彼得死后，拥有家产据说达10万农奴。伊丽莎白在位时，拉祖莫夫斯基家族也同样成为大土地所有者；基里尔·拉祖莫夫斯基伯爵，通过赏赐也拥有10万农奴。不只是拉祖莫夫斯基家族本身（其出身为普通哥萨克），而且他们的姐妹的丈夫，晋升为贵族，也获得了大量的农奴赏赐。这样的例子还有裁剪工扎克列夫斯基、织布工布德梁斯基、哥萨克达拉甘。布德梁斯基的儿子在1783年拥有3 000多农奴[2]。由于登记和赏赐，农村居民中原先的自由人和宫廷以及国家农民的大多数，都沦为农奴身份，到18世纪中叶，毫无疑问，俄国同这个世纪初比成了一个更农奴化的国家。

地主权力的扩大　与此同时，农奴的依附状态扩大了并且达到极限。农奴制的法律内容是地主在法律规定的权限内主宰农奴人身和劳动的权力。这些权力的界限是怎样的呢？18世纪中叶左右农奴制是怎么回事呢？这是我国法权史上最大的难题之一。迄今为止，从事研究的法学家没有试图准确地说明农奴依附状态的人员构成和规模。18世纪的人认为，农奴制的重要特点，是把农奴完全当作主人的私产。难以考察，这种观点是怎样发展起来的，但是毫无疑问，它不会同确定农民的农奴地位的法律完全一致。17世纪，在确定这种奴役地位时，农民因借贷陷入了同卖身奴那样依附于主人的状态。虽然，卖身奴是暂时的，但却归主人完全所有，主人便把农奴也当作同样的私产。

　　这种看法只能用农奴负担的国家赋役解释清楚。唯有法律容许自由人不受限制地支配自己的人身，即自由时，这样的观点才能成立；根据合同，自由人可以卖身给另一个自由人当奴仆，但是法典废除了自由人支配自己人身自由的权利。根据法典，自由人必须亲自为国家服役或缴纳赋税，不能根据私人合同交归私人所有。这项法律把农民的农奴地位由取于合同转变为取决于法律。农奴地位没有像解放奴仆那样使农民摆脱国家义务。第一次人口调查，彻底消除了这种差别，给奴仆加上了同农民一样的国家义务。根据法律，两者都构成农奴化同等身份的人，即农奴。根据法律，主人对农奴的权力由符合主人对农奴双重作用的两个部分组成。第一，地主是农奴最近的管理者，受国家委托监督农奴的经济和行为，并对其认真履行国家义务负责；第二，地主是土地所有主，因为农民要使用他的土地，所以他拥有农民的劳动权，他又是农民的债权人，向农民发放贷款，农民靠贷款进行劳动。地主作为政府的代表，从自己的农奴那里征收国赋,并监督他们的行为和经济,发现过错就审判和惩罚他们——这是地主受国家委托对农民个人实行的警察权力。地主作为土地所有主和债权人,为自身利益向农民征收劳役和代役金——这是根据公民的土地义务管理农民劳动的经济权力。这样就可以根据法律来判定彼得在位末期地主的权限。

地主权力的界限　早在古罗斯时期,两种权力,警察权和经济权,即监督和审判权以及令农奴服劳役或交代役金的权力,都有一定的界限。例如,17世纪地主的司法权,只局限于"农民事务",即由土地关系引起的问题,和现在由调解法庭管辖的民事和其他小的讼争。但是,地主无权审理自己农民的刑事犯罪行为。科托希欣直截了当地说,"重要的刑事案件,不准领主和地主进行审判和发号施令"[3]。法典规定:凡地主对其农奴的抢劫行为自行惩罚,而不送交地方法院者,将剥夺其封地,如果这个农奴强盗的主人没有封地,那么他将因擅自惩罚农奴而受到鞭笞处分。同样,习惯或法律也使农民的劳动免受地主的暴虐。地主要是利用苛捐杂税使自己的农民破产,他的土地连同农民就收归国有,如果是世传购置的土地,则将转交给他的亲属。最后,在17世纪,承认了农民有向政府控告自己主人的权利。彼得死后,由于法律不完备和不连贯,农奴权利的这些界限逐渐消失。18世纪的法律,不但没有力求更准确地规定地主的权力,甚至在另一些方面反而扩大和加强了地主的权力。这种缺陷为一些地主采取16、17世纪地主对待奴仆的办法来对待农奴广开门路。[4]

彼得一世继承人时期关于农民的立法　彼得继承人关于农奴对主人关系的立法内容浅薄,仅仅从两个方面确定这种关系:第一,地主对农民人身的权力;第二,经济上主人支配农民劳动的权力。根据18世纪的立法,地主仍然是政府的代理人,是农民经济的监督者和国赋的征集者。从前不甚明确的地主的司法权,现在有时甚至不顾法律而开始扩大;例如,18世纪上半期,地主攫取了对农民的刑事审判权及其相应的惩罚权利。伊丽莎白在位时期,地主惩罚农奴的权利根据法律扩大了:1760年的敕令,赋予地主有权将其"举止放肆"的农民永远流放到西伯利亚。这个权利有利于地主加强向西伯利亚许多宜于耕种的荒地移民。但是,这种权利受到一定条件的限制:地主能够流放农民,但只能流放到有居民的地方,而且流放的农民要健康、能劳动,不超过45岁。根据法律,被流放者的妻子要随同,但地主可以把幼年儿童留下;如果地主准许他们跟随父母,国家将根据规定的价格予以奖赏。经济上支配农民劳动的权利尚无明确规定。早在17世纪,地主可随意把他的农民从一处迁到另一处,把他们连同土地和不连同土地出卖,交换,馈赠。在彼得时期,迁移和出卖权没有废除,但是彼得力图用一定条件来限制迁移权。[5] 例如,地主要想把他的农民从一个村迁移到另一个村,就必须向财政院提交申请,并应按原住址为迁移者缴纳人丁税。这种复杂手续制止了地主对农民的迁移。彼得三世在位时,这种限制于1762年1月被参政院明令废除。参政院"为了迎合地主,选择了最易行的办法",授予他们以迁移农民的权利,只要向当地人丁税征收团通告即可。

同样,是整户整户还是零散的、是带土地还是不带土地出卖农民,法律没有作出限制。不带土地和零散出卖农民的事,已使彼得不安,但是他不指望在同这种习惯努力做斗争中取得胜利。1721年,他在给参政院的敕令中只表示了一种不果断的愿望,希望对正在起草的未来法典加一个条款,禁止"全世界出现像牲口那样"把人分散出卖。这只是改革家的一个美好愿望。最后,18世纪的立法完全没有涉及地主对农民财产及其劳动权限这种主要问题。显然17

世纪的法律明确地规定农民的"家产"，即农民的财物，是农民同地主共同所有。这些"家产"是农民的劳动创造的，但也有地主贷款的资助。农民财产的这种共同占有表现在，地主不能剥夺农民的动产，农民同样也不能不经地主同意把自己的"家产"转让给不属于地主的农奴。17世纪，实际上把农民财产当作双方共有的这种观点仍按习惯维持着，并没有明文法律确认。18世纪，这种习惯开始动摇，法律就应当确定地主对农民财产的权力界限，这种界限就是农民权利的起源；但是，法律并未弥补这种缺陷。而且，两个法律都有助于地主领会将农民财产完全看成己有的观点。彼得责成地主要养活其行乞的农奴，同时为此向富裕农民征收特种税。1734年颁布的安娜女皇的法律，责成地主在荒年养活自己的农民，播种季节要供应农民口粮，"不能让土地闲置"。地主因承担这项新义务，他们之中就形成了一种看法：国家只承认农民的劳动，而农民的财产则由地主经办和掌管。我们也没有发现18世纪上半期内有关地主有权让自己的农奴服劳役和交代役金款额标准的法令。在古罗斯，显然无须通过立法途径确立这种标准，因为当时地主和农民的经济关系是由供求斗争来决定的。地主对自己的农民索取愈多，农民就离开得越快，投向能提供更优惠条件的其他地主。在18世纪，当所有农民或依附于个人或依附于社团时，确定农民为地主服劳役和交代役金标准，就成为国家制度的重要问题，但未曾确立。

对占有者完全私有的农奴的看法　总之，18世纪上半期有关农奴的立法，疏漏含混的定义比清楚明确的定义要多。这种疏漏含混就有可能产生对农民完全归主人所有的看法。我们记得，古罗斯地主的概念及其习惯是在奴隶占有制基础上形成的；古代地主经营自己的领地，主要靠奴隶。现在地主利用法律的含混之词，逐步把这些概念和习惯运用到农奴身上，这是违法的，因为法律视农民为国家的纳税人。[6]到18世纪中叶,这种看法已经完全成型,政府官员也接受了这种看法。我们发现,有一个政府机关在给1767年委员会代表的委托书中,附有一份申请书,它希望制定一条法律来制裁地主殴打农民致死的事件。这个希望之怪诞令人惊讶,怎么会忘记明确解决这种事件的17世纪法律呢?根据法典,地主虐待农民致死要处以死刑,农民家属的生活得由杀人者的财产来保障。[7]叶卡捷琳娜在其《圣谕》中表示,希望法律为"奴隶的私有财产"办点好事。既然叶卡捷琳娜知道农奴负担国家赋税,而奴隶不纳税,那她怎么会想到农奴就是奴隶呢?在这个《圣谕》中她表露了一种想法,认为"凡是谁都没有一点私有财产"的地方,那里的农业不可能发达;显然,她指的是农奴。那么法律是否宣布过农民的财产全归主人所有呢?这样的法律未曾有过;相反,谁都知道,彼得时期,国家曾经同承包国家工程的农奴订有契约,农奴本人依法对承担的义务负责。可见,18世纪下半期的政府官员,已确认了这个世纪上半期不知不觉形成的农奴观所产生的某种影响。

叶卡捷琳娜二世和农民问题 现在容易理解,叶卡捷琳娜的立法在处理地主同农奴的关系时,面临着怎样的任务:这就是填补双方土地关系法存在的缺陷。当前叶卡捷琳娜急需宣布总的原则,使之成为双方土地关系的基础。根据这些原则,规定地主对农民权力扩展的明确界限,而国家的权力也就根据这个界限开始确定。显然,女皇即位之初就已开始忙于确定这种界限。在1767年的委员会上,就听到了从几个方面对农奴农民的劳动提出的大胆要求:不占有农奴劳动的阶级,如商人、哥萨克以及僧侣毫无愧色地要求扩大农奴制。这种奴隶主式的要求激怒了女皇,在一份保存至今的简短笔记里反映了这种气愤。笔记称:"如果不能承认农奴是人,也就是说,他不算是人,那你们就承认他是牲口,这样全世界将会把无上的光荣和仁爱记到我们的名下。"但是，这只是讲人道的女皇瞬间病态式突发的愤怒而已。一些亲近的、有影响的和熟悉实际情况的人士，也劝她调处一下农民同地主的关系。可以推测，解放，即完全废除农奴状态，当时的政府是无能为力的，但是可以把双方互不伤害的关系准则这种意图贯彻到思想界和立法中去，不是废除农奴制，是制止专横行为。[8]

通晓国务的人士建议叶卡捷琳娜用法令方式规定地主有权要求农民交代役金和服劳役的标准。叶卡捷琳娜时期出色的国务活动家之一彼得·帕宁伯爵在1763年的报告中写到，必须限制地主对农民的无限权力，确定农民为地主服劳役和代役金的标准。帕宁认为这种标准是：服劳役每周不超过4天，代役金每人不超过2个卢布，相当于今天的现币14至16卢布。值得注意的是，帕宁认为颁布这样的法令是有危险的；他建议用机密方式把法令通告省长，责成省长秘密地转达给地主遵照执行。另一位能人、叶卡捷琳娜时期的模范行政长官、诺夫哥罗德省省长西维尔斯也认为地主对农民的勒索"出人意料"。按照他的意见，也需要由法令来确定给地主交代役金和服劳役的标准，并容许农民用一定数目款项赎回自由。

1762年2月18日彼得三世法令的颁布，为用不同方式解决问题又提供了一个重要动机。农奴制度的支柱之一就是贵族的义务服役；现在，一旦取消这个阶层的这种服役，原形的农奴制度就失去了本来的意义，即丧失其主要政治理由，〔它就变成〕无的放矢了。[9]现在，能看到叶卡捷琳娜对前辈留给她的难题所持的态度倒很有趣。

乌克兰的农奴制度 从上述情况可以看出，在农奴民众对待地主阶级的态度问题上，叶卡捷琳娜二世立法面临解决哪些任务。农民的农奴劳动是作为贵族履行义务兵役的手段，因此，随着这个义务的终止，把人口众多的国有土地分给私有的办法自然也应停止。

还有，农民的农奴劳动不是全归贵族私人占有，劳动的一部分是上缴国家的赋税，因此，农民的农奴劳动是地主与国家共同占有。所以，立法必须确定的是地主权利和国家权力之间的准确界限。

但是，叶卡捷琳娜没有停止把国有土地连同农民分赠给私人占有；相反，比她的前辈[10]更加慷慨。她登基的时候，近1.8万名农奴赏赐给她的26名共谋者。在她在位的整个时期，继续进行这种赏赐，有时大规模地进行，很快地建立了庞大的地主产业。出身于斯摩棱斯克小贵族的波将金，据说他卸职时已是拥有1 200名农奴的地主。我只限于一个总计数字，不分别列举历次赏赐。迄今根据文献已经查明，在叶卡捷琳娜时期有40万国有和宫廷领地的纳税农奴被分赠给私人占有；而40万纳税农奴的实际人数近100万。

但是，在叶卡捷琳娜时期扩大农奴状况的另一种办法，就是法律上制止自由农民迁徙。18世纪在小俄罗斯各地区，法律允许这种自由迁徙；在这里，农民自称为普通农民，他们同地主订有短期的用地契约，当他们被条件更好一些的地主接受时，就随意撕毁契约。哥萨克长老很久以来力图制止这种迁徙，不但想把普通农民，而且也把自由哥萨克根据农奴法[11]固定下来。在这个问题上，前任小俄罗斯统领（1750—1764年）基里尔·拉祖莫夫斯基，为了协助长老实现愿望，显得特别卖力。他第一个开始把国有土地连同普通农民实行分赠，不像我国古代封地制那样变为暂时占有，而使之成为完全的世袭所有。这种分赠是大规模进行的，拉祖莫夫斯基退休后不久，属于俄罗斯国家的整个小俄罗斯地区，剩下不到2 000农户未分赠给私人所有。

叶卡捷琳娜即位伊始，就采取措施制止小俄罗斯普通农民自由迁徙。根据1763年的敕令，农民只有在获得地主准假证明以后才能离开地主。当然，地主为了把农民控制在自己土地上，常给［索取〕证明制造麻烦。最后，第四次人口调查一结束，马上在1783年5月3日颁布了一道法令，规定各总督区或基辅省、现已归并波尔塔瓦的契尔尼哥夫省以及塞维尔斯克—诺夫哥罗德省的所有普通农民，仍须留在刚结束人口调查的地区，仍归属原主人名下。这项命令很快推广到哈尔科夫省以及库尔斯克省和沃罗涅日省部分地区。这样，上列各省根据第四次人口调查，注册的普通农民就有100多万，他们沦为私人所有，并很快把他们同中央地区的大俄罗斯农奴同等对待。叶卡捷琳娜把俄罗斯贵族的权利扩大到哥萨克长老，其结果促进了这里农奴化过程的完成。

由此可见，在叶卡捷琳娜时期，农奴人口数量的增加是通过两种途径——赏赐和在农民有迁徙自由的地方取消这种自由。由于这个缘故，叶卡捷琳娜在位末期，无疑俄国成了比从前大得多的农奴制国家。伊丽莎白在位末期，根据第二次和第三次人口调查的资料，俄国有将近50万宫廷农奴；而叶卡捷琳娜在位末期，根据第四次和第五次人口调查的资料，同样省份的宫廷农民已剩得不多了。[12]

叶卡捷琳娜二世的农奴立法 叶卡捷琳娜关于地主统治农奴的地区范围的立法，与前辈的立法一样，其特点都是含糊其辞，残缺不全。总而言之，都是为了地主的利益。[13]我们看到，伊丽莎白为了向西伯利亚移民，通过1760年的法令，赋予地主有权把有"粗鲁无礼行为"的健康农奴劳工永远流放到西伯利亚，并禁止返回；叶卡捷琳娜通过1765年的法令，把永远流放的这种限制权，变成了没有任何限制的把农奴流放服苦役的权利，适当的时候可根据意愿把他们遣返给原主[14]。稍前，17世纪，政府受理了有关地区残酷虐待的控告书，根据控告，进行了侦查，并惩罚了有罪人员。[15]彼得在位时，曾多次颁布敕令，禁止各阶层人员越过政府机关向皇上呈文禀告。彼得的继承人重申了这些敕令。然而，政府继续受理村社农民对地主的控告。参政院对此竭力阻挠，叶卡捷琳娜即位之初，它建议叶卡捷琳娜采取措施彻底制止农民指控地主的行为。[16]叶卡捷琳娜批准了这个报告，于1767年8月22日，正当委员会代表听取《圣谕》关于自由平等条款的时候，颁布了一道敕令，声称，如果谁"胆敢把不容许控告地主的状子亲手禀呈皇上"，那么呈送人和撰状人都将施以鞭笞刑并永远流放到涅尔琴斯克服苦役，给地主顶替征兵名额。这个敕令指定限一个月内的星期日和节日在所有农村教堂宣读。女皇批准的参政院建议中止了农民控告地主的任何可能性。其次，叶卡捷琳娜时期，世袭地主的司法权限没有明确的规定。1770年10月18日的敕令称：只有当农民的罪行依法不招致剥夺其一切权利时，地主才可以审判农民；但是，地主对治罪处罚的标准未作规定。他就利用这一点，对犯有轻微罪行的农奴，给以同重大刑事犯罪行为相同的惩罚。1771年，为了制止公开买卖农奴这种不光彩的现象，颁布了禁止因拖欠地主债务不带土地公开买卖或"拍卖"农奴的法令。法令没有发生效力，而参政院也没有坚持执行。1792年，新的敕令恢复了因拖欠地主债务不带土地公开出卖农奴的权利，只是不使用拍卖的名称罢了。叶卡捷琳娜在《圣谕》中提到，早在彼得时期，曾颁布过一道敕令，把疯狂或残暴的地主交付"监护人看管"。叶卡捷琳娜说，这个敕令对疯狂地主而言是执行了，但关于残暴地主一项，却未曾执行；她表示困惑不解，为什么敕令的作用受到限制。[17]但是她没有恢复敕令原有的全部效力。最后，在1785年御赐贵族诏书中，在列举该阶层的人身和财产权利时，她也没有把农奴从贵族整个不动产的构成中划分出来，这就等于默认了农奴是农业地主财产的组成部分。这样，叶卡捷琳娜时期，地主的权力，丧失了原先的政治理由，而获得了更为广泛的法律权限。

作为地主私有财产的农奴 这就是叶卡捷琳娜有关农奴的所有值得注意的重要指令。这些不完整的指令,确认了18世纪中叶贵族层中坚信的那种不顾法律,甚至违反法律的农奴观,即认定农奴是地主的私有财产。叶卡捷琳娜的立法确认了这个观点,但它没有直接说,而是故意不提,也就是默认。叶卡捷琳娜在位期间,确定农奴居民关系有哪些可行的方法呢?我们看到:农奴〔作为〕国家永久义务农,人身上依附于地主。法律规定了他们的人身农奴依附地位,但没有规定他们同土地的关系,农民是以种地的方式来承担国家义务的。可以通过三种方式处理农奴同地主的关系:第一,可解除他们人身上对地主的依附,同时也不固定在土地上,就是说,这是无土地的解放农奴。叶卡捷琳娜时代的自由派贵族一直梦想这样的解放,但是这种解放未必可行,至少会给国民经济关系造成一片混乱,也许会招致可怕的政治灾难。第二,取消农奴的人身依附后,可把他们依附于土地上,亦即摆脱他们同主人的关系,但要把他们拴在国家赎买的土地上。这将使农民处于同1861年2月19日开初给他们安排的地位非常接近:把农民变为依附于土地的国家纳税人。[18] 18世纪,与赎买土地的复杂财政业务连在一起的这种解放,未必能实现。最后,不解除农奴对地主的人身依附,把他们依附于土地上,也就是保持地主统治农民的一定权力,农民就处于依附于土地的国家纳税人地位。这就建立起农奴对地主的暂时义务关系;在这种情况下,立法应当准确地规定双方的土地和人身关系。这种处理关系的方式是最合适的,波列诺夫和非常熟悉农村情况而又接近叶卡捷琳娜的具体工作者,如彼得·帕宁或西维尔斯,主张的正是这种方式。叶卡捷琳娜没有从中选定一种方式,而只是简单地加强了18世纪中叶已形成的主人对农奴的统治,某些方面甚至扩大了这种权力。由于这个缘故,叶卡捷琳娜二世时期的农奴制度，进入了自身发展的第二阶段，采纳了第三种形式。农奴制度的第一种形式在1646年敕令以前，是根据契约确定农奴对地主的人身依附关系，至17世纪中叶，农奴制就是这种形式。根据法典和彼得的立法，这种制度使农奴在法律上世代依附于地主，条件是地主要义务服役。叶卡捷琳娜时期，农奴制获得了第三种形式：它变成了农奴完全处于依附地位，成了地主的私有财产，而地主也不再是有条件的义务服役，因为贵族的义务服役已取消。这就是可以把叶卡捷琳娜称为罪人的原因。罪人的意思不是说她创立了农奴制度，而是说她在位期间这种制度已由动摇不定符合国家暂时需要的现实，变为用法律确认下来的，不可饶恕的制度。

农奴制度的后果 现在，我们来研究第三阶段的农奴制及其吸收了最新体系所产生的后果。其结果极不相同。农奴制度是一种隐蔽的推动力，它推动着国民生活各个方面，并给它们指明方向。它不仅指挥国家的政治经济生活，而且给社会、思想和道德生活打上了深深的烙印。我只简短地说明某些最明显的后果，而首先指出农奴制度对农村地主经济所起的作用。从2月18日诏书到2月19日宣言，整整一个世纪，社会、思想和道德的变化，都是在农奴制度重压下［发生的］，也许再过一个世纪，那时候，我们的生活和思想才会摆脱这种压抑的遗痕。

在农奴制度的掩护下，18世纪下半期的地主农村，形成了独特的生产关系和制度。我首先指出地主剥削农奴劳动的方式。18世纪以前，地主经济盛行经营土地和剥削农奴劳动的代役金和服劳役混合制。为了使用地主的一块土地，农民部分为地主种地，部分向地主缴纳代役金。18世纪上半期，这种混合制开始分解：贵族由于义务服役不可能有充足的精力直接参与农业经营，因此，有些地主几乎把自己全部的土地供农民使用，征收代役金，另一些地主把土地划出一部分给农民,其余的土地通过徭役劳动来耕种。我们不能说明这两种制度——劳役制和代役金制——推广到何种程度;只能推测,劳役制的推广不亚于代役金制。

显然,贵族自从摆脱义务服役以来,经办自己农业的事便当多了,因为现在他有了更多的空闲;况且,由于这个阶层集中掌握了大量土地,这正是当时俄国国民经济中的巨大生产力,所以贵族急于成为整个国民经济的领导者。在研究叶卡捷琳娜即位初期的农业活动时,我们发现,在农村发生了同预计的恰恰相反的情况。[19] 代役金制不但没有从地方经济中消失,而且越来越扩大;无论是最晚的统计学著作,还是同时代的人的供述,都指明了这一点。叶卡捷琳娜在《圣谕》中抱怨说:"几乎所有村子都推行代役金制",人们都认为代役金经济是"新的管理方式"[20]。叶卡捷琳娜在位末期,统计学家什托尔赫和农学家雷奇科夫,异口同声地抱怨,地主领地代役金制占统治的现象,使农业无法摆脱有害的后果。某些同时代人对这种出乎意料的现象解释为,多数贵族在城市供职,不可能永远把劳役制经济委托给管家。但是,1777年政府搜集的资料没有证实这样一种说法:在国家机关供职的贵族只有1万人左右,即占该阶层的很小一部分[21],而绝大多数贵族没有担任政府职务,不住在他们的乡村,而集居在省城或县城。

在解释这种奇怪的现象时,我们找到产生这种现象的两个原因:一个是政治原因,另一个是经济原因。叶卡捷琳娜上台的时候,许多地方爆发了农民起义,而且很快汇合成为一次大规模的普加乔夫暴动。惊慌失措的贵族,长年龟缩在各个城市,投靠自己的权势的同僚——省长和县警察局长。这就是贵族离弃占有地的一个原因。第二个原因纯粹是经济上的。叶卡捷琳娜的《圣谕》指明了这一点。其中我们看到:"主人(即地主)根本就很少住在他的村庄，但向每个农奴的征税分别为1个卢布、2个卢布，甚至5个卢布，至于农奴怎样弄到这些钱，他就不管了。"就是说，代役金制经济被认为是最合适和有利可图的：第一，它使地主摆脱了琐碎的经济事务；第二，它使地主在不受限制的权利之下，提高代役金，使他能得到他亲自在农村经营永远得不到的收入。

这样，同预期的相反，18世纪，贵族阶层变得更加空闲的时候，地主经济变得比以前更加代役金化，地主比以前更加远离自己的土地和"农奴"。由于这个缘故，在农村地主经济中确立了独特的经济和法律关系。现在我就来讲明这个问题。

代役金的发展 由于叶卡捷琳娜时期农奴制度的法律规定不明确，地主对农奴劳动的要求不断扩大，其表现是代役金逐渐增长。由于各地条件的差异，代役金也千差万别。最正常的情况是：60年代每个入册农奴缴纳2卢布（等于现在的15卢布），70年代3卢布，80年代4卢布，90年代5卢布（等于现在的25卢布）。根据粮食价格可以确定这些款额的市场意义。叶卡捷琳娜在位初期，1个卢布大约等于现在的7个或8个卢布；末期，1个卢布大约等于现在的4个或5个卢布。这样，她在位初期的正常代役金，折合现在的钱数大约等于15卢布；末期，大约等于27卢布。这就是每一个农奴的代役金；把它折合成土地，就可以确定其经济意义。叶卡捷琳娜在位末期，一块最普通的份地分三块田地作为一个课税单位，其面积是六俄亩耕地；所谓一个课税单位是指一对成年劳动者夫妇和尚无独立生活能力的年幼儿童。同时代人认为，每个课税单位有两个半入册农奴。

这样，叶卡捷琳娜在位末期，每个课税单位承担的地主代役金约为27卢布的两倍半；就是说每俄亩农民份地分摊的代役金约11卢布。这就是中部各省、伏尔加河上游沙土带的代役金；在居民较少的南部黑土区,每个课税单位一般分到稍多的土地。一俄亩11卢布,这要比中部大俄罗斯各省现在的租地费要高好多倍。

劳役制 其次,在某些领地,劳役制占有统治地位。叶卡捷琳娜在位时期官高爵显的人中,以格里高里·奥尔洛夫公爵为首的几个人,建立了旨在研究和促进俄国农业发展的爱国团体。1765年,叶卡捷琳娜批准了这个名为《圣彼得堡自由经济协会》的团体。协会把有关各省农业状况的问题分送各省领导参阅,然而从反馈给协会的意见看,他们是饶有兴趣的。

根据叶卡捷琳娜二世在位初期搜集的情况表明,许多省的农民一半劳动时间为地主干活;而且,要是好天气,地主强迫农民整个星期为他干活,所以农民只有在结束了老爷的农忙期后才能为自己干活。在许多地方,地主要求农民工作4天甚至5天。观察家发现,一般而言,农奴制俄国农村的劳动与西欧邻国农民的劳动相比更加沉重。彼得·帕宁这个十分温和的自由主义者写道:"主人的勒索和俄国的徭役劳动,不仅超过邻国居民的实例,而且还常常超出人们难以忍受的程度。"最后,农学家雷奇科夫给我们留下了证据,其中指明了支配农民劳动的权力无限膨胀造成的严重后果。他抱怨一些地主"每天驱使他的农民为自己干活,只给他们赖以糊口的月粮"。就是说,某些地主利用了还没有一项明确法律确定农民为地主义务劳动限度的机会,使农民完全丧失土地,并把他的庄园变成了同黑奴解放前的北美种植园难以区分的奴隶主种植园。[22]

地主的家仆 另一方面,赋予地主无限权力,促进了负担沉重的农民之中家仆等级的增多。当贵族承担义务服役时,他必须在身边保持一定数额的家仆,出征时家仆随行,或者他本人不在时,委托他们管理农业;随着义务服役的终止,这批人员必须缩减。但是,从18世纪中叶起却显然在扩大。叶卡捷琳娜二世时期考察俄国地主生活方式的观察家证实，俄国地主家庭，一般有3个甚至5个仆人，比同样富有的德意志地主家仆还要多。什托尔赫认为，毋庸置疑，达官贵人的家仆在其他国家不可能提供这么多。一部分家仆是作为农民管理机关的工具为地主服务。地主成了归他监督的农民公社的绝对领导人；他在这里实行审判和惩治，监督慈善事业和秩序，处理农民的一切经济和社会关系。但是，这些行政事务，即使纷繁复杂，也不需要地主掌管那么多的家仆，所以多余的人就听从地主个人需要任意使唤，在这方面地主是不大顾忌的，他们还把家仆的工钱转嫁给自己的农民。

地主的管理制度 18世纪地主管理制度和审判的某些文献至今还保存着。彼得·亚历山大罗维奇·鲁勉采夫伯爵，1751年当他还是一名年轻的军官时，就曾给他的管家草拟过训示。习惯于军纪的鲁勉采夫，对有过失和犯罪行为的农民，规定了严厉的处罚，项目是2戈比到5卢布的罚款、镣铐、棍棒和鞭子。鲁勉采夫不喜欢树条，喜欢棍棒，认为棍棒对受罚者能产生更强烈印象。无正当理由不去教堂的有罪者要给教堂交付10个戈比；农奴因小偷小摸，就会被没收其全部动产，并进行体罚，然后充军，无须向老爷报告。根据《罗斯法典》，类似这样的惩罚称之为"任意洗劫"，但只有最重的刑事犯罪行为——抢劫、纵火和盗马等才施以这种惩罚。可见，18世纪地主的做法比12世纪的《罗斯法典》还严厉。农奴要是凌辱了贵族，按贵族的意愿处以棍刑，"直到贵族满意为止"；农奴还要向自己的地主交2卢布的罚款。

要是把鲁勉采夫规定的严厉惩罚同其他地主规定的处罚相比，就明显逊色了。从60年代保存下来的《家务管理记事簿》，是记载了一个地主家务管理的笔记。其中提到，农奴因每件小事，就要挨几百鞭，树条抽打几千下；鞭子和树条有严格区别：鞭子打一下

153 等于抽树条 170 下。地主住在莫斯科，那里有他的几个服代役金或当手工业学徒的家仆。每逢节日他们必须到主人家里请安；不到者要罚抽树条 1 000 下。如果农奴不参加斋戒祈祷，就要罚抽树条 5 000 下。受重罚者可以住进主人的医院；但是每个受罚者能躺多少天有明确的规定：期限取决于挨打的数量。被鞭子抽 100 下或被树条抽 1.7 万下者可以躺一星期；树条抽打不超过 1 万下者为半星期。超过期限者，取消口粮，还要扣除月薪的相应部分。

如果这份野蛮的文献是由地主暴虐时代俄国某个堂吉诃德〔流传〕下来的，他管理的不是活着的，而是假想的农奴，像索巴克维奇用死魂灵做交易那样〔23〕就好了。

地主就是利用放任自由的机会，在支配农奴的人身方面广泛地使用权力。1765 年关于地主有权把农奴流放到西伯利亚服苦役作为充军的法律，助长了这种情况；借助于这个法律，地主力求减轻由于其农奴服兵役而造成的损失。在每次招募前，地主把散漫体弱的农奴流放到西伯利亚，用他们来获取新兵收据。这样，他们就使勤勉健康的劳动人手免除了义务兵役。当然，这使俄国军队受到很大损失。西维尔斯在其致叶卡捷琳娜的信中说，在 1771 年的招募中，由于这项权利，俄国军队至少丧失了 8 000 名好战士。西维尔斯表示怀疑，会不会有这个数字的 1/4 送达目的地。帕拉斯院士在西伯利亚旅行的时候，看到这些被流放的人；其中许多人无妻室儿女，虽然伊丽莎白的法律禁止在流放时把夫妻分散。〔24〕一些被流放的人向帕拉斯抱怨说，他们非常思念离别的孩子，如果把他们同家人一起流放，那么他们觉得在流放地要比在家乡地主手下过得幸福。70 年代，在托波尔斯克省和部分叶尼塞斯克省，自 1765 年以来这样的流放者就有 2 万多。

买卖农奴 叶卡捷琳娜在位时期，在地主权力广为扩展情况下，带地和不带地的农奴买卖比以前更有所发展；农奴价格规定了法定价，即国家价，自由价即贵族价。叶卡捷琳娜在位初期，整村购买时，一个带地的农奴通常售价30（现在的225）卢布，随着1786年信贷银行的建立，一个农奴的价格上升到80卢布（今400多卢布），不过银行接受贵族地产作抵押时，农奴的价格只有40卢布。叶卡捷琳娜在位末期，一般很难买到价格低于100卢布的私产农奴。她在位末期，零售买来充壮丁的价格为120卢布（约今850卢布），末期是400卢布（约今2 000卢布）。[25]

农奴制度对地主经济的影响 现在不难看出，农奴制度对农村地主经济和贵族土地占有者的地位产生了何种影响。贵族在摆脱义务服役以后，本应成为农业主宰者阶级和俄国国民经济的领导者；但由于农奴制度的关系，它既没有成为前者也没有成为后者。在乡村，贵族本应从事的主要不是农业生产活动，而是指挥管理农民的工作。关心农业栽培、农艺学，采用新耕作法和新式农具的事，逐渐退居第二位，取而代之的是关心剥削农奴劳动和建立管理农奴的制度。这样，地主便以土地占有者逐渐转变为农奴占有者，变为对农民的警察管理者。某些明理的地主已经在18世纪下半期开始这样看待自己。其中一个写到，他把地主看作"世袭官员，政府为了居民给他土地，把住在土地上的现有居民托付他一手看管，并在任何情况下对他们负责"。

农奴制度对贵族土地占有者地位的影响就是这样：由贵族土地占有制转变为农奴占有制；[地主]本人由农艺师转变为对农民的警察管理者。由于地主农业受到这样的影响，农奴制度遂把贵族领地农业引到错误方向，使之滋长了不良的经济习惯。地主每一项新的经济需求，都靠新增农民税收来满足。白白得来的农奴劳动消除了贵族积累流动资金的兴趣[26]。农奴制内部隐藏着贵族经济主要缺陷的根源，这些缺陷刚开始暴露，就说明这种经济缺乏预见性、缺少进取心、不讲节约精神、对改善经营方式不感兴趣、对别国农业采用的技术发明漠不关心。滥用权力，通过事务所的一道普通命令代替流动资金和农业知识便可白白地得到一切。

最后，农奴制度使农奴既脱离了老爷的领导，又缺少足够的农具：农奴同地主的关系确定之后，就失去了技术知识的指导，而地主本人正像他没有储备足够的农具一样，也不具备这种知识。农民只好照他已会做的办法，也就是按照习惯来种地。而且，为了支付繁重的代役金，他必须背井离乡外出干活，做短工，以弥补家庭农业的不足；这就迫使农民与家人分离。因此农民沾染了地主的那些缺陷：不善于从陈旧的习惯耕作法转向已变化了的经济条件所要求的新耕作法，热衷于种更多的地，又没有本领把地种好，不懂得集约经济的好处。

农奴制度对国民经济的影响 但是，农奴制度，不仅对地主农业，而且也对整个国民经济产生了危害。它对这些部门农业劳动的自然地理分布起了阻碍作用。根据我国外部历史状况，自古以来拥有独特势力的农业居民密集在中部地区，即土壤不太肥沃的地区，这是被外部敌人从南俄黑土地区赶来的。这样，国民经济数世纪以来一直处于农业居民分布空间与土质不相适应的艰难状态。要是从获得南俄黑土地区那个时候算起，为了清除这种不适应状况，假如容许农民劳动力自由迁移，那么足足要用两三代人的时间。可是农奴制度延缓了农民劳动力在平原区的自然分布。有足够的理由指出，1775 年"地方行政管理改制"前的前莫斯科省，相当于现在的莫斯科省和所有与之相毗邻的地区，不包括斯摩棱斯克省和特准尔省，但加上雅罗斯拉夫省和部分科斯特罗马省，这一地带在 18 世纪中叶前后，根据第三次人口普查，集中了全国农奴人口总数的

1/3以上。叶卡捷琳娜时期，随着新俄罗斯的合并，农业居民，主要不是农奴，开始向南俄草原非常缓慢地流动。在19世纪中叶，仍可看出这种因历史造成和政府支持的不适应性痕迹。根据最后一次即第十次（1858—1859年）人口普查的资料，在非黑土的卡卢加省，农奴占该省总人口的62%；在相当贫瘠的斯摩棱斯克省，则占69%，而在黑土的哈尔科夫省，只占30%，在同样黑土的沃罗涅日省，只占27%。农奴制度时代，农业劳动力在其分布方面遇到的障碍就是这样。

其次，农奴制度妨碍了俄国城市的发展，阻碍了城市手工业和工业的进步。彼得以后，城市人口的发展非常困难，我们知道，根据第一次人口普查，城市人口不到国家纳税总人口的3%；叶卡捷琳娜在位初期，根据第三次人口普查，只占3%，所以城市人口在差不多整个世纪以内，几乎看不出有什么增长。叶卡捷琳娜非常关注发展城市阶级，即手工业——商人阶级，当时称之为"第三等级"。根据她的经济教科书，这个中间阶级是国民福利和教育的主要传播者。她没有指明国内现有这个阶级的已有成分，但想到了可以组成这个等级的一切可能的成分，其中打算把教养院的全体人员纳入这个等级。叶卡捷琳娜在致巴黎的熟人卓弗林夫人的信中说明了她的意图。卓弗林夫人很主张她在俄国建立第三等级。叶卡捷琳娜答应说："夫人，再一次答应您建立第三等级（她写于1766年），但谈何容易！"可是，她的努力成效很小。叶卡捷琳娜在位期间，城市人口增长相当困难。根据她在位的最后几年进行的第五次人口普查资料，在1650万纳税人口中，城市身份登记人口只有70多万，即不到5%[27]，何况，城市人口百分比的有所提高，并不是由于中部地区城市人口的自然增长，而是由于三次瓜分波兰合并的西南各省城市人口要比大俄罗斯各省发达。

城市人口的增长如此缓慢，主要原因是农奴制度造成的。它通过两条途径对城市手工业和工业发生影响。每个殷实地主都力求在农村雇用庭院工匠，从铁匠到乐师、画匠，乃至艺人。这样，农奴制庭院手工业就成了城市手工业者和工业家的危险竞争者。地主力求用家庭设施满足其迫切的欲望，便从外国商店购置更精致的用品。这样，本国城市手工业者和商人就失掉了地主这类收入最多的消费者和订货主。另一方面，由于地主日益加强对农奴财产权的控制，使得农奴支配自己薪水的机会越来越少；进城购货和订货的农民也越来越少。这就使城市的劳动成果丧失了既廉价但又是人数众多的订货人和消费者。当时的人认为农奴制度是俄国城市工业发展缓慢的主要原因。俄国驻巴黎大使季米特里·戈利岑公爵在1766年写到，如果我国不把农民对其动产的所有权肯定下来，国内商业就不会繁荣发展。

农奴制度对国有经济的影响 最后，农奴制度对国有经济也起了决定性的影响。这从叶卡捷琳娜时期公布的财政报表可见一斑；这些材料揭示了很有趣的事实。18世纪人丁税提高缓慢。叶卡捷琳娜一世时期规定的标准为70戈比，到1794年才提高到1卢布。相反，国有农民的代役金增加得非常快：彼得一世时期，规定为40戈比，1760年上升到1卢布，1768年上升到2卢布，1783年上升到3卢布。怎样理解人丁税和代役金增长的差别呢？人丁税的提高比代役金慢，是因为它由地主农民负担，不可能让他们负担同国有农民一样的国家赋税，因为他们用来支付上涨的人丁税的钱是他们工资的剩余部分，这对地主有利，他可以从国家手里把农奴的积蓄截走。因此，国家蒙受的损失不少。可以根据叶卡捷琳娜时期农奴人口占帝国总人口将近一半和占纳税总人口的大半来判断。

同时，国家的需求在增长，在无法提高直接税的情况下，政府被迫采用间接的手段来满足需求。财政报表揭示了这种手段。这就是：第一，提高酒类的专卖总额。财政报表提供了叶卡捷琳娜时期专卖业务过程的有趣规定。把直接税的增长同国家收入，即酒类间接税的提高作一比较，我们看到，国家从这两项收入取得的效果是不相等的。[28]在叶卡捷琳娜时期，直接税总共提高不到3倍，酒类的收入提高了5倍多[29]。如果把直接税即人丁税和代役金，按叶卡捷琳娜在位初期和末期的纳税人口数字分摊，然后又把酒类的全部收入按实际人口分摊，我们将得到下面的结果。叶卡捷琳娜在位初期，一个纳税人口将其劳动所得上交国家1卢布23戈比，末期为1卢布59戈比，即直接税提高不到一倍半。另一方面，每个实际人口分摊到的酒类收入初期为19戈比，末期为61戈比，即每人总共为国家喝的酒增加了3倍多。这就是说，每个农奴劳动和支付的能力同样减少了3倍。

第二种手段是国家贷款。1768年，建立了有100万卢布兑换基金的纸币发行银行，发行了同等数额的纸币。纸币起初享有信誉，同硬币一样地流通，但是第二次土耳其战争，国家的开支猛增，迫使政府加紧发行超出兑换基金数额的纸币，以致在战争结束后流通的纸币高达1.5亿卢布。与此同时，纸卢布开始贬值：1791年第二次土耳其战争结束时，1卢布纸币的市场价只值50戈比硬币。同时，叶卡捷琳娜被迫向外国借债。她在位末期，这种外债累积达4 400万，内债达8 250万，而国家预算为6 800卢布。如果总数是1.5亿卢布的纸币债务，再加上外债，那么我们将发现，叶卡捷琳娜已经向她的后代借支了差不多四个年度的预算。

可见，农奴制度耗尽了国家通过直接税获得的财源，迫使国家金库求助间接手段，不是削减国家生产力，就是把沉重负担转嫁给后代。

这就是农奴制度在其第三阶段明显表露的法律和经济上的后果。

第八十一讲

农奴制度对俄国社会思想道德生活的影响——贵族社会的文化需求——贵族教育纲要——科学院和大学——公立和私立学校——家庭教育——贵族社会的风尚——法国文学的影响——法国文学的传播者——启蒙文学影响的结果——文明贵族社会的典型代表——女皇叶卡捷琳娜二世当政的意义——物质财富的增长——社会对立的加剧——贵族与社会

农奴制度对俄国社会思想道德生活的影响 我们研究了农奴制度对国民及国家经济造成的后果,但农奴制度的影响远远超出了俄国社会的物质关系,它深刻影响着社会的思想道德生活。我现在对这种影响的最基本特点稍作提示。[1]

乍一看也许令人不可理解,农奴制度这个历史和法律事实对国民生活即思想道德生活这样的隐秘方面是怎样产生影响的?贵族就是农奴制度影响思想道德的传播人。农奴制度为这一阶层在俄国社会中确立了很不正常的地位。下层——低层阶级首先发现了这种异常现象。如果你们回忆一下彼得以前时代俄国的社会制度,其上层同样也是贵族或人数众多的军职人员阶级。这些军职人员享有重要特权,但为此也要履行沉重的兵役:贵族要守卫国家,充当行政机关的主要工具,他们从彼得时代起就是俄国社会教育的义务传播人。下层阶级看到贵族阶层为国付出的代价,也就容忍了他们享有各种特权。

从18世纪中叶起，俄国政治制度赖以维持的这种权利与义务的平衡状态遭到了破坏：贵族阶层继续享有原先的全部特权，还获得了一些新特权，与此同时其应尽的义务却一项接一项地削减。下层阶级深感这种平衡在破坏，同时更深切地感受到，与他们最紧密关联的农奴制度就是这种破坏的明显表现。

从18世纪中叶起，我国社会的下层中间明显地流露出一种不安的观念，认为俄国政治制度是建立在不公正基础之上的；这种不安的感觉以特殊的形式表现出来。无论17世纪，还是18世纪，人民群众经常举行起义或暴动。但18世纪的叛乱动因与上一世纪完全不同。17世纪，人民起义通常针对行政机关——军政长官和衙门官员。要揭示这类起义的社会特征是非常困难的，因为这是被管理者反对管理者的起义。叶卡捷琳娜当政时，尤其是上半期，也是农民起义兴盛期，在当时起义具有另一种特征，即具有某种社会特色：它不是被管理者反对当政机关，而是下层阶级反对上层统治阶级，即反对贵族。可见，农奴制度发展到18世纪下半期所达到的阶段首先是使下层阶级的情绪发生了变化，改变了他们对待现存制度的态度。

其次，农奴制度也使上层社会自身的思想道德生活具有独特的倾向。这是农奴制度赋予贵族那种特殊地位的直接和必然后果。这个等级成了最富有特权的等级：把持全部地方政权，集中掌管巨额的国家及国民生产的基本资料。这就使它无限地高居于其他民众之上，与民众越来越脱离，越来越疏远，不仅使乡村的农奴主们对它感到诧异，而且使其他自由的社会阶级也感到格格不入。当时，正因为农奴制度的关系，这个特权阶层一无所成。广泛参与地方管理事务却没有向它提出重大社会问题。贵族自治在叶卡捷琳娜时代就已丧失了重要意义，成了社会其他阶级和文学作品嘲笑的讽刺画。

贵族的选举成了亲朋好友倾轧的舞台，贵族代表大会则成了空谈和争吵的场所。贵族没有认真对待农业，他们利用无偿劳动，自己却不直接参与经济活动，不实行改良农业的有效措施，不努力参加国民生产劳动，不从事农业管理，而是去管理农奴，向他们发号施令。

因此，贵族摆脱了义务服役以后，自觉无实际重要的事情可做。贵族在政治上和经济上无所事事的现象，是我国文明社会史上，也是我国文化史上一个极其重要的特点。这种无所事事现象成了本世纪下半期滋长含有离奇观念、怪癖爱好和不正常人际关系的那种畸形社会生活方式的沃土。当时这个出名阶级的人物日渐脱离实际，脱离赖以生存的周围社会现实生活，他们给自己构筑一种充满梦幻企求的虚假生活方式，忽视实际需求，把它看成是别国的幻想，而把自己的幻想当成现实。他们用别国哗众取宠的词句来填补日常生活的空虚，让变化无常和无用的刁钻古怪思想充塞自己内心的空虚，并以此造成一种纷扰而又虚幻无目的的生活方式。18世纪中期以来我国贵族中间所形成的正是这样一种社会生活，其实它产生的条件更早一些时候就准备好了。我想指出这个贵族社会发展中两个主要阶段的一些特点。

贵族社会的文化需求　第一个时期是18世纪中叶，即伊丽莎白女皇在位时期。从那时起，贵族摆脱了义务服役，自觉闲暇无聊，便设法添补这种空闲，用别人经过努力得来的思想道德成果，即借用外来文化的精华来消除生活的苦闷懒散。由此贵族中间兴起了对生活方式讲求优雅装饰的强烈需求之风，即爱美消遣之风。事情是这样发生的。伊丽莎白女皇的登基宣告了外来德意志人主宰俄国宫廷现象的结束，但只不过是由另一种外国人——法国人的势力所取代。法国风格、时髦、装束、举止在女皇当政伊始就在当时彼得堡宫廷和俄罗斯上流社会中流行开来。在这些法国风尚和消遣活动中，剧院成了当时日常生活的主要内容，不论宫廷还是上流社会，爱好戏剧之风不断增强。由于对戏剧娱乐的强烈需求，在彼得堡除了法国剧院还出现德国剧院，而且头一次在彼得堡建立了俄罗斯剧院。顺便提一下，这是产生俄国首批剧作家和演员的时代，也就是苏马罗科夫和德米特里耶夫斯基的时代。紧随都城之后省城也出现了俄罗斯剧院。

这种风尚取得的成果相应地增加了对教育的要求。外来美感娱乐活动有一个突出的特点，那就是要想感受到它的真正风格，必须具备一定的知识修养，就是说，至少在感受力方面必须有一定的美感修养。这一点对贵族教育纲要起了决定作用。

贵族教育纲要 彼得时代，贵族必须按"班级"和"法定"的大纲进行学习。他们必须具备一定的服兵役所需的数学、火炮和航海知识；具备公务所必需的某种政治、法律和经济知识。贵族的这种学习义务随着彼得的去世而消失。由彼得赋予贵族作为当然义务的技术教育已被另一种自愿教育取代。流传至今的一份有趣文件（海军院1750年呈送参政院的报告）证实了先前的技术教育快速消失的情况。海军院有两所海军学院，确切地说，是两所航海学校，一所设在彼得堡，另一所设在莫斯科（在苏哈列夫塔楼）。1731年确定了这两所学院的人员编制，彼得堡学院定为150名学员，莫斯科学院是100人。但两个学院都未能招足定编人数。彼得时期，是名门和富裕贵族把自己的子弟送进学院；伊丽莎白女皇在位时，只有那些领地少和无领地的贵族子弟才进入学院。这些贫困的贵族子弟领取微薄的薪饷（助学金），一个月1卢布。报告上说，他们"因赤贫"以致不能听学院的课，无心考虑学习，而只关心自己的生路，到校外挣钱养活自己。彼得的钟爱之物——航海学院就这样可悲地败落了。[2] 根据这份报告，在瓦西里耶夫岛开办了海军士官武备学校。

上流社会生活方式的教育代替了炮兵教育和航海教育,这种教育传授的就是彼得时代称之为"德国和法国人彬彬有礼的步态"。1717年,教科书俄文译本问世了,它成了文雅风度的指南。这本讲究文雅礼节的教科书就是《青年处世箴言》,这个本子按字母和数字顺序阐明了各种规矩,例如,怎样待人接物;怎样入席就座,怎样使用刀叉,怎样用手绢捂鼻子,同熟人见面时应隔多大距离脱帽和采用怎样点头行礼的姿势。这本书1740年出版了第二版"书写本",扉页上有"皇帝陛下钦定"字眼,此后几次再版,说明这是本畅销书。

科学院和大学 贵族教育纲要的这种变化对当时的普通院校起了很坏的作用。首当其冲的是两所大学——先是彼得堡科学院大学,而后是莫斯科大学。彼得在法国逗留期间被吸收为法国科学院院士,他对这种机构产生了浓厚兴趣,决心在彼得堡开办一个同样的科学院。他立即着手为俄国科学院奠定坚实的学术基础,请来许多外国学者,确定科学院经费为2.5万卢布,差不多相当于今天的20万卢布[3]。科学院靠当时欧洲学术界一些名家来装饰门面,诸如:两位同名的学者力学专家和数学家贝努利,天文学家德利尔,物理学家比尔芬格,《希腊和其他古迹》一书作者巴耶尔、德·利尼伊等人。而且为满足俄国社会的迫切需求,科学院下设两所学校——中学和大学。圆满完成中学学业者必须听院士的课程,建立一所由三个系组成的大学,其讲授的课程囊括各类科学,用当时的准确表述,叫作高精学问(mathesions sublimioris),包括数学、物理、哲学、古人口才术研究、历史和法律[4]。保存下来的资料给我们描述了科学院大学教学满目凄凉的景象。罗蒙诺索夫曾说,这所大学"不像个样子,丝毫看不出是所大学"。教授通常不讲课,学生像招募来的新兵,主要来自别的学校,大部分人"对教授讲课的接受能力极差"。虽然教授不上课,但学生因笨拙还得挨教鞭。1736年,有几名学生告到参政院,申诉教授不给他们上课。于是参政院向教授提出了开课建议,教授应付了一下,便进行了考试并发给学生"作证明的良好文凭。"事情就此了结。时至30年代,科学院除去定编人员开支外,还负债3万卢布;安娜女皇支付了欠债。到伊丽莎白女皇继位时,科学院又负担了几乎同样数目的债务;她照样清还了。同时代人米尼希·曼施泰因的副官证实,在彼得一逝世就办起来的科学院存在的20年间,俄国教育获得的全部成果如下:出版了日历;出版了拉丁文和俄文科学院通讯;聘用了几批德国副教授(薪水600—700卢布,约为今天的5 000卢布)。院士从事的学术研究有高等数学,有对"人畜体格结构"的研究,按曼施泰因的说法,还探讨了"远古民族的"语言和居所。[5]1755年创办的莫斯科大学情况也不佳。开办时学生有100名;30年后学生人数只有82人。1765年,名单上法律系全系仅有17名学生;几年以后,医学系也只剩下一名学生。叶卡捷琳娜当政时的整个时期,医学系取得毕业文凭的学生一个也没有,也就是说考试都不及格。课程的讲授用法语或者拉丁语。贵族上层对上大学不感兴趣;一位当代人说,大学里不仅根本学不到东西,而且还可能丧失在家里已具备的端庄举止。可见,彼得欲让贵族"学习公民知识和经营管理"的目的失败了。

公立和私立学校 可是,社会教育却把根基扎到期望最小的专门军事学校。在伊丽莎白女皇在位之初,这类学校有两所,一所是1731年安娜女皇在位时根据米尼希的计划成立的贵族陆军士官学校,另一所是稍晚于1750年根据海军院报告建立的海军士官学校。前者并不是专门的军事学校。学员一周只有一天进行军事操练,

"便于不妨碍其他学科的学习"。女皇叶卡捷琳娜二世即位之初，颁布了贵族陆军士官学校的新章程，标明的日期是1766年9月11日。这是一份非常整齐华丽的章程，简直是很漂亮，就是说，出版本优美雅致，许多地方有华丽的小花饰。章程的训练大纲很有趣。学科分为公民身份必修的指导性科目，即实用科目抑或技艺性科目；其次是"了解其他技艺的指导性科目"：逻辑学、初等数学、修辞学、物理学、创世史和（俄国还没有的）世俗史、地理学、编年史、语言——拉丁语和法语、机械学；取得公民身份的某些学生其必修［学科］有：训诫、自然法、国际法和国家法，国家经济；实用学科是指：普通物理和实验物理、天文学、地理学概论、航海学、自然史、军事艺术、筑城学和火炮学。再其次是"人所必需的艺术"：绘画、雕刻、建筑、音乐、舞蹈、剑术、雕塑。

流传下来的材料说明了这个庞杂大纲是怎样执行的。士官学校招收5岁（不超过6岁）的儿童。他们在校期间为15年，分为五个年龄段：每个年龄段为3年。低龄段班级（5—9岁），规定一周上6小时俄语课，上6小时舞蹈课，14小时法语课，不开神学课。第三年龄段（12—15岁），除了上述课程外，还教授编年史和历史。不过编年史没有开课，原因是学生们不懂地理学，这门课本应在前一个年龄段学习，但因学生理解力低而且大量时间用于学习语言，所以没有进行。这样一来，贵族教育纲要的转变也改变了公立学校的规划，迫使这类学校只得迎合贵族社会的口味和需求。

伊丽莎白女皇在位时期开始兴办的私立学校（寄宿学校）也采用了公立学校的规划。斯摩棱斯克贵族恩格尔哈特给我们留下了他70年代就读寄宿学校的资料。校长是一个叫埃列尔特的人，此人对各门学科很是无知。教学计划规定扼要讲授允许开设的学科：神学、数学、语法、历史，以及神话学、徽章学。恩格尔哈特称他是一个凶狠的教育工作人员,一个地地道道的恶霸。法语的讲授是最成功的,因为严禁学生讲俄语;倘若学生说一句俄语,就要受到用皮鞋底制成的戒尺的惩罚。寄宿学校中从来就有许多畸形现象,尽管入校学费要收100卢布(相当于今天的700卢布),但经常是满员。学校一周上两次舞蹈课,来自城里的贵族少女进班学习小步舞和对舞。埃列尔特对女性也毫不客气:有一次,一个成年女子动作不够灵活,他就当众把她的手拿过来往椅背上打。[6]贵族中间广为推行的这种教育所具有的这些特征对贵族社会的习俗产生了强烈影响。

家庭教育 上层贵族对自己的子女实行家教;最初教师是德国人,后来伊丽莎白女皇即位后则是法国人。这些法国人在我国的家庭教育史上都很有名气。他们是在伊丽莎白女皇时期首批进入俄国的。首批来俄的家庭教师是不高明的教员;1755年1月12日关于建立莫斯科大学的法令就对此痛苦地抱怨说:"大多数教师在莫斯科地主家找到了高薪工作,其中大部分人不仅不能传授科学,而且本身就根本没有这方面的基础;许多人找不到好教师,便接收那些靠当仆役、理发师或其他类似手艺谋生的人来任教。"法令称,必须用够格而有学识的"本国"人才取代这些不合格的外来教师。然而就上述两所大学的状况而言,很难提供"本国"人才。

贵族社会的风尚 在这种影响之下,到18世纪中叶,贵族社会形成了两种奇异生活方式的典型代表人物,他们在伊丽莎白女皇当政时期崭露头角,获得了特殊称号:"纨绔子弟"和"卖俏女子"。纨绔子弟是指按法国方式培养出来的贵族男子;对他们来说,不存在俄国社会,抑或有也不过是他们嘲笑和蔑视的对象;俄语也同德语一样遭他们歧视;关于俄国,他们什么也不想知道。18世纪的喜剧和讽刺作品对这类人物描绘得非常透彻。[7]在苏马罗科夫喜剧《丑八怪》描写的纨绔子弟之中有一个在谈起沙皇阿列克谢·米哈伊洛维奇的法典时，惊讶地喊叫："法典！是个什么玩意儿？我不但不想知道俄国的法律，就是俄语我也不想知道。真是亵语！我生为俄罗斯人值得吗？学会怎么穿衣、怎么戴帽，怎么开鼻烟壶、怎么闻鼻烟，一辈子都值得，为以此报效我的祖国，我真的学到了。"另一个剧中人就此指出："真是个丑八怪。"第三个人补充说："不过是外来货。"卖俏女郎是指按法国方式培养出来的名门女子，可谓是纨绔子弟的同胞姐妹，即使他们之间毫无兄妹关系。她们觉得无论在哪里都像在家里一样；其日常生活的全部信条就是：穿戴时髦，举止高雅，仪态悦目，笑容优美。这种乖僻空虚的生活方式存在许多可悲而又可笑的东西，不过这种空虚由于养成的读书爱好而开始逐渐得到充实。起初，读书纯粹是填补空闲，即消除苦闷懒散的一种手段，后来，如常有的那样，这种无意中的爱好变成了时尚，变成了上流社会必要的礼节，变成了具备良好教养的条件。出现了无选择地贪读凡能弄到手的一切东西：有克文特·库尔齐撰写的马其顿亚历山大的历史，有雅沃尔斯基·斯特凡的《信仰之基石》，有小说《日里－勃拉兹》。不过往后这种阅读有了更明确的方向；为消磨时光去求助于读书的办法有时也让人感到乏味，于是有识之士的口味便倾向于阅读优美的文学作品，感人的诗歌。当时苏马罗科夫的早期悲剧作品相继问世，其中就有一部取材于俄国历史的悲剧《霍列夫》。富有求知欲的人便如饥似渴地抢读这些剧本，尽管苏马罗科夫的文笔并不流畅，他们还是把剧中的对白和独白背得滚瓜烂熟。紧随喜剧和悲剧作品之后出现了一系列感人的俄罗斯小说，其中有不少也是苏马罗科夫创作的，同样也被聪明的贵妇和小姐们熟读不厌，津津乐道。当代一位跨越18世纪上下两半期的社会观察家，心地善良的鲍洛托夫在其回忆录中证实，18世纪中期正是"上流社会生活的奠基时期"。当优美的读物这种有教育意义的新因素刚一进入上流社会生活,各种类型的人情况变得复杂了。跨越本世纪上下两半期的回忆录作者给我们描述了他们在往后历史发展中的情况。

在社会的深层,即最底层,有一个阶层很少受这种新影响的触动;这是一个由乡村小贵族组成的阶层。经历过本世纪上半期的达尼洛夫少校在回忆录中对此作了生动的描述。他讲述了自己的姨母——一个土拉地主寡妇的生活。她不识字,但每天都要摊开一本书,随便什么书,凭记忆背诵圣母颂歌。她爱吃羊肉白菜汤,说不定什么时候喝汤时,她把烧汤的厨娘叫到跟前就打,这倒不是因为汤炖得不好,而是用这种办法来刺激食欲。[8] 首都和省城时兴的贵族这一阶层人是讲法语的轻薄风流之辈,其根基就是这种底层的乡村文化土壤。它的人员成分,用当时的说法,是些"穿戴时髦的轻桃子弟和卖弄风骚的贵族女子",也就是纨绔子弟和卖俏女郎。这一伙子(用他们的行话)对流行书籍"一本也不漏掉",从读书中获得的东西是"张嘴滔滔不绝,思想变幻无常"。叶卡捷琳娜时代的讽刺杂志《画家》对这伙人求爱的语言描绘惟妙惟肖。该杂志在摹仿一位风流女士写便条给其爱慕者时写道:"男子汉!请来我这里,因为我喜欢你。嗬!你多么可爱啊!"

这种风雅的消遣活动逐渐复杂起来,对我国知识界的风俗产生了深刻影响。这种影响在叶卡捷琳娜继位之初已从成年的人身上明显暴露出来。这种风雅的消遣活动使这个阶层的审美能力和神经敏感力得到了发挥。俄国有知识的人似乎从来没有像当时那样神经如此衰弱。上层人士也像刚刚品到文明滋味的人一样,每逢深受感动时便潸然泪下。1767年委员会的代表们在听取宣读《圣谕》时都哭了。精明能干的廷臣车尔尼绍夫在科斯特罗姆贵族宴会上被贵族欢迎女皇的礼仪深深感动,高兴得热泪盈眶;他含泪想起了彼得大帝,称他是"俄国真正的上帝"。所有这些影响给社会观念和习俗留下很深的印迹,这也是贵族社会发展中伊丽莎白时期的特征。这种印迹既表现于上层社会矫正的行为举止,也表现于流行的审美情趣,以及异常的感受能力。

法国文学的影响[9] 第二个时期可以叫作叶卡捷琳娜时期。这时由于有了增长知识的很重要的新因素而显得复杂了:在力图美化生活的同时还努力增长智慧。伊丽莎白时代为这个新时期做好了准备;这就是熟悉法语和爱好优雅读物。

情况是这样,正当法国文学形成特殊流派的时候,法国成了俄国上流社会生活方式的榜样。伊丽莎白时期正造就好的阶层也开始渴望掌握当时在法国文学中日益发展的新思想;正是从18世纪中叶起,法国开始产生了不起的巨著,对欧洲有识之士产生了重大影响。当时,俄国通过各种手段也很容易地熟悉了这些思想。首先,宫廷鼓励学习法国启蒙文学。早在伊丽莎白的时候宫廷就同法国文学巨匠有某些交往。伏尔泰当时就成为俄国科学院荣誉院士,并受托撰写彼得大帝史;在这方面,法国时尚和文学的热心崇拜者伊·伊·舒瓦洛夫给了伏尔泰帮助。他在伊丽莎白宫廷是有势力的人,是莫斯科大学的学监。我们知道,叶卡捷琳娜还在青年时代就迷恋法国文学;继位以后,她赶忙着手同文学运动的首领直接交往。流行的思潮中令她感兴趣的只是一部分,而且这一部分还遵循某些外交意图;她尽力奉承法国文学家,同时对巴黎有关她本人及其政务的看法给予高度重视。她同伏尔泰有趣的通信始于1763年,持续到1778年伏尔泰去世,其信件保存至今。两位通信人在书信中不惜相互恭维。她甚至提议狄德罗出版百科全书的编者达兰贝尔来担负培养俄国王储保罗大公的工作,因遭拒绝她长时间过分地埋怨达朗贝尔。然而,狄德罗本人对她的恩惠未予回避。当她知道百科全书的出版者需要资金时,她用 1.5 万法郎买下了出版者的巨大图书馆,交给达朗贝尔使用,任命他为管理员,年薪 1 000 法郎。

法国文学的传播者 同法国文学界发生的这种联系也在贵族上层有识之士的教育意图中反映出来。叶卡捷琳娜当政时显贵家庭仍由法国家庭教师垄断教学,但已是不同于先前的新型家庭教师,即第二批家庭教师。其中有一些人能尽自己的崇高使命,熟悉当时法国文学的最新成就,并且还属于当时政治运动的激进派。宫廷本身就有支持贵族这种行动的创新例子:我们看到,达朗贝尔差一点成了俄国王储的教师。叶卡捷琳娜并没有因第一次失败而止步。她至少要让孙子受到时代精神的熏陶,为此聘请瑞士人拉加尔普来培养亚历山大大公,此人公开宣传自己的共和信念。显贵家庭纷纷效仿宫廷;亚历山大一世当政之初著名活动家斯特罗甘诺夫伯爵,就受过法国人罗姆的教导。罗姆是一位真正的共和派,后来成了议会中山岳党著名议员。他的弟弟马拉特负责指导萨尔特科夫孩子的教育工作,这位教师也同样不隐瞒自己的共和观点,尽管他不赞成其兄长的极端情绪。他领着自己的学生多次出现在宫廷亚历山大大公的社交场合。上层贵族为酬谢外来家庭教师的教学工作慷慨解囊。其中有一位教师叫布里克奈尔,在库拉金公爵家执教 14 年,获得 3.5 万卢布(比现今 15 万卢布还多)。[10]

像博学多才的家庭教师这样高水平的执教条件只有上层贵族有资格享用,然而识字的广大贵族并没有丧失接受新思想的社会。从叶卡捷琳娜执政之日起,法国文学作品的原版和译本就开始在俄国社会畅行无阻。叶卡捷琳娜在这方面也给自己的臣民们树立了榜样;她郑重认可法国文学作品不仅无害而且有益,她在其《圣谕》中承担了宣传这些作品的工作。由于受到这种庇护,法国人的作品在俄国遥远偏僻之乡也开始迅速流传。我们现在很难说出,在叶卡捷琳娜时期究竟有多少法国作品被译成了俄文，进了小书店。一个在近卫军队中服役的小俄罗斯人，贵族温斯基，在回忆录中提供了当时俄国社会自由思想运动史的有趣实例。他住在彼得堡时，在军界和政界年轻朋友的藏书中，找到了当时法国文学几乎所有优秀作品。他由于违纪行为被送上法庭，后被发往奥伦堡；他同样也找到了卢梭、孟德斯鸠和伏尔泰的著作。因寂寞他开始阅读和翻译这些作品，并将抄写手稿进行传播；他的译本也在熟人中间迅速传开，作为译者他受到了大家的夸奖。几年以后，温斯基有幸收到一份非同寻常的新作品——从西伯利亚腹地捎来的他本人的译作。他补充说，喀山和辛比尔斯克很多人知道这些译本。[11]

受新型文学需求的影响，俄国贵族青年出国旅行的目的不同了；彼得时期，贵族出国是学习火炮和航海技术；后来到国外是学习上流社会的习俗。现在，叶卡捷琳娜时期，贵族出国则是拜访哲学家。伏尔泰把他在费尔奈的住所称作"欧洲客店"，这里不时有俄国旅行者来访。叶卡捷琳娜在致伏尔泰的一封信中说：我们许多军官在费尔奈受到阁下亲切的接待，返回时都欣喜若狂。我们的年轻人都渴望拜见您，聆听您的高论。

启蒙文学影响的结果 通过所有这些极不相同的途径，法国启蒙文学连同法国的时尚习俗在叶卡捷琳娜在位的整个时期像一股巨大的流水涌入俄国贵族社会。很难想象出，是经过怎样的努力才使人接受这种影响；而有些人获得了高超的技巧，却又无用之极。俄国有学识的达官贵人中有个布图尔林，在同一位前来的法国巴黎人交谈时，他准确无误地讲述了巴黎的街道、剧院和纪念碑，使这个巴黎人感到惊讶。当得知布图尔林从未去过巴黎，所知道的东西全都是来自书本的时候，这个外国人更惊讶不已。彼得堡人对法国首都情况的了解比这个城市的老住户更清楚。大约就在这个时候，巴黎和彼得堡的法国文学界都推崇一部佚名诗作"致尼伦的信",文字是优美的法文(诗体),许多人认为出自伏尔泰的手笔。实际上,诗的作者并非别人,是四等文官安德烈·彼得罗维奇·舒瓦洛夫伯爵,他是伊丽莎白宫廷著名外交家的儿子。叶卡捷琳娜执政末期到过彼得堡的法国旅行家们证实,"当地知识青年是欧洲文化和哲学水平最高的青年",他们知道的东西比法国大学毕业班的学生还要多。[13]

法国启蒙文学的这种影响是彼得去世以来俄国社会思想道德生活发展进程的最后时期。这种影响留下了什么样的印记?这个问题在我国社会生活史中有一定意义。如何解释这种印记的性质取决于对影响本身的认识。我请你们记住 18 世纪法国启蒙文学的意义。众所周知,这是头一次对建立在旧传统基础上的制度相当轻率的反抗,是对欧洲占统治地位的传统道德观的反抗。社会制度靠封建主义维持,而道德观浸透着天主教教义。法国启蒙文学就是一种叛逆行动,它一方面反对封建主义,另一方面反对天主教教义。这种文学的意义其起源具有相当大的地方性,即由各种利益引起的,这些利益对既不知道封建主义也不知道天主教的东欧来说是相当陌生的。18 世纪法国文学家在频繁抨击封建主义和天主教时,使用老一套的说教和抽象观念。不知道封建主义和天主教的东欧人却只是接受这种说教和观念。必须承认,这种说教在其诞生地其含义是有限制的;反对天主教和封建主义的人总是使政治自由或平等之类的抽象术语具有日常生活的现实意义。他们用这些术语来掩盖有现实意义的而且通常是底层的利益,这正是社会上受欺压的阶级为之斗争的利益。这些抽象术语的限定含义并没有被接受它们的东欧人所了解,他们只从字面上来接受。因此,这些说教,这些有限定的抽象术语在他们那里就变成了无限定的政治教条,和宗教—道德信条,并且不假思索地接受这些教条，结果使接受这些抽象术语的人更加脱离与这些思想毫无共同点的周围实际。

由于启蒙文学在俄国社会中留下的这种影响，所以从叶卡捷琳娜时代起，俄国18世纪文献中就暴露出两大特点：第一，丧失了思考的习惯和兴趣；第二，失去了对周围现实情况的了解。叶卡捷琳娜时期，在知识界和文学领域这两个特点同样突出。无疑，冯维津是18世纪下半期文学家队伍最前列的一位，他才智过人，成绩卓著，但他的喜剧或者是论文——表现品德高尚的普拉夫金和斯塔罗杜姆家族，或者是讽刺作品——讽刺涅多罗斯利和布里加季尔之流，不知取材于何种现实基础；这都不是现实生活中的人物，而是可笑的趣闻逸事。

启蒙文学的影响也表现为俄国社会成员中新型人物的出现，这种情况伊丽莎白时代还不明显。抽象观念、陈词滥调、夸夸其谈，这些东西被叶卡捷琳娜时代人们用来充实头脑，但丝毫没有对感情产生影响；头脑充实了，但惊异的冷酷心理，对道德取向缺乏鉴别能力的现象依旧保留了下来。

177 **文明贵族社会的典型代表**[14] 只要举出其中几个样板就能使我们看到启蒙文学这种出人意料的影响。达什科娃公爵夫人走在当时开明太太的前面，她坐上俄国科学院院长交椅不是偶然的。早在少年时代，15、16岁时，她因读培尔、卢梭、伏尔泰的作品过分入迷致使神经失调。在结束其飞黄腾达的日子之后，她离群索居在莫斯科，在这里她的为人显露无异：她几乎谁也不接见；对孩子们的前途漠不关心；毫无顾忌地同女仆们打架；而把全部慈母般的感情和报国激情都集中在顺服她的小官吏身上；儿子的死并没有使她悲伤，小官吏遭受的不幸却深深打动了她的心。从崇拜伏尔泰开始而以顺服小官吏告终的人，可能只有叶卡捷琳娜时代才有。

奔扎省曾经有个殷实地主尼基塔·叶尔米洛维奇·斯特鲁依斯基，[15]当过弗拉基米尔省省长，退休后住在奔扎省他自己的庄园里。此人是一个十足的蹩脚诗人，在自己办的几乎是当时俄国最好的印刷厂出版自己的诗作，为此花费了大笔的钱；他喜欢向熟人朗诵自己的诗作。他本人并未发觉，情绪激昂时他竟把听者拧出青斑。斯特鲁依斯基的诗显著之点，那就是其平庸程度并不亚于特列季雅科夫斯基的诗作。不过，这位诗兴大发的人物还是一位非常热心的律师。他在村子里按照欧洲法学的所有法规制定了一种法律制度。他亲自审判自己的农夫，起草起诉书，亲自为他们作辩护，然而，最糟的是，所有这些文明司法程序却与古罗斯野蛮的侦讯拷问手段结合在一起了；他住宅的地下室满是刑具。斯特鲁依斯基从头至尾生活在叶卡捷琳娜时代，当代人没有人能比得上他的经历。当他获悉叶卡捷琳娜驾崩的消息时，受到沉重打击，不久也去世了。

女皇叶卡捷琳娜二世当政的意义[16] 阐明了叶卡捷琳娜二世统治时期的主要现象以后，我们试图根据其活动结果对她作出历史评价。对某个历史时期的意义或某个历史人物的作用进行评价时，最好是依据在某位历史活动家的影响下该时代国民财富消长的程度，通常国民拥有的物质与精神财富。因此，[必须]解决的问题是：叶卡捷琳娜当政时期，俄罗斯国家物质和精神财富的消长处于什么样的程度？

物质财富的增长 首先，物质财富大幅度成倍增长。叶卡捷琳娜在位时期，国土无论是南部还是西部都几乎扩大到本国的天然边界。南方获得的领土成立了3个省：塔夫里达、赫尔松和叶卡捷琳诺斯拉夫，不包括当时已出现的黑海军区辖地。西面，从波兰获得的领土建立了8个省，从北向南依次为：维捷布斯克、库尔兰、莫吉廖夫、维尔诺、明斯克、格罗德诺、沃伦、布拉兹拉夫（现在的波多利斯克省）。这样，俄国50个省中有11个省是叶卡捷琳娜时期占有的。如果我们把她执政之初与其末期国家的人口作个比较，这类物质成就更加明显。叶卡捷琳娜即位初期，1762年和1763年，进行了第三次人口普查；按纳税人口占总人口的比例统计，第三次普查结果各阶层男女人口总计为1 900—2 000万。叶卡捷琳娜在位末年，即1796年进行第五次人口普查，由她的继承人最后完成；按同样的统计方式，普查结果帝国人口总数不少于3 400万。

179 　由此可见，叶卡捷琳娜当政时期，人口增加了四分之三。与此同时，国家财力也增强了；财力增长情况从她当政时期的财政年度统计表清楚地显示出来。1762年，国库总收入为1 600万卢布。根据1796年财政统计表，国库总收入增至6 850万卢布。总之，在此期间人口几乎增加一倍；国库总收入增加了三倍多。就是说，不仅纳税人数扩大，而且国家支出也增加了，加大开支通常认为是国民劳动生产率提高的标志。可见，叶卡捷琳娜时期物质财富大大增加了。

　　社会对立的加剧　相反，精神财富的状况却不佳。国家拥有的精神财富归结为两种关系：第一，把国内不同民族和不同社会地位的组成部分相互联系起来使其利益达到一致；第二，统治阶级领导社会的能力。这种能力本身取决于统治阶级在社会中的法律地位，取决于他们对社会状况的了解程度和领导社会的政治素质。国家的这些精神财富在叶卡捷琳娜时代明显损耗了。首先，国家的各组成部分各民族的利益分歧加大了；由于瓜分波兰，这个国家的多种居民成分又添加了新的深怀敌意的因素，这不仅没有加强、没有改善国家现有的各种力量，反而造成了很大困难。从前西部边区也有过这样一种成分，为此俄国社会尽了很大努力，这就是彼得征服的波罗的海沿岸各省的德意志居民。除了这个很难融合到俄罗斯居民中的成分之外，现在又加上了另一个，也许是同样很执拗的成分，这就是被征服的波兰共和国省份的波兰居民。如果说，古代罗斯地域的波兰成分丝毫未曾给俄罗斯国家构成困难，那是因为它在第一次适宜的东风影响下消失了。可是，现在它却成了一股势力，这是由于除了西南边境省份以外，当代波兰的一部分领土划归俄罗斯国家版图。正因为如此，与其他地区有机相联的西南罗斯重要边区之一，加里西亚，即便是处在俄罗斯国家疆界之外，也还是加剧了俄国西部的国际纷争。

其次，俄罗斯社会的各主要组成部分之间的纠纷也加剧了，这是叶卡捷琳娜立法对俄国社会两个基本阶级——贵族与农奴确定的关系产生的后果。为了说明这种纠纷的起源和意义，有必要回顾一下自彼得时代以来我国内部生活的发展情况。彼得解决的一系列内政问题全部可归结为一个问题，即为提高国民劳动生产力而建立国家经济制度。彼得的所有内政活动都具有经济性质；他当政时期法律制度的根基原封未动。彼得的立法安顿了国民生活和国家生活，但留下了一个重要的政治漏洞；就是取消了传统的旧皇位继承制。根据1722年的法令，谁当皇储得由在位君主亲自指定。因为彼得死后没有常规继承人，所以这项法令就让皇位听天由命。从此以后，由于上述漏洞，数十年间国家管理事务任凭个人摆布，备受意外事件左右，说得更清楚一点，是听凭得势者个人的意志。在种种偶发事变中，彼得确立的国家制度屡遭破坏。我们知道，这就是在社会各阶层之间强行分配国家指定的义务。由于偶然因素的影响，一个等级有可能几次左右皇位并开始由普通的政权工具变成统治阶级，同时一项又一项地解脱其承担的国家义务，而原先的权力并没有丧失，甚至还增加了。这样，一个等级在国家机构中的地位便得到巩固，它就有了自我生存的条件，就以等级的或个人的利益为准绳。紧随其后，另一个等级——工商业阶层社会地位也巩固了。这两个阶级只占总人口的一小部分，但现在已上升到特殊地位。这两个阶级地位的巩固合乎逻辑的后果应当是其他阶级国家义务的减轻，也就是说，国家义务的分配应更加平均。可是其他阶级并不像贵族阶级那样，其社会地位的巩固必须通过其他途径来实现。贵族新的地位得到法律认可，但并没有完全依照法律程序进行，而是通过变革手段。要是贵族没有机会积极参与上层政府机构的建立，亦即自彼得去世以来的宫廷政变，它就不会轻易而迅速地摆脱义务服役制。正是这些宫廷政变为贵族在法律上摆脱义务服役做好了准备。

农奴居民好像也要用同样的办法来加强自己的地位，因为继贵族之后，他们就想通过一连串不合法的起义获得自由。叶卡捷琳娜二世时期发生的好多起农民暴动都有这种意图，这些暴乱逐渐扩大，进而汇合成规模宏大的普加乔夫暴动。为维护社会秩序，必然不容许这层人采取这种暴力手段来巩固其地位：他们地位的确立应与通过法律途径，即通过合法手段确定其对土地的关系。叶卡捷琳娜政府没有这样做。因此，到她统治末期俄国社会两个基本阶级间的关系就比以前更加不协调；社会分裂更加剧烈。由此可见，叶卡捷琳娜当政时期，国内无论民族之间还是社会成分之间的纠纷都加剧了。

贵族与社会 另一方面，领导阶级管理社会的能力下降了。18世纪下半期领导阶级仍然是贵族。这个阶级的思想和政治才能是通过义务服役逐步养成的，因为这种服役对他们来说就是政治学校和社会学校。我们还记得，这种服役在18世纪期间执行的情况。彼得时期，贵族必须接受军事技术训练；在他之后的历任女继承人时期，这种训练便由文雅的机械式教育取代，与原先近卫军或海军训练所不同的地方是，服役本身并不需要这种教育，但获得升迁又要求有这方面的成绩。叶卡捷琳娜二世时期，无论海军训练，还是文雅的机械式教育,两者都不要求进行,因为义务服役制本身并不需要这么做;不过贵族经历了两种学校(尽管有内在的差异),即使没有认识到受教育的必要性,他们还是从中获得了某种训练素养,某种接受教育的本能激情(或思想准备),以及历经受训留下的回想。具备这种素养或怀有这种回想的贵族,其地位抬高了,这就是1762年2月18日的贵族自由法令、1775年的省级管理体制和1785年的贵族特许证为它确定的地位。服役期间养成的爱好,现在不由自主地要自由发挥,开始寻找最可口的精神食粮。叶卡捷琳娜在位时期,受宫廷现实榜样的影响,在原先文雅的机械式教育之上,又增添了某种文学修养的要求。贵族阶级由于摆脱义务服役有了大量的空闲时间,就使他们有可能获得这种修养。伊丽莎白时期,读书毫无计划,没有目的,而叶卡捷琳娜时期则有了更明确的方向;贵族上层为了让因闲散而昏昏欲睡的头脑活跃起来,唤醒沉睡的思想,便开始贪婪地吸收外国文学中传播的大胆而引人入胜的思想。

由此,便可指明贵族受教育所经历的主要阶段:彼得时期的炮兵和水手曾几何时变成了伊丽莎白时期的纨绔子弟,而他们在叶卡捷琳娜二世时期自然又变成了文人(homme de lettre's),到本世纪末进而又成了自由思想者、共济会会员,或伏尔泰信徒;经历了18世纪这些发展阶段的上层贵族在叶卡捷琳娜去世后负责领导社会。不难发现,这个阶级用来领导社会所具备的思想素养和政治才能有多么贫乏。应该想象到这一层人本世纪末的状况,不是指个别人而是所有充当代表的人物,其基本特征彼此如出一辙。这个等级的社会地位是以不公正的政治为基础的,也是以无意义的社会活动装饰起来的。这个等级的人从教堂执事——牧师之手转到法国家庭教师之手,在意大利剧院或法国餐厅完成了自己的教育,在首都客店运用所获得的概念,在莫斯科或乡下自己的府邸手捧伏尔泰的书打发完自己的日子。在波瓦尔省或土拉省乡村随处可见手捧伏尔泰作品的贵族，他们代表着一种很奇特的现象：传授给他们的风俗、习惯、概念、感情，用来思考的母语，统统是别人的、外来的，他们在家里与周围的人没有任何现实有机联系，没有任何重要事情，因为我们知道，不参加地方管理，不经营农业，就不会给他们提供重要的事做。由此可见，实际的切身利益也没有使他们与现实紧密相连。在自家人中间他们是外人，在外人中间他们极力想当自己人，这自然是办不到的，因为在西方，在外国，认为他们是改头换面的鞑靼人，而在俄国则把他们当成是国内意外出生的法国人。这样一来，他们便处于不伦不类的被历史抛弃的境地；我们在考察他们的这种状况时，对他们抱有怜悯之心；试想，由于这种处境，他们的愁闷有时真是难以言表。常见的情况是，因对周围现实想不通而表现出苦闷或悲观失望。雅罗斯拉夫的地主奥波契宁就是表现失望的一个例子。他就是受当时欧洲思想道德运动的那些高尚观念和感情培育出来的，从中接受的思想自然使他对周围现实持不可调和的敌对态度。奥波契宁无法与现实调和，但同具有同样思想的其他人相比他更真诚，于1793年自杀身亡。他在临死前立的遗书中解释自己的行为时写道："迫使我决定结束自己生命的动因是厌恶透了俄国的现实。"根据遗嘱，奥波契宁解放了两个仆人家庭，吩咐把他家的粮食分发给农民；他没有解放农民，因为按当时的法律，地主是否有权解放农民让他们自由，还有疑问。遗书中最有趣的部分是关于他的藏书，他写道："书啊！我可爱的书！我不知道把它们留给谁，因为我确信，在这个国度里谁也不需要；恳请我的继承人把它们烧掉吧。这些书是我最心爱之物，我靠它们才维持生存；要是没有它们，我的命运就会陷入永无休止的忧伤之中，也许早就满怀蔑视离开了这个世界。"临终前几分钟，奥波契宁还振作精神翻译伏尔泰的一首诗《我们不知道的上帝》。

然而，奥波契宁只是一种例外现象；有他那种思想方法的人并不赞成他的世界主义的哀伤，他们不会忧郁，而且也不苦闷；稍后，亚历山大一世时期，他们开始忧郁了，再往后，尼古拉时期他们开始苦闷了。只有叶卡捷琳娜时代伏尔泰分子们才心情欢快；他们经历长期义务服役以后，为自己的退伍而庆幸，如从士官学校毕业一样，他们不留恋自己的贵族制服，制服也一道退役了。看来，他们追求的思想，读过的书，使他们像奥波契宁一样，同周围的现实处于一种不可调和的敌对状态。但是，18世纪末的伏尔泰信徒从无任何敌对行动，他们感到自己的处境没有任何矛盾。书本丰富了他们的头脑，给他们增添了光彩，甚至使他们精神焕发；谁都知道，有教养的俄国人任何时候也不像上个世纪那样，乐意为优美动人的辞藻而流泪了，而且他们接受过来的思想影响也不再扩大了；这种思想已不反映意志，对其代表人物而言已成了不正常消遣活动的内容，成了一种活动神经的方法；感觉轻松了，各种关系却没有矫正过来，头脑丰富了，现存制度却原封未动。

然而，绝对不可以认为，这一代伏尔泰信徒在我国历史上成了一无所成的现象；这一代人本身未能把自己的思想运用好，但他们充当了重要的中转站；他们没有把自己的智力储备用之于实际，但已保藏完好直至传给下一代，下一代人使之发挥了更大的用途。由此可见，不知不觉陷于18世纪末俄国社会领导地位的贵族阶级，不可能成为该社会的实际领导者；他们能为这个社会办到的最大好事，莫过于决心不让它受到损失。

现在我们就结束对我国历史上从彼得去世到叶卡捷琳娜统治结束这一时期的概述。马上要做的是对叶卡捷琳娜统治结束到亚历山大二世皇帝即位期间发生的事件作最简要的评述。

第八十二讲

18世纪末至19世纪中（1796—1855年）事件概述主要事实——保罗一世皇帝在位时期——19世纪俄国对外政策——领土的扩大——东方问题——俄国和南斯拉夫人——对外政策的总结

18世纪末至19世纪中（1796—1855年）事件概述主要事实[1] 现在就对我们所研究的我国历史最后阶段作个概述。这个最后阶段自保罗皇帝执政到尼古拉统治结束（1796—1855年），与前一阶段相比有些不同的特点。在这一阶段我们没有发现根本性转变：国家制度和社会制度仍然是原有的基础，先前的各种关系依然存在，不过从旧基础和旧关系下面开始冒出新的意图，或者说至少是新的需求，它们正在为国家制度向新的基础过渡做准备。这些新思想或新意图，既在国家对外政策方面，也在国内生活中表露出来。在前一世纪整个上半期，对外政策的任务是继续完成俄罗斯国家领土与民族统一旧业。

俄罗斯国家领土在欧洲达到了自然地理边界——环抱整个东欧平原，某些地方超出了界限；俄罗斯人民这时正好达到了政治上的统一，只有一个例外：罗斯国土的一小部分，即罗斯民族的一个分支仍处在俄罗斯国家之外。正当俄国的欧洲领土扩展到天然边界时，其对外政策就提出了新任务：地理完整和民族统一的俄国开始号召巴尔干半岛各弱小民族争取政治生存，因为它们与俄国有族源或教源，或者叫民族—宗教渊源关系。在我们探讨的这段历史时期，俄国对外政策表现出的一个新特点就是号召同源民族争取政治生存。

同时，国内政治生活出现的新动向也为新的变革打下基础。自彼得一世以来[2]就［发觉］立法工作面临的双重问题：（一）使各阶层平等，享有共同权利和义务；（二）号召各阶层齐心协力合作。18世纪，政府对确立平等和恢复各阶层协同合作所做的尝试，要么怯弱无力，要么虎头蛇尾。叶卡捷琳娜时期，某些省级机关，如社会救济署、良心审判庭等部门各个阶层代表的出现就是这方面的初步尝试，但畏首畏尾，因为：（一）像从前用义务不平等维持等级间相互隔绝状态那样，叶卡捷琳娜用权利不平等来维持这种状况；（二）贵族的主导作用使这种胆怯的平衡办法显得软弱无力。

从18世纪末开始，政府用很大的精力，但却未能用贯彻到底的办法，继续实行这种双重改革；其一，削弱一个阶层——贵族的特殊地位，即特权地位，开始使社会不同阶级相互接近，使他们在法律面前平等，取消一些人的特权，确切地说，是确定和扩大了另一些人的权利；其二，政府在使各阶层彼此互相接近的同时，不断促成他们走向共同合作的道路；这项工作直到亚历山大二世的建立地方自治机构时期才完成，这已是我们所研究的时期范围以外的事。

现在我简要叙述以下的主要现象。

这一时期，国家生活发生了方向性的变化，与此相适应，出现了新的政府工具。在此之前贵族是主要管理工具；现在，由于这个阶层特权地位被削弱，官吏成了政府的主要直接工具。而在尼古拉一世时期，地方贵族机关也被纳入一般官阶体系（1831年12月6日法令），贵族［变成］普通小官员后备，政府主要从这个后备中先于其他阶级招募精明干练的人进入自己过度膨胀的机构。1796—

1855年期间可以叫作我国历史上官僚制度统治时期，或者称作官僚制度急剧发展时期。

前面提到这个时期我国国内生活中上述现象发展的连续性。可以划分成几个阶段，也就是说着手解决我上面提到的国内政策双重任务的几个阶段。每个阶段，类似现象的进展方式几乎是一模一样。某一个君主上台都要声言反对现存制度，表达社会的新需求、新意向，或胆怯地提议，或大声疾呼。下一届统治者采纳了这些已公开宣布的意向，开始在内政改革活动中予以实施，其方式或小心翼翼，或大刀阔斧。然而，每次的情况总是由于外部或内部的某种障碍，——或者战争，或者最高统治者个性特征，政府的改革工作最终都半途而废。结果，已开展起来的运动便不断向社会内部深入，并表现为多种多样的形式，而这种形式又与当时的社会状况以及采纳了被上层社会放弃的改革运动的社会集团性质密切相关。叶卡捷琳娜统治末期，[3]就能听到这种反对现存制度，尤其是反对在社会基本阶级（贵族与农奴）之间确立的各种关系的零星呼声。保罗和亚历山大一世政府注意到了这种呼声，尽管他们各自的兴致和志愿程度不同，但似乎都打算给予回应，可是战争的爆发使已下定决心并走上这条道路的亚历山大一世中途止步了。然而，已开始的运动向社会内部发展，被一部分人掌握，结果导致了1825年12月14日众所周知的灾难。尼古拉皇帝镇压了这场运动，但也记取了12月14日有关人士表达的一些意愿，并试图按自己的方式提出和解决面临的国内现实问题。这种尝试的失败加剧了40年代以来的社会动荡，引起了一片不满的埋怨声，而克里米亚战争的结局把这种怨声变成了全社会的情绪；当时表达出的意愿为下一届皇位继承人的改革纲领奠定了基础，不过这已不属于我们研究的这一时期的范围。[3]

保罗一世皇帝在位时期[4] 保罗一世皇帝是第一位在某些行动中似乎流露出新方向、新思想的沙皇。我不赞成过分忽略这个短命朝廷的意义,认为它是我国历史上某种不重要的插曲,是捉弄我们命运的一种变化无常的可悲现象,是与前一个时代无内在联系也没有为未来提供任何东西的朝廷。这些说法都缺乏根据,因为情况并非如此。这个朝廷发表的异议,是与前一时期有机相连的,它作为最早实行新政失败的经验,是对继承者有益的教训,因而它与未来是有机地相连的。敏锐对待秩序、纪律和平等是这位皇帝活动的指导动机,反对等级特权是他的主要任务。因为一个等级获得特权地位,根源就是缺乏基本法,所以保罗皇帝着手建立这种法律。

18世纪基本法留下的主要漏洞就是没有能充分保证国家制度的皇位继承法。1797年4月5日,保罗颁布了皇位继承法和帝系规章,这些法令确定了皇位继承顺序和皇族成员的相互关系。这是我国立法上第一部值得赞许的基本法,因为1722年彼得的法律却具有消极的性质。

其次,贵族在地方行政机关起主导作用,其根据是1775年省制规章和1785年特许证为这个阶层规定的特权。保罗废除了特许证,也废除了同时颁布的城市特许证,在一些最重要的方面对贵族和城市自治实行限制。他试图用皇帝委派官吏的办法取代贵族选举的官理机关,限制贵族利用选举取代某些省级职位的权利。这就显示出进一步变革管理体制的主题——官僚体制占了上风。贵族的地方作用也要靠自身的集团机构来维持,保罗便着手破坏贵族社团:撤掉了省级贵族会议,取消了省级贵族选举;甚至省级首席贵族的选任职务(1799年)也要由贵族在县级议会上选出(1800年)。贵族直接申请的权利也被取消(1797年5月4日法令)。最后,保罗取消了特权阶层根据特许证享有的最重要的人身特权(免除体刑):

根据1797年1月3日决议和同年参政院的法令，无论贵族还是市民上层——显贵公民与一等、二等商人，还有可婚的代理神职人员，凡犯刑事罪者与纳税阶层人员一样处以体刑。

平等就是把某些阶级的特权变成人人共享的权利。保罗把权利平等〔变成了〕普遍无权。没有中心思想的规章纯粹是独断专横。〔产生保罗行动计划〕有不良的根源，或者来源于变化无常的政治观点，或是出自个人动机。

这种反复无常和恣意妄为现象使地主与农奴的关系受害最大。就其最初含义来讲，[5]农奴是缴纳赋税的庄稼人，必须承担国家赋税，而作为国家赋税人应从自己主人那里取得份地，只有这样才能承担国家赋税。然而1649年法典，尤其是彼得大帝时草率而又不合理的法律，都未能保护农奴劳动免遭地主恣意掠夺，结果18世纪下半期司空见惯的事情就是：地主把自己农民的土地剥夺一空，强迫农奴每天服劳役，发给农奴月粮，即一月的口粮，把他们当成无产业的家奴，替他们支付人头税。农奴制的俄罗斯村庄变成了北美汤姆大叔时代的黑奴种植园。[5]

保罗是我们研究的这个时期企图用法律确定这种关系的第一位沙皇。根据1797年4月5日法令，规定了对地主有利的农奴劳动标准；限定一周为三天，地主不能向农奴要求更多的劳动时间。这项法令禁止夺走农民土地。[6]可是这种旨在平衡和调整的工作很不坚决、很不彻底，其原因在于皇帝所受的教育，在于他对前任女皇——母亲的态度，而更多的是他生就的本性。他学习得很差，书籍的不断增加，使他感到惊讶。在尼基塔·帕宁的指导下，保罗没有经受特殊的培养，与母亲的紧张关系对他的性格产生了不良影响。[7]保罗不仅远离朝政，而且远离自己的子女，被强行监禁在加特契纳，他在这里给自己建立了一个狭窄的小天地，一直待到他母亲统治结束。[8]

母亲对他隐蔽的但常常感觉到的侮辱性监视，不信任和鄙视，宠臣对他粗暴无礼，把他排挤出朝政，所有这些都使大公满腔愤恨，急不可耐地指盼夺权，关于皇位的想法搅得他坐卧不宁，更使他气愤难消。这种母子关系持续了十年多，对保罗性格产生了致命的影响，使他过于长久地处在一种可以叫作精神疟疾的状态之中。由于这种情绪，他即位时心里装的不是考虑周密的主张，而是郁积已久的满腔愤怒，不是完全衰退了的政治意识和国民情感，而是因感情深受痛苦而扭曲变态的性格。保罗意识到自己掌权为时太晚，已来不及消除前任朝廷的各种恶行，只得急急忙忙应付一切，采取措施时考虑不周。他一朝权在手，其改革欲望便具有同前任自由主义朝廷做斗争的反对派特征和反动内幕。他设想的最好措施由于打上报私仇的烙印而败坏了。他当政时颁布的最重要法令——皇位继承法，再清楚不过地表露了这种行为目的。这道法令的产生更多的是出于个人动机，而不是政治动机。叶卡捷琳娜统治末期谣传女皇打算剥夺她不喜欢而且无能的儿子皇位，由长孙来取而代之。这种有一定根据的传闻使忧心忡忡的大公更惶恐不安。1789年法国大革命初，法国大使塞居尔曾离开彼得堡前往加特契纳向大公辞行。保罗同他进行交谈时照例严厉谴责母亲的做法。大使当场反驳，保罗打断他的话，继续说："最后，请给解释一下，为什么其他欧洲君主制国家的君主能平平安安一个接一个地登位，而我们这里却是另一种样子？"塞居尔回答说，这是因为没有皇位继承法，所以现任君主有权按自己的意志指定继承人，结果就造成了争名夺利、尔虞我诈、明争暗斗的根源。大公回答说："是的，国家的习俗就是这样，但要改变并非没有危险。"塞居尔说，可以利用某个庆典的机会例如加冕礼进行改变，那时民众的情绪都抱信任态度。保罗回答说：[9]"是的，是该考虑一下！"这种由私人谈话引发的想法产生的后果，就是于1797年4月5日加冕礼当天颁布了皇位继承法。

由于保罗对前任朝政表示厌恶，他的改革活动便失去了连续性和稳定性。他在发起反对既成习惯的斗争之后，就开始迫害一些人士；他想纠正一些不正规的关系，开始追究这些关系存在的思想基础。在短暂时期内，保罗的活动全部转向消除女皇所做的一切，甚至叶卡捷琳娜的有益的革新措施在保罗时期都给废除了。在这场反对上届朝廷和反对革命的斗争中，最初的改革意图逐渐被遗忘了。保罗登基时的意图是，促使国家制度更加统一和更有威力，在更公正的基础上确立等级关系；同时，由于他对母亲持敌视态度，取消了合并于俄国的波罗的海东岸和波兰各省区的行省机关，这就阻碍了被征服的异族人同帝国本土居民的融合。保罗即位后曾想用法律确定地主与农民的正常关系，改善农奴的处境，往后不仅没有削弱农奴制，反而使其扩大了许多。他像前辈们一样，慷慨地把宫廷农奴和国家农民论功分赏归私人占有；他上台以来俄国有十万农民连同一百万俄亩国有土地分发给了他的拥护者、宠臣私人占有。[10]

19世纪俄国对外政策[11]　保罗皇帝在位时期为解决18世纪末已提上日程的各项任务开了一个头，但这个头开得并不成功。他的继承人无论在外交方面还是在内政方面实行的新原则比他的考虑周密得多、合理得多。

领土的扩大　自彼得大帝时期以来在18世纪确立起了俄国的国际地位，从此以后，对外政策事件便层出不穷。这些事件彼此紧密相连，因此不管它们发生在哪届君主当政期间，我的概述直到最后一次俄土战争（1877—1878年）。18世纪期间，俄国几乎一直在实现自己达到天然和民族地理边界的夙愿。这个愿望在19世纪初实现了：根据1809年与瑞典订立的条约，合并了芬兰和亚兰群岛，从而获得了整个波罗的海东岸；根据维也纳会议文件，合并了波兰王国，把边界向西推进；根据1812年布加勒斯特条约，合并了比萨拉比亚，又把西南边界向前推进。然而，国家虽然如此迅速地达到了自己的天然边界，但俄国的对外政策却仍分为两大部分：俄国在亚洲、在东方追求的目标与在西南方并不相同。这些任务的差别主要是由于俄国达到其天然边界以后在东方和西南方遇到的地理条件和历史环境不同造成的。俄国的东部边界很不明确，或者说没有封锁线：因为很多地方是开放的；此外，这里的边界以外没有人口密集的重大政治实体，无法靠自身的紧密度挡住俄国领土的继续扩张。这就是俄国得以很快越过这里的天然边界深入亚洲草原的原因。俄国的这一步骤部分是有违它的本意的。根据1739年贝尔格莱德条约，俄国在东南方的领土扩展到库班；在捷列克自古以来就有俄罗斯哥萨克居民点。可见，俄国在库班和捷列克立足以后，不知不觉就来到了高加索山前。18世纪末，俄国政府根本没有想越过这条山脉，因为既无手段，也无兴致；可是外高加索伊斯兰居民中间有几个苟且偷安的基督教公国，感到俄国人已临近，便去寻求他们的保护。早在1783年，格鲁吉亚国王伊拉克利因受波斯压迫而接受俄国保护；叶卡捷琳娜只得派军队越过高加索山脉进驻第比利斯。随着她的去世俄国人撤离，波斯人又入侵格鲁吉亚并洗劫一空，保罗皇帝被迫支持格鲁吉亚人，并于1799年承认伊拉克利的继承人格奥尔基十二世为格鲁吉亚国王。这位格奥尔基临终时嘱咐，把格鲁吉亚遗赠给俄国皇帝，1801年俄国勉强接受了这份遗嘱。格鲁吉亚人为俄国皇帝能接纳他们受俄皇统治而加紧张罗。返回第比利斯的俄军陷入非常困难的境地：同俄国联络只能通过住着野蛮山民部落的高加索山；俄军通里海和黑海方向的道路被土著居民领地切断，其中东部有一些伊斯兰汗国，处于波斯保护之下，西部另一些小公国则处于土耳其保护之下。为了确保安全，需要打通通往东方和西方的道路。西部都是基督教公国，它们是：伊麦列第亚、明格列里亚，以及里昂河流域的古里亚。它们仿效格鲁吉亚，陆续承认了俄国最高政权（伊麦列第亚，亦称库塔伊斯，于1802年所罗门时期；明格列里亚，于1804年达迪安尼时期；古里亚，亦称奥祖尔盖特，于1810年）。这些兼并导致了俄国与波斯的冲突，俄国夺取了许多依附于波斯的汗国，如舍马哈、努哈、巴库、埃里温、纳希契万等等。这种冲突引发了两场同波斯的战争，以1813年的古利斯坦条约和土库曼彻条约（1828年）而告结束。但俄罗斯人迅速地占据了外高加索的里海、黑海沿岸，自然就要求征服山民部落来保障自己的后方。从侵占格鲁吉亚之日起就开始了持续不断的高加索争夺，耗去我们一代人的时间。高加索山脉按居民成分可以分成两半，即东半部和西半部。西部朝向黑海，居住着切尔克斯人；东部朝向里海，居住着车臣人和列兹根人。争夺这两部分的斗争始于1801年。首先于1859年夺取了达格斯坦从而使东高加索臣服；而后几年最终夺取了西高加索。1864年可以说是这场斗争的终结，因为最后一批独立的切尔克斯山庄被征服。

　　这一系列复杂事件都是因格鲁吉亚国王格奥尔基十二世的遗嘱引发的。俄国政府多次毫不隐讳地承认，它在进行这场斗争时感觉不出继续扩张东南边界有什么需要，有什么好处。把领土扩张到里海以外，深入亚洲腹地，同样也是如此。西西伯利亚南部边界很久以来就受到向北移居的土耳其斯坦游牧民族吉尔吉斯人的骚扰。尼古拉在位时，这些吉尔吉斯人被平定。结果导致俄国与土耳克斯坦几个不同汗国（浩罕、布哈拉和希瓦）发生了冲突，各汗国居民在其同部族人支持下开始骚扰东南边界。1864—1865年间，在切尔尼亚耶夫和维列夫金领导下进行了一连串征讨，几乎一开始就征服了浩罕汗国，随后征服了布哈拉汗国。1867年成立了由征服地区组成的土耳其斯坦总督管辖区（锡尔河）。当这两个汗国放弃习惯的强盗身份时，希瓦人便充当这种角色。他们与俄国新边界之间隔着沙漠地带。1873年由塔什干总督考夫曼指挥开始了一系列讨伐，最后由斯科别列夫对帖金人的远征（1880—1881年）而告结束，希瓦汗国也被征服。这样一来，俄国的东南边界就自然延伸到，或者说直抵强大的天然障碍，或者强大的政治障碍，这就是兴都库什山、天山、阿富汗斯坦、英属印度和中国。[12]

东方问题 这样，19世纪期间，由于各种关系和利益相互交叉，俄国的东南国界逐渐推进到天然边界。在欧洲的西南边界，俄国对外政策则是另一种导向。我说过，19世纪一开始这里就面临着新的任务。俄国完成了俄罗斯民族政治统一并把俄罗斯平原地域归拢到一起以后，便着手在政治上解放与俄罗斯民族有同源关系（或种族的，或宗教的，或宗教民族的）其他民族。但俄国也不是一下子就清楚地认识到这项任务，只是经过多次磨炼才逐步理解，其中也不乏外部因素的启示。18世纪叶卡捷琳娜当政时期，俄国还不明白对外政策有宗教——民族方面的任务，没有想到政治解放同源民族的事。[13]对土耳其、对波兰的政策主要出自一个简单的目的，可以用一句话表达："从领土上切断敌邻以便形成本国完整的边界。"向敌人夺取相互交错的领土就是为了修整好自己的边界；最后，南方边界的修整达到了极限，越过这个极限就无法再执行原来的政策，其原因有两个。现在俄军驻地前就是土耳其的一些地区，如果实行兼并，势必会引起西方的干涉；再者，这些地区也不便于实行兼并，因为它们与帝国没有直接的地理联系。这样，就从领土上切断敌邻的政策中引申出另一种计划——分裂邻国的政策。仔细看看土耳其就会发现，它不是一个整体，而是不同类型民族的聚合体。在这种情况下,俄国便决定采用两种办法来分离这些组成部分:或由欧洲列强瓜分,或者把这些部分组建成土耳其境内以前不曾存在过的新国家。由此产生了对付土耳其的双重政策:类似波兰那样的国际瓜分和复辟历史。这两种完全违背宗教—民族原则的意图有时会奇特地混合成一种方案。这种混合型的新型样板就是叶卡捷琳娜著名的希腊计划。为准备第二次对土战争,俄国于1782年同奥地利结盟,条件如下:由摩尔多瓦、瓦拉几亚和比萨拉比亚组成一个独立的达基亚国(该名词出自中世纪编年史家);由欧洲的本土,可能的话,还有土耳其的亚洲部分重建拜占庭帝国;波斯尼亚、塞尔维亚连同威尼斯的大陆领地一起交给奥地利,为此威尼斯获得伯罗奔尼撒、克里特、塞浦路斯作为报酬。不可想象,竟然有这种紊乱不堪的政治观念,如此荒唐之极的国际联盟:恢复一个本不存在的国家(一个什么达基亚国),斯拉夫人的土地划归德意志的奥地利,东正教的希腊地区并入天主教的威尼斯。类似的荒唐计划还有一个,就是1800年罗斯托普钦呈交保罗皇帝的计划。罗斯托普钦认为土耳其没有生存能力,所以他以为最好是伙同奥地利和法国把它瓜分掉,俄国取得摩尔多瓦、保加利亚、罗马尼亚,而瓦拉几亚、塞尔维亚和波斯尼亚归奥地利,埃及归法国;伯罗奔尼撒连同列岛成为独立共和国。[14]这个计划考虑得面面俱到:要瓜分土耳其,要在政治上恢复没有任何历史依据的国界,对民族-宗教利益和相互关系采取轻蔑态度。这种混乱促使一些政治家反对以任何形式瓜分土耳其;我国驻君士坦丁堡公使柯丘别依伯爵就是这样。1802年他在给皇帝的信中认为,最坏的事莫过于瓜分土耳其,最好是把它保存下来:"土耳其人是最安稳的邻居,因此为了我国利益,最好把我们的这些天然敌人保留下来。"

俄国和南斯拉夫人 但是,从19世纪起,发生了各种情况。

部分是由斯拉夫东正教徒本身处境引发的,部分是来自外部。这些情况都提醒俄国对外政策必须遵循新的原则。因为它们都产生于一个根源,这就是构成本世纪欧洲国际生活特殊现象的民族原则。这个原则与法国大革命有密切关系,在欧洲成为一股特别的力量。法国大革命及其继承者拿破仑帝国实行的掠夺政策对整个欧洲产生了极其强烈的影响,但影响的程度并非到处都一样,根据欧洲各民族受影响的状况来看,可以分为三类。一类如西班牙、葡萄牙,被剥夺了内部自由,但仍是独立完整的政治实体;另一类如德意志、意大利,享有外部独立但没有内部自由,不具备政治上的完整性,而且被分割成几个独立国家;最后,第三类如巴尔干半岛和奥地利的东正教斯拉夫民族或天主教斯拉夫民族,既丧失了外部独立又丧失了内部自由。法国革命和帝国激发了第一类民族对内部自由的渴望,激发了第二类民族对政治统一和内部自由的渴望,激发了第三类民族对摆脱外族奴役实现民族政治解放的渴望。正是这最后一类民族的愿望向俄国提示了对外政策的新方向。从本世纪初起,巴尔干半岛各民族出现动荡,他们举行起义,向俄国求援,并提醒,俄国与他们有着宗教或民族的同源关系。就是根据这种宗教民族关系明确了俄国政策的新原则,为此俄国开始了反土耳其的行动。一位斯拉夫政论家因塞尔维亚人起义撰文第一次表述了这种原则。1803年年底,东塞尔维亚的塞族人举行起义;奥地利塞族人的都主教斯特拉季米罗维奇为帮助同胞,于1804年向彼得堡发送了一份报告,亦称《新国家,即斯拉夫塞尔维亚国家复兴指南》。在这篇报告中,他指出了塞尔维亚人与俄罗斯人在宗教、语言和生活方式上的共同点,并向俄国政府提出一个问题:"是否需要把善良的斯拉夫——俄罗斯人的同胞付出的努力变成一种政治存在,并使之逐渐形成一种政治联合体呢?"他还提出了解放的形式:起事的这些塞尔维亚人

200　可以继续留在土耳其最高政权之下，但要给他们独立的内部管理权并受俄国保护。这一方案不管愿意不愿意还是被俄国当局采纳了，结果巴尔干半岛各弱小民族的解放过程几乎如出一辙。

　　早在18世纪，摩尔多瓦、瓦拉几亚政府就处于对奥斯曼土耳其的某种独立地位；19世纪俄国与奥斯曼土耳其的一系列条约逐步使这些地区获得完全独立。根据1812年布加勒斯特条约，奥斯曼土耳其丧失了在这些地区保留军队的权利；根据1826年的阿卡尔曼条约，这两个地区由当地"波雅尔"选出的君主管理，由俄国批准，任期7年，脱离土耳其独立进行管理。根据1829年的阿德里安堡条约，选任君主的7年任期变成了终身制。在1859年，两公国不顾惯例选举了一个君主——库扎公爵，时过三年奥斯曼土耳其才不得不承认这种联合。六年之后，即1866年，罗马尼亚人（从此称联合公国的居民）驱逐了库扎。当时欧洲列强指明要罗马尼亚人服从卡尔·霍亨索伦亲王的管理，他当选为多瑙河联合公国的王公。由于罗马尼亚参加了最后一次俄土战争（1877—1878年），根据圣斯特法诺和约，这个先前的附庸国变成了独立王国。巴尔干半岛其他各民族的解放也都是采用与此完全相同的方式：一个民族起来反对奥斯曼土耳其，土耳其人就出动武力对付；适当的时候俄国向奥斯曼土耳其大声喊道"住手！"土耳其就开始应战，作战失败，于是根据和约起义民族获得内部独立，但仍由奥斯曼土耳其最高当局管辖。当俄土再次发生冲突时，附庸国的依附地位就被取消了。这样，根据1829年阿德里安堡条约，就建立了塞尔维亚王国；根据同一条约和1830年伦敦议定书[15]，建立了希腊王国；根据1878年圣斯特法诺和约，建立了保加利亚公国。看一下奥斯曼土耳其政府的情况，就该想到，本世纪开始的这一进程尚未结束（马其顿、波斯尼亚、黑塞哥维那、阿尔巴尼亚的命运未定）。

对外政策的总结 总之，俄国对外政策在西南边界完成的任务与东南边区根本不同。可以这样来表述：当巴尔干半岛的斯拉夫民族和东正教民族在政治上觉醒时，就号召他们获取政治生命。这种意向给欧洲国际生活带来了新的原则。我说过，民族原则是19世纪欧洲国际生活中表现出的一股特殊力量。这一原则引导欧洲各民族结合成大民族实体，把原先一个民族分裂的各部分联合成一个完整的实体。西欧逐步趋向聚合、凝结，正在形成大的民族国家。俄国对外政策的纲领就是抵制西欧的这种民族——政治凝结：俄国逐渐让小民族加入欧洲国家的大家庭，让他们在政治上生存下来。很难说这种意向是不是真正的新国际原则，或者只是西欧完成的那个过程的第一阶段。这些斯拉夫东正教小国未必会成为欧洲政治分裂的基础，也许，随着时间的推移，它们自身会逐渐凝结成一个庞大的东正教斯拉夫强国。这是一个问题，但解决这一问题的工作已不属于我们历史视野的范围。

第八十三讲

亚历山大一世皇帝在位时期——亚历山大一世的教养——亚历山大一世的性格——初期的改革尝试——斯佩兰斯基和他的改革计划——斯佩兰斯基计划的中央管理体制

亚历山大一世皇帝在位时期 保罗皇帝的继承人亚历山大一登基就有一个更庞大的纲领，而且对实现这个纲领比前任考虑得更周密更合乎情理。我指出过，从19世纪开始俄国对内政策的内容由两个主要意图组成：使各阶层在法律面前平等和使之在国务方面同心协力合作。这就是这个时期的主要任务，但由于另外的意图使这些任务复杂化了，这就是为解决主要任务做必要准备或者是在解决当中必然会产生的意图。使各阶层在法律面前平等自然就会改变立法基础本身；这样，在法典编纂工作中就出现了使各种新旧法令相一致的要求。其次，根据权利平等原则改革国家制度就要求提高国民的教育水平，然而，小心谨慎地局部实行这种改革在社会上引起了两种不满情绪：一些人对破除旧的东西不满；另一些人对新的东西实行得太慢不满。由此政府必须领导社会舆论，制止来自左的和右的倾向，引导、培植社会意识。如此紧密地把书报检查制度和国民教育列入政府总体改革计划，这是上一世纪从未有过的。最后，一系列的战争和内部改革，随着国家的外部即国际地位的变化，改变了社会内部的阶级结构，动摇了国家经济，损害了财政，迫使国民紧缩开支，结果国家设施加强了，而国民福利却下降了。这就是本世纪上半期一系列与我国生活主要事实关联的现象；当时的主要问题是：社会政治问题——确立社会各阶级之间的新关系，建立有民众参与的社会团体和管理机构；与此相连的是法典编纂问题——调整好新法律；教育问题——主持、引导和培植社会意识；最后，财政问题——重建国家经济。

亚历山大一世的教养 亚历山大一世皇帝把这些任务全部提上日程并大胆地着手进行解决。解决的方式，首先主要来自他所接受的政治思想；其次来自他对俄国现状的亲身经历和观察所形成的实用想法，即政治观点。无论政治理想，还是个人看法都同这位皇帝所受的教育密切相关，同他受教养影响形成的性格密切相关。这就是亚历山大一世的教养，同他的性格一样，在我国国务活动史上具有重要实际意义的原因。而且我认为，亚历山大一世的性格不只具有地方性意义，因为他还是全欧历史的见证人[1]。亚历山大处在两个彼此大不相同的世纪之交，18世纪是由大革命产生的自由思想的世纪，19世纪，至少是前半期，是战胜自由思想而出现反动的时代。这些思潮的瞬息变化必然造就独特的典型。在文艺作品中我们可以看到这些再现典型。亚历山大一世其人，不说他的社会地位，就其天赋而言属于不上不下一般水平的中等人才。他不得不经受无法协调的相遇而又相左的两个世纪的影响。不过他是个理解能力比活动能力强的人，因此他能理解极小变化的时代影响。况且这是一个历史人物，是个实在的人物，而不是艺术形象。也许说不定，我们观察亚历山大一世的教养及其性格的烙印时，会搞清楚问题的某些情况，这就是拿破仑和亚历山大一世这样两个相反的人物是如何轮流主宰欧洲世界的。拿破仑在革命的反动结局中扮演了哈哈一笑的美菲斯托菲尔角色，而亚历山大则落得个充满浪漫主义幻想和拜伦式失望风格的哈姆雷特的名声。

我们在研究亚历山大一世时，不仅要考察俄国的，而且要考察欧洲的这一整个历史阶段，因为很难再找到一个受到当时欧洲那么多不同种类文化影响的历史人物[1]。

我不赞同一种流传很广的观点，似乎亚历山大是由于他祖母的操心才受到良好的教育；培养他是费了不少事的，但事情并没有做好，没有做好的原因恰恰是操心过分。

亚历山大生于1777年12月12日，是保罗大公第二次婚姻与符登堡公主玛丽娅·费多罗夫娜所生。祖母过早地使他离开家、离开了母亲，为的是按当时哲学家的教育学规范培养他，也就是按照理性和自然法则，即合乎情理的和自然美德的原则来培养他。洛克是最高权威，卢梭的《爱弥儿》是当时这种教育的经典教科书；这两人要求教育要使人具备强壮的体魄以消除体力上和日常生活上的痛苦[2]。当大公及其跟前的弟弟康斯坦丁长大一些时，祖母拟定了教育他们的哲学计划并选定了任教人员[3]。拉加尔普上校被选任为两位大公政治思想的主要导师，虽然他对法国启蒙哲学抽象思想的崇拜持慎重态度，但他是个瑞士热情的共和主义者，是一部见闻广博和能说会道的自由主义活教材。米哈依尔·尼基季奇·穆拉维约夫应聘为大公教授俄语、历史和道德哲学，他学识渊博，是一位自由主义政治和感伤主义醒世流派很不错的作家。最后，委任上将尼·伊·萨尔特柯夫伯爵负责对两位大公的健康和行为进行总监督，他作为叶卡捷琳娜的帮办并不出色，倒是个典型的达官显贵，在朝廷该怎样生存，这一点他很精明：夫人说的事照办，秘书送的文件照签。不过，照马森的说法，他的这个教育乐队的真正总谱，就是预防两位大公遭受风寒和积食。拉加尔普，他自己承认，身为一名教员，他意识到自己把大公培养成大人物的责任，所以他对所担负的任务非常认真。他开始用自己信奉共和主义的观点给两位大公介绍并讲解古希腊和拉丁经典作家——狄摩西尼、普鲁塔克和塔西佗,英国和法国历史学家兼哲学家——洛克、吉本、马布利、卢梭[4]。他给培养对象讲话和授课的全部内容,都讲的是有关理性的威力,人类的幸福,国家契约的起源,人们生来平等、公正,但讲得最多语气最坚决的是关于人生而平等,专制主义荒唐有害,奴役制度卑鄙可憎。他不认为这些现象是历史事实或实际存在的东西,而看成是有些属于理性的要求和哲学基本信念准则,有些则是专制政权的愚蠢、无知和犯罪行为。[拉加尔普]未能解释清楚人类社会生活和社会制度的进程,而是挑选一些合适的现象拿来与历史实际进行辩论,由于历史实际他也讲解不清楚,只好鄙视了之[5]。善良而又聪明的穆拉维约夫火上加油,把他关于热爱人类、遵守教规和思想自由的田园诗当作范文教给孩子们,并要求他们把卢梭、吉本、马布利等人的东西译成俄语。你们会发现,把这一切讲述和传授给10—14岁的未来的俄国君主尚嫌过早。那些年月,人们凭直觉和本能生活,抽象思维对于他们来说通常只是摆摆样子而已,至于政治和社会原则正转化成为一种观感,演变成宗教信仰。拉加尔普和穆拉维约夫的执教工作既没有提供准确科学的实用知识,也没有使思维方式得到合乎逻辑的改正,更没有改进脑力劳动的习惯性;他们的教学没有涉及周围实际,更不可能激发和引导认真思考。

12岁的政治家和道学先生接受的深邃思想就是那些政治和道德幻想之类的东西,这些东西不是通过儿童形象去充实孩子的想象力,而是用大人观感使孩子幼小的心灵焦躁不安。整个这些内容要是加上萨尔蒂柯夫伯爵连同他的沙龙风格的粗俗课程和宫廷卫生课程,那就容易发现在教育大公方面留下的漏洞[6]。只教他循规蹈矩,不教他思考行动;根本没有提出过学习上、日常生活上让他本人去判断是非的问题。一切问题都给他提供现成答案——政治和道德教条，这些东西无须检验和琢磨，只要背熟和感受到就够了。不让他开动脑筋，不许他尽情发挥，这不是在进行教育，而是把他当做一块干海绵，用蒸馏过的政治和全人类道德规范来浸泡他，用欧洲的思维甜食喂饱他。不让他熟悉学生特有的劳动，不许他了解这种劳动创造小型艺术作品的苦与乐，不让他认识只有这种劳动才能使学校教育具有教育意义的情况。

对于亚历山大来说，拉加尔普的教学是一种美的享受；但是我们在一位培养大公的俄国教师普罗塔索夫的回忆录中，多次读到，他痛心地抱怨亚历山大"游手好闲、迟慢懒散"，埋怨他不喜欢认真做作业，不喜欢教员称他"固守空想"〔7〕。当两位大公慢慢长大，对拉加尔普的思想不单是感觉，而是有所理会的时候，他们便真心地追随这个共和主义者——理想主义者，满怀喜悦地听他讲课，其所以喜悦，因为这种课不是在进行脑力劳动，而是一种文艺演出。尽管老师讲课有美学内容，但如果师生之间形成观众与演员的关系，老师的授课变成教育对象的娱乐活动，那就是大不幸。

大公由于大量接受这类田园诗式的政治和道德教育，很早就开始向往乡村幽居生活，凡路过野花地和农舍，看见穿漂亮连衣裙的年轻村妇，他就心潮澎湃，忘乎所以，早就惯于用轻浮的目光扫视日常的生活现象。日子就是用这种目光在愉快中度过，世界就是一座审美的宽敞演练场。随着年龄的增长，这种情况自然会有所改正，幻想会被清醒的观察取代，激情在冷静后会变成信念，可是这种必需的有益过程却过早地中断了。叶卡捷琳娜凭经历就很清楚，所谓美德，甚至是由哲学冷冻出来的美德，也容易受炽烈情欲之火的熔化，所以女皇急于保证皇孙的心绪免受情欲之火烧灼的危险，遂于1793年，孙子还不到16岁的时候就给他成亲了。冯维津斯基·涅多罗斯里虽然对成婚之事无法反对，但他毕竟是对的，他认为,最常见的现象是:男婚女嫁就是学习的结束,就是培训严整的科学生活的结束,因为婚后产生的是另一种感情和兴趣,开始了另一种世界观,开始了另一种不像从前青年时代的成人式的发育,如果从前的发育过程提早中断,必将造成终生无法挽回的损失,造成永远难忘的痛苦伤痕。

希腊和罗马,自由、平等、共和国——像是英雄形象和政治理想人物的"万花筒"。你们会问,俄国这个过去和现在都不美观的国家在这个"万花筒"中占有什么样的地位?大公是怎样理解富于敏感的共和主义者和相当敏感的四等文官穆拉维约夫宣扬的俄国现实的?事情很简单:都承认俄国现实是下等类型的实例,是一种缺乏理性的自发现象,都承认而又故意不理会这种现实,也就是说,都像叶卡捷琳娜女皇时期能干的伏尔泰信徒那样,不愿更多地了解这种现实。在这方面拉加尔普的做法,就像老处女——从前培养我国千金小姐的家庭女教师:她们给学生描绘出人际关系最文雅的迷人世界,这种关系的基础就是严格遵守谦虚和固守礼节的规矩,按这种规矩要是裙子下露出皮鞋尖几乎就成了不可饶恕的堕落行为。同房的两位老处女忽然对俄罗斯纯自然主义学派的一场戏进行申斥,因为这幕戏演的是一些男男女女,有的互相吵嘴推搡,有的笑笑嘻嘻拥抱接吻。年轻的那位把恐惧的视线集中到那位年长的身上,而年长的不好意思地叫年轻的平静下来:"事情就这样……没有关系……不关你的事,忘掉吧,就当没这回事。"

亚历山大步入现实生活时,满脑子都是古希腊、罗马英雄形象和最新政治思想;而迎接他的现实却是某种模糊或伪善的东西,因此他只好在祖母和父亲之间周旋,这不仅是两个人物,而且是两个特殊世界。这两个宫廷彼此完全不同,它们之间精神上的距离比地理上的距离大得多。每个星期五大公前往加特契纳,出席周六的阅兵式，从中学到兵营残暴、粗野的习气，包括一些下流话；在这里大公负责指挥一个营，晚上他返回彼得堡，出席冬宫大厅叶卡捷琳娜举办的晚会，参加晚会的是她亲信的上层人物，因为这里是艾尔米塔什宫[8]。在晚会上谈论的全是最重要的政治问题，说最俏皮的话，开最优雅的玩笑，看法国最好的剧目，而把罪孽和负疚感用最整洁的掩体笼罩起来。亚历山大在两个如此不同的宫廷之间周旋时，必须靠两种思维方式度日，除保持家庭日常生活第三副面孔，还必须保持两处隆重场面的两副面孔，即保持两套手段、感情和思想。这种锻炼与拉加尔普的课堂何等不同啊！他不得不讲别人喜欢的东西，对掩饰自己的想法已习以为常。不露心情已由需要变成强烈愿望。随着父亲的登基，这种窘境被时刻提心吊胆的心情代替了，因为大公被任命为彼得堡总督和近卫团司令。他虽然没有过错，但早就引起父皇的不信任，他和其他人一样很害怕这位暴躁的君主。尽管这段时间短暂，但给亚历山大性格蒙上忧伤的情调，即使在他生活最高兴的时候这种情调也没有从他身上消失。

亚历山大一世的性格[9] 亚历山大受的教养就是这样。必须承认，他继承皇位的道路不很平坦。从襁褓时起就试着对他做过不少的教育实验：为了自然合理地进行教育实验，不适时地把他与母亲分开，把一个乳臭未干的爱弥儿过早地变为政治家和哲学家，把一个刚刚开始成才的学生变成了不成熟的有家眷的人，而平淡无奇的家庭生活和尚未完成的学业因艾尔米塔什宫上流社会宽松的娱乐活动，加之兵营生活的种种烦恼而中断了。这一切要么不合时宜、要么根本不需要。亚历山大总是被迫在两个对立派中间周旋[10*]，他与任何一派都不同路，处在两种矛盾之间，陷入充当第三者的危险地位，即陷入自相矛盾的困境：童年时被迫在祖母和双亲之间周旋，青年时被迫在父亲和母亲之间周旋，在书房里被迫在无神论者拉加尔普和正统派萨姆鲍尔斯基之间周旋[10a],即在意见不一致的教员之间周旋,这些人在他身上,也就是在他的意识和信仰方面演示出互相敌对的爱好和信念,最后,在位期间被迫在立宪理想和专制习俗之间周旋。这样的环境不可能培养出开朗的性格。大家指责他表里不一、装假(北方塔利马、拜占庭的希腊人),好像没有主见。[这是]不准确的。亚历山大不需要装假来表现什么,他只是不愿意暴露真相。装假是恶习,不暴露是无同情心之类的缺点[10*]。大公需要的首先是养成认真地、耐心顽强地工作的习惯,最要紧的是了解随着时间的推移他将要负责领导的社会现实。无论哪方面,在爱弥儿童年的课堂,还是拉加尔普的讲堂上;在祖母举办的沙龙,还是父亲主持的游行阅兵式,都没有为之做好准备。甚至没有好好地教会大公国语:一位同时代人说,他直到死还不会用俄语就某一复杂问题进行详细交谈,甚至所做的一切事情都使大公很难了解应该掌握的实际情况。大公由于其所受教育城府很深,从而引起了别人对他的不信任。好像[自相矛盾]无主见、对人暗含鄙视、许多政治思想和情感都给他增添了很多的麻烦。叶卡捷琳娜在位时,他曾向恰尔托雷斯基公爵表白说,他衷心同情法国革命,痛恨任何表现形式的专制制度,热爱任何人应有的自由,他认为权力世袭制是不公正和荒唐的法规,最高权力不应根据生辰的偶然现象,而应根据民族的意愿,因为它能够选举最可尊敬的人来进行管理[11]。怀有大量这类多余思想情感的大公能够办成什么事?这些思想情感,主要是所受的教育妨碍了他提高鉴别现实的能力,即实践观测力。要获得鉴别和观测力必须通过顽强劳碌和在现实筑成的泥坑中长期磨炼。而大公既没有养成顽强劳碌的习惯,也没有养成独立用功的习惯,更没有养成在泥坑中磨炼的习惯。他清楚祖母沙龙是个优美雅致的泥坑,而父亲的兵营是座令人厌恶的泥坑,但是却没有人让他认识日常健康生活的泥坑,而上帝亲自称赞在这种泥坑中受玷污的人,对他说:"你是在辛辛苦苦地谋生。"

可见,亚历山大即位时怀有要为臣民建立自由和幸福的崇高善良愿望,但他没有意识到该如何去做。他以为这种自由和幸福会像某种"突变"的魔术那样,自行畅通无阻地马上建立起来。当然啦,一起步尝试就碰到阻力;大公因不习惯于克服困难,便开始埋怨别人、抱怨现实、陷入苦闷。他因没有勤劳奋斗的习惯,助长了他原有的容易过早地垂头丧气,过早地感到厌倦的习气,大公刚刚动手办事就感到受累;在着手工作之前就已疲倦了。1796年他年方18岁,就感到很疲惫,他老实说,他逐渐产生了一种幻想——退位后同妻子定居莱茵河畔,在友人之间和研究大自然中安度私人生活[12]。由于在实现想好的纲领时,遇到朝廷方面的种种阻力,从而激起他对内政事务持冷淡态度。在这种情况下,皇帝的各种理想在俄国落空了,于是便从涅瓦河转移到了维斯瓦河,也就是集中到了波兰,进而越出国界转移到了西欧。众所周知,皇帝在位的后半期很少经办内政事务,全部注意力逐渐集中到在波兰建立政治制度,力主在西欧建立神圣同盟的政治体制。这样一来,原先俄国本国政治的田园诗就被全世界历史的田园诗——神圣同盟所取代,共认按福音书准则(即私人的道德原则)成立的神圣同盟就是在西欧建立的政治体制。

继沙皇阿历克谢·米哈伊洛维奇之后,亚历山大皇帝是个使人倍感亲切的沙皇,他以个人的品质博得大家的赞许;这是一朵华丽的鲜花,但不过是一朵赶不上或者说不善于适应俄国水土气候的温室花朵。天气好的时候长得枝繁叶茂,北方的风暴一来,进入俄罗斯秋季的阴雨天气就枯萎凋谢了。

由于所受教养造成的这种种缺点在起初的改革纲领中表现得最

清楚不过了。

初期的改革尝试[13] 现在简述一下亚历山大皇帝内政改革的主要表现。这位皇帝于1801年3月12日即位。他的登基激起了俄国社会,主要是贵族社会的喧嚣狂热。对这个阶层而言前任朝廷是森严的大斋期。卡拉姆津说,新皇帝登基的消息被当成了苦尽甘来的信号。感动的满眶热泪使长期因担惊受怕的神经紧张状态松弛下来。路上行人和在家的人全都高兴得哭了,无论熟人还是生人相遇时都互相祝贺和拥抱,就好像是过复活节[14]。很快,24岁的新皇帝成了人们热情关注和公开崇拜的对象。他的外貌、仪表、公开露面像是剧场布景,产生迷人的魅力。第一次君主在都城散步,这还是头一次见到,他没有带一个随从,没有佩戴任何饰物,连表也没有,而且还和蔼可亲地向路人点头致意。新政府赶忙公布准备实施的方针。皇帝在1801年3月12日的诏书中宣布,"依据法律和联的祖母之心愿"由他承担管理国民的义务。他像在私下交谈一样,在各项命令中,表述了他将遵循的基本准则:把严明法纪置于个人意愿之上。皇帝曾多次指出俄国国家制度屡受损害的主要缺陷,他称它为"我国管理制度的专横"。他指出,要清除这种现象,必须要有俄国几乎还没有的根本法,即基本法[15]。

初期的改革尝试就是本着这个方向进行的,新皇帝登基伊始,周围就聚集了应召来辅佐他推行改革的人士。他们都是受过18世纪最先进思想教育并谙熟西方国家制度的人,属于直接追随叶卡捷琳娜时代能人志士的那一代人。在女皇统治的后半期,他们是上流社会的青年一代,除吸收了法国沙龙风度,无形中接受了法国启蒙著作的政治思想。他们之中有柯丘别伊伯爵,叶卡捷琳娜的干才别兹鲍罗特科的侄儿诺沃西尔采夫,斯特罗甘诺夫伯爵(诺沃西尔采夫的亲属),波兰人亚当·恰尔托雷斯基公爵。这些人组成一个秘密小圈子,即非正式委员会,中午喝完咖啡他们会集于皇帝密室,一起研究改革计划。鉴于这种情况,委员会成员之一帕·亚·斯特罗甘诺夫伯爵为备用起见将委员会秘密会议情况用法语做了记录(1801年6月24日—1803年11月9日)。我们要重视这个委员会的活动情况。委员会一开始就触及到了各种极不相同国家的体制问题。委员会的任务是协助皇帝"对管辖的帝国这座轮廓模糊的大厦进行改革作系统的研究",——这就是一份记录中对这项任务的表述。照理应该事先研究帝国的现状,然后研究政府各部门的改革以及实现各部门改革要依据的"按国民真实心情制定的法典(我把它译成宪法 constitution)"。从中央管理机关开始做起。正如我们看到的,叶卡捷琳娜留下的中央管理机构尚待完成,她建立了复杂严密的地方行政机关和法庭体系之后,没有建立与各部门明确分工,即清楚标明"分管权限"的名副其实的中央机关,而这是1762年6月诏书许下的诺言。孙子继续祖母的事业,但由他建造的政府大厦的顶层,其精神体系与整体结构不相似,与大厦的基础不相称。由叶卡捷琳娜个人擅自决定召开的国务会议,1801年3月30日由叫做"常任委员会"的常设机构所取代,这是为了审议和讨论国家事务与决议。这个委员会是仓促组建的,由12名尚未分管各部的高级官吏组成。随后对彼得一世设立的在叶卡捷琳娜时期已失去原有性质的各院进行了改革。1802年9月8日诏令将其改建成八个部。这就是外交部、陆军部、海军部、内政部、财政部、司法部、商业部和国民教育部,与此相应设立了为讨论问题、统一意见的大臣委员会。这个委员会在我国中央机关体系中是头一次出现。从前的各院隶属于各部,或者作为厅列入新设的部;新的中央管理机关主要不同之点是实行一长制:各部都由大臣掌管以取代原先的集体参与制;各大臣负责向参政院报告[16]。

这就是新皇帝改革中央管理机关的初步尝试。在行政改革的同时对社会关系也开始有所触动。在这方面明确宣布了计划实施的方针，这就是社会各阶层在法律面前一律平等。新皇帝的最初措施中有恢复颁赐等级特权状的内容，我们知道，这大都已由前任皇帝予以废除。不过在非正式的委员会上皇帝曾表白说，他恢复向贵族颁赐特权状是违背他的心愿的，因为他向来就反对赏赐给贵族等级特权。微妙的农奴制问题也悄悄地涉及。除了即位之初采取的措施，还宣布了政府为废除这一制度逐步做好思想准备的意图。例如，禁止在政府定期出版物上刊登有关不带土地出卖农奴的启事。从1810年起禁止把居民多的田庄划归私有财产。1801年12月12日，是皇帝的生日，当天颁布了一道更为重要的法令，允许各自由阶层人员在城外把除农奴以外的不动产据为己有，能够享受这一权利的有商人、市民、国有农民。这项法令打破了长期以来贵族垄断土地占有权的状况，因为迄今贵族一直享有把土地攫为个人财产的权利。某些具有自由思想的地主受到这种开创举动的鼓舞产生了一种愿望，表示愿意与自己的农奴进行协商，整村整村地解放农奴。迄今还未曾有过关于这样大批解放农民的法令。例如，沃龙涅什有个地主彼得罗沃-索洛沃伏与他的5 001个农民签订了契约，允许农民把耕种的土地变为私有，条件是19年内向地主支付150万卢布。叶卡捷琳娜时期元帅的儿子谢尔盖·鲁勉采夫伯爵根据同农民的自愿协议考虑连带土地解放199个农民，而且就此他向政府呈交了关于地主与农奴签订契约的共同法律草案。政府采纳了这个草案，并于1803年2月20日颁布自由农法令：地主可以同自己的农民协商，但必须连带土地以整个村庄或单个家庭的方式解放农民。这些被解放的农民不记入其他阶层，他们组成"自由庄稼人"特殊阶层[17]。2月20日法令是政府打算废除农奴制的头一次态度坚定的表示。

改革管理机构和社会关系的初步尝试就是这些,它们构成了亚历山大改革活动的第一个时期。这些尝试考虑得并不充分而且存在严重缺陷:彼此之间协调不够,推行得过于仓促;例如,新的中央部门,即各部机关实行一长制,而下属省级机关仍保留原先的集体负责制。随后,连续发生一些大家都知道的外交事件,在一段时间内迫使皇帝搁置了内务活动,这就是参加两个反法同盟,1805年与奥地利结盟,1806—1807年与普鲁士结盟[18]。战时,皇帝最早的私人顾问小组离散了。远征和失败使亚历山大最初的自由主义和田园诗般的情绪冷静下来;他把观察到的情况集中到一起激发了他对周围人的不满情绪。非正式委员会的成员一个接一个离开了皇帝。空出的位子由皇帝唯一可以信赖的助理占据了。他就是米哈伊尔·米哈伊洛维奇·斯佩兰斯基。

斯佩兰斯基和他的改革计划[19] 我只表述斯佩兰斯基成为皇帝近臣前其生活道路的主要特点。斯佩兰斯基出身的社会环境是原先的国务活动家所不知晓的。他1772年出生,是弗拉基米尔省切尔库丁诺村一个乡村牧师的儿子。他受初等教育是在苏兹达尔教会学校,完成自己的教育是在彼得堡总教会学校,这所学校保罗时期改为神学院。由于他以优异成绩毕业,被留在学院任教,起初讲授他喜爱的课程——数学,后来讲授辩才术、哲学、法语等等。他讲授的这些门类不同课程都很成功。求知欲使他转而从事文职工作。他曾想到德国的大学完成自己的学业。他受人保荐给库拉金公爵当家庭秘书,靠公爵的情面他进了总检察官办公厅,当时的总检察官职位是个大官。就这样,在1797年,25岁的神学硕士摇身一变成了九等文官。斯佩兰斯基给18世纪俄国邋遢的办公厅带进了能起特殊改善作用的智力,他能不间断地工作(两昼夜48小时),具备出色的讲话和写作才能。正因为如此,他当然成了办公厅职员难得的人才。这就是他仕途升迁特别快捷的原因所在。早在保罗时期他在彼得堡官吏界就有名望。亚历山大即位后他被调任新设立的常任委员会委员,被委以御前大臣要职,主管民事和教会事务。各部成立时,内政大臣柯丘别依伯爵把他聘到自己的办公厅保留原有的国务会议御前大臣职务。斯佩兰斯基作为内政部内务司司长审查自1802年以来颁布的所有重大法律草案。从1806年起,因皇帝早期的僚属相继离去,柯丘别依又在病中,正好由斯佩兰斯基向皇帝禀呈报告。亚历山大早已知道这是位才思敏捷的大臣,对他起草和陈述报告的技能颇为惊讶。从这时起彼此关系密切起来。1808年,皇帝前往爱尔福特会见拿破仑时,带上斯佩兰斯基负责有关民事的汇报。在爱尔福特,精通法语的斯佩兰斯基接近了法国政府机关的代表,对他们仔细地进行了观察并从中学到了许多东西。据说,在一次舞会上,皇帝问斯佩兰斯基,和我们国家相比他是怎样喜欢上异国他乡的。斯佩兰斯基回答说:"我看这里有法规,而我国人更好。"皇帝说:"关于这个问题我们回去后好好谈谈。"返回俄国后,斯佩兰斯基被任命为司法部副大臣,同皇帝一起开始研究国家改革的总体方案。方案的突出特点与制定人的性格和思维方式密切关联。这是位像冰块一样坚固,一样冷静的睿智卓越之才,他的魅力博得了易受感动[20]理解力胜于行动能力的亚历山大的好感[20]。

斯佩兰斯基是旧式神学院教育培养的才能出众的优秀代表人物。就这种教育的特点而言,按当时的说法,他是位思想家,或者说,要是按现在的叫法,他是位理论家。他是通过刻苦钻研抽象概念增长智慧的,习惯上对一般生活持轻视态度,或者按哲学行话讲,轻视具体的生活经验过的实事。众所周知,18世纪哲学产生了许多这样的聪明人;俄国神学院向来很注意培养这种人才。这就是身穿东正教神学外衣的伏尔泰。然而斯佩兰斯基不仅是个具有哲学头脑的人，而且还是个异常坚定的人，这种情况从来是少见的，即便是在那个哲学的世纪也不曾有过。刻苦钻研抽象概念表明斯佩兰斯基具有异乎寻常的精力和灵敏的思维能力；他能轻而易举地把最离奇难解的思想归纳综合，由于这种思维方式斯佩兰斯基成了章法的化身，然而恰恰是因尽心竭力发挥抽象思维的这种做法造成了他从事实践活动的一大缺陷。通过长期不懈的勤奋努力，斯佩兰斯基广泛吸收了各种各样丰富知识和思想[21]，其中有不少能满足思想上适意而寻求的美好东西，也许不少东西甚至是无用的。而对于人的低水平需求，也就是了解现实的需求（他的政治方案比思想还多）却太少了。在这一点上他很像亚历山大，所以他们彼此相处融洽。但斯佩兰斯基与皇上不同的地方是，他脑子里全部美好的东西就像爱整洁的贵妇人打扮用的贵重小饰物一样，收拾得整整齐齐。自奥尔金—纳晓金以来俄国御座前还未曾有过另一个这样智力超群的人。我不知道，斯佩兰斯基之后，是否会出现第三个这样的人。这就是会体现章法的人。斯佩兰斯基这个富有消耗不完的脑神经的人，在闯入因无所事事而疲倦不堪的彼得堡上流社会之后，像一股新鲜空气钻进了门窗紧闭、满是乌烟瘴气的病人房间，搅得这个社会群情激动、惶惶不安，可是他却没有使俄国国家制度也就是他身边彼得堡政界产生这种作用。其原因是他本身固有的思维方式造成的[21]。他是一个属于能力强，但只知埋头工作的人，对一切事情不知疲倦地进行分析并把它抽象化，末了以中止对具体事物的理解而告结束。斯佩兰斯基就是这样一个工作到精疲力竭的人。他是个具有非常正确的政治思想理论的人，但对现实即历史的理解当时却很困难。他拟订国家改革总体规划工作开始以后，看了看我们这个国家是块石板，可以在上面画出所需要的精确无误的国家结构。他就这样制定出了规划，其特点是在实行传统的原则上有惊人的严整性，即连续性。可是，在不得不实施这个规划时，无论是皇上，还是大臣都绝不可能使之适应俄国现实需要和现有条件的水平。没有必要来详细讲述这个无法实施的规划。据斯佩兰斯基说，"他的规划全部想法旨在，利用法律把政权建立在牢固的基础之上，并借此使这个政权的行为具有更大的尊严和真正的威力"。斯佩兰斯基在其规划中对18世纪关于人民自由是政权真正源泉等等政治思想做出了慷慨无私的奉献，规划阐述了俄国各阶层在法律面前平等的理由，阐明了新的管理体制：农民不带土地获得自由，管理由三类机构组成——立法、行政、司法。所有这些机构从上到下，从乡村到最高层都具有地方自治选举性质。这座大厦的首脑机关有三个：立法——由各阶层代表组成的国家杜马，行政——对国家杜马负责的各部，司法——参政院。这三个最高机构的活动由国务会议统一起来，而国务会议则类似英国的办法由贵族上层代表组成。这个贵族政体就是各管理法律的维护者和人民利益的保卫者。这就是我们所知道的那份了不起的大胆规划。规划制定的速度特别快：1808年年底动手，1809年10月初就已完整地放到御桌上。大概不需补充，这个计划不可能完全实现。因为它根本没有估计到国家现有的政治条件。这是俄国两个光彩照人的聪明人的瞬息间的政治幻想：一个清醒，但鄙视现实；另一个热诚，但不了解现实。然而，这个规划的某些东西实现了，我现在就指出已付诸实现的片段。

斯佩兰斯基计划的中央管理体制　　斯佩兰斯基改革计划已实现的部分都是关于中央管理机关的，其结果使中央机关的状况更加严整。这是建立新国家制度的第二个更加坚决的步骤。先讲一讲在此之前曾采取过与准备改革有内在联系的两项局部措施，因为这些措施给第二个步骤提供了决心和实施改革的方向，指明了新政府机关需要的是怎样的行家。1809年4月3日颁布了宫廷官衔法令。宫廷高级和低级侍从官不再与某种常设职位责任连结，但是给予重要特权。这项法令适用于凡享有这种官衔的人，但不适用于担负任何军政或民政职务的人，在宣布了他们愿意供职的部门之后，两个月内必须到任；官衔本身今后是一种单纯的荣誉，不与任何职务权力相连。同年8月6日的法令规定了八品文官和五品文官产生的程序。这类官员很大程度上任职的条件是：不仅要有业绩，而且要有一定的工作年限，即规定的任职期。新法令禁止将下列职员转为这类官员：凡没有俄国某大学毕业证书者或没有按法令附加的规定提纲通过大学考试者。按照这个提纲，凡想获得八级或五级文官官职者必须通晓俄语和一门外语；熟悉自然法、罗马法、民法、国家经济法和刑法；基本了解本国历史；还要有世界历史、俄罗斯国家统计学、地理以及数学和物理方面的起码知识。因为两道法令的颁布完全出人意料，所以宫廷和官员中间无不大为惊慌。斯佩兰斯基避开政府上层秘密制定了这两项法令。法令明确坚定地表述了政府机关职员必须达到的要求；法令要求执行者是"有经验且能逐步胜任本职的训练有素之才，而不是因一时冲动寻求闲情逸致之辈"，按4月3日法令的说法："执行者是具有本国扎实教育素质的学识渊博的人才"，即按民族精神培养的人才，他们的晋升不是看工作年限，而是像8月6日法令规定的，看"业绩和优异的知识水平"。确实需要新型行家来按照自1810年起设立的政府机关中加紧实行的那些原则精神办事。这些机关有一个温文尔雅的名称，叫作"原机关新构型"，"原机关"就是执政初期产生那些机构。然而这些"新构型"给管理工作提供的原则和方式对俄国来说都是新东西，结果形状的变换使政府各部门具有了新型机构的特点。1810年1月1日面目一新的国务会议正式开幕；这个机构根据自身的理由按照斯佩兰斯基规划至今还在起作用，事情特殊到了这种地步，连视野短浅的朝臣也开始重视这个会议。1月1日诏书以肯定语气表述了国务会议在管理体系中的作用,诏书说:"对所有管理部门,及其对立法的主要关系,作出相应处理并由它将各管理部的情况上报最高当局。"这就是说,国务会议要对国家制度的各项细节,它们需要新增多少法律,进行讨论,并把自己的想法呈请最高当局审查[22]。这样一来,国务会议不是立法权力机关,不过只是权力的工具,而且是向各管理部门收集立法问题,讨论这些问题并把自己的结论呈报最高当局审查的唯一工具。立法的固定程序就是这样建立的。斯佩兰斯基在向皇上报告1810年设施工作时就是在这意义上肯定国务会议的作用的,他说,国务会议"之设立其目的是使迄今杂乱分散的立法权纳入固定统一的新规程"。立法工作有了这样的规程,说明新机关依法具有明确的三大特征:(一)国务会议负责审查有关各管理部门的新法律;(二)审查工作由它单独进行;(三)经过审定的任何一项法律未经最高当局批准不得执行。这些特征指明了国务会议的双重作用——立法和统一:第一,讨论各管理部门提出的立法问题;第二,用最高当局批准的决议来统一各部门的行动,使其掌握同一方针。不过这两种作用都规定了一定的权限。在立法行为中应分清两件事——建立国家一定关系的立法准则和赋予这些准则以权力的立法权威。立法权威属于最高当局,起草准则由国务会议办理。但当国务会议不同意立法权威的意见时,便可以同立法权威直接接触;国务会议呈请最高当局审查的意见——多数或少数委员以及个别委员的意见都可提交最高当局。上述意见分歧与所附结论,即法律草案也是最高当局在对提案作出最后裁决时予以注意的。因此绝不能把国务会议称作是按事先确定的目的制造法律草案的一台简单机器,因为它解决立法问题时不是依据指定的提纲,而是按法律术语,依据"享有一切言论自由"本身的合理性。然而,另一方面，也绝不能把国务会议称之为西方立法会议意义上的立法机关。当立法代表会议通过的法令被王权否决时，国家将坚持在没有法律的情况下做到重新提出立法问题为止；在俄国，最高当局认为国务会议决定不当时，会令其对情况重新审理作出新的决定，不是下指示照办，而是要它注意被忽视的情况。在西方，法律是两种权力——王权和立法会议的政治交易；在我国，法律只是最高当局单一的意志，但通常受国务会议的启示。皇上在批准国务会议意见时有这样的批语："按国务会议意见办"，"照此办理"。但西方，立法制度的思想基础是两种权力平等，就是说，谁也别想占上风。在我国立法制度的思想基础是用来最正确、最周密地制定新立法准则的各种手段和条件。国务会议的立法和统一作用是完全一样的，对各管理部门的领导不是对管理细节和执行法律的情况进行监督（这是参政院的事情），而是弄清楚保障正确执行法律一般条件。因此，国务会议的职责是：解释法律的真正意义，采取使法律顺利生效的共同措施，分配国家收入与支出，最后，审查各部关于其管辖部门的工作报告。所有这些特点使国务会议这个组织逐渐成为国家法律的一种十分特殊的现象。国务会议的体制是与它起的这种作用相符的。任命国务会议委员的皇帝本人任国务会议主席，委员为35人。国务会议的构成是全体会议和四个司（立法、军事、民事和宗教、国家经济）的会议。为便于开展工作，国务会议下设国务办公厅，厅内分别设立司办公室。各司司长报告本司所分管的事务，而办公厅的全部工作由国务秘书主持，他向国务会议全体会议提出报告并负责将会议记录禀呈皇上审阅。这个机构的主要组织者斯佩兰斯基自然被任命为国务秘书，遇到新情况，他受命领导整个国务会议的工作。

按斯佩兰斯基计划，继国务会议之后，对根据1802年9月8

日诏书成立的各部进行了改革。斯佩兰斯基发现这些部存在两个方面的缺陷：没有确切规定大臣的职责，各部之间的业务分工不明确。改革按两个法令进行——1810年7月12日关于国务分别单独管理的诏书和1811年6月25日的"各部总则"。根据新规则撤销了八个部中的一个部——商业部，这个部的事务划给财政部和内政部分管；因此，内部安全事务从内政部分出，单另成立一个警察部。除此外，设立了几个名叫"总局"的单独部门，它们起独立部的作用："国家账目稽查总局"（亦称国家监督），"外籍宗教事务总局"，最后，早在1809年就有的"交通总局"。这样，总共十一个部门代替了以前的八个部而成为中央的各独立部门，按执行程序，也就是行政程序在这些部门之间实行分工。依据"总则"确定各部人员编制和公文处理，规定各部权限、职责及其分管的其他各项事宜。通过这两个法令对各部和独立总局实行的改革，就计划的严整性、计划进展的逻辑合理性、论述的独特性和准确性而言，迄今还把这两个法令看成是我国立法工作的佳作，作者本人完全有理由以此而自豪，而且他所建立的行政制度至今还都在各方面起作用。

参政院的改革也在拟议之中。改革方案1811年年初就已准备就绪，6月已呈交国务会议。该方案是以严格区分行政和司法事务为依据，因为这些事务在以前参政院体制中混淆不清。根据这一方案参政院计划改成两个单独机关，一个叫统管参政院，政府事务集中由它办理，其组成人员是正副大臣和独立总局局长，这就是过去的大臣委员会；另一个名叫司法参政院，包括四个地方分院，分布在帝国四个主要司法区：彼得堡、莫斯科、基辅和喀山。司法参政院的特点是人员组成有两重性：一些人由皇权任命，另一些人由贵族选举。这里特别闪现出斯佩兰斯基制定改革整体规划依据的那些思想火花。这个方案引起了国务会议的强烈反对；当然，对贵族选举参政院成员的权利抨击最厉害,因为这样做使专制权力受到限制。尽管表决时国务会议多数成员赞同这一方案,而且皇上也肯定了多数派的意见,但是外部和内部的各种阻力妨碍新型改革的实现,斯佩兰斯基本人也建议改革延期。结果,参政院保留了过去各部门的混乱状态,整个中央管理结构造成了某些失调。就是说,在三个最高管理部门(立法、行政和司法),只有前二个进行了改革;第三个原封未动。省级管理机关的改革也没有进行。由于各种原因,政治影响,更多的是由于斯佩兰斯基言行的影响,结果由他改革的机构刚刚开始生效,他就被革职,1812年3月退职,出乎意料被流放到下诺夫哥罗德,临行时遭到上层人物的肆意责骂和民众的激烈愤恨。头一种人怨恨的原因不难理解;民众中发出反斯佩兰斯基的怨声就不大好理解。造成不满的主要原因还有一个由他制定的改革计划。这位行家奇怪的活动也包括财政体制,由于战争和大陆封锁造成的贸易困难,使财政处于可悲境地。据1810年预算,发行的流通纸币总计为5.77亿;外债1亿。1810年收入预算指望总额为1.27亿纸币,支出预算需求总额为1.93亿,这样赤字是6 600万,占国家总收入的一半以上。斯佩兰斯基想用他拟订的财政改革的庞大计划消除这种状况。这个计划立足于两条原则,首先完全禁止发行新纸币并逐渐从流通中回笼旧纸币;其次提高各种税收,即直接税和间接税。1810年2月2日和1812年2月11日的法令提高了各项税收——有些增一倍,另一些增加一倍多。结果,一普特盐价从40戈比提高到1卢布;人头税从1卢布提高到3卢布。有意思的是,这个计划增设了以前从未有过的新税种——"累进所得税";地主的土地收入也必须纳税。低额税为500卢布的收入,起点征税率1%;高额税针对收入为1.8万卢布以上的庄园,税率为10%。提高税收是民众怨恨斯佩兰斯基的一个主要原因,他在上层社会中的敌人很快就利用了这一点。

1812年朝政的内务活动开始了新的转变。外交事件使政府和民众的注意力长期脱离了国内事务。战争风暴席卷的年代，政府不能照原先的方针工作。战时的事件对民众和政府产生的影响并不相同：引起了民众对政治和道义的极大兴趣；被重大事件振奋起来的民众对剧烈活跃的气氛感到不习惯，但他们不得不积极参加到这些事件中去。随着俄军的归国，这种兴奋情绪久久不能平静。我们现在很难想象出它所产生的力量，但它已感染了政界统治阶层，渗入了政府官方出版物。论政治自由，论出版自由的文章刊登出来了；教育界的督学在其主管学校的庆祝会上发表演说，认为政治自由乃是上帝最新最美好的恩赐。一些私办报刊走得更远：公开刊登题为《论宪法》的文章，内容极力证实"代议机构最好"。或许，兴奋情绪的传播也得到国外远征归国军人的支持。军官中间开始成立协会，他们一块儿谈论有关军人专门军事技术教育不够的情况，关于军人需要普及读物，需要普通教育文化知识训练的情况。

外部事件对政府，首先对皇帝本人的影响完全是另外一种情况：政府在摆脱战争年代的烦忧时，已疲惫不堪，无心继续当年的改革创举，甚至对自己原来的政治理想也感到有些失望。引起政府心情产生这种变化的原因多种多样，其中一个原因可能是认清了已落实的改革显示的成果。这些成果辜负了期望，没有给国家生活带来明显的改善，没有清除原来大量存在的舞弊现象。政府因遭受失败心灰意懒，况且对外政策也开始对内政的进展产生压力。外部事件促使俄国去反对法国革命的成果，俄国政府在某种程度上由于自身的状况而成了国际关系中的守旧者，正统的捍卫者，因而也是复旧的维护者。这样一种处理国际关系的方针不由自主地要推广到国内政策。一只手支持西方守旧原则，另一只手继续国内改革措施，事实上是绝对办不到的。

由此可见，帝政的后半期，政府开始逐渐放弃了最初大声宣布并采取果断措施去实施的纲领。由于同样的事件对政府和民众产生不同影响，政府和民众彼此分道扬镳了，而在这以前从来就没有分散过。由于这种分裂，民众当中沮丧情绪开始蔓延，这种心情由于吸取日益增多的新情况，逐渐转化成深为不满的情绪。根据早在18世纪共济会固有的习惯，这种不满在俄国社会上层即有教养的阶层中已根深蒂固，结果导致秘密协会的成立，就是这些协会造成了1825年12月14日的灾难。

第八十四讲

亚历山大一世在位后半期；政策的变化——波兰王国宪法——波罗的海东部沿海地区农民的解放——农民问题——反动——十二月党人——十二月党人的教育——上流社会的情绪——十二月党人和俄国的现实——秘密协会——亚历山大一世之死——1825年12月14日的行动——1825年12月14日行动的意义——亚历山大一世改革的失败

亚历山大一世在位后半期；政策的变化 1812—1815年间的对外事务强烈地影响了国内事务的进程。甚至可以说，在俄国还很少有过对外政策能如此改变国内生活趋势的情形。这也许是由于俄国很少经历过那几年所经受的那些事件的缘故吧！这些事件对俄国社会以及俄国政府所起的作用极为相同。最重要的是，它们极大地激发了政治上和道义上的振奋精神。刚刚经受了危难，并从中摆脱出来的俄国人，更加深切地感受到了自身的力量。这种激奋情绪在书籍，甚至官方文献中都表露出来；官方期刊虽然继续保持亚历山大一世执政初期为书刊定下的旧调子，但也能看到关于出版自由等问题的文章。这种激奋情绪在非官方期刊上显得更为活跃，那些期刊公开刊登以"论宪法"为题的文章来证明"代议制的好处"。学区的督学在各种庆典上发表关于政治自由的讲演，称政治自由是"上帝最大、最崇高的恩惠"。于是，身居高位的社会权势人物，即军政要员怀着急迫的心情希望政府不仅重申自己原有的纲领，并且将它加以扩充。

然而，政府已经不像从前那样对待改革了，连以前的纲领也不想实行了。政府首脑从经历的危难中解脱出来的心情，在政府内部反映出来。亚历山大皇帝那几年已精疲力竭，胜利与失败的迅速交替打乱了他以往精神上的平静。难怪他1814年从国外回来时，已是白发苍苍。经过的事件已弄得政府疲惫不堪，使它对内部事务已经心灰意冷，甚至对先前的政治理想深感失望，而且重大事件的进程把政府推进了同法国革命的后果进行顽强斗争的漩涡，不管愿意与否，它成了国际关系中保守主义的代表，成了忠于旧时代合法秩序的复兴者和维护者。这种保守方针必然从对外政策转向对内政策。一方面在国外支持保守主义原则，而另一方面在国内继续进行当时称之为革命的改革，实际上是不可能的。政府为了迎合变化了的局势，只好勉强仍按以前的方针行事，而且就是这种软弱无力的行动也不是在俄国本土的省份，而是在靠近西欧的各边区集中进行的。显然，对内政策的重心也向接近西部边界的地区转移了。

231　　**波兰王国宪法**　亚历山大在位的后半期，政府对波兰王国[1]和波罗的海东岸各省所采取的措施中仍有从前方针的陈迹。这时，拿破仑建立的华沙公国已改称波兰王国，而且合并了瓜分波兰时划归俄国的部分领土，即立陶宛。本来波兰王国划归俄国时，是不加任何条件的。但是，亚历山大本人在维也纳会议上坚持要在国际条约中加上一项规定，即瓜分国政府有义务在所属昔日的波兰省份实行立宪制。亚历山大自己也承担这项义务。按照义务，俄国在其所属波兰地区必须实行代议制，建立俄国皇帝认为有益而又体面的机

---

[1] 按维也纳会议决定，俄国取得了华沙公国以作为它从法国桎梏下解放欧洲各国人民的奖赏。众所周知，该公国是拿破仑在1806—1807年同普鲁士战争之后，由三次瓜分中分给普鲁士的昔日波兰共和国的那些省份建立起来的。

构。为此制定了波兰王国宪法，1815年经皇帝批准。遵照这部宪法，1818年召开了第一届波兰议会。波兰由总督治理，而总督就是亚历山大之胞弟康斯坦丁。波兰的立法权归上议院和下议院组成的议会。上议院的组成人员是：教会教士和国家行政机关的代表，即波兰小贵族，城市公社和自由农村公社的代表。皇帝在第一届议会开幕式上的讲演中宣布，代议制一向是皇上热心关切的课题，只要抱着善良的意愿和坦诚的态度去加以运用，它会为人民创造真正的幸福。结果，便出现了这样的情况：被征服国建立了比征服者国内现行管理更自由的制度。1818年的华沙讲演使俄国爱国者们感到痛心。当时谣传，帝国本身也在制定新的国家制度，似乎拟订方案之事已经委托给皇帝的前任助理诺沃西尔采夫了。

波罗的海东部沿海地区农民的解放 解放波罗的海东部沿海地区农民一事，似乎是继续实行以前的方针。早在1811年，爱沙尼亚贵族就曾建议政府使他们的农民摆脱农奴制依附地位；当时，为了制定关于获得自由的农民的条例而成立了一个专门委员会。1814年，恢复了被战争中断了的该委员会活动，结果制定了关于解放波罗的海东部沿海地区农民条例。该条例于1816年获得批准。库尔兰和利夫兰也提出了解放农民的问题，它们制定的解放农民条例分别于1817和1819年得到批准。所有这些条例都贯彻了同样的原则。波罗的海东部沿海地区的农民获得了人身自由，但这种自由受到限制，即禁止他们迁居其他省份和加入城市社团。从前，波罗的海东部沿海各省实行古老瑞典章程的时候，农奴世世代代使用自己的那块地，地主无权从他们手中夺走。现在这一制度改变了。根据条例，每个地主的一定数量的土地必须让农民长期使用，但地主交给农民的每一块土地是按照同农民自愿达成的协议定期租用的。这就是说，每个地主可以把他的农民从土地上赶走，不过，要负安排

232

另一个农民来代替的义务。地主的土地划成两半,一半由他自己使用,另一半则必须租给农民;但是,协议的选择和条件由双方协商解决。显然,强者要占优势。这意味着,波罗的海东部沿海地区的农民摆脱了人身依附,但不带土地,在土地关系上任凭地主专横摆布。为审理农民和地主之间的诉讼案件,建立了特别法庭,但法庭的首席法官都是地主;世袭领地的警察局仍旧完全由地主操纵。波罗的海东部沿海地区解放的意义在于:地主将以往对农民的权力全部保留下来,只不过按法律解除了对农民所承担的一切义务。这是波罗的海东部沿海地区贵族玩弄的一种把戏。之后,农民的处境顷刻之间便开始恶化了。

农民问题 显而易见,波罗的海东部沿海地区的解放,不能成为解决俄国本土各省农奴制问题的样板。思想健全和熟悉情况的人都认为,与其按波罗的海东部沿海地区的方式解决农民问题,还不如不提出这个问题。然而,政界方面进行讨论,向政府提出了一系列方案,其中大部分主张不带土地解放农民,主张必须带土地解放农民的也为数不少。有趣的是,在这个问题上国事投机者们分野而形成了派别。在所有方案中,特别令人注目的有两个方案:一个是富有才干的自由派人物,海军上将莫尔德维诺夫的方案;另一个是平庸无能的非自由派投机家阿拉克切耶夫伯爵提出的,此人当时在俄国已是臭名昭著。想想看,这样两个人真打算解放农民吗?难以预料的是,他们设想的解决办法,就其质量而论,却与他们的才智是成反比的。海军上将莫尔德维诺夫认为赎买人身自由是公正的和可能的,但只字未提解放时连带分地之事,就是说,全部土地仍旧归地主所有。按方案既然农民获得赎取人身自由的权利,于是方案的作者为此编造了价目表——赎金数额要根据赎身人的年龄而定,即依劳动能力确定,例如:9—10岁儿童交100卢布;年龄越大,赎金额越高，30—40 岁的劳动者要交 2 000 卢布（按当时的市价相当于现今的 6 000—7 000 卢布），40—50 岁的按劳动能力少交一些等等。显然，按这一方案获得自由的农民就是农村的富农，因为只有他们有条件积攒赎买所需的资金。一句话，难以想出比莫尔德维诺夫在其报告中阐述得更不实际，更不公正的方案了。

尚不清楚，是谁为阿拉克切耶夫撰写的方案，因为他是受皇帝的委托进行编写的，方案的作者未必是它的署名者。该方案有某些可取之处：阿拉克切耶夫认为，在政府领导之下解放农民——政府按当地价格与地主达成协议，把农民连同土地逐步从地主手里赎买过来。为此政府每年要拨出资金，而其来源或是从酒类收入中抽出一定数量的款项，或是发放相应数额的五厘国库券。农民赎身，每人要带两俄亩土地。阿拉克切耶夫的方案说明了这一办法对地主的好处，对农民的益处却避而不提。这对他无疑是明智的。战争中遭难的地主通过解放农民得以摆脱其庄园承受的债务，获得了自身极其匮乏的流动资金；况且他们又没有失去所需用的人手，因为农民只得到一小块份地，所以不得不去租种地主的土地。可以指出这一方案的许多缺陷，也许它对农民不怀好意，但不能因此而认为它不务实际，因为其中至少不存在荒谬的东西，实行起来不至于像莫尔德维诺夫的方案必定导致国家毁灭的恶果。这一切表明，这些聪明的政府官员在解决这个问题方面本应早有考虑和准备，然而，他们却准备得很不充分。

最好的方案出自一位平庸的人物之手，把他既不能称之为自由派，也不能叫作是保守主义者。该方案虽是遵照皇上的意志起草的，但其基调则同皇上的观点相抵触。此人就是后来被任命为财政大臣的康克林。方案主张用缓慢的过程从地主手里赎买足够数量的农民用地，全部过程的时间预计 60 年，从而到 1880 年时农民和地主之间最终将出现无债务的关系，即农民不再负担国家替农民支付给地主的赎金而承受的利息税款。某些政府官员甚至对解放农民的想法都感到害怕，认为这是一场可怕的革命。曾显赫一时的政府要员、头号政治首脑人物罗斯托普钦伯爵就属于有这类预见的人。他以通俗简洁的语言鲜明地描绘出了解放农奴必将产生的危险。俄国将经历法国曾在革命时期遭受的灾难，也许比俄国在拔都入侵时所遭受过的灾难更糟。

反动 政界人士提出的这些方案和主张没有产生任何实际效用，这些问题正像其他许多改革建议那样被束之高阁。在这方面，外部事件起了一定影响，因为它们更多地吸引了皇上的注意力。在国际政治中，政治上宗教式的保守主义就是政治性的神圣同盟，它的创始人一年比一年更加坚信，支撑当时欧洲政治秩序的根基是动摇不定的：一会儿那里，一会儿这里突然冒出火光，各国人民已不愿平静地坐守维也纳会议为他们安排的位置。1818年，德国发生学潮，并在瓦尔特堡举行了纪念宗教改革300周年大会。他们作出了许多年轻人的越轨举动。德国政界首脑对事态看得非常严重，简言之，就是胆战心惊，因而德国各大学制定了新的守则，不仅青年学生，而且教员的行为也都受到监督。20年代，西班牙发生了革命，亚平宁半岛、那不勒斯、克列蒙特纷纷响应。1827年，希腊人掀起了反对土耳其人的起义。维也纳会议大厦在四面楚歌中瓦解坍塌。

随着西欧各国骚动浪潮的增长，人们担心俄国会发生类似现象。从这时起国民教育政策开始起着重大作用，对思想界采取警察措施成为重要课题。其表现在于为指导图书和国民教育即学校而采取的一系列紧急措施。众所周知，保罗在位时主要针对进口书籍建立了书刊检查制度，但很快便停止执行，因为除通古斯文书籍之外不禁止其他书籍进口。亚历山大执政时期，颁布了1804年书刊检查条例。这个条例虽说考虑周密，关心俄罗斯文学创作的成就，但仍然不能令人满意，因为它对思想的放纵约束不利。于是，又建立了监督出版物的新机构。这种监督，按其性能所要求的工具，是老练而善于思考的人。监督纸上的秩序要比监督街上的秩序困难得多，可是充当监督工具的人却是些不比街道岗卫强的人。书刊离开了应有的方向，便出现了许多滑稽而可悲的笑话。最保守的人为这些笑话既开心，又忧虑。亚历山大执政末期的教育大臣、保守派代表人物希什科夫亲自讲述了一位书刊审查官的笑话：这位官员在受理审查一本书时，对其中的诗句困惑不解；忧伤的作者在抱怨自己的命运时写道："这个万事不由自主的世界赐予我的是什么，——笼罩着死亡与厄运……"审查官认为，为一个善良的基督徒抱怨命运是不体面的，因而便删掉了"厄运"二字交付出版，结果就成了："这个万事不由自主的世界赐予我的是什么，——笼罩着死亡。"希什科夫补充说，检查不但要严格，而且要动脑。一位作家出版了一本书，书名为《婴儿之死，灵魂不灭一席谈》。看来，这一书名使审查官放弃了查阅责任。这是一本很有教益的好书。可是教育大臣戈利岑公爵却认定该书违背了基督教教义，便制造了一系列暴行：作者被驱逐出境，书从书店被收回，而那位审查官——神学院副院长、大司祭英诺肯季先是受到警告处分，后被革职。希什科夫任大臣时期此案受到复查，《灵魂不灭》一书被委托给几位神甫重新审阅。结果，审阅人认定，此书不仅符合基督教教义，甚至对信仰和教会表露出强烈的热忱。结果，书由国家出资重新出版发行。

新方针给高等学校带来的后果更为严重，因为高等学校总是为社会的灾难付出代价。亚历山大执政时期出现了三所新大学——喀山大学、哈尔科夫大学和彼得堡大学。最初建校是作为培训中学师资的师范学院，亚历山大执政时期已经有很多中学。早在叶卡捷琳娜时期就曾拟订建立中等和初级学校的计划，但没有实行；亚历山大执政初期对这一方案进行修改后付诸实施，建立了许多中学和教区学校。为了给新建的学校培训师资，建立了彼得堡中心师范学院，1819年改组成大学。从这时起才将注意力转向大学，不过，所注重的并不是教什么的问题，而是怎样思索和觉察问题。为了给学校制定相应的方针，成立了直属国民教育部的学校管理总局，下面附设教导委员会以专门监督俄国出版的教科书。1817年10月24日的上谕甚至宣布把国民教育部同宗教事务主管部门加以合并，即同东正教事务总管理局合并；任命戈利岑公爵为国民教育大臣兼宗教事务大臣。上谕解释说，这种合并旨在"使虔诚笃信基督教永远成为启发才智的基础"。为教导委员会制定了工作指南，其中指出国民教育应遵循的方针，这就是"借助于优良的课本在信仰、知识和理性三者之间，即宗教意识、智力教育和政治秩序之间树立坚贞不渝的耶稣基督统一观"。这种善良的准则乃是一切教育的理想，但实际运用的结果，却感到"信仰、知识和理性"三者成了比过去更危险的敌人。

斯佩兰斯基在国务委员会任职时，他的一名精干的部下叫马格尼茨基，此人顺利地毕业于莫斯科大学，而后曾在普列奥布拉任斯科耶近卫团服役，1812年与斯佩兰斯基一起下台，但后来对自己喜爱过的事业感到懊悔，便去充任辛比尔斯克省省长之职，在与他过去迥然不同的、非自由主义的工作方面表现出了很大热情。这种不是出于理性的热情甚至成了他失去省长职位的原因。马格尼茨基察觉风向变了，便去教育部任职，成了学校管理总局成员。当时，教育大臣听到喀山大学的教学走上邪路的传闻，就决定对该校进行检查，而为此派遣的正是这位马格尼茨基。他闯进这所大学，在喀山总共只待六天摸了一下该校的情况就回去报告：按法律的公正性和严正性该所大学理应予以撤销，而且用公开取缔的方式。皇帝在这个报告上批示："何必取消，可以改造。"于是，还是这位马格尼茨基荣任喀山区督学，奉命前去改造这所大学。为此，在他参与下拟订了下达给喀山大学校长和监督（监督相当于当今的学监）的指令。1820年该指令获得批准，其宗旨为将教学和学生推上正道。马格尼茨基发现的教学中的主要弊病就是危害社会秩序的"自由思想和诡辩风气"。马格尼茨基带着指令返回喀山，为的是，正如他自己所说的，要把教学置于神圣同盟原则之上。

马格尼茨基带着下达给喀山大学校方的指令，详细规定了每门课的教学方针及学生的生活准则。指令甚至在我国教育史上起过规范性作用，因为曾把它运用到其他大学。马格尼茨基审阅喀山大学名誉理事名单时发现有法国天主教神父格列古阿尔这个名字后惊讶而愤慨。众所周知，这位神父曾是议会议员，投票赞成过处死路易十六。大学当局由于疏忽大意，却忘掉勾去这个久已弃用的名字。马格尼茨基直截了当地把这件事认定为马拉迪主义和罗伯斯庇尔派控制喀山大学的依据。指令明示，大学课程应该怎样讲授，应该遵照哪些指南讲解，例如，哲学课必须以圣徒保罗的书信为首要指南，政治学原理应该取材于摩西、大卫和所罗门的作品，只有出现某种短缺时，才可引用亚里士多德和柏拉图的著作；通史教员要少讲原始社会，应讲明整个人类是怎样从一对夫妇繁衍起来的；俄国史教员必须讲明，弗拉基米尔·莫诺马赫执政时期俄国在教育方面就走在所有其他国家之前，为此要用莫诺马赫有关国民教育的立法加以证实，即使指令没有指出教员该从哪种文献中寻找有关立法。所有课程的讲授均按这一精神进行，而给大学生则规定了严明的生活制度，按当时高等学府的建制，多数学生在校住宿。基督徒的主要义务乃是听从当局，因此，校方必须按指令要求成为唯命是从的表率。监视学生的校长挑选一批敬神者充当助手，向警察局查问走读生的家庭生活。官费生安顿在修士院式的宿舍，盛行清规戒律，而相形之下，森严的女子学院反而显得有些逊色。学生不是按年级，而是按品行的优劣级别分成等级，每一等级的学生分别住在校舍的特定的一层楼里面，并分开用餐以避免受到不良习气的感染……；学生若犯过错，必须进某种品行矫正班。这样的学生称之为作恶者，而不是有过失者；将这种学生关进一间所谓的"独居室"（后来才改成单身禁闭室）的专门房间；房间的门窗装有铁栅栏，门口上方有醒目的圣经警句；房间里的墙壁上一边悬挂着刻有耶稣受难像的十字架，另一边挂着最后审判的画像，受罚的学生必须在画面上的作恶者中标出自己未来的位置。被关的学生要脚穿树皮鞋，身着农民的厚呢子上衣，这样在里面待到改好为止。关禁闭期间，他的同学们每天早晨上课前要为他祈祷，并有一位神甫每天去探望，等改造期满，还是由这位神甫听取他的忏悔和为他举行圣餐礼。大学生活进程具有宗教和僧侣色彩；有些课程的讲授，这种色彩特别明显。在隆重典礼上，唱宗教赞美歌，发表关于道德完美和教育同宗教真理相一致的演讲；到处都是一派恭维敬仰之词。有些教员为贯彻指令的精神，照指令更改了课程内容，乃至把内容同宗教和道德关系不大的课程也进行了修改。有位教员甚至想到按道德准则创立一种纯正数学，就此他还发表过一次演讲，证明数学绝不会促使自由思想的发展，而会确认宗教的最高真理。例如，像没有个位就不可能有数一样，世界也不能没有一个统一的缔造者；斜边在直角三角形中不是别的，而是尘世同神灵结合的象征，即上天同下界结合的象征。告密作为一种补充的监视手段，自然而然地渗进了教学大纲。滥用圣物的后果，虚伪之风盛行，对普遍珍惜的一切事物持轻率态度之风盛行。

别的大学也执行了类似的方针。刚着手改组的彼得堡大学实行这一方针，引起了对四位教授的一场最诱惑人的、喧嚣一时的起诉——哲学教授加里奇、世界通史教授劳帕赫、统计学教授格尔曼和阿尔谢尼耶夫涉嫌居心不良而遭到既不公正而又混乱无章的审判，结果，最高当局否决了法庭的裁决。到了下一个皇帝统治时期此案便被中止，但这四位教授均被免了职。其实，他们是最忠心的，也是最保守的教员，所不同的只不过是他们比别人知道的多。他们的善良心意甚至受到了亚历山大的继承人尼古拉的称赞，尼古拉把其中的一个教员阿尔谢尼耶夫选定为自己长子的教师。

俄国的舆论和思想就是这样被当权者摆弄。国家生活的其他领域也执行了同一个方针。这一新方针的旗帜便是著名的阿拉克切耶夫。他从1814年起开始接近皇上，博得他的宠信，仿佛成了首席大臣。从1823年起，他成了向皇上启奏一切事务，甚至东正教管理总局事务的唯一禀报人；各管理部门长官向阿拉克切耶夫提出报告，由他经手禀报给皇帝。为了避免赘述起见，这里仅用一位当代人的话就足以显示出阿拉克切耶夫的所作所为。他说，阿拉克切耶夫想把俄国建成一座兵营，而且还派上士看守营门。这一切所产生的后果，就是人们越来越被沉重的心情所压抑。那个时代的人，不管他们的思想方式有何不同，都给我们生动地表述了这种心情。也许这种情绪在我国社会史上并不新奇，但它带来的后果却是前所未有的，这就是1825年12月14日的惨剧。

十二月党人 关于12月14日事件至今我们还不大清楚，看法也不统一。

一些人认为它是政治性长篇史诗，另一些人认为是莫大的不幸。为了树立正确的看法，我们需要考察组建协会准备发动的过程，这会使我们重温协会的历史，也就是重温某个时期占主导地位的感情与思想的经历。12月14日运动是由一个阶层发起的,它就是迄今推动我国历史的受过高等教育的贵族阶层。但并非整个阶级直接参加了,起事的不过是其中的一部分,在这部分人中,一定的思想方式,即某种情绪占了优势。他们因自身的年龄而著名,即一代名人,12月14日的惨祸就是这些有教养的贵族青年造成的。这一点只要查看12月14日案件审判名单的年龄栏就容易发现,被查究者121人,其中仅12人34岁,剩下的大多数人不到30岁。

十二月党人的教育 我们知道,在受过高等教育的贵族阶层中某种心情要确定下来,都要受18世纪下半期以来渗入我国社会的思想意识的影响。将叶卡捷琳娜时代的晚辈同由于12月14日案件遭受惩治的这一代人的代表人物相比,我们就会发现他们之间的异同点。就世谱和道德规范而言,他们同属一个血统,父辈们习惯了自己的思维方式,后代人则分道扬镳了。12月14日人士从直接意义上讲,他们都属于叶卡捷琳娜时代自由思想志士的子弟,但两者之间有一种本质的差别。自由思想是伏尔泰信徒养成的一种冷静的理性观念,而且是脱离周围现实的一种枯燥无味的思想,把这种思想留在脑子里毫无益处,它显示不出自由思想人士的追求,乃至他们的风格。产生12月14日人士的这一代人则完全是另一种特性。我们看到,他们富有异乎寻常的感情,一种胜过思想的感情,而且还满怀善良的愿望,甚至宁愿牺牲个人利益。他们的父辈是自由思想家,而他们自己成了精通自由思想的行家。怎么会产生这种差别呢?这是我国社会生理学史上一个饶有趣味的问题。

亚历山大即位之初,上流社会曾掠过一个阴影,人们常常忘却了当时社会史上的这件事。我们知道,上个世纪俄国贵族阶层上层接受过两种行家交替的教育,他们是不相同的两种外籍家庭教师:第一种是什么都不想的理发师;第二种是自由思想家。18世纪末，法国移民涌向俄国，他们已同革命的祖国断绝关系，这些人要不是天主教神甫，要不就是法国贵族代表人物，大部分贵族是神甫出身。他们来到俄国是为了逃脱革命的灾难，对新生政治思想竭力反对，把对天主教的深厚感情带进俄国，显然，这种感情的激发是长久以来作为法国贵族沙龙游戏的哲学唯理论过时之后的事。这些侨民受到俄国的热情接待，他们惊奇地看到，俄国教育界在宗教和政治唯理论方面取得的成就。然而，俄国贵族青年的培育者正在换人。天主教徒守旧分子——天主教神甫将取代自由思想者家庭教师，这就是第三批外籍家庭教师。大家知道，马耳他岛骑士团领地被法国占领后，骑士团自行接受俄国皇帝的保护，许多马耳他人同样带着天主教感情来到彼得堡，因而外来人的影响就更加加强。18世纪，由于自由主义思想的影响，罗马教皇克里门特封闭了耶稣会僧团，但他们以各种借口和名称保存下来，并开始通过波兰潜入俄国。这种耶稣会教徒许多人是以马耳他人名义来到彼得堡的。天主教，也就是耶稣会的影响现在开始取代伏尔泰思想。早在叶卡捷琳娜时代来到俄国的世袭贵族侨民中有一个舒阿泽里-古菲叶伯爵。他把全家人都带来了，让一个叫尼科尔的天主教神甫教育他的儿子。舒阿泽里把这位家庭教师作为一名优秀教员推荐给一些贵族太太，她们便请求伯爵准许她们的儿子一道聆听尼科尔的教诲。小舒阿泽里的学习室逐渐变成了贵族社会的讲堂，以至容纳不下所有的听众。尼科尔只好为上层贵族阶层建立一所学校。当然，这件事耶稣会士打着外来人招牌办到了。尼科尔成了他们的工具。他在富丽堂皇的尤苏波夫宫旁靠近芬唐卡的地方买到一所房子，于是俄国贵族青年纷纷涌进这所寄宿中学。为了不让平民子弟和小贵族入学，规定的学费高得出奇，每年缴纳1.1万—1.2万卢布，相当于现在的4.5万卢布。寄宿生名册上显耀着大贵族家族的姓氏，我们看到有：奥尔洛夫、缅什科夫、沃尔孔斯基、本肯道夫、戈利岑、纳雷什金、加加林等等。他们的父母一辈子也未受过新型教员的影响。天主教的传播效果惊人。事情是由悲哀的遗孀——公爵夫人戈利岑娜发起的，她是叶卡捷琳娜时代一位要员的夫人，此人是自由派兼无神论者，她甚至禁止称呼上帝。公爵夫人一直守寡，到了70岁，她还在寻求宗教的安慰，使她得到这种安慰的是情人多加尔特，他是个很机灵的耶稣会士。公爵夫人皈依天主教以后，这种安慰方告结束，而且她的妹妹普罗塔索娃、维亚泽姆斯基公爵夫人等都步她的后尘，一大批贵族太太成了天主教的新教徒。保罗时期没有把这个当回事，因为耶稣会士已在大庭广众之中把天主教与东正教之间不存在本质差别的信念成功地树立起来，好在天主教是最善于用保守的，即君主主义的意图和原则教育人民的宗教。发生过这样一件事，一个叫格鲁贝尔的人为皇上医治一种病，拒不收报酬，并申述，他使用的是自己的药，不是要得到好处，而是为了上帝的荣誉。此人当过许许多多耶稣会教徒的教导，后来担任贵族青年的培育和指导工作，并兼任尼科尔寄宿中学的教导员。我们在12月14日案件受审人名单上看到，大部分人是这所中学出来的，或者是那些外籍家庭教师培养的。12月14日人士具有的这个很不寻常的特征，我们没有意料到。看来，在这些年轻人身上，既有其父辈的伏尔泰思想传统，又有天主教耶稣会的影响，而且这种影响减弱了他们对天主教的偏见，也淡化了他们哲学观的冷静唯理论。正因为天主教耶稣会所起的这种作用，使两者能融合到一起，从中产生爱国主义热情，这种情况连教员们也是料想不到的。只有靠这种推测，才有可能对12月14日其代表人物走上广场的那一代人道德面貌的成长研究透彻。

上流社会的情绪 我们分析了所考察的这个朝代后半期的一

些现象,我现在要提示一下与此相关的事。战争结束时,上流社会状况比之皇朝初期更加紧张,它指望政府继续实行已着手的内政事务,但政府已精疲力竭,不愿继续工作。这样,上流社会与政府之间的分离状况比任何时候都大,结果上流社会内部开始发动,进而产生了革命情绪。为了说明社会运动的这种转机,我们开始研究19世纪初上流社会的情绪及其性质,同时指出一个新的特征:在俄国有教养的上流社会中,18世纪法国哲学著作的影响现在已开始被天主教和耶稣会的宣传所取代。这种宣传把耶稣会士想控制俄国贵族社会教育事业的企图统一起来,产生的结果是:不但宣传员的目的未能达到,反而激发了爱国主义感情。这种与初衷极不相符的结果叫人感到奇怪,不过天主教耶稣会的宣传直接和间接地为这种结果做了准备。首先,这种宣传,如果可以这样说的话,势必改变社会情绪的气氛,在教育界制止和削弱从前贵族表现的自由主义思想,代之以虚假或真实的宗教感情。当时已成长起来的青年一代同其父辈相比,他们从小经历着另一种感受,现在他们已为人父母,代替了对自由思想迷惘模糊的长辈父母的位置,找到了一个尚未确定的上帝,不知是东正教还是天主教上帝。其次,这一代人在成长过程中,鉴于耶稣会宣传取得的成效要提出自问:俄国人的智慧是否会长期成为外国人影响的牺牲品?意思是说,耶稣会宣传的成绩就是引发人们尝试一下模糊的需求,最后还是靠自己的智慧来生活。许多大户人家的年轻人接受的是耶稣会士主持的教育,这些耶稣会士接替了以前的家庭教师,是一些自由思想家。我认为,教师队伍的这种更换是件好事,因为它同时是理想的更换。而且十分明显,耶稣会士是很好的教师,他们根本不涉及宗教宣传,善于出色地引导和启发学生的智力,然而以前的法国家庭教师对培养的对象只会采用填鸭式,塞满高深无用的思想,不能激发思维活动。我觉得,从尼科尔寄宿中学出来的人性格可能变坏了，但同他们的父辈，即包德尔或拉加尔普培养的后代相比，他们更习惯于思索。

由此可见，亚历山大皇朝末期投入现实生活的一代人，我认为是在上流社会另外一种情绪的环境下培养出来的，这种培育比他们的父辈要优越，当然还很少让他们熟悉现实状况，查阅一下12月14日案件被起诉人的名单上每个人的教育栏，便可看出，多数十二月党人上的是武备中学，即陆军、海军、贵胄学校。这类武备中学是当时自由主义普通教育的发祥地，与技术学校和军事训练学校有很大的不同。有些人被派往国外莱比锡、巴黎培养，有些人进了外国人开办的，而且人数众多的俄国寄宿中学，其中就有尼科尔中学，例如，十二月党人戈利岑公爵和达维多夫兄弟就是从这所学校出来的。121个案犯中很多人都是受家庭教育的，但同样也是由外国人执教。[1]

247　**十二月党人和俄国的现实**　然而，这种很少引导学生接触周围现实的教育却遇到了猛然觉醒的民族运动，这个运动1815年以后仍在继续。国家感受到，法国的入侵其目的是：把法国家庭教师或法国书籍授意的许多幻想广为扩散。这就要尽力使国家摆脱法国思想和书籍的束缚。例如：当时的青年作者阿克萨科夫在《家庭纪事》的诗篇中就表达了这种心愿。这首诗写于1814年，诗人期望：法国人的入侵会使俄国人永远摆脱法国的奴役；"经受过的各种灾难

1　列举秘密协会某些著名人物，注明他们的年龄状况，指明他们所受的教育，也许是有益的。最著名的协会会员之一是谢尔盖·特鲁别茨科伊公爵，他是普列奥布拉任斯科耶近卫团团长（1825年被捕时34岁），受家庭教育，教师是外国人。芬兰近卫团中尉叶甫盖尼·奥鲍连斯基公爵，28岁，受家庭教育，家庭教师是雇佣的法国人，他的教师前后换了16—18个人。穆拉维约夫－阿波斯托尔兄弟是我国驻西班牙大使的儿子，两兄弟留学巴黎吉克斯寄宿中学。普列奥布拉任斯科耶近卫团中尉帕诺夫，22岁，受家庭教育，教师是外国人，最后毕业于彼得堡扎基诺寄宿中学等等，全都如此。

将永远激起对法国人的厌恶";"我们要为肆意的模仿而羞愧,要珍惜风俗,珍惜祖国语言"。但诗人对自己的期望深感失望,他感叹说:"我们历尽艰辛,但还是遭到社会思想的奴役,我们要用法国人的话去诅咒法国人。"这是当时社会上上下下表现出的一股研究本国实际的激情。同时已置身于现实生活的年轻一代,理应记得使他们深受影响的有历史意义的印象。他们之中许多人还记得,新皇朝最初阶段获悉青年受教育情况的那种欣喜而焦虑不安的心情,后来这些人不得不经历许多考验,几乎所有的人都当了军人,主要是近卫军军人。他们完成了1812—1815年的远征,其中不少人负伤而归。他们远离莫斯科走遍了欧洲,差不多抵达西欧边缘,参加了决定西欧各国人民命运的轰动一时的事件,自觉是使欧洲各民族摆脱异族压迫的解放者。这一切振奋了他们的精神,激发了他们的思想。同时,国外远征给他们观察到的现象提供了丰富的资料。随着思想的兴奋和意识到刚刚经受考验的力量,他们在国外看到了另一种制度。年轻一代从来就没有这么多人有机会直接观察到异国他乡的政治制度,但他们耳闻目睹的一切对他们自己及其父辈没有什么意义,而只是对俄国有意义。他们把见到的一切,把从国外书籍中读到的一切统统运用到自己的祖国,用本国的制度和传统同国外作比较。由此可见,只有直接了解别国社会才能维护本国的利益。不知是他们出走时已发生变化的家庭环境还是感受过的印象的本能给他们传染了一种特殊性格,假如叫我说,是一种特殊痕迹。这些人大部分是心地善良有学识的青年,他们希望成为对祖国有用的人。凡遇到每一件事,哪怕是最常见的不公正的事,即便其父辈漠然置之,他们总是满怀最纯正的动机表示愤慨。他们之中许多人身后留下了自传体札记,有的已由好心的作者出版了。所有这些著作都存在着特殊的痕迹,即独特的情调。你们读过以后,不要另外的自传性佐证，就能猜到该书出自哪个十二月党人之手。我不知道该怎样给这种情调安个名称。它是同发自内心的纯正感情永不可分的温和与平静思想的结合，而这种感情涂上了一丝忧愁色彩。在他们的著作中很少见到激烈的俏皮话和愤恨言辞。这些受过良好教育的年轻人清清楚楚地写着，现实还没有毁灭青年人的希望，第一次燃起的心头烈火不是想的个人幸福，而是谋求公共幸福。其实，关于这类语调未必需要我多说，从19世纪俄国出版的非常严肃的政治著作中我们就能很清楚地了解。在我们面前有一位活生生的典型人物——查茨基。他是个不甘寂寞、话多好说的人，他老是怒气冲冲，有一种万夫不当的气势。这是把十二月党人当作古怪人物描绘出来的查茨基。

这种个人情绪是由良好的教育和纯粹政治性的环境造成的，因此，这些19世纪上半期的年轻人对其周围的现实就特别留心，并产生了其父辈未曾经受过的特殊感觉。这些人同他们的父辈一样，对周围的情况仍然知之不多，但他们对现实已形成了另一种态度。父辈不了解这种现实，并且加以忽视，也就是说不想知道，而他们的子弟照样也不了解，但已不再忽视了。战争场面、远征的艰苦、国外的见闻、对祖国现状的关心——这一切使他们的思想受到极大的刺激。父辈们从审美观获得的现象变成了更加明显而实际有用的东西。不难理解，在这种形式下出现的周围现实，只有这批人才会注意研究。这种现实给他们提供的是一幅黑暗的图景：奴隶制度、不尊重个人权利、无视公共利益——这一切促使这些年轻考察者万分苦恼，并产生沮丧情绪，要是他们的心情过分紧张，这种沮丧就可能迫使他们就此罢休。有少数几个非军人出身的人参加了12月14日运动，其中之一丘赫尔贝克在接受最高侦察委员会审讯时公开承认，促使他参加秘密协会的主要原因，是发现民风败坏是压迫造成的，他为此而感到悲痛。他说："上帝赋予世上唯一光荣而强大的俄罗斯族以辉煌的品质，欧洲没有比它说话的威力再大的了，可是这一切横遭压制，并正在枯萎，也许还没有给人类作出成绩，就很快败落。当我看到这种情景，由于亲切心软的关系，深感悲痛。"这种重大的转变在这一代人身上实现了，他们取代了叶卡捷琳娜时期的自由思想派。父辈们可笑的世界主义的感伤心理现在变成了儿辈们身上爱国主义的忧愁。父辈们是俄罗斯人，但他们热切想成为法国人，儿辈们按所受的教育是法国人，但他们热切希望成为俄罗斯人。这就是父与子之间的全部差别。12月14日起事的那一代人的心情要由事件的整个进程来说明。

秘密协会 秘密协会和由它引起的叛乱其历史经过不要多少话便可交代清楚。很早以前，政府容许的共济会分会就教会俄国贵族靠这种方式共同生活。亚历山大时期，秘密协会如同现在的股份公司，建立起来很容易，不过前者也好，后者也好，都不是革命的。秘密协会会员经常举行秘密会议，但这种会议谁都知道，首先是警察会议。政府本身就认为，不仅对公民而且对官员来说，都可以属于秘密协会，在协会中不得有任何犯罪行为。只有1822年的法令规定，他们是否隶属秘密协会，必须征求官员的意见，并且在属于某个协会之前要取得字据。年轻人，即远征时期的军官，在野营地总喜欢谈论祖国的状况，为了祖国他们甘洒热血，这就是军官们在远征途中常常围着篝火谈话的内容。他们返回家园以后，继续成立类似小型俱乐部的小组。这些小组的基础通常是一张共用的桌子，他们汇聚一起，围着这张桌子进行阅读，通常到吃饭时结束。外国杂志、报纸成了有教养的近卫军官的必需品，他们已习惯敏锐地洞察国外发生的事情。阅读常常被做什么、怎么做的议论打断。当时军队和近卫兵营这种常见的现象在我国军队史上是从未有过的，那个时候也没有出现过这种现象。军官们会集到一块儿，通常交谈的内容是：关于俄国的症结所在、人民的顽固劣习、士兵的困苦状况、社会的麻木不仁，等等。他们交谈之后，马上决定不对士兵使用体罚，也不谩骂，而且未得上司命令立刻取消团队体罚。普列奥布拉任斯科耶和谢苗诺夫斯科耶近卫兵团都是这样做的。到远征结束，这两个团的士兵无人挨过打，要是军官自行用拳头和粗话对待士兵，不出一个小时他就会被撤职。有学识的军官，即近卫军官，从彼得堡公众场所消失了，剧院里找不到一个谢苗诺夫斯科耶团的人，因为军官在营房教士兵识字。谢苗诺夫斯科耶团的军官商量好不吸烟，因为他们的首长阁下不吸烟。这种严格的风气在军官团体中是从来没有的。军官们已习惯聚会和交谈，这种小组便悄悄地变成了秘密协会。

1816年，在彼得堡成立了由一些军官组成的秘密协会，他们主要是由尼基塔·穆拉维约夫（我们知道是教师亚历山大的儿子）和特鲁别茨科伊公爵领导的参谋本部的近卫军官。这个协会名叫"救国同盟"或"祖国忠诚子弟协会"。协会提出了一个十分含糊的宗旨——"为开创行善之风，协助政府根除管理机关和社会上的一切祸害"。协会不断扩大，于1818年制定了章程，其样本是德国著名的图根奔德爱国协会的章程，图根奔德准备发动反对法国人的民族起义。当时协会采用了另一个名称——"幸福协会"，它的任务规定得明确一些，"协助政府倡导善行"的宗旨没有变，然而它决定争取立宪制度，认为这是实现宗旨的最合适的管理形式。可是，"幸福协会"同样不认为自己是革命团体，它很长时间考虑的是企图祈求皇上的钦准，并相信他会同情他们的宗旨。随着会员的扩大，协会产生了各种不同意见，出现了狂热的领头人，他们提出了疯狂的暴力方案，对此有人抱有希望，有人害怕而退缩。意见的分歧导致幸福协会于1821年瓦解。

幸福协会瓦解之时，从它的废墟上产生了两个新的协会——北方协会和南方协会。北方协会最早的领导人是我们熟悉的尼基塔·穆拉维约夫，他是参谋本部长官，还有五等文官尼古拉·屠格涅夫。屠格涅夫当时因著有优秀的《税制论》一书而闻名，他很注意研究政治经济问题，他内心的向往是为农民的解放而努力。1823年，雷列耶夫·康德拉季加入了北方协会，他是根据彼得堡贵族的推选服役的，现在是退伍炮兵，掌管北美贸易公司事务。他成了北方协会的领袖，协会中君主立宪倾向占主导地位。南方协会要坚决得多，它是由第二军的军官组成的，军队的驻地在基辅和波多尔斯克两省区，军部大本营设在土尔岑（波多尔斯克省）。南方协会的领袖是维亚特卡步兵团团长彼斯特尔，他是西伯利亚前任总督的儿子，是一位学识渊博、聪明而性格非常坚强的人。南方协会由于有了这位领袖，共和制倾向占了优势。然而，彼斯特尔没有创立固定的管理形式，他相信地方自治局全会将规定这种形式。他希望成为这个会议的委员，并思考在会上要讲的问题，准备自己的纲领。

亚历山大一世之死　如果不是一件不幸的偶然事件，就很难说北方协会和南方协会会在革命的旗帜下走上街头。亚历山大皇帝无嗣，根据1797年4月5日法律，在他之后皇位应传给他的弟弟康士坦丁，而康士坦丁的家庭生活也不幸，他同第一个妻子离婚后娶了一个波兰女子，因为这次结婚生下的儿子无权继承皇位，所以康士坦丁为忠于这项权利，于1822年写信给他的哥哥，表示放弃皇位，他哥哥采纳了他的要求，并于1823年以圣旨方式指定三弟尼古拉替代二弟康士坦丁为下届皇位的继承人。一切办得很简便，因为必须这么做。然而这份圣旨没有公布，也没有送达新继承人之手。圣旨在莫斯科圣母升天节大教堂付印成三份，彼得堡、元

253 老院和国务会议各一份，每份都有皇上签署："联死后拆之。"由此据说，尼古拉没有关于预定他命运的确切文件。除了皇上和康士坦丁，知道这件事的只有遗孀皇后、皇太后和戈利岑公爵，还有莫斯科总主教费拉列特，他是圣旨文本的校订者。关于皇位继承的指令要保守秘密的事，再明理的人也无法作出解释。需要补充的是，当时已在活动的协会对亚历山大来说从来就不是什么秘密。关于告密者似乎提供了秘密情况的说法是无稽之谈。两个协会的主要成员及其宗旨，亚历山大全都知道，而且他还看到了协会的计划。屠格涅夫当北方协会领袖时，一次有人以皇上的名义向他传话，劝他迷途知返。这种劝告不是命令口气，而是"一个基督徒对另一个基督徒的忠告"。那个对秘密协会管理方式和政治纲领持冷淡态度，而单纯抱着解放农民企图的屠格涅夫听从了这种善意的忠告，离开了俄国，退出了协会，于是雷列耶夫成了北方协会的领袖。

1825年，亚历山大陪同生病的皇后来到俄国南方，11月19日他因患急性伤寒死于塔甘罗格。由于皇位继承问题严守秘密，他的病逝引起了严重混乱：尼古拉大公向康士坦丁宣誓，而在华沙的哥哥康士坦丁则向弟弟尼古拉宣誓。当时路途联络很费时间，北方秘密协会就利用了这个皇位空缺时机。亲自参加的人说，要是彼得堡总督采取了防范措施，或者提前宣布皇位继承圣旨，就绝不会有12月14日。彼得堡总督米洛拉多维奇自信不疑，认为北方协会这种私人集会只不过具有文学创作目的，他对它的宗旨知道得很清楚。

1825年12月14日的行动 尼古拉同意即位，于是12月14
254 日被指定为军民宣誓日。北方协会成员在康士坦丁名声很大的几个兵营传播谣言，说康士坦丁根本不愿放弃皇位，正准备暴力夺取政权，甚至说大公已被逮捕。一些近卫军士兵被这些谣言所迷惑，莫斯科近卫团的大部分人拒绝在12月14日宣誓。一批身着长礼服的士兵打着旗帜奔向参政院广场,并就地排成方阵,近卫军掷弹团的一部分和海军近卫队全体官兵加入了这支队伍。参政院广场集合了近两千人。秘密协会成员前一天就已决定按照雷列耶夫的坚决要求行动,虽然他不相信会成功,但只得强调:"不管出什么事,仍然要行动。"特鲁别茨科伊公爵被任命为总指挥,但他却没有来到广场,根本找不见人。大家都服从一个已退伍的穿普通长礼服的人普辛指挥,一部分人由雷列耶夫指挥。然而,暴动的方阵队伍延续了大半天仍无动静,而尼古拉大公已把布置在冬宫的忠君团队调到身边,但他也拖延了大半天没有行动。靠近叛乱队伍的一个连正冲进广场朝冬宫内院方向跑步前进,同已进入广场的尼古拉忠君队伍相遇。尼古拉问道:他们开到哪儿去?士兵回答说:"往那儿",于是尼古拉给他们指出了突破叛乱队伍的路。有一个叛乱者心想,他能用武力解决问题,他把上好膛的手枪装进两个口袋,站在海军林荫道上等候,尼古拉几次走过他的身边,并多次打问情况,而这个军官明知两个口袋都有手枪,但缺乏使用武力的勇气。这是双方忍耐意志的一种较量。最后,有人劝告尼古拉,必须在夜幕降临前结束事态,否则明天的12月之夜必将给叛乱者行动的时机。刚从华沙来的托尔走近尼古拉说:"皇上,您要么下令用霰弹清扫广场,要么就放弃皇位。"发射了一枚空炮,没有起什么作用,开始发射霰弹,方阵被打散了,第二炮尸首剧增。12月14日运动就这样结束了。领袖们被捕,在南方的穆拉维约夫-阿波斯托尔被一群士兵保护,逮捕时还拿着枪。案件交最高行动委员会侦讯,由非常法庭审判,新皇帝减轻了判决。根据审判,五人处以绞刑,其余的人流放西伯利亚。被侦讯的共121人,两个协会的领袖服绞刑,他们是彼斯特尔、雷列耶夫、卡霍夫斯基(当米洛拉多维奇规劝叛军归服尼古拉的企图失败时,他勇敢地向他开了枪)、别斯图热夫-留明(是

12月14日广场上最得力的指挥者之一）和穆拉维约夫-阿波斯托尔，他在南方基辅省被捕时还带着枪。这场运动就这样结束了，我们看到，它的结局只不过是由于各种意料不到的情况凑合到一起造成的。[1]

1825年12月14日行动的意义 12月14日事件本不具有的意义却加给了它，本不是由事件产生的后果却又归咎于它。为了较正确地评价这次事件，首先就不要忘了它的表面现象。从外表看，这是一次近卫军宫廷政变，这样的事18世纪彼得逝世后就发生过。实际情况是，运动起源于近卫军兵营，其领导者几乎全是近卫军军官，即俄国最主要的世袭贵族阶层的代表人物。爆发运动的起因，同18世纪发生的所有运动一样，是皇位继承问题，运动的旗帜上写的一个人的名字。12月14日运动的情形与18世纪的近卫军政变多么相同，所以当时目睹了这个事件的人不能不想到它就是近卫军政变。大约就是当时，皇太后的一位亲戚叶甫盖尼·魏登堡亲王来到了彼得堡，在他的一份最有意思的笔记中，我们发现了下面别具特色的记述。12月14日前不久，当获知彼得堡皇帝驾崩的消息时，叶甫盖尼亲王在宫中遇见了彼得堡总督米洛拉多维奇伯爵，他分析了这一形势之后向亲王表示，事情难以成功，系指向尼古拉大公宣誓之事，照他说，因为近卫军很崇拜康士坦丁。叶甫盖尼说："伯爵大人，您讲的是什么样的成功？我盼望皇位正常地转归尼古拉大公，如果康士坦丁坚持弃权声明，近卫军又能怎样？"米

---

1 12月14日事件我做了一个简短的叙述，为了更清楚地了解事件可以留心一本书，我指的是男爵科尔弗的《尼古拉皇帝登极》（奉圣旨出版的书）。该书非常真实地再现了事件，不过不全。书中关于皇位继承一事记述较为详细，秘密协会的经过及其筹备情况顺便做了叙述。这本书是遵照当时还是继承人的已故皇帝的意愿编写的，手稿保存了很长时间，后来几次付印，限定份数，没有出过宫墙，只是到亚历山大二世即位时才发表。

洛拉多维奇回答说:"我同意您的话,按理近卫军不应干预此事,但自古以来它已习惯这样做,也习惯于这样理解。"总之,12月14日人士所做的事是有人在18世纪不止一次地做过的。现在俄国贵族近卫军是最后一次支配皇位,往后不会再有贵族近卫军了。尽管12月14日运动与18世纪的宫廷政变完全相同,但同时它又有本质上不同的特点,这些特点不仅在于运动的领袖人物不同,而且目的也不一样。在只给士兵打的旗帜上写的是康士坦丁一个人的名字,是叫他们相信,起义是为了受到委屈的康士坦丁大公及其夫人"康斯蒂图齐娅"(大公娶的是波兰女子,而波兰人有时起一些古怪的名字)。运动的领袖人物对这两个名字都不感兴趣,因为他们采取行动不是为了一个人,而是为了一种制度。18世纪的近卫军运动没有一次具有建立新国家制度的目的。这次运动全在于谋求一种新的制度,只不过运动的领袖人物还没有把它制定好。他们走上街头,随身没有带着定好的国家制度的规划,他们不过是打算利用宫廷的混乱局面,达到促进协会开展活动的目的。他们的计划是:建议国务会议和参政院成立五人临时政府,如果顺利就预定人员,其中除秘密协会最精明的首领彼斯特尔,还要有我们熟悉的斯彼兰斯基出任职务。在国家杜马召开之前由临时政府主持国务。这个国家杜马就是亚历山大会同斯彼兰斯基在改革方案中规划的杜马,它作为立宪会议负责详细订出国家体制。由此可见,运动的领袖人物给自己提出的目标是建立新制度。他们向国家代表人物提议制定这种制度,这就说明运动并不是因为业已定好的国家制度计划引起的,而是由于满腔愤怒的情绪加剧引起的,在这种愤怒的推动之下,必不可免导致越轨行动。然而,把一些特别重大的后果归咎于这场运动,是没有这个必要的。一位身居高职的大官遇见了他的熟人,一个被捕的十二月党人——善良的叶甫盖尼·奥鲍连斯基公爵时,惊恐地叹息说："公爵大人,您干了些什么,您把俄国至少推后了50年。"这个看法事后被认定下来,12月14日事件被看成是莫大的不幸,由此而决定了后续皇朝的性质,很明显,非自由主义的东西盛行起来了。这种看法完全是一种虚假的概念,后续皇朝的性质不是12月14日决定的,没有12月14日,这个朝代的性质依然如故,因为它是亚历山大朝廷最后十年的直接延续。早在12月14日以前,尼古拉的前任已断然走上了那条路,就是他的继承者要走的路。而且,认为12月14日叛乱能把俄国推后50年的想法已无人相信,因为近50年来俄国有了长足进步,没有后退。把这样的意义加给12月14日会让人想起尼古拉在位时不止一次脱口而出的一句话。他在遇到社交界某种烦人的自由情绪的表现时,总是说:"啊,他们一直是我的朋友。"从字面上来理解这句话的意义是没有用的。12月14日并不是后续皇朝方针的起因,而是朝廷本身一脉相传的一种前因后果。这种前因就是亚历山大全部改革创举造成的结局。

亚历山大一世改革的失败 亚历山大一世的创举我们都清楚,一项都没有成功。其中一些较好的措施也没有收到成效,有些措施还产生了坏的结果,即使情况反而恶化了。事实上,关于宪法体制的梦想在俄国的西部边区波兰王国已经实现了。这个宪法的实行使历史受到不可估量的危害。波兰宪法的发起人自己对这种危害也偶尔有所觉察。由于议会强行取消会议的公开性,很快波兰人就在议会上坚决抵制这个享受特权的宪法,主张不顾宪法,在波兰建立完全符合俄国精神的管理体制。1803年2月20日关于自由农的法令是19世纪初最好的法律之一。人们对这项法律寄予很大希望,认为它将逐步和平地解放农民。法律颁布后的20年内,根据同地主签订的自愿协议,有三万农奴获得了自由,占帝国农奴人口总数的0.3%(根据1818年第六次人口调查,帝国纳税人口总计为一千万)。法律带来的结果是微不足道的,但它起的作用不小。至于行政改革,即新设的中央机关没有给俄国社会生活添加半点有指望的新气象,反而使俄国行政机制无条理的状况明显加剧。从此中央同地方一样,至少在表面上起作用的是行政机关委员会。国务会议、参政院和部长会议同样按委员会原则建立(这项原则叶卡捷琳娜时期的省级机关就已实行),而充当它们之间中介人的各机关、各部和总管理局建立的原则,是由其主管人实行一长专政和个人负责制。上级与下级行政机关则按另一种原则建立,即不是持中间状态的原则(这是一种传达机关体制)。总之,如果一位旁观者有机会熟悉叶卡捷琳娜朝代末期的俄国国家制度和社会生活,然后回到亚历山大朝代末期的俄国并仔细观察其社会生活,他就看不出国家和社会处在改革时期,看不出是亚历山大朝代。

这种改革创举收不到成效的原因何在?就在于其内部的不彻底性,这种情况我已经指出过。对亚历山大的业绩进行历史评价也是根据这一点。已经实现或正计划实现的新政府机关是按法制原则来建立的,也就是依据既稳固而又是对人人同等的法律思想建立的,这种法律对国家和社会生活各个范畴,包括行政机关和团体中的专横行为做了限制。但是,根据默认和公认的现行法律,当时帝国人口男女四千多万人中有一半没有取得法律地位,仍依附于主人的个人专断地位。可见,一部分公民同新建或计划建立的国家机关没有形成一致的关系。按照历史逻辑的要求,新的一致的公民关系应当是新国家机关的现成基础,正像从原因中产生结果一样,国家机关应从这种关系中产生。皇帝及其僚属决定建立新的国家机关比同这些机关建立一致的公民关系早,他们打算在一半人还处在奴隶地位的社会里实行自由主义宪法,希望在原因之前先获得结果。我们知道,这种谬误的根源就在于过高估计了当时管理形式的作用。一些

260 辈分不同的人都确信，社会关系的各个部分必将变化，各个部分的问题也将解决，新的风尚行将树立，现在只有大刀阔斧地实现国家体制的计划，即政府机关体制。他们认为，更好的办法是推行宪法要比零碎地研究现状，即进行改革工作要容易得多。第一项工作可以在短时间内确定并能博得声望，第二项工作的结果当代人始终未作出评价，甚至于没有发觉出来，可见它给历史上贪图功名的现象很少提供可资研究的东西。

12月14日人士所持的观点就是亚历山大一世及其僚属持的观点，如果说他们考虑得多又谈论得多的事情，那就是关于国家制度应该实现哪种形式的问题，即关于同一种宪法的事。他们设想的一些实际上可行的东西，其实早在他们之前斯彼兰斯基的方案中就已经讲到了。他们还涉及部分公民关系的状况，即个人与阶层的相互关系问题，可是他们想到了国家的这个症结，但不知道怎样消除它，不知道用哪种关系体制代替现行的社会制度。12月14日人士也同亚历山大的僚属一样，片面地迷恋个人自由和社会自由的思想，根本不懂得作为政治制度基础的经济关系。教育者和受教育者（因为十二月党人成了亚历山大和斯彼兰斯基的学生）的这种片面性在农奴制问题上反映得特别突出。十二月党人同亚历山大政府一样深信，为了保障农民的幸福生活，应该给他们人身自由。至于农民的物质状况、与土地的关系、劳动保障等等，他们没有考虑，或者很少考虑。

因此，我认为12月14日运动不具有人们归咎于它的那种意义和后果。但有一个后果在一个阶层，即贵族阶层的历史上是很重要的，这就是：截至当时，贵族阶层是俄国社会的统治阶级，我们知 261 道，它的这种政治地位主要是贵族近卫军参加18世纪的宫廷政变而确立起来的。12月14日运动是近卫军最后一次宫廷政变，从此俄国贵族阶层的政治作用宣告结束。它作为一个阶层在某个时期还有作用，就是积极参加地方机关的工作，但已不再是统治阶级，而且会变成政府的工具，也就是充当官僚机关的辅助工具，这种情况在古时候17世纪就有的。我认为，这就是12月14日最重要的后果。无论就法律还是就精神财富来说，贵族阶层已从此丧失了以前的作用。12月14日以后，这个阶层的一些优秀人才走过了乌拉尔山，背后留下了后续皇朝尚未占用的许多地方。正当这个阶层的精神力量更加旺盛的时候，这种损失是难以弥补的。有那么一些投机者脱离了这个阶层，假如他们还会留任，就可能恢复和加强这个阶层的政治威望。后续皇朝时期，贵族阶层已不可能具有从前的作用，因为12月14日灾难之后，它的势力已经削弱了。现在我们谈谈后续皇朝的简况，首先指出产生这个皇朝方针的真正根源。

第八十五讲

> 尼古拉一世执政时期；任务——尼古拉一世执政初期——编纂法典——御前办公厅——省级管理体制——官僚制的膨胀——农民问题——国有农民的组织管理——关于农民的立法——农民立法的意义

尼古拉一世执政时期；任务 现在我把尼古拉执政时期的一些主要现象作个简介，内容只限于政府工作和社会生活中所发生的一些事件。这一时期所有重大事件都是同政府体制的改变和社会关系的变化这两个进程联系在一起的。

通常把尼古拉的统治认为是反动的，它不但反对12月14日人士所宣布的企望，而且反对过去的整个执政方针。可是，这种议论未必十分公正。在他之前的当政者，在不同时期力求达到不同的目的，并为此提出过相应的任务。正如我们所看到的，他的前任在执政前半期主要致力于在新基础上建立帝国的新政治秩序，然后处理好同新政治秩序相协调的局部关系；简而言之，上半期的主要意图，是在暂时保持农奴制条件下使国家获得政治自由。后来发觉这一任务并不合逻辑，应从前半期任务转入后半期的任务，即预先重新调整局部社会关系；然而，那时精力已经不足，解决第二项任务已不能指望，也无心去解决第一项任务。亚历山大的继承人便接过了这第二项任务。他放弃了在新基础上改建国家体制的主张而打算事先调整局部社会关系，以便往后能在这种关系上建立起新的国家体制。我认为,尼古拉的执政是前一代皇帝执政后半期合乎逻辑的直接继续。尼古拉一世当政时期对这项任务持较为谦逊的态度,这在某种程度上是由于这位新皇帝的个性所致。

尼古拉一世执政初期 尼古拉一世皇帝生于1796年6月,就是说,他是在其祖母去世前的几个月出生的。他和他的弟弟米哈伊尔同属保罗的第二代子孙,所以他与兄长亚历山大和康斯坦丁不同,受的是另一种教育。对他的培养根本未按卢梭的计划进行,而是敷衍了事的。这位三弟为自己选择了军事这门朴实无华的职业。没有让他涉足上层政治问题,也没有让他参与重大的国家事务。直到18岁他连一个固定的公职也未曾担任。只是18岁那年才被任命为工程兵团司令,指挥一个近卫军旅,即两个团的军队。

我们知道,尼古拉一世的登基纯属偶然。不过,这位大公在即位前虽说身无要职,但每天一早就来到宫廷前的接待室,钻进期待接见和呈报的人群中消磨几个小时。大家见他是三弟,都无拘无束。这样,大公就利用人们拥簇在接待室的机会,观察他们的言谈举止。就是说,这是考察下情的最方便的办法。他在这里了解到各种关系和人物,各种阴谋和制度,因为在他打交道的这种环境里,阴谋就是制度的同义语。这点微不足道的认识,对他的即位却十分有用。他登基时,能运用的政治思想是很有限的,而相比之下,他哥哥即位时的思想却绰绰有余。正因如此,他能够从一个君主难以做到的另一个角度来观察现行制度。亚历山大是从上面,从他的政治哲学的高度观察俄国的。可是,我们知道,站在一定高度,现实的真实概貌和偏差是看不见的。尼古拉则有可能像工人不靠思想和图形检查复杂的机械那样从下面去观察现实。

尼古拉给自己提出的任务是,在基础方面不作任何更动,不增添任何新东西而只是借助立法实践,维持现行制度,弥补缺陷,修整已经暴露的陈旧东西，并且完成这些事情要单凭政府手段，无须公众参与，甚至压制公众的自主精神。然而，他未从日程上撤销其前任提出的那些问题；看来，他比前任更懂得它们的紧迫性。显然，保守和官僚主义的办事作风是新执政者的特征；依靠官僚们维持现行制度，乃是这一特征的标志。

起初，新皇帝可能对不久前经历的事件记忆犹新，抱有改革的念头。但他认为，当务之急还是先摸清现状，并着手用心查清一些重大丑闻的详细情况。他亲自检查就近的首都机关：有时他突然闯进某个官署，吓坏了那里的官员，他走后使他们感到皇上不仅熟悉他们的业务，而且也知道他们的所作所为。他还向各省委派亲信大臣去进行严格检查。一些骇人听闻的情况被揭露出来，例如，在彼得堡，即在中央，竟然没有一家金库经受过检查，所有的账簿分明是伪造的，好几个官吏携带数十万巨款逃之夭夭。在各法院皇帝〔发现了〕200万桩案件，因此而坐牢的就有12.7万人。下属机构把参政院的命令束之高阁。本来责令各省长在一年之内清理完积压的案件，而皇帝将期限缩短为三个月，并且当面警告那些不可救药的省长，他们将被送交法庭审判。

为了整顿腐败不堪的政府机构，成立了一个因署名参政员恩格尔的名字而闻名的委员会。委员会负责制定新的法院建制方案。拟订的方案突出了自由主义的原则：废除办公厅秘密审理程序，实行法官不可撤任制，加强严格区分司法与行政事务。皇帝完全赞同这一方案，但他认为，方案的适用性对未来比对现在更大，于是就搁置起来了。这位皇帝对待改革方案的态度，恰好反映了他所遵循的基本原则：赞同一切有助于改进境况的好建议，但绝不付诸实现。由此可见，维持现行制度，就是新政府的纲领。

编纂法典 为了使现行制度切实发挥作用，有必要为各机关提供一部严格遵循的法典。制定这类法典的工作早在1700年已经开始,但一直没有成果。有上述纲领,就能制定这种法典了,因为既然决意维护现行制度,那么法令汇编就应将现行法令包含在内,就是说,新法典应该是现行法令的汇编,而不是用脱离现实的主张制定的法典。尼古拉首先着手解决的就是这项任务。为此,他在自己的御前办公厅下成立了一个特别厅(第二厅),并邀请这一行的老手、我们熟悉的斯佩兰斯基充任领导。

斯佩兰斯基从流放地回来后,曾被任命为奔萨省省长,后来就任西伯利亚总督。他研究地域辽阔的西伯利亚,制定出一套当地布局的新方案,于1821年带着这个方案到了彼得堡。他虽然已经不享有昔日的名望,但还是被留在国务会议。尼古拉确认,斯佩兰斯基是政治阴谋的牺牲品,并就此向其兄提出好像兄长某个时候对尼古拉说过,他有负于斯佩兰斯基:虽然当时他知道对斯佩兰斯基的指控是一种诬陷,但未能制服那次阴谋。早在1811年,斯佩兰斯基就为他的庞大政治设想感到懊悔,意识到这些想法根本不合时宜,也是徒劳的,而现在斯佩兰斯基又要经受一次极好的行政才能的锻炼了,因为对于受教益和熟悉业务来讲,给他提供的条件比起流放生活和省长职务不知好多少。斯佩兰斯基接受了编纂法律汇编的使命。他从幻想中醒悟后,仍然保持他年轻时的勤奋精神,在短时间内按大纲的规定完成了惊人的工作。他首先从各办公厅和档案局索取它们保存的全部法令,即从1649年法典开始直到亚历山大一世皇帝的最后一道敕令为止的所有法律文件,然后,把这些法令、条例和规章按年代顺序编排起来,加上《俄罗斯帝国法律大全》标题刊印成册。该法律汇编全套共45大卷,每一卷重量之大,不是一个人所拿得动的。全书共包含30920个项目。斯佩兰斯基着手编纂这部汇编是1826年,于1830年附上插图、图表和各种索引等出版问世。这部资料全集至今仍是俄国立法史的基本文件。正是他以这套法律全集奠定了现行法律的基础；他从各种法律文件中抽出现行有效力的法令，按原文内容归纳为简明条款，并把这些条款连同其出处一起进行分类，加以编排，汇集成单独的条例。1833年出版的十五卷本《俄罗斯帝国法典》就是这样编纂出来的。它的大部分迄今仍是我国的现行法典。

《俄罗斯帝国法典》是分类编排的。头三卷的内容说明"基本"的和"立宪"的法律，即规定政府各机构、国务会议、参政院、各部、省公署等机关的权限和办事程序的法律。以下五卷（第四、五、六、七、八卷）是说明"国力"的法律，即国家赖以生存的财力，有关国家义务、收入和财产的法律。第九卷是"关于社会地位"即关于等级的法律。第十卷是民法和测地法。下面四卷（第十一、十二、十三、十四卷）的内容是"国家公用事业和公共守则"，即关于警察的法律。最后一卷（第十五卷）是刑法。这就是该法典的体系，其中任何条款都没有什么新东西，只不过是从原有的法律中加以摘录，并在总体系中安排了一个位置而已。总之，法典有4.2万个条款；收录如此众多的法律，确实难以掌握，这也就是法典的主要缺点，斯佩兰斯基自己也意识到这一点。后来颁布的法律均作为补充附加于该法典，这种补充条款现已达到10万多条。斯佩兰斯基将编纂法令汇编仅仅看作制定一部便于适用的法典的准备工作和草稿。再也想不出有哪个文献能比这更能反映尼古拉当政时期的基本思想；不添加一点新东西，只把旧的作一番修补和整理。

我说过，这部汇编是1833年颁布的。此外，斯佩兰斯基还整理出一系列专门的和地方性的法律。例如，他编纂了十二卷本的军事决议汇编、波罗的海东部沿岸各省和西部各省法律汇编、芬兰大公国法律汇编。它们都应成为政府机构活动的准则。

御前办公厅 不难看出,政府体制朝哪个方向变化。执政体制的原有基础保留下来了,然而,尼古拉要在没有任何社会力量参与下领导一个庞大的帝国,就只有将中央管理机构复杂化。因此,他在位期间,一面在旧有机构中新增了大批的厅、局,一面新建许多办公厅、委员会等等。整个这一时期各种委员会泛滥成灾,因为每解决一项新的国事问题,都要设立一个委员会。建立一整套复杂的管理体制,最明显地反映出改变执政方式的意图。

皇帝亲自领导并审理国家大事,这就要有皇上的御前办公厅。于是便成立了由四个处组成的办公厅,并命名为御前办公厅。它至今还存在,只不过已不成套。下面列举这几个处的情况,或许有助于了解这位国家政权代表要直接领导的究竟是哪些事务。一处拟定呈报皇上的公文,监督圣旨的执行情况;二处由上届法律编纂委员会组成,从事法典编纂工作;直到 1839 年斯佩兰斯基去世,一直由他主管这个处;三处受命管理最高警察署,处长由宪兵队长兼任(这个处现已撤销);四处管理慈善教育机关,由遗孀玛丽娅·费多罗芙娜皇后创建,因此就成了她的主管部门。尼古拉时期还设立过皇帝陛下御前办公厅第五处,目的是筹建新的管理体制和国家财产制度。后面将讲到这一点。

268

省级管理体制 尼古拉一世当政时期,省级管理体制不但保留了原有的基础,甚至先前的形式也没有变更,就是说,省级管理体制不像中央机关那样复杂化,而只是对等级和贵族管理体制作了一些变动。我们知道,1775 年设立的机构使贵族在地方管理中占据了绝对统治地位。保罗皇帝当政时期,废除了某些司法机构和省级机构。可是到了亚历山大执政时,贵族参与地方管理的情况甚至有所扩大。我不想讲述全部细节,但要指出:根据 1775 年建立的机构,法院(曾作为有等级的高级机关,如省的市政公署和地方高级法院的高等刑事庭和高等民事庭）没有等级之分,全由皇室成员组成。按 1780 年法律,贵族和商人可以各选两名陪审员参加两个庭的审理案件过程,与皇室成员的庭长和其他顾问一起工作。1831 年法令赋予贵族有选举两庭庭长的权利。这样一来,省级没有等级之分的一般法院也归贵族支配了。但选举资格的规定使贵族参与省级管理的权利受到限制。1775 年省级机关管理办法规定,在贵族代表大会上每一位世袭贵族或拥有上校军衔的人均有选举权。1831 年条例就贵族参加代表大会以及参加选举的权利作出了更明确的规定,即出席代表大会的贵族分为有表决权的和没有表决权的两类。有表决权的代表是年满 21 岁的世袭贵族,在省里有不动产,在正规军服役期间起码获得第十四级军衔,或者经贵族选举供职满三年者。这些是主要条件。不具备这些条件的世袭贵族参加代表大会,就没有表决权。此外,表决权还分两种:一部分贵族对大会讨论的一切问题都能投票表决,另一部分人虽然有同样的表决权,但没有选举权。既有权表决,又有选举权的是:要在省里至少有 100 个农奴,或者至少有 3 000 俄亩可耕地（哪怕无人居住）的世袭贵族。无选举权,但有表决权的是:在省里拥有不到 100 个农奴或少于 3 000 俄亩土地的世袭贵族。同时,一个等级的贵族有直接表决权;另一个等级的贵族有通过受委托人实现的间接表决权,这就是一些小选区的小贵族把各自的小块地加在一起,连成一体,使其总和构成为 100 个农奴的正常用地,便可选出一名受委托人来参加贵族代表大会。众所周知,1837 年法律使贵族领导的县警察局机构复杂化了。虽然县警察局长之职与往常一样,但把每一个县分成几个警察分局,而每个分局安排一名分局长。分局长是政府官吏,只能根据贵族会议的推荐由省公署任命。综观省级管理发生的所有变化,必须说明,贵族在地方管理中的作用并没有加强;虽然他们参与地方管理的权利有所扩大，但由于规定了财产资格以及官职要通过选举和任命结合的办法，他们的作用反而削弱了。至今贵族一直是地方管理的领导阶级，自从1831年和1837年两项法律颁布以来，贵族便成了政府行政机关的辅助工具，即政府的警察工具。

中央和省级管理机构发生的重要变化就是如此。不难发现，这些改变打破了中央和省级管理之间的平衡；极大地扩充了中央管理机构，中央办公厅空前扩大，地方管理机构却原封未动。如果我们想到，主持加强各机构工作的是皇帝，就会明白管理方面的主要缺陷。一切事务都得经办公程序，即扩充了的中央机构每年向各处、厅局下达几万乃至几十万份公文，这些单位则必须照办。从中央不断流向各省的公文洪流淹没了地方机关，使之根本无法致力于实际工作，大家成天忙于清理公文。所谓"清理"不是办事，而是清理这些纸上公文。结果这种清理工作成了地方行政当局的任务，即把每一张公函整洁不漏地保存完好，日渐成了地方行政当局负责维持社会秩序的全部目的，至于社会和社会利益已被官僚们远远置诸脑后了。整个管理机构是一部庞大而又有些失常的机器，它不停地运转，但它的上部比之下部过大、过重，因而下边的部件和机轮由于上面力度过大的转动而面临震裂的危险。这部机器越扩大，其领导人监视各个部件转动的可能性就越小。任何一部机器要监视所有的轮子的转动是不可能的，只能发现哪处损坏，及时进行修理。这样一来，中央领导部门走向下层；每个大臣看到这部国家体制的庞大机器之后，干脆甩手不管，随它去听天由命。于是，清理公文纸堆的那些下层官吏便成了这一制度的真正动力。富有观察力的皇帝也觉察到这一缺陷，有一回他说过，治理俄国的不是皇帝，而是那些科长。尼古拉一世在他执政期间兴建起来的官僚主义大厦的形状就是如此。

官僚制的膨胀 这架官僚机器同以前比较是否更好地达到了国家的目的呢？有一组数字对此做了简明回答。这位皇帝即位之初获悉，光司法部门各个办事机关已经审理 280 万起案件。这一情况使他吓了一大跳。1842 年，司法大臣向皇上呈报说，在帝国的所有办事机关尚未清理的案件还有 3 300 万，其卷宗至少有 3 300 万张手写件。这就是尼古拉时期建成的官僚体制大厦取得的成果。然而，公文的堆积丝毫没有改进各机构的办事效率。在公文机密的掩饰下办过的事，今天看来简直像神话。20 年代末，30 年代初，曾经审理一起某包税人的大案，委派 15 名秘书办理此案，这里还不包括那些书记员。卷宗不断增多，达到了数十万张，简直骇人听闻。一份呈报案情的摘要，就写了 1.5 万页。最后，下令将全部卷宗集中起来从莫斯科转到彼得堡，为运送那些卷宗雇用了数十辆马车。然而，途中所有卷宗一页不剩地全部丢失，而且未留任何痕迹。尽管参政院严令查寻，但县警察局长无所适从，束手无策。结果，不仅遗失了卷宗和马车，而且连马车夫也无影无踪，下落不明。

如此庞大的政府需要大量人手。尼古拉一世在位时是官僚集团、贵族和官阶表盛行时期。很遗憾，我们还没有判断官吏增长的准确统计材料。但可以想象，为供养这些公务员国库要耗资多少。此外，同现在一样，对那些有特殊功勋的官吏，除俸禄外还要用国有土地佃租的一部分租金进行奖赏，通常以 12 年为期限。到 1844 年为止，每年为奖励各类官吏而从租金中拨出 3 万卢布。如果我们按 4% 的利息计算土地的收入，那么，土地租金的总额应该等于 7.5 亿卢布（这仅仅是官吏们的额外报酬）。除此之外，为表彰有功劳的官吏，还分给他们一些人烟稀少，但有收入的国有土地和经营场地作为私有财产。到 1844 年，分发的这些土地就有 100 多万俄亩。这就是国家为供养会丢失数十万页卷宗的行政机关所付出的代价。

农民问题 我已提到，新政府持保守主义立场，用官僚主义方法开展工作，但没有从日程上撤销国内体制方面业已提出的那些问题。新皇帝即位伊始，就大胆着手处理农民问题，但他决计避开社会而秘密进行，即纯粹用官僚主义手段去解决。尼古拉执政之初，农民受12月14日运动的影响，他们当中流行马上要获得解放的谣传。为了制止谣言，新皇帝颁发诏书，当众宣布，农奴的地位不会有任何改变。但与此同时，却通过各省省长暗地里劝导地主，要以"合法的，基督教徒的态度"对待农民。在他当政的头些年，有过解放农民的意图，并留心物色过能承担这一重任的人物。皇帝的这一打算曾不止一次地表露出来。如1834年，他同基谢列夫谈话时，指着他办公室的大柜子补充说，里边放着他即位后就开始收集的有关解放农民的诉讼案件的所有公文。尼古拉说："我要用它们来反对农奴制，一旦时机到来，就在全帝国范围内解放农民。"往后，为研讨这个问题，他组织过几个秘密的或者绝密的委员会。委员会讨论过这个重大问题，不但对农奴的处境，而且对整个农民的境况进行了细致的观察，并拟订过一些方案，但大部分没有实现。

无须重述这些秘密的或者绝密的委员会的活动。在此，只要说明一件事就足够了：在1826年，为制定"全体人员社会地位构架"新条例组成了第一个秘密委员会。我说过，皇帝刚开始并非没有某种改革的意图，所以这个委员会拟定了一项等级结构的方案。农奴问题是根据斯佩兰斯基的报告提出的，他现在的看法比1808—1809年更明朗了。这份准备好的方案只等签字了，但预先送往华沙交总督康斯坦丁大公过目时，他竭力反对，百般刁难，而且不准扩散。然而，这些委员会在农奴制问题的立法方面留下了自己活动的印迹。

为了解这些印迹，必须看一看当时俄国社会结构的主要特征。

根据1836年进行的第八次人口调查材料,欧俄部分,不包括波兰王国和芬兰,但包括西伯利亚,人口已增长到5 200万。农业人口数量上压倒其他阶级,仍占绝对优势,就在农村人口成分中农奴达到2 500万,他们有的属于贵族或者某些慈善和教育机关,有的(按1721年彼得法律)属于私人工厂。国有农民同皇室领地农民一起共有1 700万或1 800万。[1] 根据第八次人口调查结果皇室领地农民男女共100多万。我引用的所有数字都是实际人口数,而不是纳税的男女人口数。可见,其余各阶级的人数就有900万到1 000万,军人包括在内,宗教人士占27.2万人。很难确定由商人、工厂主、小市民和手工业者组成的数字。分三个等级的商人有12.8万人左右。

如果你们根据这些数字来研究社会的人口分配状况,就会发现这是一个畸形的社会。高级阶层——行会公民、等级商人、宗教界,在数量上乃是相差悬殊的少数,即国民躯体上不大显眼的脓包。就是这些少数人享受着全部公民权利。大批农村居民被排斥在这些权利之外,而国有农民和自由农民之间的差别,实际上是微乎其微的。因为到处奉行农奴制原则,所以国有农民几乎像农奴侍奉主人那样,侍奉贵族县警察局长或皇室官吏,区警察局长。

现在我们明白,上述所有农村居民在多数情况下要听从其专门行政管理当局或者地主或者地方警察局官吏的管束,而一般的政府机构只管理自由民,即高级阶层。前述复杂的政府机构究竟掌握什么样的社会资料呢?国务会议,各部等等官僚机关实际上管些什么呢?它们管理的是微不足道的少数国民,也许能有100万多一点,其余的多数人由专门的权力机关管理,一般机构不得干预。当时有

---

[1] 正如我们所知道的那样,皇室领地的农民是按1797年关于皇族法律由过去的宫廷农民组成的;曾为这一皇室家族拨给一定数量的农民,其中大多数是后来称之为皇室领地农民的那些宫廷农奴。

一位行政官员算了一下自由人与非自由人之间人数不平衡的状况，计算结果，因为政府机构只管理完全自由的人，所以俄罗斯国家自由人的人数要比法国小44倍。

国有农民的组织管理 国有农民专门管理局的建立，是为管理农民组成的委员会活动的最重要成果。尼古拉政府为了解决农奴制问题，想出了缓解的间接手段。这就是建立国有农民管理局，使它既能提高国有农民的物质福利，又能成为将来管理农民的一种示范管理形式。我说过，国有农民，若从中除去宫廷农奴，当时有1 600万—1 700万人。除了这些农民所利用的土地，国家还直接掌握许多尚无人烟的土地和森林。这种土地大约有9 000万俄亩左右，森林约有11 900万俄亩。从前，国有农民以及森林和土地，由财政部的一个专管局管理，现在决定把这笔巨大的国有财产转交给一个专门管理局。财政部忙于其他事务，它只追求一个目的，就是从所有项目中提取最大的收入，所以不可能妥善地关照国有农民的生活。其结果，这些农民便肆意受贵族行政当局的摆布和剥削。这往往有利于地主农民。当局顾惜地主，把最繁重的实物赋役加在国有农民身上。由于这一切，国有农民的生活遭到破坏而日益贫困，这给政府造成沉重负担。每逢歉收，政府不得不为养活国有农民和为播种土地而拨出巨额款项。

因此，决定安顿国有农民，使他们有自己的保护人和自身利益的维护者。国有农民组织管理方面的成就必将为农奴解放事业的成功做好准备。为了这件大事，召来一位行政长官。我敢说，他是本世纪优秀国务活动家行列中当时最优秀的行政长官。此人就是基谢廖夫。他在前任皇帝执政初期，由于巴黎和约的签订，曾被任命为驻巴黎大使。后来受命建立国有农民和国有资产的新管理机构。根据他的方案，1833年创立了国有资产部，他充任该部领导人。为管理各地的国有资产建立许多国有资产管理厅。基谢廖夫是一位思想丰富，精通业务的行家，对实际情况了如指掌；他的最突出的特点是满腔热情，有一种视公共利益，即国家利益高于一切的宏图大志。这对当时的大部分行政官吏来说，是绝对谈不上的。他在任期内建立了管理国有农民的优越制度，并提高了他们的物质福利。此后数年，国有农民不但再也不是国库的负担，而且引起了农奴的羡慕。多次歉收年份——1843年以及后来的几次——不但没有要求国家给国有农民发放贷款，甚至基谢廖夫没有花完用作贷款的预备金。从此农奴便成了政府最沉重的负担。基谢廖夫建立的这种城乡社会管理制度，其主要特点后来写进了2月19日法令。

关于农民的立法 除了这一切，关于农民的一项重要法律，同样是基谢廖夫的主张。我们知道，1803年2月20日颁布了一项关于自由农民法律。法律规定，农奴可以按着地主同农奴自愿达成的协议带着份地获得自由。但这项法律因未得到政府的有力支持，所以对改善农奴的处境作用不大，往后的40年中获得自由的农奴为数不多。阻碍地主的主要原因是必须把土地转交农民所有。基谢廖夫想消除这个主要障碍来维护该项法律的效力。在他颇有些敏感的头脑（凡心怀善意的人难免有这个缺点）里闪现过一个念头，即靠启发私人之间的主动性，有可能逐渐实现农民的解放。法律的主旨是：地主可以通过同农民自愿达成的协议，在一定条件下允许农民能长期延续使用他的土地。这些条件一俟政府批准，就没有变动余地。这样一来，农民将被固定在土地上，但其人身是自由的，而地主则为自己保留固定着农民的那块地的所有权。地主保留对农民的司法权，但已丧失支配农民的财产和劳动的权力；农民或者为地主干活，或者按条款规定的标准向地主纳租。因此，地主摆脱了占有农民时的那些义务，他再也不为农民的赋税负责，再也不承担歉收年份养活农民和为其出庭申诉的义务等等。基谢廖夫打算通过这种办法,使地主明白这种契约的好处,就会很快自动消除烦恼,这样就可以在保存农奴制的条件下,为获得自由的农民建立管理制度。样板就是现成的国有农民乡村管理形式,也就是农民按乡村和公社划分选举管理机关和法庭,成立自由民大会等等。

基谢廖夫的方案经过修改后,成了1842年4月2日法律,但它未能如愿以偿。因为这是义务农的法律,其措辞几乎抵消了它的效力。加之,接着第二天颁布了彼罗夫斯基大臣的通令。通令对法律进行了肢解,它着重强调,贵族对农民的权利仍旧不可侵犯,假若贵族在法律生效期同农民达不成协议,那么,贵族的权利不应受到损害。地主在等待公布命令时,一个个忧心忡忡,因为他们习惯把基谢廖夫看成革命派,在莫斯科和各省会街头巷尾到处在议论法律。当见到大臣的命令以后,大家都松了一口气。他们看到,这只是怀水风浪,政府只是出于体面才颁发了这道命令,好澄清一下公文。事实上,只有两个地主适用了这项法律。

就农民问题曾颁布一系列其他法律,其中一部分是由各委员会制定的。我只能列举其中最重要的法律,它们既未规定农民给地主干活的数量,也未规定地主该给农民的义务地段的大小。不错,1797年颁布过关于三天劳役制的法律,但它从未生效。关于义务份地规模的法律未曾有过,由此有时还发生过一些可悲的争执。1827年,一个占有28名农民的女地主几乎把这些农民的全部土地拿去抵押,结果,农民那里只剩下了10俄亩土地。针对这一情况颁发了一项法律,规定:如果领地农民使用的土地平均每人不到四俄亩半,那处领地就由国家接管或者给予这些农奴转为城市自由居民身份的权利。这是政府出面干预贵族占有农奴权利的第一项重要法律。40年代一些法令中的一部分也是根据基谢廖夫的倡议制定的,有一些像1827年的法律一样重要。例如，1841年禁止零星买卖农奴；1843年禁止无地贵族获得农民，从而剥夺了无地贵族买卖不带土地的农奴的权利；1847年，国家资产部大臣用国库经费收买贵族领地的农民。基谢廖夫当时还提出一项方案，要在10年之内赎买全部独院小地主的农民，即属于南部各省的一个阶级——独院小地主的农奴。这些独院小地主把贵族的某些权利同农民的义务集中于一身（独院小地主是过去的低级官吏的后裔，他们缴纳人头税，同时有权占有农奴）。基谢廖夫每年赎买十分之一的独院小地主的农民。在同一年，1847年，还颁布一项更重要的法令，允许那些因还债卖掉的领地上的农民带着土地赎身。最后，1848年3月3日颁布一项法律，赋予农民拥有不动产所有权的权利。

农民立法的意义 显而易见，所有这些法律具有多么重要的意义。在此以前，贵族阶层当中盛行的观点是，农奴同土地、工具等一样，是占有者普通的私有财产。所以，把农奴当作物品进行日常交易时往往忘掉这样一种观念，即农民不可能成为这种私有财产，因为他们向国家纳税，承担国家义务，如服兵役。尼古拉执政时期颁布的法律总的目的在于从根本上改变这种看法，维护涉及农奴地位的国家利益。这些法律把占有农奴的权利从民法范畴划归国家法范畴，所有法律宣布一个观念，即农奴本人不是私人的普通财产，首先他是国家的臣民。这是一项重要的成果。这一成果本身就能证明尼古拉为解决农民问题所付出的一切努力是有效的。

还有一项十分重要的成果，但不易察觉，这就是1842年4月2日法律的基本思想。这一切成果应全部归功于基谢廖夫伯爵。法律扼要谈到，地主可以同农民达成自愿协议，按一定条件允许农民有长期使用土地的权利，从此农民再也不依附于地主，而地主也摆脱了因占有农奴所承担的义务。这项法律说到的不过就是这些。然而，也还可以从另一个角度来考虑。很明显，农民能够不经赎买，无代价地获得自由。该法律被默认列入现行立法。地主们说它失败了，并加以嘲笑，但他们却没有发觉法律中已经完成的变革，这就是农民的人身自由不应付出代价。我们记得，甚至像海军上将莫尔德维诺夫那样非常有头脑的国家官员还对农民的人身做过价，按其年龄规定一定的价格。不久法律默认了那项原则，于是立刻能从中引申出这样一个结论，即农民的人身不是地主的私有财产，联结地主和农民的是对土地的关系，从此绝不允许从土地上赶走大多数国家纳税人。有了1842年法律作基础才会有2月19日的法令。这个法令的第一条宣称，农民"无须赎买"获得人身自由。我再重复一遍：这项法律应全部归功于基谢廖夫伯爵。

可见，尼古拉执政时期，关于农奴制度的立法有了新的基础，并获得了重大成果——农奴已不是地主的私有财产得到默然公认。但1842年的法律只是法权方面的移位，而不是农民地位的移位。如果按另一种方式运用法律，那么，立法就能收到实际效果，也就是因尼古拉主张立法产生的成果。但是，19世纪国家内部的经历过程中再没有比尼古拉当政时运用农奴法律的事更引人感兴趣的了，哪一件事也不像这样引起人们去思考国家制度的实质了。我举一件个别的事。我们看到，1827年关于四俄亩半土地的法律有多么巨大的意义，被收入法律汇编第一版。继斯佩兰斯基之后，御前办公厅第二处出版了第二版。大家一看就发现，1827年法律片字不见，它并没有被废除，只不过像那桩包税人案一样，就那么杳无音信了。

不言而喻，1847年10月8日法律本该起十分重要的作用，因为它可使农民获取拍卖的领地连同土地赎身；当时有三分之二的贵族领地欠国家机构的债务，总数近10亿卢布；其实，这可以纯粹用财政手段解放农民，先限定还债期限，然后逾期不还者没收其领地（现在私人银行就是这么做的），然而，当局不愿利用贵族的困境采用这种政治计谋。当时宣称，拍卖的领地很多，但为使农民能够赎身，需要制定对农民方便的拍卖办法；发布通告，告知农民有关出售事宜的某种程序；最后，也要让农民有可能获得贷款（能立刻凑齐足够款项的领地为数极少）。这些根本没有预先考虑到，法律干脆被扔进了拍卖厅里，四处都可以听到关于实施法律到处遇到困难的说法。政府本可以采取两种措施：认识到已制定的法律有缺陷，可以当众把它废除；认识到法律的效用，可以把它扩充，改进。两件事政府都有权办到，因为每一个政府只要认识到法律有错误，即可将它废除，又能修订，这是事物的常规。可是，政府却没有这样做。它没有废除法律而事隔数月出版了新的法律汇编，10月8日的法律没有在汇编中出现。拍卖领地时农民向政府提出了申请，得到的答复则是：没有这方面的法律，并出示新版法律汇编。农民当然找不到那项法律。最高当局确实也没有把它废除。为在各方面建立严格秩序而形成官僚制度的，原来就是把最高当局颁布的法律从人民那里偷走的政府，这在世界上是独一无二的。这种现象，除了尼古拉执政时期，任何时代都不曾有过，恐怕永远也不会重演。

赋予农民以不动产所有权的1848年法律也受到了同样的肢解，其结果遭到农民的拒绝。农民经地主同意可以买到不动产；为此他们必须向地主表明自己有购买的愿望和条件；地主也可能表示不同意，不过，当他知道农民有了钱之后，就可能利用手中的权力把钱夺走或者同意出卖财产，然后再拿回来，因为规定农民无权起诉的那项条款仍然完全保留下来了。这就意味着，法律一只手交给农民阶层以权利，另一只手任意践踏权利的使用。

当时的官僚体制善于这样来表达最高当局的意图；这种独特的表达法律宗旨的方式，实际上等于取消了皇上的旨意。知道了这一点，便可理解皇帝说的管理帝国的实际是些小官僚，这话虽然正确，却很可悲。尼古拉关于农民的所有立法，由于不敢采取断然措施而未收到实际效果。当然，要把实际效果同法权方面的变革区分开来。至于不彻底性，不坚决果断的原因是很难解释清楚的，就连农奴主-地主都对此感到惊奇。4月2日法律曾引起许多议论，其中人们经常重复而饶有趣味的异议，已被基谢列夫写进公文里面了。一个贵族说："为啥用这些敷衍做法来折磨我们？难道俄国没有一个能命令地主让自己的农民带土地或不带土地获得自由的最高当局吗？最高当局有权做到这一点。一贯忠君的贵族得到这种命令时，一定会执行的。"面对来自反对解放农民的地主阶层的这种异议，[282]能说些什么呢？应该认为，缺乏果断性以及不敢运用最高权力，都是由于没有认清与农奴制度密切关联的那个阶级的处境和现状所造成的。与亚历山大时期相比，尼古拉时期更害怕贵族。我们在翻阅亚历山大执政初期设立的一个非正式委员会的文件时发现斯特罗甘诺夫伯爵关于贵族的见解。文件中说，当时的国务活动家们根本不认为贵族是构成政府反对派的一个阶层。

第八十六讲

亚历山大二世重大改革概述——农奴人口——地主经济——农民的情绪——亚历山大二世登极——农民改革的准备——农民事务秘密委员会——省委员会——改革方案——编审委员会——1861年2月19日法令的基本特点——农民的土地制度——农民的义务和土地的赎买——贷款——赎金——地方自治改革——结论

亚历山大二世重大改革概述 简要地概述了尼古拉执政的情况，其实已结束了我们的研究大纲。1855年2月18日，也就是尼古拉皇帝驾崩的这一天，可以算作我国历史上混乱时期以后新皇朝理政以来整个时期的终极。在这一时期里，作为我国政治生活和社会生活基础的某些原则一直发挥了作用。1855年2月18日起开始了新时期，在这一时期里，出现了另外的生活原则。我们不但知道这些原则，而且了解它们的产生和性质，但不知道它们的结果，因此它们还不能成为历史研究的对象。然而，在此期间，即自1855年2月18日以来，解决了还在前一个时期已经提出来的某些问题。我们已经明白，这些问题是怎样被提出来的，根据什么需要提出来的。现在，我们至少必须了解这些问题是怎样解决的。我要讲的内容，就是简述亚历山大二世的重大改革，目的是对前一时期研究过的那些问题作点说明。

前一时期我国政治生活和社会生活有两个特点，我们是知道的。这两个特点就是：本来各阶层为国家利益而共同承担的强制性义务劳动，从18世纪起却成了只落在农民一个阶层身上的强制性农奴劳动；其次，标志这一时期生活的另一个特点的是这些阶层相互分离和它们共同的政治活动的停止。自18世纪中叶或末期开始，局势的发展提出了两个根本性的问题，而正确地安排好我国的政治生活和经济生活则取决于这两个问题的解决：（一）关于解除农民的强制性农奴劳动问题；（二）关于在政治经济事务方面恢复各个阶层已经中断的共同活动问题。亚历山大当政时期，采取相应的方式解决了这两项根本问题。第一个问题是通过带着土地解放农民的方式解决的；第二个问题则是通过实行地方自治制度加以解决的。弄清这两项改革，就结束我们的这门课程。目前，无论哪一项改革，哪一位历史学家都不能讲述清楚，因为还没有足够的历史资料用来判断这一项或那一项改革的意义。对历史事实的评价，主要是根据它们的后果，而该两项改革，无论是哪一项还看不出其后果。所以，我要讲的并不是这两项改革的历史，而是它们的进程和实质的概述。

农奴人口 在介绍尼古拉执政时期的时候，我稍微提示了农民问题的症结所在。显然，为解决这一问题所给予的关注，没有带来什么成效。不过，在尼古拉执政时期，农民的处境及他们对待地主的态度发生了一些有趣的变化，因此，问题的解决不再靠人的政治智谋，而靠自发势力提出的要求。这种自发势力在任何情况下，甚至在违背人的意志的情况下，都能解决问题。

为了弄清这些变化，有必要知道一些数字。1857年进行了第10次，迄今为止帝国的最后一次全国人口普查。根据普查资料，包括波兰王国和芬兰大公国在内，帝国男女人口共计6 250万。其中大多数是农村各阶级，这就是：皇室领地农民，他们是按照保罗皇帝1797年法律列为供养皇族成员的农民，男女共350万人；国有农民和为数不多的自耕农加在一起，双性人口共 2 310 万人。在这个数字中隶属于地主的纳税人的人数为 1 050 万人，但实际人数男女共计 2 308 万人。有趣的是，农奴制存在的后期农奴人数的减少，明显地表明这一制度已开始衰落。30 年代初，进行了第八次人口普查。按那次普查，欧俄和西伯利亚，不包括外高加索、波兰王国和芬兰，农奴人数比起第十次人口普查的人数要多，这就是说，从 30 年代初到 50 年代末（差不多 30 年）这一段时间，农奴人口不但未曾自然增长，反而减少了。这种减少主要是由于农奴转为国有农民所致。然而，考察者们发现，非同寻常的是自然增长非常缓慢，这说明，农奴的处境比起其他阶级更为恶劣。这种减少表现在下列数字之中：根据第八次人口普查，欧俄的农奴人口在帝国全体居民中几乎占 45%；按第十次人口普查，则只占 34.39%（农奴人口所占比重在 22 年间减少了 10.5%）。

地主经济 我们在观察农奴主之间分配农奴的情况时发现了另一个变化。很早，即古代俄罗斯领地制度建立时就开始实行的原则，促进了我国小贵族土地所有制的发展，因此贵族土地所有者的大量存在并不使你们感到奇怪。按第八次人口普查结果，在欧俄（不包括顿河军区辖地）总共有 12.7 万拥有农奴的贵族（其中，没有土地而只有农奴，即家奴的将近 1.8 万人，在他们手中集中了 5.2 万个家奴），也就是说，拥有土地的贵族为 10.9 万人。据第十次人口普查结果，拥有农奴的贵族减少到将近 10.7 万人（其中没有领地，只拥有家奴的贵族不到 4 000 人；没有土地而只拥有农奴的这一阶级如此急剧没落，以致在他们手下所剩的男女两性农奴一共才 1.2 万人）。这样，占有土地的贵族约有 10.3 万人。看一看他们之间农奴的分配情况倒是很有趣的：拥有不多于 21 个农奴的小领地贵族为 4.3 万人；拥有不少于 21 个，但也不超过 100 个农奴的贵族为3.6万人，而拥有1 000个以上农奴的大土地所有者大约为1.4万人。可见，小领地贵族占了土地所有者的四分之三以上。尽管小土地所有者在人数上占那么大的优势，但绝大多数农奴仍然归大土地所有者拥有；土地所有者中大多数是小土地所有者，可是大多数农奴归大土地所有者，即4.3万个小土地所有者一共才拥有34万男性农奴，而1.4万人左右的大土地所有者却集中了800万男性农奴。这显示，占有土地的贵族人数减少了，无地而拥有家奴的贵族阶级迅速消失。我毫不夸大地说，在第八和第十次人口普查之间的这段时期里，中等占有者阶级明显地增长了，而小的和大的占有者阶级却减少了。社会生命同自然生命一样，两端衰萎，血液淤积心脏，即血液集中到中心的这种现象，通常是机体将近死去的标志。

其次，以强制性劳动为基础的农奴制地主经济，尽管采取了一切人为的措施竭力加以维持，看来，还是衰败下去了。那些措施之一是靠交代役金来发展劳役制经济。我们知道，在18世纪，代役金制到处比劳役制占有优势。19世纪，地主们加紧推进劳役制，使农民从交代役金转为服劳役，因为劳役制比起代役金制普遍能为地主提供更大的收益，地主从农奴劳动榨取所能榨取到的一切。这种情况大大恶化了临解放前10年的农奴的处境。对于农奴来说，把他们送进工厂当工人是一种特大灾难。在这方面可以说，19世纪俄国经营的工厂的效益在很大程度上是靠农奴取得的。尽管以劳役制代替了代役金制，但地主农庄还是一个接一个地倒闭，许多地产被典当给了国家信贷机构。然而，从这些机构领取的资金在多数情况下并未用于生产事业。例如，负有国债的贵族领地并未扩大其地主经济生产的周转额。证实地主经济这种状况的数字是令人吃惊的。我说过，根据第十次人口普查结果，在欧俄共有10.3万处贵族领地，其中拥有被列入纳税人口花名册的男性农奴1050万人。自

1859年以来，被抵押的领地有4.4万多处，它们拥有700多万已登记的农奴，即被抵押三分之二以上（原文如此，实际应是三分之一以上。——中文译者注）的贵族领地和三分之二的农奴。这就是说，被典当的多半是人口稠密的贵族领地。这些被典当的领地的债务，于1859年已超过4.5亿卢布。

之所以有必要回顾一下引用过的全部数字，是为了让大家认清那些无力偿还债务的贵族领地是怎样逐渐地、不由自主地转归国家手中的。假如我们设想农奴制的存在延续两三代人的时间，那么，贵族领地即使没有废除农奴依附关系的法令也会统统变成国有财产。这样，贵族农庄的经济准备好了废除农奴制的条件，而且这一废除在更大程度上是由道义上的必要性所准备的。

农民的情绪 尼古拉执政结束时农民的情绪，使每一位不愿把国家推向深渊和灾难的头脑清醒的人深信急需解除农奴制关系的症结。有件事清楚地显露了这种情绪。1853年爆发了东方战争。1854年年初颁布关于建立国家非常后备军和征召支援正规军的后备军士兵诏书。在紧要的战争时期颁布这类诏书本来是平常事。过去，这类诏书不会导致任何严重的后果。可是，现在却不同寻常，农奴中间立刻流传一种谣言，说是谁要自愿报名加入后备军，他将带着全部土地获得自由。农民（最初是梁赞省）纷纷向长官表示愿意报名当兵。地方当局劝他们相信根本不存在那种法令，结果枉费心机，农民坚持说有那种法令，只不过地主把它藏起来不办。梁赞省爆发的骚动得到了邻近的唐波夫、沃龙涅日、奔萨等省的响应，并进而扩及到了喀山省。到处都有农民奔向省城，向政府长官索取关于给予报名当兵者以自由的法令。后来不得不动用武力以平息这场骚动。

亚历山大二世登极 这就是1855年2月19日新皇帝登极时的形势。

他以贵族特权的代表人物著称。他当政后的头一批法令在贵族社会中维持了这种信念。这些法令着重表达了新政府坚决维护贵族权利的意向。因此，期望解决迫切问题的那些人对新皇帝不曾抱多大希望。当时，政府则忙于上届政府遗留下来的对外斗争。最后，于1856年3月18日签订了巴黎和约。在这一段时间里或多或少发生的一些变化，使贵族们更加确信他们的权利仍将不可侵犯。新皇帝即位时的内政大臣是比比科夫，他曾经在西部罗斯，即基辅省及与之毗连的各省担任总督，那时他就表明自己是农民利益的维护者，并且在西部和西南部罗斯制定了他的著名的财产清册，即证明文件，规定每一领地内的农民应向地主缴纳佃租或为他劳动的数额，从而限制了土地占有者对农民的专横。财产清册在西部罗斯的贵族中曾引起强烈的怨恨。新皇帝即位后不久，于1855年8月，亚历山大一向讨厌的这位比比科夫被辞退，接替他被任命为内政大臣的是一位对农民问题漠不关心而被认为是贵族朋友的——兰斯科依。比比科夫任大臣时，限制贵族横行霸道的同时，坚持要由政府任命以往由贵族选举产生的县警察局长。这项法令在新皇帝执政初期就被废除，县警察局重新回到贵族手中，局长由贵族选举。这样一来，贵族社会认为，新朝廷将会是贵族朝廷，因而就相当平静地接受了号召全社会去"消除其中潜在的毛病"的关于和平的诏书。其实，这是冠冕堂皇的空话，并不是新朝廷的政纲。

农民改革的准备 突然发生了一件不寻常的事。1856年3月，即签订和约后不久，皇帝起驾前往莫斯科。这里的总督，著名的农奴制拥护者扎克列夫斯基伯爵向皇帝禀报了当地贵族想晋见皇上的愿望，因为在他们中间已经谣传着有关政府打算废除农奴制的消息。皇帝召见了莫斯科省贵族首席代表谢尔巴托夫公爵和一些县代表，并对他们大致说了以下的话："你们当中传开了我要废除农奴制的谣言;我现在还没有打算这样做,不过你们自己明白,占有农奴的现行制度不改变是不行的。把这一点告诉你们的贵族,好让他们想一想这件事怎么办。"这番话如晴天霹雳,使在场的人大吃一惊,后来所有贵族也都为之震惊,因为贵族前不久还指望能够巩固自己的权利,并抱着那种企望已经准备好迎接当年8月即将举行的加冕礼。新任大臣兰斯科依曾向皇帝探问莫斯科讲话的意思。皇帝答复说,他不希望讲话将会落空。于是,内政部里便开始了目的尚不明确的筹备工作。

1856年8月举行加冕礼,照例各省、县首席贵族代表聚集到了莫斯科。内务副大臣列夫申受命了解这些代表对待"关于改善农奴地位"(当时还回避"解放"一词)问题的态度。列夫申试探了他们的口气后愁眉苦脸地报告说,贵族无论哪一方面都不接受,只有西部罗斯,主要是立陶宛的贵族表示有一线希望。这些对比比科夫的财产清册心怀不满的贵族代表似乎表示要协助政府,所以委托维尔诺省总督纳吉莫夫做好安排,使贵族代表们直接向政府表示改善自己农奴地位的愿望。事情就这样收场了。

农民事务秘密委员会 当时,按照惯例组成了类似于尼古拉在位时所组成的那种农民事务秘密委员会。该委员会于1857年1月3日由皇帝亲临主持,召集特别委任的成员参加,开始了自己的工作。委员会受命制定管理农奴和改善其地位的整体规划。这个委员会的工作向我们表明,在1857年还未产生任何计划,也没有搜集有关情况的资料,甚至还没有制定解放农奴的基本原则,例如,连解放农民是否带土地也没有决定。委员会着手工作后不久,当年11月,大家盼望已久的维尔诺总督纳吉莫夫带着他同当地贵族协商的结果来到彼得堡。他来时垂头丧气;贵族代表或许受莫斯科节日气氛的影响,说了一些不该说的话,因此遭到了自己选民——立陶宛各省贵族的应有的训诫。为审查比比科夫的财产清册而组成的各省地方委员会断然声明,既不希望解放农民,也不希望改变他们的地位。纳吉莫夫将这情况禀报上去后,给他下了一道注明1857年11月20日日期的圣谕(请听含义,不要去抠字眼)。圣谕写道,皇上愉快地接受了纳吉莫夫所表达的立陶宛贵族想改善农民地位的愿望,因此,准许当地贵族从自己人中推选人员来建立委员会以制定出实现这一善良意愿的规章。省委员会应由每县推举的两名贵族代表和由总督从有阅历的地主中间指派的代表组成。省委员会制定各自的管理农民新体制方案,然后提交总督直属委员会审核。将各省的方案审核完毕,应制定出立陶宛三个省共同的总方案。圣谕还指出了应该作为方案基础的三项原则。它们是:农民向地主赎买自己用的宅旁园地,要同地主达成使用田地的协议;农民往后的管理体制必须保证使农民向国家缴纳捐税和土地税;农民从地主那里获得宅旁园地和土地之后,要被安置在农村公社,但照旧受充当世袭领地警察监视人的地主的管辖。当地贵族得知给纳吉莫夫下了圣谕时,都感到十分惊讶,好容易才明白过来,原来就是他们自己为此事提供的借口。

然而,此刻在彼得堡那里又闪现了另一个火星,即决定请立陶宛的贵族着手制定管理农民的规章,并通知其他省份的贵族,看他们也是否会像立陶宛贵族所希望的那样去做。据说,推广此事的主意,最初是由康斯坦丁大公提出的,他在此之前已经是秘密委员会的成员。很快这个主张便公开化了。大约就在这个时候,沃龙涅日省省长斯米林晋见了皇上,在谈话中皇上突然对他说,他已经决心要把有关农奴一事彻底搞下去,而且指望他能够劝导自己的贵族予以协助。斯米林便去请教兰斯科依解释皇上这些话的含义,并提问,沃龙涅日的贵族是否会因这件事接到某种指示。对此,兰斯科依面带笑容地回答说:"会接到的。"大约就在这前后,有人回想起彼得堡的有些贵族曾表示希望更具体地规定出有利于地主的农民义务规章。当时,这件事被忽略了,可是,现在便回忆起来了。于是,12月5日下达了新的圣谕:"鉴于彼得堡的贵族愿意改善农民的地位,现准许他们建立委员会等项。"下达给彼得堡总督伊格纳季耶夫伯爵的这一圣谕使贵族们惊得目瞪口呆。最后,所有下达给纳吉莫夫的圣谕和内政大臣的通令统统分发到各省省长备案。彼得堡急不可耐地开始等待各省贵族如何对待这个通知,将抱何种态度。

省委员会 第一个表态的是梁赞省的贵族,他们表示愿意推举本阶层的代表组成委员会来制定管理农奴的新体制方案。接着,其他各省不管愿意与否,一个接一个地仿效照办了。可是,我们莫斯科省却落到最后几个省份之列。到1858年7月中旬,各省都成立了省委员会,它们的组成情况与准许立陶宛总督组织的委员会相似,即由省贵族首席代表和县贵族选出的每县一名代表以及当地省长专门指派的地主组成。正是这些省委员会经过将近一年的工作,制定出关于地主农民生活规范的地方条例。这项工作就是这样未经周密思考和充分准备开展起来的,但它却导致了立法方面的大转变。

1859年2月,当第一批省委员会正式工作的时候,农民事务秘密委员会作为业已开始这项工作的主要领导机构也正式、公开成立了。随着各省委员会制订的方案陆续上报,在秘密委员会之下设立了两个编审委员会,其职责是对各省方案进行最后审定。一个编审委员会终于决定办实事,要制定关于"解放"农民的通则;另一个编审委员会则负责按俄国不同地区制定地方条例,该条例可根据本地区的条件,要求修改通则。制定通则的第一委员会由与这项事务有关的主管部门(这就是内政部、财政部、国家资产部以及作为法典编纂机构的御前办公厅第二处)的官吏组成。第二编审委员会则是由贵族的代表人物组成，但这些代表不是经选举产生，而是由编审委员会主席从各省委员会成员或者一般地从贵族中间任命的专家。被任命充任编审委员会主席的是深受皇帝信任的军事院校校长罗斯托夫采夫。此人未曾研究俄国经济状况，对实际情况知之甚少，但这时他表示要为事业出力的真诚愿望，因而取得了信任。正是这位罗斯托夫采夫从各省委员会召来一批富有经验的人，建立了地方条例编审委员会。它的工作主要集中在善于思考问题和工作能力最强的几个人的小圈子里，这些应邀来参加该委员会的人中有新任内政大臣尼古拉·米留金和来自萨马拉省委员会的贵族专家尤里·萨马林以及图拉省委员会的切尔卡斯基公爵。这几个人与委员会的办事人员茹科夫斯基和索洛维约夫一起组成了那个小圈子，事实上承担了全部工作的重担。在总委员会里，支持他们的是康斯坦丁大公，而反对派的成员主要是应邀参加编审委员会的两名委员——彼得堡省首席贵族舒瓦洛夫伯爵和帕斯凯维奇公爵，外加一个莫斯科贵族鲍勃林斯基伯爵。

这两个编审委员会制定通则和地方条例后提交总委员会所属的联合委员会进行最后审定。1859—1860年做的工作就是逐步发展和明确了新法令的基础。各省委员会在1859年年中结束了各自的工作。

改革方案 分析各省委员会的方案后发现，就性质而言，对解决农民问题有三种不同的办法。一类方案反对任何一种解放，建议只采取一些改善农民状况的措施。莫斯科省委员会的方案在此类方案中占首位。其次的一类方案容许解放农民，但不许赎买土地。这里为首的是彼得堡省委员会的方案。最后，第三类方案主张必须连带土地解放农民。第一个提出必须赎买土地使之归农民所有这一主张的是特维尔省委员会，其领导人是省首席贵族温科夫斯基。作为

2月19日法令基础的那些主要原则就是在这种背景下产生的。

编审委员会 编审委员会的工作，也就是我已经提到的那个小圈子的工作，是在贵族阶层的吵嚷不休和激烈争论中进行的。我不知道他们是怎样被卷进这件事的，现在是他们在竭力阻挠这项工作的进行。委员会里寄来了无数的信件和字条，猛烈攻击编审委员会的自由派。根据颁布的一项法令，编审委员会应将制定好的通则和条例草案提交专门从各省委员会召来的贵族代表讨论。

到1859年秋季，两个编审委员会审订了21个省的方案，并从这些省召来了代表，称这些代表为第一批应召代表。他们来的时候，本以为身为等级代表能够积极参加条例的终审工作。其实不然。内政大臣身着晨装在前厅接见他们，冷淡地寒暄了几句，建议他们必要时向两个编审委员会提供某些资料和说明。于是，这些有名无实的代表们便愤怒起来，请求政府准许他们召集会议。获准开会后，他们聚集在舒瓦洛夫的办公室。在此无须赘述他们在那里说了些什么，反正他们讲了远离农奴问题这个主题的其他事情。鉴于这种讨论文不对题，后来规劝他们停止了会议。被激怒的第一批应召代表便散伙回去了。

1860年年初，审订其余的方案后从各省委员会召来了新的一批代表，即第二批应召代表。然而，政府与贵族之间的紧张关系对敏锐和机智的编审委员会主席罗斯托夫采夫产生了强烈的影响，以致使他病倒，并于1860年2月去世。期待顺利解决农民问题的公众，当获悉他的继任者时，无不为之震惊。此人就是司法大臣帕宁伯爵。他是一个忠贞不渝的农奴制维护者。所以贵族将此任命解释为惶惑不安的政府要把农民问题撤掉。但是，上边坚持把这件事继续进行，责成帕宁领导的编审委员会制定并通过最终的条例。第二批应召代表受到了热情的接待。不过，没有人，甚至舒瓦洛夫都没有设宴款待。这批应召代表原先就有反对解放农民的情绪，比起第一批更为保守。当时，两个编审委员会已经完全采纳必须强制赎买地主土地归农民所有的主张，即使最有善心的地主也只愿意实行赎买，好尽早解脱农奴劳动。第二批应召代表坚决反对强制性赎买，坚持农民同地主自愿协商的处理土地的办法。结果，保守的贵族代表们不顾编审委员会的主张，提出了自愿协商的原则。编审委员会听取第二批应召代表们的意见后又继续进行了自己的工作。1861年来临时这一工作尚未结束；正在这时下来一道圣旨，责令在登极之日前结束。于是，两个编审委员会便加快进度，对通则做了最后润色，先交总委员会通过，之后再提交国务委员会审定，以便在1861年2月19日前准备好通则和地方条例的印刷件。这项法令的制定工作就是这样进行的。把这一工作与其说成是完成了制定一项法令的任务，还不如说是完成了解决我国历史上一个最困难问题的复杂的立法程序。

1861年2月19日法令的基本特点　很遗憾，对这项值得认真研究的法令我所能叙述的只不过是它的一些基本特点。1861年2月19日前的数百年间，我国从未有过比这更重要的法令，今后几个世纪也不会再有这样重要的法令，因为它如此彻底地决定了我国生活中的最广泛领域的方向。下面就是它的一些基本特点。通则一开头就宣布农民不经赎买获得人身自由。我们知道，这是暗含在1842年关于义务农民法令中的那个主张的实际发展。不过，农民在获得人身自由的同时，还要分得供长期使用的份地以准确无误地缴纳国家捐税和完成各种赋役。这种份地是根据农民同地主自愿达成的协议得到的。在那些还没有自愿达成的协议的地区，要按照颁发给大俄罗斯和白俄罗斯各省的地方条例的一般原则保障农民的土地。农民摆脱了农奴依附关系，并从地主那里获得长期使用的一定数量的份地后，要向地主交纳现金或为地主劳动，也就是说，缴纳代役金或服劳役。在这种条件下，使用地主土地的农民便组成暂时义务农阶级。他们根据自己的愿望可以从地主那里赎回自己的园地，也可以购置耕地，但要同地主相互达成协议。农民赎买园地或耕地时，可以享受一定数额的国家贷款。农民一旦赎买了土地，就摆脱了暂时义务农地位。在赎买之前，地主对农民保持世袭领主监督权。农民对地主的一切关系随着赎买而终止。他们开始处于私有者农民的地位。解放农民就是在这一总原则基础上进行的。

农民摆脱农奴依附关系后，便被安排到村社，获得一定的自治权。总之，整个解放农民法令由三个部分组成：1）村社制；2）分给农民长期使用的份地；3）赎买供长期使用的土地。对我们来说，乡村自治局机构的意义是次要的。我要指出的仅仅是，所有农奴统统被安排到单另的公社。村社是属于一个主人的村镇，或者是属于几个主人的一个大镇的一部分。相互毗邻的若干村社联合成一个乡；一个乡一般为一个教区。然而，有时，譬如归一个地主所有而属于不同教区的毗邻的若干村社联合成一个乡。但这样的乡要有不少于300名和不超过2 000名的注册纳税人。村社如同乡一样，是一个经济行政机构。村社由村长和村会管理。乡由经选举产生的乡长和本乡户主们组成的乡会管理。村会和村长一样，它起的作用纯粹是经济和行政方面的。乡管理局还掌管等级法庭，法庭的机关是选举产生的法官公会。

农民的土地制度　不用说，主要困难自然是农民土地的配置原则。历史上形成的各种主要条件相互间有着很大差异，从而解决这一问题更加困难了。农民摆脱了农奴依附关系之后，必须分得必要数量的土地以保障本身的生活需求和按时向国家和地方自治局缴纳赋税。分配这种份地，当然要考虑到一定地区里居住的农奴人口的密度，也要考虑到当地土壤的好坏。为此，整个俄国被划分成三个地带，即非黑土地带（北方和一部分中央省份）和黑土地带以及草原地带。根据土壤质量和人口密度，每一地带被划分为若干地区，298 这样，把三个地带共划分成29个地区。考虑人口密度和土壤质量的基础上为每一地区规定了两种人口份地标准，也就是不管各户实际人手有多少，分给每一个注册纳税人以一块地，并且统计纳税人的人数要以最后一次，即第十次人口普查为准。一个标准是人口份地的最高数量，另一个是最低数量。最低数量在所有地方都相等于最高数量的三分之一。为了举例说明，我要引用第一个，即非黑土地带的一些数字。在莫斯科省某些县份，分给每人的最高份地为3俄亩（当然是2 400平方俄丈的官方俄亩），而最低份地是一俄亩。莫斯科省的其他县份和邻近各省的份地数量高一些。例如，在同属非黑土地地带的沃洛格达、维亚特卡、诺夫哥罗得、奥洛涅茨等省的某些县，份地的最高数量为7俄亩。这样，最高份地7俄亩和最低份地三俄亩，都是最高标准，而不是最低标准。2月19日法令颁布后的头两年，要把所有领地的实际份地数量确定下来，准确标明暂时义务农应对地主所负的义务。作为份地划分的土地的数量以及应为地主完成的义务标准，均在农民同地主签订的所谓法定文书的专门契约中作出规定。2月19日法令颁布后的头两年之内，所有的领地都应根据自愿协商原则签订法定文书。若做不到两相情愿，那么，就按法律办事。在大部分领地里，如果农民在农奴制时期是代役租农，那么，要以当时他使用的土地的数量作为确定份地数量的依据。政府只进行监督，使份地数量不超出最高标准和不低于最低标准，即不低于三分之一。低于最低限量是不容许的，高于最高限量只有在地主同意的条件下才可以。如果地主愿意，那么他也能给予农民甚至是最高标准的份地。在没有这种愿望的场合下，地主从农民那里分割多余的地段，但留下的土地数量不得少于为当地规定的人口份地数量的最高标准。这种割地在许多地区破坏了农民的地段（份地）。份地也可能低于最高标准，但绝不能低于这个标准三分之一。现在已经清楚，当时，在大领地里的农民得到的份地差不多都是相等于最低标准的。

农民的义务和土地的赎买 为每一块划分的份地都规定有相应的代役金或相应的劳役额。为每一地区的最高份地，规定了与当地人口份地相适应的最高代役金标准。下面就是根据地区性质，即根据土地的质量和收益的多寡而变动的代役金标准：离彼得堡不远于25俄里的各领地里，最高人口份地缴纳12卢布。我们查看一下彼得堡省人口份地有多大。这里，人口份地为3俄亩600平方俄丈，即三又四分之一俄亩。如果人口代役金是12卢布，那么，你们就能算出每俄亩代役金数额少于4卢布。其次，其他区域（莫斯科、雅罗斯拉夫尔两省，弗拉基米尔省的某些县）的领地则规定为3—5卢布。在工厂企业最多的居民点，人口代役金为10卢布。第一、第二和第三地带的其余地区，也就是俄国其余的所有地区，规定为9卢布（有几个省的某些县，作为例外，规定为8卢布）。如果村社从地主那里得到的是最低标准的份地，那么，人口代役金也相应减少。值得注意的是，与最高标准份地相比而减少代役金时，每俄亩的代役金额该怎样计算。不要以为，例如，村社本来应该按照每人4俄亩的标准分得土地而实际却按3俄亩获得时，代役金最高额也会减少四分之一。其实，并不这样计算。请看下面的算法：在第一个地带，即在非黑土地带，人口代役金为12卢布的话，从第一个俄亩土地要抽6卢布，即全部代役金的一半；如果人口代役金为10卢布，那么，从第一个俄亩土地就抽5卢布。从份地的第二个俄亩要抽全部代役金的四分之一。例如，代役金为12卢布，第二个俄亩就是3卢布。人口代役金最高额的剩下的四分之一，由其余的份地分摊。

在黑土地带减低代役金时，也是采用类似的计算办法。在草原地带与黑土地带不同，那里没有最低标准而只有一个规定的限量，300因为草原各省有着大量人烟稀少的土地。非黑土地带和草原地带正好一样，第一个俄亩份地的代役金为4卢布，剩下的5卢布由其余的份地平均分摊。要弄明白这种计算方法造成的差别。例如，如果农民为获得的4俄亩份地必须缴纳12卢布代役金，那么，份地的亩数减少时代役金也应该按比例降低才对；假如农民获得的土地是半份——2俄亩，那么，应缴纳6卢布才对。你们按法令的规定算一算，农民该缴纳多少代役金：为第一个俄亩缴纳6卢布，为第二个俄亩缴3卢布，共计9卢布。假若农民得到的不是4俄亩，而只有3俄亩，那么会是什么情况呢？按简单比例计算，农民应缴人口代役金的四分之三，即9卢布。实际缴纳了多少呢？为第一个俄亩缴6卢布，为第二个缴3卢布，其余的3卢布按1.5卢布平分给剩下的2俄亩。农民少领了1俄亩地，但缴纳的代役金不是9卢布，而是10卢布50戈比。显然，规定这些条款是为了抑制非黑土地带农民力求减少自己份地的意图。

地主是想使第一个俄亩的代役金定得高些，这样，农民要了第一个俄亩而放弃其余的地就不合算，因为第一个俄亩的代役金太高。关于第一个俄亩代役金估价的细则是由反对强制性赎买的第二批应召代表们提出的。他们的功劳正是在于写进法令两项原则：在许多方面不利于农民的自愿达成协议原则和关于第一个俄亩的法定规则。同样，为实行劳役的领地也规定了份地应完成的最高劳动量：男性——40个劳动日，妇女——30个劳动日。就这样，农民从地主手里获得长期使用的份地的那个时候起，便处于暂时义务农地位。这种地位所含的意义是不言而喻的。由于这种地位农民对土地，对地主的关系与沙皇阿列克谢法典强加给他们的相差无几了。恢复了农民对土地的依附关系，不过是使他们在人身方面摆脱了农奴依附地位，但还保存了地主对农民的领地警察监督权。

解放农民问题的最后一项是：农民赎买了土地，就拥有永久而不可剥夺地使用这块土地的权利。赎买是一个复杂的过程。划给农民长期使用的土地的赎买，是以法定文书规定的代役金为依据实行的。农民赎买的土地的价格，是按对该地区土地规定的代役金6%进行资本估值。这意味着，法定文书上表明的代役金总额乘以16卢布67戈比所得出的数额便决定赎买地的价格，也就是每1卢布代役金就相当于16卢布67戈比的资本。与此同时，对于赎买宅园地和田间地又规定了单独的手续。宅园地可以根据农民的愿望，即甚至可以不经地主同意就能赎买；宅园地，即农户院里和菜园子的地的价格是，按扣除一部分代役金对宅园地进行资本估值确定的。为此，将所有宅园地按其价格分为四等：扣除1.5卢布代役金的最低标准宅园地；扣除3.5卢布或者更多一些代役金的最高标准宅园地；再把这1.5卢布和3.5卢布或更多一些的数额乘以16卢布67戈比就得出宅园地的价格。赎买田间份地有两种办法：农民同地主自愿达成协议和根据地主单方面的要求。不能根据农民单方面的要求赎买。地价的算法也和宅园地一样，即扣除宅园地那一份额所剩下的代役金额按6%进行资本估值。

贷款 究竟是谁来为被赎买的土地付款给原来的占有者的呢？当然，农民自己是没有足够的资金来支付赎金的。因此，国家便负起协助办理手续的责任，贷给农民一定数额的赎金。不需要贷款而能够赎回份地的农民为数甚少。确定这项贷款标准的方法也很复杂。如果赎买是根据双方自愿达成的协议，而且农民要赎买法定文书标明的全部份地,那么政府负责替农民向地主支付资金总额每1卢布的80戈比,剩下的20戈比由农民按照同地主达成的协议自行支付;农民交付的可能多于20戈比,因为国库负责支付的只是作为份地资金款项的五分之四。农民自己作为补充支付交付的20戈比往往用劳役抵偿,也就是说,农民不是用现金支付这20戈比,而是用劳动代替现金;有些地主拒绝这种用劳动取而代之的补充支付。如果不取得农民的同意而按地主单方面的要求强行赎地,那么,国库向地主只支付每卢布中的75戈比,而且地主还要失去获得农民补充支付的权利,因为农民没有同意赎买,就不承担付款的义务。很明显,这是对于双方自愿达成协议进行赎买这一办法的间接鼓励。如果地主同农民商定把一部分土地赠送给农民,那么,农民可以放弃分给他的,归地主所有的其余份地。按一般原则,农民赎买的份地不得少于当地法定最高份地标准的三分之一;农民可以接受赠送地,但不得少于当地最高份地标准的四分之一,这就是所谓的四分之一份地或者称它为"叫花子"份地,凡代役金规定的过高的地区,也就是在那些必须以高价赎买土地的地区,农民争先恐后地力争获得这种"叫花子"地。在黑土地带各省,给予农民四分之一的份地对地主有利,而农民觉得不支付赎金能获得小块份地是便宜事。迄今为止,主要在黑土地带各省,即使不是无一例外,还有50余万农民仍靠这种四分之一的份地为生。

赎金 政府为地主的土地发放了贷款,这便成了农民承担的国家债务。为此他们又担负起偿付赎金的义务。作为国库贷款的这种赎金,其利息规定为贷款的6%;这6%既包括本息,也包括偿还利息。农民承担的这种国家债务从赎买时算起在49年内以赎金的形式还清。大多数地区的赎金同农民担负的所有其他款项数目相等,甚至超过。

用钞票付给地主国家贷款时,扣除其领地所欠的国家债务。我们发现,各领地欠的国家债务到1861年时累计达到4.5亿卢布之多,而在这时,赎地一项就要求国家支付7亿多卢布的贷款,可见,为赎地一事就花了10亿多卢布。亚历山大二世朝政结束前,80%以上的暂时义务农赎买了土地,只剩下150万注册人口仍处于暂时义务农地位。亚历山大三世执政初期,也就是1881年12月颁布法令规定,这150万或100万左右的农民必须按政府的要求实行赎买,以便解除农奴制遗留下来的最后症结。因为这种赎买既不是根据地主的要求,也不是根据地主同农民达成的自愿协议来完成的,所以就产生了由谁来给地主支付那个20戈比的问题;地主没有提出赎地的要求,因此,他有权得到这个20戈比,而农民也没有表示同意赎买,所以没有交付这笔款的义务;在这种情况下,只好由国家来承担这项开支,于是现在来完成这最后一批仍对地主保持义务关系的农民的义务,即实行强迫赎买。

改革的一般过程就是如此。由于改革人们在法律面前平等了。从此整个社会由承担同等社会义务和国家义务的同等自由的公民所组成。我们知道,农民的解放是在贵族的大力参与下实现的。这种参与的基础是政府或者国家对异常关心改革的这个等级所给予的信任,而贵族也多半是抱着很大的舍己精神参与这项工作,协助了政府。我没有时间给你们讲述这场改革的过程本身以及实现改革和贵族参与这项事业的详细情况。

地方自治改革 既然号召过最高等级的一个阶层协助政府办理那么重要的事业,那就无法拒绝现在已经同样是自由的其他社会阶级参加日常事务的管理。既然2月19日的改革并不是完全用官僚手段实行的,那么,在今后的社会体制方面更应求助于其他社会阶级的协作。所以,2月19日改革的直接后果是号召现今社会各平等阶级参加管理。1864年1月1日关于地方自治机构法令就是在这一基础上制定的。这一法令的主要特征就是号召地方上的社会各阶级共同协助政府管理地方经济事务。这项任务委托给了地方自治机构。这些机构的主管部门是省或县从事与经济紧密相关的机关,例如,慈善、教育、卫生机关等。地方自治机构由县、省两级机关组成。县地方自治机关是县地方自治会和县地方自治管理局。

县地方自治会由本县居民产生的议员组成。本县居民分成三个等级:土地所有者,城市居民和村社农民。每个等级的居民在各自的代表大会上选出县自治会的议员。凡在本县占有一定面积可耕地的人有权在县土地所有者代表大会上当选举人。为此,分别为每一省规定了这一资格所需要的土地限量;最低限量为200俄亩。例如,在莫斯科省,拥有这么多土地的人,就在土地所有者代表大会上有表决权。在县里拥有的不是土地,而是拥有一定的不动产的人有同样的权利。这种不动产,比如,可以是价值不低于1.5万卢布的房产或者是年营业额不少于6 000卢布的工业企业。城市选民代表大会上,表决权属于全体商人以及在市区拥有一定价值的不动产者或者年营业额不少于6 000卢布的工业企业所有者。村社的代表出席县农民代表大会;出席乡代表大会的代表人数不得超过村会人数的三分之一。就在这三类代表大会上选出县自治会议员;为每个县专门规定了与该县的土地占有者和工业家等人的人数相适应的各种议员人数。由这些议员组成的县自治会握有支配本县经济事务的权力。县自治会每年不迟于9月召集一次会议,会期不超过10天。

经省当局特别批准可以召开县自治会非常会议。根据县自治会决议进行日常工作的执行机构仍旧是县自治局。自治局从县自治会的议员中选举产生,由1名主席和2名官员组成。县自治机关的情况就是如此。无论是县自治会的议员或者自治局的官员,任期均为3年。

省自治会由各县自治会组成；选入省自治会的代表或议员的名额要根据县自治会成员的比例决定；确定人数的办法是将县自治会成员人数除以 6，其商数就是每县自治会该有多少议员选进省自治会的人数。省自治会所起的作用是管理全省经济。它每年不迟于 12 月召集一次会议，会期不超过 20 天。执行省自治会各项决议的常设机构是省自治局；它由省自治会选举产生的主席和 6 名成员组成，任期也是 3 年。

县、省自治会的活动服从一定的监督，即服从省地方当局的监督，同时通过省当局服从于内务大臣。从前领导过地方机关的贵族，除了拥有与其他阶级同等权利之外，还在各地方机构中有某些荣誉地位，诸如：各县首席贵族通常是县自治会的主席，各省的首席贵族是省自治会的代表；无论是前者还是后者均有职无薪。历经 18 世纪和 19 世纪上半期一百年间不断发展起来的思想，也就是恢复一度因国家的某种需要遭受破坏的关于俄国社会各阶级协同合作的这一思想，终于通过这种形式付诸实现。

结论 我讲述上面两项改革的目的仅仅是为了让你们大致了解，上个世纪末被提到日程上来的这两个极其重要的国家内部体制问题是怎样解决的。但是，如果你们还记得的话，曾被提到日程上的还有第三个同样重要的问题，而它的解决对于国内社会秩序，对于道德风尚都起着重大作用。我们知道，随着农奴制度的发展和教育事业取得的成就，俄国的思想界开始对待俄国的现实采取极［不］正常的态度。从上个世纪中叶起，受过教育的俄国人的头脑里装满了许多政治思想和道德观念；可是，这些思想观念并不是他们想出来的，而是从外面接受的。这些思想观念在发展过程中逐渐积累而成为欧洲社会迄今赖以生存的政治和道德思想宝库。每一个西欧民族都为这座宝库做出了自己的贡献。俄国思想家把它全盘借用过来，正如现在还在这样做一样。然而，它毕竟不是我们自己的，因为我们并没有为它做出任何贡献，只不过是由于年代顺序上的偶然巧合才落到我们手里，即正当它形成的时候，我们抱着求知的欲望被从旁边卷了进去。

这座政治和道德思想宝库从上个世纪下半叶起就使俄国思想界在对待俄国的现实方面陷入了颇大困难境地。在亚历山大二世的改革之前，它同俄国现实毫无共同之点。俄国社会的政治和道德思想构成一种规范；社会生活本身，即建立起来的社会关系又是另一种规范，在两者之间没有过任何联系。俄国思想界是怎样摆脱这种困境的呢？他们尝试过各种摆脱的途径。在上一个世纪，俄国思想界断定，思想归思想，现实归现实；既可以向往平等，也可以向往自由，还要（有什么法子呢？）在奴隶制支撑的社会里向往平等和自由。上个世纪的受过教育的俄国人认定，思想对现实该有这种命中注定的关系。本世纪初，受过某种教育的一代人用另一种态度来对待思想和现实的关系。他们认为，绝不能生活在两种相反的体制之中，即思想体系和社会关系相对立的体制之中，必须把前者同后者协调一致。那么，如何来使自由和奴隶制调和起来呢？于是，这一代人为了思想力图摧毁俄国的现实，但考虑得不周到，准备得更不充分。我们已经知道他们尝试的结局；从那以后，有一段相当长的空隙时间，俄国思想界在处理对待现实的态度问题上发生了分歧。一部分人认为，既然在现行制度下不存在适合于大家所理解的思想的任何东西，那么，就必须把这些思想的实现推迟到遥远的未来，为此要慢慢地创造条件。另一部分人则认为，既然在现行制度下没有适应于西方思想的任何东西，那就应该在俄国的过去里面去寻找是否有这些思想的萌芽或诸如此类的东西；于是曾一度加紧了对过去的研究。这就是在40年代被称之为斯拉夫主义者的那些人的基本观点。

　　自从实行了这些伟大的改革，俄国思想界对周围的现实，对我们现在所处的环境，开始抱另一种态度。俄国的生活开始在具有欧洲各国社会生活赖以维持的那些原则的共同基础上向前发展，就是说，构成欧洲文化整个宝库的那些早被这里的人们接受的思想，现在为自己找到了同源的土壤。不过，这块土壤迅速出现的时候，俄国思想界中也开始了一个双重性的认识过程。一方面，思想界发现他们所接受的全部思想并不完全都适应于俄国的现实，其中一部分带有地方色彩，因而虽然不应扬弃，但应用到俄国现实时要有所变化。我们对西欧文明的思想也开始用批判的态度对待了；另一方面，善于思索的人发现，在新开垦出来的土壤里还不能直接栽植这些思想，只宜继续工作下去，以便使俄国的道德习惯和道德概念能够适应这些思想。正在建立的俄国生活秩序应当依靠这些思想。这个过程使人想到，必须用心研究俄国的现实及其渊源，即俄国现实的过去。这就是我们所探讨的情况，准确一些说，这就是摆在我们面前亟待解决的带有双重性的问题。你们与其消极地坐等他人智慧的成果，不如运用自己的智慧首先进行这项工作。首先要做的是：检验被我们接受的外来思想和用心研究我国现实的情况。在亚历山大二世的改革影响下培育起来的一代人深切感到解决这两项任务的迫切性。应当承认，包括演讲者本人在内的这一代人迄今没有很好解决自己的任务，还应该想到，他们将不能解决这些任务而离开舞台，不过，离开时他们会深信，你们以及你们将要培养出来的人一定会替我们解决这些任务。

附　录

叶卡捷琳娜二世女皇（1729—1796年）

（一）

叶卡捷琳娜二世已是年代久远的历史现象。这就要求在讨论她活动的意图时，应负有某种特殊的责任感，即确立对主题的一定态度，表明观点。

叶卡捷琳娜二世的活动有失策的地方，也有严重错误，给她的一生留下了明显的污点。我们同她相隔整整一百年了，在这漫长的岁月里，旧怨已消，在正值准备纪念她从去世之日起进入第二个一百年的时候，应更加明确地弄清：她究竟有哪些东西值得记取，哪些东西必须加以摒弃。

叶卡捷琳娜二世在位时期是我国历史上整个一个时代，而历史时代通常不以人的一生终结为界限，不以创造者生命的结束而结束。至于叶卡捷琳娜二世时代，自她本人当政时期结束后，至少中断了4年，然后由她的第二个继承人发布诏书才正式再现。他宣布，他将遵照法律和他祖母的心愿治理朝政。随着叶卡捷琳娜逝世，有人颂扬她，也有人指责她。像褒贬一个在世的人一样，要么对她的活动竭力支持，要不就千方百计背弃。叶卡捷琳娜未能避免那么寻常而可悲的永生形象——她的去世使人惶恐不安，争吵不休。她的名字成了对她的政治方向拥护者或反对者两派论战的目标。在她的

310 墓地上曾发生过一场激烈而有趣的争论，是摔碎她的半身像还是把它立到底座上，这表明当时对她生平的看法有两种不同的倾向。

叶卡捷琳娜二世已远隔我们一百年了，期间这类争执和敌意层出不穷。我们今天的利益同叶卡捷琳娜时代没有互接关系。她身后留下的是：各种机构、计划、思想、她当年养成的风气以及大量债务。欠债已经偿还，此外，她进行的沉重战争和推行"小本经营"方式（她喜欢这样表述其财政状况）给国民生机带来的创伤早已治愈，即使较晚长出的伤疤也已愈合。叶卡捷琳娜二世设立的机关中，一部分至今仍保留旧的形式，但已按照新的需求和概念办事；另一些，如地方司法机关已停止业务并更换一新，不但原则上而且体制上都做了根本改变；最后，第三部分，其体制叶卡捷琳娜在位时就已废除，但其原则被后代人保存并修订完善。别茨科伊的封闭式寄宿学校教育制度就是一例，后来这个制度由另一种国民教育计划取代，即由国民学校委员会主持工作；叶卡捷琳娜和别茨科伊传授的仁爱教育思想是可取的，后来实行的新制度更接近于现代教育学。叶卡捷琳娜二世的一些揣测和幻想，有的，例如解放农奴的想法，是在她死后才实现的，因为她没有设想去做，即便她有此决心，也无法实现；另一些想法被现实本身作为多余的东西抛弃了，像建立西欧资产阶级意义上的中间等级的思想就是这样。同样，法令，尤其是《圣谕》中援用的法律、政治和经济思想，在当时是具有大胆革新精神的，这些思想或者把我国的意识和社会生活具体化，或者保留一些共同之点，对装点成年人闲谈的话题或当作学校的习题，都是适用的。至于由叶卡捷琳娜时代有影响的榜样和

311 统一精神培养的习气，虽然在社会上已深深扎根，但令人不满的现象仍然普遍存在。这个时期的问题对我们来说是些平常的事实，因为这些事实的后果我们早就重视了，现在要考虑的不是它们会产生

什么,而是已经产生的东西是怎样造成的。

这就是说,后代要对叶卡捷琳娜二世作一番清理。对我们来说,她既不是一面旗帜,也不是靶标,而只是研究的对象。她逝世一百周年之际,不是对她的生平作出评判,而是回忆她的时代;回顾往昔,不可墨守成规,要对颂扬之词和抨击文章持慎重态度,方可对早已结束的活动作出实在的结论。

要用这种想法对待叶卡捷琳娜二世朝代并非易事。现在适逢纪念这个朝代一百周年之际,老一辈人自然要回忆,他们对本朝代晚期反映的两种尖锐对立的见解记忆犹新,这些见解叶卡捷琳娜二世在世时就已形成,她死后在社会上流传了很长时间。有人谈到当时的情景兴致勃勃,甚至情不自禁地说:那是俄国永世不朽的光辉时代,是女皇使俄国在全世界荣享盛誉的时代,是英雄辈出和英气豪迈的时代,是俄国势力空前壮大使全世界为之震惊的时代。当我们听到这些评论的时候,就想起了叶卡捷琳娜去世后六年,卡拉姆津发表的《致叶卡捷琳娜二世的历史颂词》,当时我们在课堂朗读的语调最动人心弦。卡拉姆津以心地极温良、品德极高尚、君主专制神圣精神表达的思想使人感到很不成熟,这种近乎崇拜的语气,我们认为言过其实。按照另一些人的看法,整个这部歌颂英雄的长篇史诗不过是一幕舞台梦幻剧,幕后动力是荣誉感、虚荣心和独裁;兴建富丽堂皇的设施只是为了使创建者扬名,因此不被重视,对其发展和成效缺少应有的监督和关怀;叶卡捷琳娜的全部政治是门面华丽、后院肮脏的体系,其后果是上层阶级风气腐朽之极,下层阶级频遭压迫和破产,国家一片衰败景象。虚荣心把叶卡捷琳娜这位秉性聪明的女人推向极端,使她成了机智乃至愚笨的阿谀奉承之辈手中的玩物,这些人善于投其所好,有位大臣当面吹捧她的智慧超过了最高主宰者上帝,她却没有把他从皇宫办公厅撵走。有关叶卡捷琳娜精神特征的评论我们持沉默态度，因为这是一辈子也无法说清楚的事。

有两种看法令人深感惊讶和困惑，这不仅因为它们是不可调和的对立面，而且各有各的特点。如令人诧异疑惑的第二种看法受到一些人的拥护。谢尔巴托夫公爵的著名札记《俄国风气之败坏》对这种看法表述得最明显、最完整。他在叶卡捷琳娜二世宫廷供职，是历史编纂学家和政论家，一位学识渊博并具有坚定信念的爱国主义者。他写札记是为自己备用，不是为了发表，直到1790年临终前不久他还在坚持写作。他把自己有关18世纪俄国上层社会精神生活的回忆、观察与思考都归拢到这本书中，结尾部分他描绘出一幅阴暗的图景，结束语说："……至于这种凄惨境况，只有诉求上帝，让更好的皇朝来消灭当今之祸害。"然而，以下的情况很值得注意。拉吉舍夫在《从圣彼得堡到莫斯科旅行记·1790年》一书的"斯巴斯卡娅·波列斯季"一章中，讲述了一个著名的旅途之梦——叶卡捷琳娜二世皇朝是一幅凶恶的讽刺画。梦的第二部分特别动人，作者梦见自己是沙赫、是汗或者类似这种称号的人物，他在同云游女人接触中，发现她原来是个被权势和谄媚蒙住了双眼的人，恍然领悟到了事情的真相，自认为绝顶聪明的行为，原来统统是荒诞无稽之举，整个画面的格调和个别地方的特征与谢尔巴托夫的札记可谓异曲同工。拉吉舍夫是新一代人，其思维方式不同，因为他在国外受大学教育，养成了极端自由主义风气，受到当时最先进思想的熏陶，爱国之心并不亚于牢记和认定彼得一世伟绩的谢尔巴托夫公爵，他对他们两人所经历的时代看法上同那些旧家庭成长的极端保守分子是抵触的，因为这些人的全部心思倾注于彼得以前的古风。更有意思的是，一位较晚的作家称谢尔巴托夫和拉吉舍夫是两扇大门，而叶卡捷琳娜的爱孙加入了这"两扇不同大门的蹩脚哨兵"行列,后来他成了叶卡捷琳娜的第二个继承人。早在襁褓之时,叶卡捷琳娜就让他离开家,目的是用她自己的教育方式和思想培育他。虽然他对祖母晚年的国事有所察觉,但不如谢尔巴托夫和拉吉舍夫清楚。叶卡捷琳娜去世前半年,他写信给科丘别伊说:"我们的国事紊乱不堪,诸如掠夺之风横行,各部门管理不善,制度似乎已废弃殆尽。"在信的另一个地方他讲了真话:"我苦恼的是,每当我必须出现在宫廷场合时,面对那些处处谋求表面功劳而不惜干出在我眼里一个铜板也不值的卑劣勾当的人,我就非常恼火。"还是那个卡拉姆津,在发表《颂词》后的第九年,呈给亚历山大皇帝的一份《关于古代和近代俄罗斯》的笔记,数说了叶卡捷琳娜在位时期各方面的光辉业绩,也指明了重大"污点":官邸和农舍风气败坏;富于诱惑力的宠幸当权;审判缺乏公正;机关以追求豪华来显示巩固。他补充说,叶卡捷琳娜晚年,指责她的人比夸奖的人多。关于这一点,无需列举当时的或很晚的其他较权威的论断,只要回顾一下普希金约于1820年根据口头传说写成的18世纪著名简论,对我们称反叶卡捷琳娜的反对派成分的多样性便可一目了然。

然而,这毕竟是很少听到的孤零零的声音,也许除了拉吉舍夫的书以外,只有在私下自己或小圈子里用到的时候才听到这种声音,这就不可能打乱卡拉姆津在《颂词》中娓娓动听地表达的那种齐声合唱的论断。不过这种论断使人不完全理解,倒不是指其内容,而是指激昂情绪,即表露的感情和想象力的内心活动。这种论断不是依据对经历的时代深刻检讨后冷静地思考作出的历史判断,而是对灵魂人物死后其活生生的现实经久不衰而感人至深的直接印象。这样的印象我国历史上是从来没有的,至少18世纪没有一个皇朝,甚至彼得大帝朝代都没有在民众心目中留下如此强烈的印象。当然，卡拉姆津对成就做了极高度概括的表述，表达了满怀激情的同时代人认为叶卡捷琳娜二世功劳卓著的心情。卡拉姆津在其《颂词》的结尾写道，俄国在这个朝气蓬勃的朝代"以国民教育为主要目的，面貌大为改观，精神为之振奋，智力充分开发，要是我们的父辈现在复活，他们一定认不出俄国"。这番话可能是说彼得大帝，还可补充一句，彼得大帝的主要目的还在于国民致富；阿列克塞·米哈伊洛维奇时代的人还能见到他的儿子兴建的俄罗斯帝国，即拥有圣彼得堡、喀琅施塔得、海军、波罗的海各省区、九百万预算、新建学校等的帝国，但未必知道帝国的旧日莫斯科全罗斯。可是，即使在大兴改革的上流社会，而不是在平民大众之中，也没有发现像后来对待叶卡捷琳娜二世那样以普遍深受感动的热心态度纪念彼得，听到的只是个别深怀虔诚敬仰的声音，此外是对革新家不得不经历的艰难困苦发出的抱怨之声，这两种声音各占一半，很快如同对待叶卡捷琳娜二世朝代一样，听到的是对彼得的事业激烈谴责的声音。

　　这种印象由于不依赖历史本身的真实性，即反映实际情况的准确性，所以它本身就成了一种有趣的历史事实，也就是成为社会心理状态的独特象征。其所以有趣，就在于不能把叶卡捷琳娜二世朝代划入人们最乐意回忆的太平盛世行列。相反，对平民百姓来说，那是个非常动荡而严酷的时代。如果不算农民暴动对安定的严重破坏，那么叶卡捷琳娜在位的头五年，俄国享受了较好的安定局面。根据她本人的统计，她在位的头一年，参加暴动的农民达20万，为此装备了配有大炮的正规武装讨伐队。此后进入了内忧外患的七年动乱时期（1768—1774年），从反对波兰贵族党人开始，很快扩大为第一次土耳其战争，在这同时，国内鼠疫流行，发生了莫斯科暴动和普加乔夫起义。当代人，如谢尔巴托夫公爵等认为，第一次土耳其战争使俄国付出了比以往任何一次战争更高昂的代价。从官方的史料得知，仅在这次为期六年的战争头两年，就耗资2500万卢布，差不多相当于这些年的年度国库收入。卡古尔战役，俄军1.7万人战胜了土耳其15万大军。但1773年8月，叶卡捷琳娜在大臣会议上说，自1767年以来，五次征兵，已从全国征集补充兵员30万。由于1774年签订了库楚克—凯纳吉和约，对外政策出现了12年的平静时期：这是加强内政的时期，即法律狂（législomanie）时期，正如叶卡捷琳娜表述的：当时设立了新的省级机关；建立了国民学校委员会和信贷银行；制定了教区规章；颁赐了贵族和城市特许状；制定了国民学校章程以及其他重要的政府文件。1787年几乎到处闹饥荒，从此进入了第二个动乱时期，直到叶卡捷琳娜去世仍在继续：这期间发生了第二次土耳其战争，其艰苦程度不亚于第一次；与此同时还有瑞典战争；在第二和第三次瓜分波兰之前同波兰进行了两次战争；对波斯的远征；财政危机；为反对革命的法国进行军事准备。叶卡捷琳娜在位34年，有17年用于对外或对内斗争，其余17年就叫休整期好了！难怪她的继承人在登基之际发给欧洲各国宫廷的通告中宣称，俄国"这个世界上唯一的强国，由于40年来处境不幸，国民疲惫不堪"。就是说，自1756年七年战争爆发以来的40年，人们是在连绵不断的战时紧张状态中度过的。

诚然，叶卡捷琳娜时代的成就是很可观的。她喜欢统计成绩，而且随着情况的发展，越来越注重自己的事迹。1781年，别兹鲍罗德科向她呈报了关于她在位19年的事迹记录册，上面记载：新建立示范行省29个；修建城市144座；签署协定和条约30件；胜仗78次；颁布重要法令88项；减轻国民负担敕令123件。总计有492项之多！还可以作些补充：叶卡捷琳娜从波兰和土耳其夺取了拥有700万男女人口的土地,这样她的帝国人口由1762年的1 900万增至1796年的3 600万;军队从16.2万人增至31.2万人;海军1757年拥有21艘主力舰和6艘巡洋舰,1790年共有主力舰67艘,巡洋舰40艘;国库收入总额从1 600万卢布上升为6 900万卢布,增加了三倍多;工业方面的成就表现为工厂数目从500座增至2 000座;对外贸易方面的成就表现为进出口额的增长,波罗的海贸易由900万增至4 400万卢布;由叶卡捷琳娜开辟的黑海贸易,从1776年的39万卢布增至1796年的190万卢布;国内流通量的增长其标志是:叶卡捷琳娜在位34年发行货币1.48亿卢布,而在她之前的62年中只发行9 700万卢布。叶卡捷琳娜财政成就的作用有所削弱,因为财政的重要项目酒税收入在她当政期间增加了近五倍,末期仍占收入预算总额的三分之一。此外,她留下了两亿多债务,差不多等于这个朝代三年半的收入。

这个朝代取得的成就虽然很重要,但人们是逐渐感觉出来的,随着这种感觉,年轻一辈同老一辈相比更容易感觉出皇朝的印象,因为年轻人接受的是早已形成的印象,而老一辈人则生活在印象逐步形成的过程之中。无论如何对成就的感觉总是比印象的产生要早。这些成就本身能使人感到惊讶,甚至激起像对彼得一世那样的敬重之情,但没有产生振奋人心的感召力。

317 　　值此哀悼叶卡捷琳娜逝世一百周年之际,人们脑海里首先浮现出已过去久远的现象,尤其是令人大为惊叹的这些现象产生时的想象力和敏感力,诸如:拉尔加、卡古尔、切斯马、雷姆尼克之战的胜利和庆功会;宣读《圣谕》时落泪的情景;1767年委员会;行省机关成立时的庆祝大会和总督与首席贵族代表的讲演;光辉的颂歌;宫廷几十个大厅同时举行的化装舞会,化装面具多达8 540件;女皇之克里木巡幸,沿途50俄里张灯结彩迎接,一夜之间到处变成了神奇的宫殿和花园；不但塔夫利达，而且新俄罗斯也冒出了一片片花园；在短短几年间，成批的舰队出没于神秘莫测的黑海波涛；"女皇统治之时，她的声调宛如阿姆费奥诺夫的七弦琴，不断创造新城市，如果说装饰不富丽堂皇，但受益匪浅"（卡拉姆津语）。难怪当时一些外国人称叶卡捷琳娜俄国是神奇之国（pays de feerie）。在回忆34年间经历的这些现象时，把变幻莫测而又光耀夺目的全景连到一块，就会使这些现象引起的零散感觉汇成完整强烈的印象。当时大部分人并不了解这一切塞米拉米达式奇迹的幕后技巧，即使知道了，也弄不清要不要换另一种方式来思考，因为受人喜爱的戏剧产生的印象，不会由于知道了戏剧从排练到演出付出的努力和代价而减弱。与叶卡捷琳娜同一时代而又比她活得更长的人，他们的回忆录有一个引人注目的特征。他们了解并冷静地描述了当时政府部门和社会生活的阴暗面：政府机关的渎职行为和徇私舞弊；法官敷衍塞责；贵族游手好闲、粗野无礼和对农民的恶劣态度；社会生活空虚；普遍无知。他们在摆脱其生活方式中这些习以为常而不光彩的现象时，鉴于叶卡捷琳娜之死企图照例对其时代提出概括看法，并对这个时代的意义作出说明的时候，他们的思想似乎不由自主地出现逻辑紊乱，把观念转向另一个极端，这时他们开始谈论的是：叶卡捷琳娜的举世光荣；俄国的世界作用；民族自尊心和国民自豪感；俄国社会意识的普遍高涨。在这里他们的语调再少许提高一点，就同叶卡捷琳娜时代雄伟壮丽的颂歌音调合拍了。

他们发表的这种看法毫无根据，不像是他们自己的主观判断，倒像是早被规定好统一口径的看法，对此谁也不许争辩，谁也无须证实。显然，回忆录读者也用不着进行历史评论，只要迎合社会心理，不必动脑思考，只要迁就情绪。结果，人们判断自己所处的时代，不是根据周围现实存在的事实，而是凭借现实表面漂浮的某些影响引起的感觉。他们似乎已体会到或者已了解到,有某种新鲜事物对他们的生活水平提高很少,但大大增强了他们的自我意识,或者叫自满情绪,就是由于了解到这种情况使他们感到自我满足,他们才看不起自己低劣的生活习惯,即持宽容冷漠的态度。他们的感情和观念已超出了他们的风俗习惯;他们就像孩童从最早穿连衣裙逐渐长大一样,无意之中长高了,对自己的生活习惯感到不适应了。甚至还可以这样想,那些悲观地看待叶卡捷琳娜皇朝的人,要不是他们的悲观情绪在这个朝代出现过的精神普遍高涨期间带走了一部分力量,就不会受到那么多的责备。如果事情是这样,那么叶卡捷琳娜就只得体验一下,像一位良师经常遇到的那种令人愉快和受人尊敬的不好意思的场面,越是教学顺利,就越要严格要求学生,并帮助他们找出自己教学中有待克服的缺点。

　　作用是两个方面组成的一个共同体:影响的根源和接受影响的群体。胜利和庆祝大会、法律和规章制度的光辉包围了叶卡捷琳娜,显然,这些东西对社会思想起了强有力的推动作用。在这个包围圈中,政权本身采取了从前没有出现过的姿态,大家感到它的面貌变了,它的举止、言论和思想让人感到生疏了。政权的这种新姿态使其对环境的影响不断加强,逐渐产生了一种倾向,没有这种倾向政权的一切胜利和庆祝大会、法律和规章制度对社会就不可能产生如此强烈的作用。从这方面看,叶卡捷琳娜皇朝的作用不仅是我国社会意识史上,而且是国家制度史上最重要的因素。

　　叶卡捷琳娜性格的某些特征及其所受政治教育的一些特点,无论对政权采取的新姿态还是对其皇朝所起的作用,都具有头等重要的意义。

(二)

　　值得注意的是,对叶卡捷琳娜观察细致的人在着手分析她的性格时,通常从智慧入手。的确,连她的仇人也不否认她的智慧,不过她的丈夫除外,因为他不配做这方面的权威鉴定人。然而,智慧还不是叶卡捷琳娜性格最突出的特征:她的智慧无论是深度还是表露都没有惊人之处。当然有她的傀儡波兰国王斯坦尼斯拉夫·波尼亚托夫斯基那样的"聪明人",他不说漂亮话,不干蠢事,就无所适从,而叶卡捷琳娜二世却才智无穷。斯坦尼斯拉夫在写给卓弗林夫人的信中,谈到叶卡捷琳娜时写道:"那儿人顶聪明,但追求智慧之风太盛"。末尾一句说:谁去追求已拥有的东西?这话是他惯常按自己的方式判断别人时而说的,对叶卡捷琳娜是冤枉。她不过就是聪明,用不着大惊小怪。她的智慧没有特别精明高深的地方,可是她机智、谨慎、灵敏,即有一副明白自己地位和时代而又不刺伤别人的聪明头脑。她善于审时度势。关于她非凡才智的佳话来自四面八方,她自己则老老实实向御医齐麦尔曼承认,她的声誉达到了顶峰,但她清楚,比她聪明的人多的是。总之,她没有什么卓越的才能,在打破精神均势方面不是一个能压倒其余一切势力的统治天才。但她却有一种能激发最强烈印象的幸运天赋,诸如:记忆力、洞察力、悟性,对形势的鉴别力,迅速掌握和综括各种现成材料的本领,及时采取决策,选定基调,如有必要则晓之以理,动之以情——这一切本是不足为奇的动机,但正是它们的推动才构成了叶卡捷琳娜每天的日常智力活动,她每时每刻都在敏捷地开动脑筋,不管有无必要都是如此,旁人看不出她的这种用心。这种永不停息的运用功能使她养成了对不感兴趣的东西也特别敏感。她总是处在高度集中,即全神贯注的状态之中。青年时代的漂泊生涯早已使她习惯同陌生人相处,按旧教科书的说法,这种情况大大助长了她永远以自我为中心的心态。因此,她突然遇到困难,也能随机应变,应付自如,而且由于她善于集中思考,很快就能想到她必须马上要做的事。她没有关在房子里的习惯，爱跟生人接触，她需要别人胜过别人对她的需要。她在识别周围人和环境的同时，早已养成了把观察力与和善待人结合起来的习惯。例如，她曾对赫拉波维茨基说，她能适应各种性格的人，像阿基米德一样，不论在斯巴达还是在雅典，都能住得惯。应付这种场合，叶卡捷琳娜的观察力比捕猎能手还要高明。她练就了一身娴熟的艺术，并为此编制了一套招数。人与事相比，她更喜欢观察人，指望通过熟人了解事，要比亲自考察强得多。一般人专好发现别人的弱点，好加以利用，她则相反，认为要是有求于人，就要更好地学习人家的长处，这样才更靠得住。因此，她对杰出人物总是听其言观其行，学习他们的思维方式、学识、对人对事的看法。在待人方面，她不忙着开口，以免妨碍对方的叙述。她静听的艺术令人惊异，能长时间耐心听完任何一件谁也未同她讲过的事；而且对说话的人的研究胜过对谈话内容的研究，哪怕内容是反面的。这样，她在了解人的同时想了一条结识人的好方法——注意力对准人，巧妙地附和对方的处境和情绪，揣度他的需求，推测他隐藏的企图和没有说出口的愿望，从而让谈话者马上感到，他本人以及他的谈话出色地表达了意图，她就博得了充分信任。这就是产生强烈影响的秘密所在。据亲身体验过这种影响的公爵夫人达什科娃说，叶卡捷琳娜很会用她令人高兴的态度影响她所喜欢的人。静听的习惯还能变成她的一种机械手段。例如，她在听别茨科伊叽叽喳喳高声枯燥的熟悉语音时，保持着注意的神态，但心里想的却完全是另外的事。她对必须与之打交道的人了解得很清楚，从侍女玛丽娅·萨维什娜·彼列库西希娜直到弗里德里希二世大帝。这些特征有助于她必须在周围人当中的活动时采取适宜的行为方式。

1778年，叶卡捷琳娜在给格里姆的信中写道："从远处看卡托更清楚（伏尔泰同道称呼叶卡捷琳娜为 cathos——卡托）"，因此她请格里姆劝阻80高龄的费尔尼隐士不要来圣彼得堡，他的年岁已无力承受旅行。深知她的人发现她身上存在不少弱点，指责她沽名钓誉，"自尊到了极点"，好虚荣，爱奉承。也许这些弱点的根源来自她的性格；但是，毫无疑问，这些弱点的发展程度和表现形式同她的政治命运休戚相关。有一次，弗里德里希二世对俄国大使谈到叶卡捷琳娜时说，功名和荣誉是各国君主隐秘的动因。叶卡捷琳娜必须运用这种动因来筹划安身之计。荣誉是她巩固其既得地位的手段。这种必要性会激发自尊心，也会抑制盲目的自负。叶卡捷琳娜明白，把贪求误认为就是天才的这种自负是很好的笑料，因而她最怕成为受人嘲笑或怜恤的目标，这样她的地位就保不住。她的自尊心是谨慎小心的，甚至是疑神疑鬼的，这就迫使她必须把意图和追求同证明其正确的方法一起考虑。她认为掌握这些方法是必需的，而她充分自信，只要情况需要，她随时都有希望找到这些方法。她在回忆童年时代的思想方法时写道，要想在这个世界上办成某件事情，就必须具备其所需要的品质；我们要好好剖视一下自己，有没有这种品质，如果没有，就去培育。就其谨慎小心而言，她在小事上机灵果断，在大事面前惯于优柔寡断，对待成功与失败惯于衡量其可能性，习惯于商量，征求意见。

看来，她爱奉承的弱点，其根源应该到她经常听取上流社会意见时所抱的疑心中去寻找。难以设想，像叶卡捷琳娜这种性格冷静善良与没有任何虚无幻想的人竟然喜欢阿谀奉承，其原因不外乎尽管阿谀奉承者表示愿为舍死效忠的媚态等应使人难堪，但无损于自己的自尊心，而且使其感到怡然自得。但是，当她年轻时从狭小困境冲向广阔天地的时候，就学会懂得了世人言论的价值，同时也有一个使她经常困扰不安的问题——大家怎么看她，她会给大家造成什么样的印象。她刚上台时报以赞许的掌声就是鼓励和支持她的力量,使她有了自信。她执掌政权以后,认为这些反响就是对她的善良愿望和实现愿望能力的认可,认为她的责任就是要成为一个受人嘉奖的人。1789年,当被解职的杰尔查文通过她的秘书赫拉波维茨基递上呈子和《费利察》诗篇时,她高高兴兴地给秘书朗读了这篇颂歌中的诗句:

要人讲真话,
未必经常办得到,
而你必须讲真话。

并且对秘书说:"你也许能给他找个位置。"她的缺点就在于常常因一个捧场者卖身投靠表忠心,而接受公众表示的深切感激之情。但当她怀疑奉承无诚意时,便感到受了委屈。伏尔泰是位最热心的人,但他在奉承者当中并不是最机灵的,他不止一次因表示恭敬和温存碰了她的钉子,只怪他不灵活,而不是不热心。随着吹嘘之风在宫廷和政府礼仪中滋长,歌颂叶卡捷琳娜历史功绩的人蜂拥而至:外国使节和大臣不错过宫廷招待会和节日庆祝会;武备中学校长别茨科伊趁报告武备队参加切斯马战役战况之机;剧院院长叶拉金借用公演加演卡古尔之战或莫列雅远征节目;总检察官维亚泽姆斯基公爵利用给参政院的报告和财政总结之便。叶卡捷琳娜用有经验的耳朵听取这一首首表示忠于职守和忠于誓言的颂歌,只有当这些讴歌光荣的人过分卖力的假噪音太刺耳的时候,她才面带愧色用矫正的口气向在场的人说:"你们这样夸奖我,终究要把我毁掉不成。"她认为,约瑟夫二世是个体质羸弱精神不振的皇帝,但她很喜欢他对她的尊敬态度。1780年,约瑟夫二世前来莫吉列夫拜见她时，他已是一个很有教养的人，成了"一位我所认识的最认真、最深沉、最有学问的人"，尽管她在彼得堡为伏尔泰安灵举行祭祀时，曾以伏尔泰疼爱的虔诚学生身份尖刻地嘲笑过约瑟夫二世。当舒瓦洛夫从意大利回国告诉她，意大利艺术家正在仿照马其顿亚历山大的半身像或纪念章，为她制作造型非常逼真的侧面像时，她洋洋得意地付之一笑。她的驻外记者格里姆在写给她的一封信中开玩笑地说，她已是52岁的人了，但"爱神之母的风貌犹存"，她并未为此生气。但她向格里姆承认，在她身上起良好作用的不是赞扬，而是激起她产生仇恨的诽谤，因为事实证明是无中生有。

  从欧洲的名人们吹捧她是个划时代的怪女人的那些年以来，其好胜习性使她变得有些过分自信和心胸狭窄。她常常恼怒，起因不仅由于她的行为受人指责，而且由于她的意见得不到赞同，这就使她时常陷入窘境和自我矛盾状态。她的一个大胆步骤是出版《圣谕》法文译本，这件事引起了法国社会的重视，因为《圣谕》充满了摘自大家都很熟悉的书本的内容。然而，法国经济学家以杜尔哥为首敢于对《圣谕》进行剖析，而且把结果寄送叶卡捷琳娜，她骂他们是蠢货，是危害国家的宗派。列纳尔答复说，她将一无所获，为此她未能原谅列纳尔，称他是一文不值的作家。她总以为别人的胃口应该同她一样，可这一次她受到了自己的厨师巴尔曼的惩罚。叶卡捷琳娜爱好建筑艺术、绘画、戏剧、雕塑，但不懂音乐，她坦率承认，音乐对她来说，除了嘈杂声，别的什么也没有。她是个愉快爱笑的人，自认为心情快活是她性格的最大特点，喜歌剧她绝不放过，而且写信召来意大利音乐大师帕伊齐埃洛，在艾米尔塔什剧院上演他的歌剧《荒唐的哲学家》，这使她很开心。照她说，歌剧咏叹调的音乐是咳嗽声，把人笑坏了。她强迫主教公会都要观看这场戏，按她的话说，"也会像我们一样笑出眼泪来"。总之，她喜欢娱乐性节目。一次在餐桌上，她问巴尔曼喜不喜欢她最感兴趣的喜歌剧《维也纳丽人》。迟钝的厨师老老实实回答："天晓得，糟透了。"当叶卡捷琳娜发现这个美丽的维也纳妇人唱的是："但愿我的主厨师的理解力同他的味觉（当然是指厨房里的）一样敏锐"时，霎时间面红耳赤，差点难以自控。话又说回来，马其顿亚历山大式的半身像并没有使她身上的真正威力——精力丧失殆尽。一度动摇之后，她痛下决心放胆行动，在她的心目中世上的一切都会变得美好：无论帝国的地位，同僚的状况，还是她个人的事业——都会开出幸福之花，呈现一派莺歌燕舞的景象。第一次土耳其战争期间，西欧有人大肆鼓噪，俄国已精疲力竭，当时叶卡捷琳娜就给伏尔泰写信，说她的帝国完好无损，农民想吃鸡都有鸡吃，到处听到感恩祈祷的颂歌，到处歌舞升平。可是，1769 年，俄国的情况极其糟糕，敌视叶卡捷琳娜的人幸灾乐祸，预言她很快就要垮台，她在写给她母亲的女友贝尔卡的信中说："让我们勇敢地朝前迈进吧！——我就是用这句俗语照样度过了平安和险峻的岁月，就这样走过了 40 个春秋，同过去相比，今天的不幸算得了什么？"意气风发是叶卡捷琳娜性格中最幸运的一个特征，她尽力设法利用极简便的方式使之感染下层人员。在第一次土耳其战争整个过程中，对俄国构成威胁的奥地利人为土耳其人鸣不平，当他们以夺取被保护者的布科维纳作为实现合作条件的时候，叶卡捷琳娜就自鸣得意地给列普宁公爵写信说，这些恺撒的信徒非得跟土耳其人吵翻才能得手，她将袖手旁观，坐视不救，并重复说：这就叫帮大忙吧！叶卡捷琳娜最厌恶灰心丧气，她承认："世界上没有像我这种折磨人的疑心性格的人。"因此，她不得不时刻提防，因为统帅的灰心丧气会造成指挥紊乱。在同格里姆的通信中，他们嘲笑过这类丧气的人，说这种人夜里在屋外高歌，为的是表明他不是胆小鬼，其实心里最害怕，好借此壮胆。刚得知土耳其人宣战（第二次战争）消息时，她有过短暂畏惧，起初她神色慌张地谈到幸福不保、荣誉和功绩不稳的事，但很快镇静下来，满脸喜气接见朝廷大员，对胜利充满信心。据一位目击者叙述，在这种场合下，叶卡捷琳娜久经考验的自制力拯救了她。这是她早年作为妻子遭到抛弃的逆境磨炼出来的。当时她作为女人和为人妻子受丈夫的凌辱，说不定哪天她这个伏尔泰信徒的头上会戴上俄国尼姑的僧帽，她当着丈夫的面痛哭流涕，但立刻揩干眼泪，高高兴兴若无其事地出现在众人面前。难怪她自我夸耀，说她生来就不知昏厥为何物。除了即位初期的动荡年月，很少见她忧闷沉思。晚年，即第七个十年，无论日子是好是坏，她照例每天早上接见前来的宫廷秘书，但见她永远是那张熟悉的笑脸，坐在床边弯形小桌跟前的椅子上，身穿法国白色图尔绸家用外衣，浓密的头发上些微歪戴着一顶白纱包发帽，脸色红润，牙齿整齐（缺一颗上牙），戴着眼镜，如果来人正碰上她在阅读，她便亲热地点头致意，特地转过身来，伸手指着对面的椅子，拉长略带男人的噪音说声："请坐。"

无需激发的充沛活力需要的就是工作，同时代人对叶卡捷琳娜的勤学精神无不为之惊叹。她什么都想知道，什么都要亲自过问。她发觉，人只有在忙碌的时候才感到幸福，因此她喜欢别人来打扰她。她公开说，她生性就喜欢忙忙碌碌，工作越多越痛快。不停地工作已成了她的习惯，而且能使她摆脱苦闷，她最怕苦闷。她办事严谨，有条不紊，日复一日，千篇一律轮番重复；照她说，那么多事照此办理一分钟也不感到寂寞。当重要的内政外交事务堆来的时候，她就得加倍工作。按她的说法，她工作起来像一头原地打转的驴，穷折腾，从早6点到晚10点，临睡前，"以致睡梦中还在想该说、该写或该做的事"。弗里德里希二世本人对这种孜孜不倦的精神很诧异，并带有几分懊丧的口气问俄国大使："难道像大家说的，女皇真的能做那么多事？都给我说，她比我做得多。"

她青年时代勤奋好学，早就积累了各种各样的知识。她解释，她之所以博览群书，是由于生活上的失意让她有很多空闲。1778年，她在为自我解嘲写的墓志铭中坦白说，18年的苦闷和孤独（即婚后1744—1762年）迫使她读了大量书籍。即位以后，她尽力充实已有的知识储备，使自己的水平赶上当代的思想和艺术潮流。圣彼得堡艾尔米塔什美术博物馆藏有她收集的画卷、拉斐尔的沟雕品、数以千计的版画和爱情神——这是她关心收藏艺术财富而建造纪念馆的见证。在彼得堡及其近郊，特别是沙皇村，还保存着由她聘请的许多外国匠师——特隆巴尔、格瓦林基、卡麦隆、克列里梭等人定造的建筑物，至于法里康涅特以及俄罗斯艺术家切瓦金斯基、巴热诺夫等许多人的作品，就更不用说了。她读过古代作家普鲁塔克、塔西佗等人的法文译本，从小说、戏剧、歌剧、各种故事书中积累了大量的政治和道德方面的典范、格言、笑话、俏皮话、俗语和各式各样零碎的知识，她就用这些东西来维持晚会上客厅的闲聊，也用来点缀广泛交往的书信。她为了参加西欧学术和文学活动，不但以她赐封的沙皇村弥涅尔瓦名义馈赠厚礼、许诺养老金和收买等方法，而且作为当代有识之士公开介绍学术著作。叶卡捷琳娜在莫吉廖夫会见约瑟夫二世时，发现布丰的《各个自然时代》一书他没有读过，甚为惊喜。她自己满怀兴奋地读了这本书，认定布丰著作充实了她的头脑。她在钻研巴里天文学史时，催促科学院确定彼得堡省各城市的经纬度，在研究吉本、英国法学家布列克斯顿时，着手编纂俄国编年史，以便为子孙后代编写俄国史，此外她还专心攻读比较语言学，这可能又是家庭成员的不幸引起的。1784年夏，兰斯科依去世。她把他称作义子，他的死使她悲痛欲绝，大病一场，康复以后，她关在书房里，不吃，不睡，不照面。另一个义子波将金闻知这种不幸，专程从克里木赶来，会同奥尔洛夫一道小心翼翼地偷偷来到叶卡捷琳娜身边。她号啕痛哭，两位安慰者也跟着大哭。她在记述这个场面时加了一句："我觉得轻松了。"她想用加紧读书来解除痛苦，并已动手阅读前不久寄来的法国学者库尔·德·热别林的四开多卷本语言文学著作《原始世界》。她被作者关于原始语言，即原本语言是后来一切语言始祖的思想所吸引，便把各种字典统统汇总到一起，着手组编比较语言词典，为俄语词典奠定了基础。在为词典搜集资料时，驻国外宫廷使节、各省总督、东部各地总主教和拉法叶侯爵本人关于语言文学的种种询问和嘱托事宜，搅得她疲惫不堪。在把收集的全部资料整理工作移交帕帕拉斯院士之后，有关词典的繁杂事务方告结束。1787年，帕帕拉斯完成了出版第一卷的准备工作，书名定为《钦定语言和方言比较词典》。

叶卡捷琳娜很熟悉当时孟德斯鸠、贝卡里亚等人的启蒙著作，这些书对她的政治修养起了巨大作用。她在《圣谕》中尽量利用了他们的著述，尤其是伏尔泰的著作。她崇敬伏尔泰，称他为老师，并给他写信说，她要背熟他的通史《经验》的每一页；伏尔泰去世时她表示，希望大家学习他，熟读他的著作。她写道，学习伏尔泰能教育国民、智士、英雄和作家，激发千百万人的天资。她给亲王德·利恩写信说，她要感谢伏尔泰，是他把她引上了时尚之路。但随后，她对另一些文坛泰斗变得冷漠了，并向亲王利恩抱怨说，他们尽宣扬她的苦闷，并不理解她。她重复她的好友卓弗林夫人的话，说她同样很讨厌盗用他人智慧和学识给自己脸上贴金的人。可是她自己正好是这种人，最易受别人思想的感染，而且能很快领会据为己有，她反而认为这不过是发展或按自己方式发展别人思想的源泉。由此产生了她仿效和拙劣模仿的嗜好。她读了莎士比亚的戏剧年鉴德文译本之后，"模仿莎士比亚"才有了"留利克历史概念"。她就是认真研读政治书籍，也未必能从中理出一个确切完整而又规范化的国家体制方案。上文提到的墓志铭中，她自称是心地善良和具有共和信念的女人，即使有此信念，也没有适应这种政治制度的思维方式。观察的人总是比用心思考的人多，她也一样，不去把吸收的思想追根溯源彻底弄个清楚，而是只求尽量占有它，做到不费多大力气给旁人作出解释，让人明白事情的后果就行了。布列克斯顿的著作对她来说，是法律知识和立法思想的丰富源泉。她曾写道，从他的著作中不能直接得到什么，整个说来，只能从中吸取按自己方式加以整理的线索。但通过这种学习使她养成了对一些难题进行深入思考的习惯，诸如：国家制度、社会的起源与构成、人与社会的关系等问题；同时也使她对偶然发生的政治现象能判明方向和作出说明，澄清权力和社会生活的基本概念，明确政治原理，因为舍此就不可能了解社会生活，更不可能对它进行领导。由于当时的理论认为政治与公民道德密不可分，所以叶卡捷琳娜的政治观染上了一层朦胧而善良的自由思想色彩，恰恰由于更多地用善心而不是用意识去领会自由思想，结果实际上无须去实现任何适用的制度或法规，只求更多地在管理方式和基本精神上体现这种思想，使之化为人和人类普遍善良的感情，让他们萌发一种摆脱一切压迫和歧途而获得幸福与自由的希望。她向法典编纂委员会指出，这就是她着手制定新法律要依据的"我的原则"，后来这些原则在《圣谕》中做了详尽系统的阐述。早在登基以前，她受国内某种呼声的感召开始考虑这些原则。她在回忆录中承认，当时这种呼声每时每刻都在向她暗示，她迟早会获得俄国的皇位。在保存下来的几份短简中，她概述了在读书中闪过的一些想法和得到的启迪。她写道："我唯一的希望是，愿上帝托付给我的这个国家繁荣昌盛，国荣我亦荣——这就是我的原则；要是我的想法能促成此事，我将感到荣幸。"这些想法是关于内政外交的思考。缺少人口的庞大帝国需要和睦。在这方面让境内异族人归依基督教未必有利，因为一夫多妻制对促进人口成倍增长最有好处。"对于想成为受人爱戴并享有荣誉的人来说，不受国民信赖的政权是毫无意义的。"为此，只有把国民福利和公正审判作为行动的依据才是可行的。"我的总目标是要大家幸福，不要乖戾、怪诞和强暴。"行为方式讲求正义和理智，要相信，理智在许多人心目中占据上风。奴隶制同公正审判和基督教是敌对的。人人生而自由。"我要的是服从法律，而不要奴隶。"但要立刻解放俄国农民是不可能的，因为这将不会使极其顽固和深怀成见的地主们喜欢。但有一个缓冲办法：通过决议，在出售领地的条件下解放农民，这样经过一百年人民就自由了。"自由乃万物之灵，舍此一切皆僵死。"必须有新的法律。了解新法律好坏的唯一手段，是把有关法律的消息广为散布，然后听取有关议论法律的报告。"可是谁来向你报告未来的结果呢？"这就必须废除刑讯的野蛮习气，取消令人痛恨的没收犯人财产的办法，取缔非常审讯委员会，尤其是秘密审讯委员会。这些东西"我觉得一辈子都叫人感到厌烦"。然而，主要问题不在于法律。"君主的宽容，即调解精神胜过千百万法律，政治自由无所不灵。经常教育改造要比规定法律好得多"。1765 年，叶卡捷琳娜在给儿子和子孙后代的训令中写道，如果臣民抱怨君主，那永远是君主的过错。她说："你们要用这把尺子来衡量；如果你们当中，即我的直系后辈有谁破坏了本训令，那就预先可以断定，他就别再指望在上流社会，特别是俄国上流社会走运。"多年来受处世经验的影响，她的思想开始有些消沉，回到其固有的冷静状态，甚至在开某种玩笑时也带有悲观气味。有一次，她看见寒鹊和乌鸦正在啄食山雨过后爬出地面的幼虫，便对赫拉波维茨基说："现在世界上，照样到处弱肉强食。"受这种感触她写道，只有平庸之辈才会迷恋于永恒世界的幻想。她没有抛弃年轻时代的思想，而是更切实地加以运用，即由从政转向著书立说。1774年，她对客人狄德罗说："我完全理解您的精辟原理，只有用来写书就很好，但办事就不行。您是跟纸打交道的，纸能承受一切，而我这个不幸的女皇是同人打交道，他们有更多的感情和知觉。"她年轻时相信正义和理智的力量，现在淡漠了。她在写给齐麦尔曼大夫的信中说："人类本来没有理智和正义的天赋，要是人类能顺从理智和正义，那就不需要我们（君主）了。"她原以为一个有望成为起良好作用而强有力的政权必不可少的得力支柱就是理智和正义，而现在政权本身使她失望，因为人类自己由于缺少理智和正义这种起良好作用的力量而造成的缺陷反而需要政权来弥补。

（三）

叶卡捷琳娜即位时自身拥有的潜力是这样，即包括机智和刚毅的性格，照她的话说，是"任何障碍也挡不住的意志"；她在回忆录中引以自豪的生活经历所感受的"性情磨炼"；辨别周围人的能力和适应环境的本领；很大程度上养成了政治思维能力，并积累了丰富的仁爱政治思想。但这些思想刚刚从漂浮状态中露头，相互之间尚未完全明确，也没有趋于一致，还来不及形成坚定的信念，至多凝结成为良好的愿望。然而，凭经验她很清楚，并在一篇日记中写道："要使之实现，既要有最好的愿望，也要有权力，还不能缺少文明。"还必须有周密的行动措施，有思想准备和协调利益关系的合格执行者。

有一次，叶卡捷琳娜在致丹麦国王克里斯蒂安七世的信中用教训的口气写道："我是个富有恒心的人，对真理极端尊重。"她不喜欢过分的夸奖，乐意把自己的功绩归于下属和运气。她对德·利恩亲王说："请相信，我不过是运气好，如果说哪些东西使我感到满意，那只是由于我习惯于持之以恒和始终一致的结果。"然而，谢尔巴托夫却指责她反复无常："她一个月维持同一管理制度的事，实在少见。"应该说，这种谴责更多的是针对她的行为方式而言。在这方面她是不特别严格。她在援引顿·巴希里奥《塞维利亚的理发师》中的例子时写道："我在突出多样化时采取一些限于小范围的规则。"她认为，谁都可以发扬自己的风格和气质，在这个世界上要想成功，有时候必须使自己的步态多样化。她在坚持一定的原则时，认为把行为方式上升为一成不变的制度是不必要的，因为它要与永远在变化的每时每刻相适应。她在把卡伦和内克时期的法国议会与本国1767年委员会进行对比时写道："我的代表会议是成功的，因为我向代表们讲了：你们看，这就是我的原则，现在你们说说自己的苦衷，鞋子哪个地方夹你们的脚？我们尽力来修补，我没有制度，我一心希望共同幸福。"她确信提出的问题是适当的，不主张拘泥于单一的行为方式，也就是抽象地故意预先定为而与事情的现成条件并不相符的行为方式。她根本就不是情愿为推行君主制度而效力的人，也不是右基督徒式的服从正统信仰随便摒弃自己信念的人。这种选择行为方式的情况证明，叶卡捷琳娜通过对政治哲学的研究，从中汲取的政治成分比哲学多。这种选择能使叶卡捷琳娜容易做到正视现实，甚至在面临无法消除的灾祸时也会从自己的诙谐中找到安慰。1775年，她在写给贝尔卡夫人的信中说："把我偷光同偷光别人完全一样，不过这是个好兆头，它说明我有偷的东西。"而且，她作为来自另一个地域的人，在选择行为方式和建立个人关系方面比较自由，但总觉得当地习俗和传统对她有些压力，她在开中国人的玩笑方面比玛丽亚·特蕾莎或乔治三世来得容易，她打过一个很明显的比喻，说中国人一向按传统习惯端庄就座，不准擤鼻涕，真拿他们没办法。

在对待僚属方面，她照样不放弃行为自由。看重他们的功劳是她的基本规则之一。她在早期的一份记事中写道："不尊重功劳的人他本人就不会有功劳，不努力寻找和发掘功劳的人就不配而且不能当皇帝。"为维持秩序立下功劳的人员的特殊意义促使叶卡捷琳娜大力赞扬这种功劳，因为她认为维持这种秩序对俄国是必需的，并在国内加以扶持。作为专制制度的皇帝她的看法是：办理国家事务的过程与其说取决于国家制度，倒不如说取决于管理人员。被认为欧洲最好的宪法在当时的英国实行时情况很糟糕，她对此表示愤慨并写道："原来不过是孩提之举，在此以前情况是另一码事，可见不在于形成，而在于执行者的过错。"但是，叶卡捷琳娜找寻人才的情况还不清楚。她自己承认："在我年轻时，偶然有机会碰上一个聪明人，我脑海里立刻产生了热切期望看到他成为给国家造福的有用之才。"随着年龄的增长，她对这件事采取了较冷静的态度，甚至认为找不到天才也能把事情办好，不过她对偶然到手的人才还是喜欢妥善地加以使用。对有才干的能人她不害怕，也不回避，但她认为与无能之辈共事更方便，"上帝为我们作证，我们这些完全无知的人对占据高位的傻瓜毫无特殊的爱好"。但她以为，绝不可凭相貌、穿戴或理想取人，也不需要这样去寻找人才。需要的人才在必需的时候总是能找到。"任何国家都能提供事业所必需的人才。我从没有寻找过人才，向来是在身边发现人才，他们为我们效力，而且大多数人都干得不错"叶卡捷琳娜对有才能的人同对待才能本身持同样的态度，因为周围没有能干的人，就应当从现有的人中把他们造就出来。这就是说，问题不在于寻找人才，而在于会使用身边的人才，管理的艺术在于"促使所有人员尽量把事情办好"。也许这种看法只不过是对幸运机遇的概括,因为叶卡捷琳娜庆幸的是,她在登极之时从各种各样的人中顺便找到了称职的人选。但是,在她即位之初,有一次她向法国大使勃列铁尔抱怨她的大臣无能,然后补充说,幸运的是,年轻人是她引以慰藉的希望。她开始安顿伊丽莎白的一班人马,即自修成功之才:别斯图热夫-留明、沙霍夫斯基、舒瓦洛夫、沃伦佐夫家族、帕宁家族、戈利岑家族、鲁缅采夫、车尔尼雪夫家族。她需要这些人,他们也效忠于她,有的已经给她做了很多事;她器重他们,但并不喜欢他们,背地里还嘲笑他们,渐渐地同他们几乎都断绝了往来。她认为更新政府工作人员是有益的,她喜欢新人,把他们安插到旧人员旁边或接替位置。按她的说法,这是为了防止车轮停转生锈和催促平庸之辈加劲。也许有人把她在一次著名谈话中关于榨取柠檬汁(喻精力竭尽。——译者)所表述的准则归咎于这种换人的思想。她要有自己的人才,希望由她发现的新人来形成自己的流派。她说:"我不害怕别人的长处,相反,希望自己周围有一批英雄人物,我会运用现有的一切手段造就那些看来天赋不太高的人成为英雄。"但她要在周围找到这种人并不容易。她周围达官贵人都至少有一个缺点,据御前大臣格里鲍夫斯基证实,除了少数人,他们都不会正确地用俄文书写。其中立刻就能找出像头号御马司纳雷什金,还有斯特罗甘诺夫伯爵这类比行家的谈吐更能使人产生好感的人。那句老俗语仍然可以作为衡量这班人办事能力的尺子。这就是帕宁从"皇帝御前左右"口中听到,并在呈给叶卡捷琳娜的一份报告中记录的"宽容使人奋进"。不过,叶卡捷琳娜在挑选自己的工作人员时已不再遵循这句俗语了。思想品德高尚、学识渊博、热爱自己祖国,但又像保罗大公时期的数学教师波罗申那样坦诚直率的人,不知为何,在叶卡捷琳娜宫廷里日子过得很不习惯,尽管她在给总检察官的喻旨中说事实证明，宫廷正直的人生活得称心如意。剩下的事是从6月28日政变的帮手中挑选人才，或者说是从鲁缅采夫、萨尔特柯夫、帕宁、波将金指定的人中挑选。这些人之中有不无天才的实干人才，但他们常常是奢求代替了才干，功名心和想象力完全超过了他们的才能和任何一种现实，这是一些果敢勇猛的命运冒险家，是他们轻易地改画了欧洲地图，制定出破坏现成国家和恢复曾经有过的国家的计划，划定了俄罗斯帝国与六个都城（按普拉顿·祖波夫的方案是圣彼得堡、莫斯科、柏林、维也纳、君士坦丁堡、阿斯特拉罕）相连的未来边界。叶卡捷琳娜对自己挑选的人很轻信和偏袒，对他们的能力估计过高，期望太大，错待了头一批人，而受了后一批人的蒙骗；但她不仅利用了这些人的能力，而且还利用了他们本身的弱点，激发他们彼此之间以及同老手之间在履行公务上相互嫉妒和竞争，抑制角逐气氛，不让它达到公开敌对的程度。一面是谨慎小心而游手好闲的帕宁给她老唱一个调，另一面是勇气十足而同样游手好闲的格里戈里·奥尔洛夫则老唱反调。据叶卡捷琳娜说，她便在两个总是彼此敌对的谋士之间穿梭表演，结果尽管他们有敌意，但"事情进行得很顺利"。她有一种日益增强其僚属勤勉热忱的手段，这就是在实行改革中，她对待这些人常常成功地采用的一条准则：提示要比命令好。她在把人员的情况了解清楚以后，知道哪件事可以托付给谁办理，于是她就慎重地把自己的意图暗示给选定的执行人，让他心领神会并以高度的热情去完成。这些人由于受到宽厚关怀的鼓舞，受到相互竞争的激励，争先恐后，尽力突出自己，他们常常因生活的偶然机会从最底层脱颖而出，因此给事业的发展带来了很大活力，出现了许多生动活泼的场面，也办了不少有益的事情，但同时也耗费了不可胜数的钱财。他们给同时代人留下的印象自然是：关于叶卡捷琳娜时代英雄豪杰的故事在俄国社会久传不衰。卡拉姆津则在他的《颂词》中以一个演说家的夸大口气把这些故事归纳为："只有在叶卡捷琳娜时代，我们才看到了温情柔弱的骄奢淫逸之辈神奇般地变成拉西第梦的一缕寒烟，看到了数以千计的俄罗斯阿西比得。"然而，叶卡捷琳娜即位之初对年轻人的指望不见得证明有效，要不亚历山大大公就不会于1796年在前面提到的致柯丘别伊的信中讲到身居要职的人员情况。信中写道，他不愿意这些人给他当听差。苏沃罗夫不可能算在内，因为他是一位惊人的天才，他的成才和出现全靠独立自主，很难把他列到哪一派，是伊丽莎白派还是叶卡捷琳娜派，这好像是一种侥幸的机遇。

然而，缺乏精通业务的人才还不是叶卡捷琳娜急于克服的最大困难。更大的困难是，随着她的登极，鉴于其地位和俄国社会情况所迫，急需拿出一个行动纲领，这是一项十分复杂而又千头万绪的工作。叶卡捷琳娜夺取了政权，但没有获得权力。夺得政权从来不具有凭票据等候付款的性质，而是根据俄国社会的情形，叶卡捷琳娜当务之急是补偿各种各样不协调的期望。由反对前任政府的社会运动建立起来的新政府自然要与旧政府背道而驰。前政府因蔑视国民利益而招致社会的反对，新政府的职责是按国民精神办事。旧政府的专横暴戾激起了全社会以及黎民百姓的强烈愤慨，而且按1762年7月6日的诏书说，任何人不得"肆意诋毁皇帝"。大家怨恨德国人新的压迫，据普鲁士国王弗里得里希二世说，这是因为当普鲁士大使霍尔茨统治俄国时，俄国皇帝作为普鲁士的一员大臣为普国效力。经历了比伦苛政时代的人还没有相继去世，又来了德国人，这种情况何时了结？该是切实保护俄国正教信仰和人民荣誉免受这类磨难的时候了。新政府必须以明智的自由主义行动消除曾经历过的独裁专制的印象，广开言路，用各种保障秩序和礼仪的办法安定社会。站在社会愤怨潮流最前列的是近卫军，这是一支享有特权、过分自信而又十分骄纵的军队，它发动过几次国家政变，组建过几届政府，但它必须接受穿上"不体面的礼服"，即普鲁士制服，进行普鲁士方式的机械操练，被骂成是土耳其帝国的精兵，在霍尔施坦一群恶棍面前卑躬屈节，就为了那么个霍尔施坦经常被赶出国外同丹麦作战。这支近卫军除了团队的，即兵营的利益，还有阶层的，即乡村的利益。按其成分，近卫军当时仍然是一支贵族军队：它的服役人员是贵族阶级的精华；它的情绪迅速传遍乡村贵族庄园，立刻引起了贵族的关注。最后，贵族的服役被彻底免除：根据1762年2月18日的法令，贵族的服役由国家义务变为公民的普遍义务。但是，正如结果与原因相连一样，与义务兵役制紧密相连的是对农奴的占有。贵族阶级惊慌不安，感到他们的地位岌岌可危，产生了令人忧虑的问题：他们靠农奴劳动的领地会怎么样？自由贵族不服役将干什么？农民更敏锐地感到，随着农奴制主人义务服役的废除，社会公正的天秤就会一边倒，因此自2月18日法令颁布时起，农民骚动就不断加强。

叶卡捷琳娜这位具有其起源属革命政权和自由主义思想的女皇，面临的是这样一些形形色色激荡不安的思潮。这些早已蠢蠢欲动的社会思潮，即使不是直接针对这些自由主义思想，一般也是针对思维方式以及社会生活中的新鲜事物。准备活动始于18世纪中期。首先，七年战争给俄国贵族军官带来的不是一顶顶桂冠，而是经济上的惩罚。参加战争的鲍洛托夫在札记中肯定地说，当时在军队中服役的俄国贵族都是好样的，他们在德国境内目睹了当地整个经济状况和各种制度之后得出结论，认为解除兵役恩赐自由的法令是可行的，"能够使原来最不景气的整个农村经济状况好转"。而且，从此俄国社会将激发对文学和美学的兴趣，兴起爱读书、爱看小说、爱抒情诗歌、爱音乐的时尚，即热爱富于感情的职业，而这种感情就是思想的先声。这种思想已经在农民中间徘徊游荡：叶卡捷琳娜即位的第二年，民间流传一份伪造的女皇命令，内容指责贵族极端蔑视神学课和"国家法"。

这样，叶卡捷琳娜面临的是，相互倾轧、错综复杂、方方面面的甚至是对抗的派别、利益和倾向。表现在：民族自尊受到侮辱；"对近年治理方式的大声抱怨"；近卫军的贪婪；贵族企求新的活动舞台和为旧日的权利不惜冒险；农民的期盼；最后，她自己的想望和夙愿，这就是让一些人得到好处，另一些人惶恐不安，人人都感到异乎寻常。叶卡捷琳娜必须在改革和保守两方面采取受人欢迎，自由主义和谨慎小心的行动，怜惜一些阶级的利益，保护与之对立的另一些阶级的利益，她本人则高居所有这些阶级之上。按照她一再阐明的基本准则："千万不能扮演派系首领的可悲角色——相反，必须永远尽力安顿好全体臣民"，把全民利益置于首位。此外，她表示，对近卫军中一些不满分子欲为他人重演6月28日具有成功诱惑力事件的企图，有必要提出警告，杜绝"轻率狂妄而不明智的政变"。显然，叶卡捷琳娜的纲领十分繁杂，矛盾重重。她企图根据自身的体验和观察以及临机应变的思路来调和这些矛盾。她在寻求解决的办法；要么将这么多各种不同的问题协调一致起来，要么放弃一些，把另外一些办好；同时她把这些问题进行分类，也就是把每个问题放到政府工作的专项范围进行处理。通过在对外政策中激励民族感情和加强民族利益的工作，开阔了对外政策的局面。为了使无所事事的贵族有事可做和重新确定其在国家与社会中的地位，对地方机关和法庭进行了大规模的改革。最后还规定了贯彻新思想的具体领域：根据新思想规划了俄国的法律制度；新思想贯彻于个别法令原则；新思想作为社会意识的动力和社会生活的调节剂贯穿于日常的思想交流中；新思想被应用于学校的教学资料，在艺术上则反映在政府的建筑装饰物中。然而，利用法律、文学和教育宣传新思想时，叶卡捷琳娜没有触动历史上形成的俄国国家制度的基础，而是以改造当地规矩来充实自己当时的思想。这就是实现纲领的安排计划。

叶卡捷琳娜需要干一番大事业，即人人都看得见的显赫功绩，以便证实她的即位是正确的，同时也博得臣民的爱戴。她表示，为获得这种爱戴可置一切于不顾。凭借俄国的内部条件和它在七年战争结束时在欧洲占有的地位，对外政策为此提供了最有利的活动场地。叶卡捷琳娜竭力从两方面提高和巩固这种地位：使社会思想和谐安定和政府工作令人敬仰。她同欧洲思想界的泰斗进行友好联系，他们传播有关俄国的好消息，消除了成见，从而使欧洲的舆论有利于俄国。可是，早在她登极之初，别国外交家就曾责备说，在对外事务方面连她的国民也不喜欢她的高傲自大的姿态。1763年，她对勃列铁尔说："我有全世界最好的军队，我有钱，再过几年我会有更多的钱。"叶卡捷琳娜靠这些钱财大胆着手解决当前的两大对外政策问题：其一是必须把俄国的南部边界推进到黑海；其二是重新合并西部罗斯。叶卡捷琳娜是怎样主持其对外政策中这两件主要事情的，大家都很清楚。

关于这种对外政策的方式和结果可以有不同的评论，而且已有人做了不同的评论，但它对俄国社会产生的印象未必用得着争论。阿克萨科夫还记得在他家里发生的事，当大家得知叶卡捷琳娜驾崩的消息时，全都哭了，并说，在她当政时期邻国没有欺侮过我们，我们的军队名扬天下，无往而不胜。这是对叶卡捷琳娜轰动一时传到乌拉尔深山老林的外交业绩发出的一种微弱的回音。那些对她的军事和外交功绩的作用了解得更清楚的人得出的结论是：俄国的国际作用空前提高。彼得一世对外政策取得的成就在俄国给人颇有点微不足道的感觉。可是彼得的近臣则认为,这已经是了不起的功劳,甚至像首相戈洛夫金在关于尼什塔德和约签订一事致彼得的贺词中也说,俄罗斯人现在"已跻于礼尚待人的民族之林"。俄国通过伟大的北方战争在欧洲列强大家庭中占有了一席之地,但由于俄国经历战争的时间最长,负担最重,所以它的战绩影响受到削弱。"彼得在使他的人民摆脱无知状态的同时,就已把俄国当成是同二等强国相等的一个大国",因此他把在德国获得任何东西都看成是他政策的首要事项,他准备将霍尔施坦并入俄国,以便在欧洲共同行动中不以俄国沙皇的资格,而以德意志集团霍尔施坦成员的地位发表意见。关于俄国自身的绝对权威他还未及考虑。他死后虽然俄国的势力和影响明显增强,但俄国政府仍然保持了他的观点。俄国对外政策领导人帕宁精通其所处时代的欧洲政治史,他关于从彼得一世至叶卡捷琳娜二世俄国国际地位就是这样描述的。俄国的国际地盘依然狭窄,不仅遭受瑞典和波兰的威胁,还有来自土耳其—鞑靼人的危险:瑞典伺机报复,它就在彼得堡对面不远的地方活动;波兰地处第聂伯河河岸;黑海还没有一艘俄国舰只,它的北岸由土耳其人和鞑靼人统治;南俄草原被掠走并受到强盗突然袭击的威胁。西方老师留给学生的全部东西就是沉重心情,民族精神越来越受到压抑。叶卡捷琳娜在位34年,结果波兰不存在了,南部草原变成了新俄罗斯,克里米亚成了俄国的行省,第聂伯河与德涅斯特河之间已没有土耳其的一寸土地,海军上将乌沙科夫指挥的黑海舰队于1791年在离君士坦丁堡不远的地方同土耳其人进行了殊死搏斗,七年后乌沙科夫以土耳其保护者的身份进驻伊斯坦布尔海峡,而在瑞典只有像国王古斯塔夫四世那样一些精神失常的人还在图谋反扑。俄国的国际视野已扩大到更远的新边界,从而展现出自彼得一世以来未必是俄国独自一家狂热追求的令人目眩的前景:夺取君士坦丁堡，解放巴尔干半岛的基督教民族，瓜分土耳其，复兴拜占庭帝国。这个二等强国开始自命为欧洲头等军事强国，甚至英国人也承认，它成了"一个很值得敬重的海上国家"；1770年，弗里德里希二世本人称它是个可怕的强国，再过半个世纪，整个欧洲将为之颤抖，而别兹鲍罗德科公爵在外交生涯结束时对俄国年轻外交工作人员说："我不知道，轮到你们的时候情况会怎么样，当我们在位时，欧洲未经我国的允许，一声也不敢吭。"这种惊人的成就不能不使迟钝的想象力有些失常。不过对外政策的影响力主要借助于国内事务进展顺利，群情激奋产生的自身力量。

（四）

叶卡捷琳娜吸取的政治思想，其来源是西欧政治思想界的最新言论，即许多很聪明的人物对国家发展的起源和法律问题以及国家的正常制度问题进行研究的成果。这些成果还并没有成为各国人民政治生活的指导原则，至少在欧洲大陆还不过是先进思想家的理论，仍在期待自身在法律中的位置。叶卡捷琳娜《圣谕》阐述的就是这些理想，按卡拉姆津的说法，它们代表了一系列"圣上旨意"，必须尽最大努力使这种"极精辟的隐喻变成国民规章，使之家喻户晓"！这些思想还没有在哪个地方经受过实践的综合检验，叶卡捷琳娜就打算使之适用于本国的国家制度，加以修改变成俄罗斯新法典的条文。这个意图能显示出"激发想象力"的成果，虽然弗里德里希认为这是叶卡捷琳娜造成的，但她仍然认为，在各方面落后于西欧的俄国这种试验是可行的。当时一位英国大使就从彼得堡写道，俄国有权把有教养的民族同西藏国家一样叫一个名称。叶卡捷琳娜对〔此〕有自己的看法。首先，她当时仍然坚信理性的力量：她在一篇早期的笔记中写道，要相信理性会在人们心目中占上风。后来她把具有她这样思想的人看成是特别有能力把国家事情办好的人,因为她很少受到文化影响的侵蚀,而且比别人更少受到历史偏见的感染。她写道:"我喜欢尚未开垦的国家,请相信,这是顶好的国家。我只适宜于俄国;在别的国家你已找不到虔诚的本性;与其说一切被歪曲,不如说样样显得古板。"俄国为她的启蒙活动提供了肥沃的田野。她在致伏尔泰的信中说:"我必须把正义还给我的人民,这是最肥美的土壤,良好的种子在这块土壤里会迅速成长;但我们也需要公理,不容置辩,是公认的真正的公理。"这种公理就是她打算作为俄国新法律依据的思想。不错,最终俄国仍然是俄国,一个西欧已不再感到完全陌生的国家,而叶卡捷琳娜也依据其《圣谕》第一章开头简要叙述的三段论制定了她的改革计划,包括:俄国是欧洲强国;彼得一世在引进西欧人民的欧式风俗习惯时,找到了连他自己也没有料到的方便条件,结论自然是:代表西欧思想界最新优秀成果的公理,也将在这里的人民中找到同样的方便条件。

叶卡捷琳娜主要有效工具和成功的可靠保证就是她手中的权力,也就是由她命名的俄罗斯最高政权。早在17世纪,斯拉夫政论家尤里·克里扎尼奇就把这种政权比作能把石头敲出水来的莫伊谢耶夫权杖。关于这种政权的威力,叶卡捷琳娜在致格里姆的信中按自己的方式做了表述,她在谈到自己的创举时说,这一切还停留在纸上和想象之中,"而是不可靠的事,因为这一切犹如雨后春笋,完全预料不到"。叶卡捷琳娜明白,在启蒙运动中这个政权能够而且必须对舆论界持另一种态度,即不同于西欧在这两种力量之间有过的那种态度。在西欧舆论界通过书刊教训政府;在俄国政府必须指导书刊和舆论界。叶卡捷琳娜在致伏尔泰的信中说,您那里是下面的人出主意,上面的人就轻易地利用这种教训;我们这里正好相反。然而,她也许早在登基之前就收集了俄国宫廷的种种传闻和她亲自在俄国观察到的情况，也有可能凭对处境的感觉，她很快掌握了政权的全部状况，得到的启示是，这个政权原封未动，截至当时，她采用的那些手段和措施都未能使她取得领导权。在此，回顾一下俄国以往国家政权的某种现象不无裨益。

古罗斯已把它的政治信仰、观念、社会关系——整个社会生活结构编制成一套很丰富的最高政权材料，不是理想，正是材料，莫斯科历届君主根据其个人的特点和所处环境的条件赋予这种材料不同的形式和面貌：沙皇伊凡雷帝是一种形式，沙皇阿列克谢是另一种形式。可是，古代罗斯国家政权无论由谁掌握，对受其统治的人的自由几乎都采用同样的手段，除了教会关于权力来自上帝的宣传——号召信徒发善心，还有最简单的政治教育手段，就是用于对人的初生本能和社会生活原始关系起刺激作用的因素；例如，属于第二类刺激因素的是：亲属要对罪犯负责，即用没收把人财产的办法惩罚他的妻室儿女。彼得大帝没有建立新型政权，但对旧政权进行了改造，给了政权以新的行动方式、科学意义和从未有过的活力，给政权提出了新的任务，扩大了它的权限，尤其是扩大了教权的经费负担。重要的是，彼得企图改变政权本身对待臣民的态度。古罗斯国家政权对待臣民的态度如果说不像主人向来对待家奴那样，那么就像严父对待年幼的孩子那样，吩咐要做的事，不得犟嘴，或者只许议论办事的方法，不准谈论所办之事的意义和必要性。彼得保留了原有政权的森严面貌，不过对它的称呼，即词语格调有所减弱。在自己法令中向人民讲国家制度本身的基础、共同幸福、人民利益、君主的义务即"职责"的，这几乎是第一人。执政者由君主来体现；安抚的原则由严厉的法令来显示；听家长的使唤表明家庭成员的成熟。政权不要以种种威胁手段对待有毛病和不听话的臣民，要相信人民有健康头脑，号召他们不但要执行皇上的旨意，而且要思考执行旨意对国家的必要性，即旨意的指导性动机，这就已经是在号召对国家事务的某种参与，培养政治主动精神，即一种政治教育。彼得扩充了自己的政权，因而取得了权力，证明扩大政权权限的做法是正确的，并获得巨大成就，同时还向人民讲明，政权不仅是他们自己的权利，而且也是他们迫切需要的。彼得留给人民的记忆是个史无先例的"不白吃饭，干活比任何男子汉还厉害的沙皇"形象。这种形象本应成为榜样，但很长时间孤零零无人仿效。彼得以后接踵而来的男男女女继承人没有局限于交给他们的政权，也不能以事实来证明它，他们根本不了解政权的职能，也不了解它的任务，滥用职权，把任务置于脑后。有的人把政权攫为己有，对管理敷衍塞责，随心所欲。按照温斯基的说法，很快德国人像短命的小蚊虫一样钻进了俄罗斯国家瘦弱卷曲的机体，并开始包围它的脑袋。用鞑靼人陈旧方式统治人民的比伦苛政疾驰而过。一位改革家在掠夺的别人土地上建立的俄国首都圣彼得堡变成了俄国境内心怀敌意的外国人的殖民地。罗蒙诺索夫为叶卡捷琳娜二世的登基写下了颂诗，诗中在概述自彼得逝世到这次登基俄国的经历时说，彼得大帝一定会从棺材里站出来愤怒高呼：

> 我营造起这座神圣的城市，
> 难道是让敌人居住的吗？
> 俄罗斯人正面临一片恐怖。

　　起源于法律的政权开始变成法律的代替品，即变成独裁专政。彼得一世逝世后的17年间，皇位频繁更替，前后发生了5次，多半不是根据那项法律或正常程序进行的，而是在人民对形势很少了解的情况下进行的，要么有意外的政治背景，要么出于偶然性事件宣布更换政府。这一切就俄国当时政权的意义来讲对社会秩序起了破坏作用。表面上国家的势力增强扩大了，但个人的作用降低了，缩小了，结果没有人以适当的方式来对国家的成就作出评价和体会。领导集团的社会生活变得萎靡不振，放荡不羁。宫廷的倾轧取代了政策，贵族社会的丑事成了每日新闻，渴望慈善的心思和从事娱乐活动的兴致泯灭了。当代人看到的文化和社会生活最显著的成就是：叶卡捷琳娜一世时期加大了从国外订购昂贵服装的分量；安娜时期贵族餐桌上出现了布尔岗红酒和香槟酒；伊丽莎白时期离婚现象更加频繁；一等文官夫人安娜·卡尔洛夫娜·沃伦佐娃运来了英国啤酒，引来了客居伦敦的两位俄国贵族女郎表演英国对舞，还举办了"最具特色处世哲学"庆祝会。这件事发生在1754年，当时莫斯科正发生火灾，危及开会剧院，有人就从莫斯科向外国报纸报道，说这个哲学会"那么震动人心，以致不亚于当地发生的意外事故，因为火灾给迷恋在欢乐中的居民造成的短暂中断并没有引起会议的留意。每天谈论的话题无非是：喜剧、喜歌剧、幕间剧、间奏曲、跳舞晚会以及类似的消遣游戏"。严肃的观察家感到，俄国还没有表现出启蒙的特征。贵族社会蔑视俄国的一切，轻视科学，连一等文官沃伦佐夫伯爵这个按职务与开明的西欧关系最密切的人，在叶卡捷琳娜即位之初，当谈到他勤奋好学、求知心切的侄女达什科娃时，他气愤地写道，她"伤风败俗，追求虚荣，更多的时间在科学活动和轻浮无聊中度过"。

叶卡捷琳娜时期的一些人喜欢把1725—1762年的权力机关和俄国上层社会描绘成具有同样的特征。生活在帝位旁边的俄国上层社会为政府提供数量最多的显赫官差，由他们充当民众的楷模。帕宁在禀呈叶卡捷琳娜关于御前会议的草案中，就直接把那个时代的执政程序比作"是一个野蛮的时代，在那个时代不仅组建的政府，就是政府以下的机关,连成文法律都没有"。有关那个时代的回忆录中讲到,只有伊丽莎白在位时期有过一段光明日子,这是由于她对父王的缅怀、她的善良虔诚和某些有益法律的结果。人们爱戴她是出于她生前对父王的怀念,更多的是对她的去世深表惋惜,她的继承人——侄儿为缅怀她举行了悼念活动。不过这种对个人的感受要大于对制度的感受。旧的灾难已经消除,新的幸福尚未到来。暂时得势的恶棍消失了,但是没有绝迹。社会已相对稳定,但制度摇摇欲坠,走向腐败,它已无可救药和无力完成未竟之业了。很少有人考虑新的需求和新的规章,一切仍按彼得大帝建立的事业进行。时钟上了发条,但走不准了。

一个对自己的任务和权限缺乏明确认识的政权,其威望是动摇的,其物质和精神财富是匮乏的,社会舆论充斥着奇闻轶事,私人感情和民族尊严丧失,整个制度靠恐怖和专横维持,按帕宁的话说,"一些显贵的势力大于国家机关的权力",国民对公共利益缺乏感情和认识,甚至没有爱国之心,根据叶卡捷琳娜时期一些人的讲法,从历代宠臣和备受宠信的政府留给叶卡捷琳娜二世的遗产可能就是这样一些特征。

18世纪下半期,那些以自己所受教育和社会生活比父辈优越而引以自豪的人,自然对刚过不久的阴暗面的了解比对光明面的了解兴趣更大。这种意向就其本身而言只会对叶卡捷琳娜有利,因为她登基时的最初步骤就是根据她同离当时最近的前辈作比较来判断的。在某种意义上讲,彼得三世能算是一个时期吗!在他之后,急需改善不得人心的统治局面。但叶卡捷琳娜绝不能利用原来的政权。首先政权要学会寻找能使现行制度强大和有威力的最可靠的支柱,寻找改造人的最有效的手段——惩治。叶卡捷琳娜急需找到权威性质完全不同的两种支柱和手段,采取比鞭刑和流放要委婉的、比没收要公平的国民教育措施。鉴于她的出身和所受教育、她的遭遇、思维方式以及俄国对她本人过于生疏，她必须立即恢复历史延续的当地人已习惯的生活方式。她自己意识到了这一点并在当政的头一年就向法国大使勃列铁尔承认，她需要时间，让她的臣民熟悉她。然而她需要证明在自己的位置上许多事做得是对的，以防企图反对她而重演6月28日的肮脏事件。行使获得的权力如同取得政权那样，绝不可悄悄地进行。现在缺乏的就是在刑法方面还不习惯与民众交谈。正如帕宁提示的，为了使政治生活"在公众面前显示出得体的显贵地位"，急需同民众直截了当，开诚布公地解释清楚，甚至把这种解释纳入管理机关的日常工作。总之，需要的是得人心，而不是注重天性。在将政权与民众联系起来的各种关系的链条中，彼得一世曾打算添补的一个重要环节已不存在了，因为他死后这个环节没有被固定就脱落了。这个环节就是人民的信赖，即政府与民众共商办事，其内容：一方面树立对共同幸福的认识；另一方面善于引导这种认识，并相信自己有决心有能力满足构成共同幸福的各种需求。叶卡捷琳娜明白，政府措施的成功，最重要的是使人民对措施的理解取得一致。她在向伏尔泰说明自己《圣谕》的某些条款时曾写到，对立法者来说，唯一的方法是使人人听从理性的呼声——这就是确信，理性的要求同社会安定的道理是一致的，人人都需要安定，谁都懂得安定的好处。叶卡捷琳娜在继续实行彼得的政策时，首先把精力放到了这方面。当然，她在集中注意人民的理性时，也激发了他们能更加强烈地把心思倾注到立法者一边的感情。

这样叶卡捷琳娜开展了一场目的在于争取人民的信任与同情的值得纪念的运动。这一运动是通过觐见、巡视、交谈、增加出席参政院会议次数的办法进行的，更多的是通过法令和诏书来进行的。从1762年6月28日和7月6日起颁布适应任何情况的皇权诏书——

关于受贿行为法令、参政院分设各部、关于惩治阴谋家的上谕、给俄国大使和总督下达圣旨,以至在私人聚会中坚定地宣布了新政府的诞生、政府的意图和关心的事业以及它如何理解自己的任务和对待人民的态度。首先应讲明取得政权的根源。新政府受到社会舆论的热烈欢迎,这种舆论被宣布为合法的政治因素,即人民的喉舌,对它的欢迎由人民代表的宣誓这种正式行动得到证实。6月28日的诏书声称,女皇是被迫继位的,是前朝给所有忠实臣民造成的危险促成的,"尤其是这样做符合了我国全体忠实臣民坦承而正直的心愿",因此接受皇位是《根据我国忠实臣民的普遍一致的意愿和请求》。为通知当地朝廷,在给俄国驻柏林的大使关于登基一事的圣旨中就补上了这句话。别茨科伊天真地以为,6月28日发动的常见的近卫军政变,是他本人促成了这件事,曾暗中唆使近卫军士兵把钱撒向人群,因此他自认为是政变的主要发起人。一次,他突然闯到叶卡捷琳娜跟前,扑通跪下,央求她说明,她的登基应归功于谁。回答是:"归功于上帝和我国臣民的选择。"这个答复使别茨科伊彻底绝望,于是他扯下亚历山大罗夫绶带,自认他的功劳得不到承认不配佩戴这种勋章。按诏书的说法,因为皇位发生转换,国家就会摆脱前朝造成的危险,摆脱正教信仰的动摇状态,俄国的光荣和声誉不致遭到毁灭,内部制度不致被推翻,也会摆脱"帝国本身不可避免行将崩溃的危险"。这就是参政员别斯图热夫-留明在一份文件中叙述的,所以在纪念叶卡捷琳娜加冕礼的纪念章上才题写着:"为拯救信仰和祖国而奋斗。"教会传教士,尤其是圣主教公会第一委员、诺夫哥罗德大主教德米特里·谢切诺夫等人,更大胆更热情地宣布,叶卡捷琳娜是宗教信仰、笃信宗教和祖国的捍卫者,她再现了自己臣民的荣誉和尊严,使"我们的一切痛苦和悲伤一去不复返"。他们认为,6月28日事变是上帝的安排,不是人类智慧和力量，而是上帝神机妙算和绝顶智谋缔造的奇迹。"大主教德米特里在加冕礼祝词中说，传教士无不为这桩奇迹而赞叹，史学家将书之于史籍，学者们将乐意宣讲，不爱读书的人会听得津津有味，后代人将向自己的教民讲述和歌颂上帝的伟大"。当然，叶卡捷琳娜乐意接受教会传教士对 6 月 28 日事件的看法，并考虑把它作为有纪念意义的历史事实永远载入法律：在保存下来由她亲手拟定的关于皇位继承权的上谕草案中她写道，至高无上的神明"以人类不可思议的预见方式把现今帝国的君主专制制度托付给了我们"。

叶卡捷琳娜对热烈欢迎的回报是：坚决审判倒台的政府；宣布庞大的纲领和已开始皇权统治的全新方针。诏书和法令都讲到独裁专政的危害，讲到由于任何人道法庭不应有的专权者肆无忌惮而造成的毁灭性后果。要从上帝面前的皇位居高俯视，使普天之下人人皆知："我们从上帝手中接过全俄罗斯皇位不是为一己之欲，而是为了使皇位发扬光大，在我们可爱的祖国建立良好的秩序，确立公正审判制度。"宣布法规是无可非议的，因为当时国家机关的主管官员看得清楚，只有当他们统治的人民不致因各种意外事故，尤其不致因他们的上司和管理官员给他们造成的事故而精疲力竭的时候，才能享有安定的局面。我们把真心实意的希望以公开行动表示，"我们多么希望博得我国人民的爱戴，我们认定自己是为人民而荣登皇位的"，并以皇帝的命令最隆重地承诺，以法律为基础来巩固国家机关，同时期望以此维护帝国和专制政权的完整性，"从前的不幸是有失完整造成的，一定要使对自己祖国赤胆忠心的人摆脱沮丧和免受凌辱"。总之，这一切叫人相信像母亲一样日常操心"共同幸福"。通过政变取得的政权不是为了权力，如同伊丽莎白登基时一样，政权的取得虽不是用非正当手段除掉朝臣的办法，但也是通过夺取，而不是归还权力。看来，这种行动需要的是取得大家的谅解，也需要设法让大家容忍这样做。叶卡捷琳娜两件事一件也没有做：为取得的政权进行辩解，不就意味着让人自然而然地对它的正确性产生怀疑；竭力设法让大家容忍这个政权，不就等于去巴结反对派，乞求他们安于现状，不要再对已发生的事情产生非分之念，这会在各种场合降低政权的威望。

《圣谕》对头些年诏书和法令中宣布的原则做了系统的阐述，这是对1762年7月6日诏书所作的最隆重的诺言付诸实现的行动，即设立的国家机关其管理工作按准确和固定的法律进行。圣谕有许多地方提法新颖，可能大多数读者感到费解，有的地方可能出人意料。作者本人预见到，某些人读过《圣谕》之后一定会说：不是人人都懂的。不习惯政治思考的人难以领会和统一政治自由的四个定义，一个否定，三个肯定。《圣谕》讲的国家自由是：（一）不是谁愿意做什么就做什么；（二）每个人尽可能做他所必须要做的事，不强迫做不该做的事；（三）自由是在法律允许范围内从事一切事务的权利；（四）自由是公民确信自身安全而产生的精神安定。俄罗斯人头一次被号召参与讨论有关国家自由、允许不同宗教信仰、刑讯的危害、限制没收、公民平等、公民本身的概念等问题。在此以前讨论这些问题被认为不是老百姓的事，那么是谁的事，就很少有人过问。使俄国读者最吃惊的是，《圣谕》条文说："政权能决定自身的事、自己的使命和对臣民的态度。"言论本身不能构成对陛下侮辱的罪行；专制政体时期管理工作的顺利，部分是由于温和宽厚的管理方式；对国家来说最大的不幸莫过于谁也不敢发表自己的意见；政权必须时常限定自己的权限，即自己给自己规定范围；最好是君主只起鼓舞作用，各项法律起威慑作用；一旦君主把自己的幻想凌驾于法律之上，专制政体就会崩溃；阿谀奉承之徒总是反反复复对主子说，人民为统治者创造，"但我们以为，为了自身的荣誉，我们有责任说，是我们在为我国人民创造，鉴于这个原因，我们必须说我们应该说的事情"。

卡拉姆津在其《颂词》中复述俄国最早读到《圣谕》的人的感受时激动地说："君主用这种令人折服和感人的语言同臣民说话是从来没有的。"看来在俄国，接管过来的政权本身的面貌及其对民众的态度，像叶卡捷琳娜执政初年的法令和这纸《圣谕》中说的那种情况，也都是从来没有的。政权通常只要求人民付出牺牲，现在它却把为人民牺牲自己当作自身的光荣。以前被政权吞食的共同幸福现在政权反而成了幸福的化身。政府向人民表示，它既承认自己所承担的义务，也要宣传它所遵循的新原则和新观念。政府的法令同要求绝对服从的法律相比，更多情况下是阐述社会生活的基本原理，提倡良好的政治品德，也揭露官吏和社会恶习：用当时的话来说，同规范行为和确立关系相比，法令更注重启发智力，更偏重于善良愿望。这正是共同幸福之所在，我们无论哪方面都还处在混乱之中，我们日夜操心共同幸福的事，每个公民也领会到，他应该怎样为共同幸福出力——这些法令和诏书的意图和基调就是如此。关于对不执行的行为由警方预先提出警告和实行惩罚的事，只是顺便提及，提法也勉强；要求法官和法警凭理智和良心办案。立法者不能把臣民当作未来的罪犯对待，要当成真正的公民，并告诉他们：国家是你们自己的，也是你们的家，不是兵营或者办公室，它代表你们的思想、感情和态度。建议把老爷的农奴改造成国家公民，并且解决他们的学校教育问题，使之成为受到良好教育的公民。因此，了解"特权阶层人们"的意见被认为对政府有利：1766年，叶卡捷琳娜责令参政院审议，把关于贵族银行的新条例以草案形式发表，是否较妥，实施前留半年时间，以便让有志者提供修改和补充，而且可不署名。

我们重视这些人的意见,倘若他们拒绝我们的这种庄重态度,我们自然会因失去他们而丧失信心,如果他们承认我们诚挚的庄重态度,我们就要振作精神,努力去赢得他们。在同惯于在政府面前奴颜婢膝的人打交道时,这个政府要像对待公民和自由民一样,耐心说教,为了证明他们的忠诚,就要把隐藏至今的内心感觉和看法袒露出来。这件事是从上面,即从政府的最高层开始进行的,逐步扩大,结果社会安定局面大大增强。当参政院对女皇伊丽莎白废除国内关税表示感谢时,女皇回答说,我乐意做的事是"比较喜欢把自己臣民的利益当成自己的事"。可见,个人利益与国家利益或人民的利益泾渭分明。伊丽莎白遵循这种区分直到生命结束,后来人和彼得三世也都如法炮制,加紧积聚钱财,亲自掌管国库收入,对国家的需要置若罔闻,即使支款也微不足道,职员中经常有人领不到薪水。当有人申请国家需要费用时,他们恼羞成怒,回答是:"你们知道哪儿有钱,就去弄好了,我们的钱是备用的。"1754年,列伏尔托沃富丽堂皇的邸宅发生火灾,把女皇伊丽莎白存放的一箱箱银币拖了出来,许多箱子脱了底,不得不动用刺刀驱赶哄抢撒落钱币的群众。叶卡捷琳娜即位初期,急需用钱,因为在普鲁士的俄军已有8个月没有领到军饷,女皇在参政院全体会议上宣布,她本人是属于国家的,所以她认为,属于她的一切都是国家的财产。为使今后国家利益和她个人利益之间不要有任何差别,她命令从她的私房存款中支付国家需要的款额。在场的所有参政员都含着眼泪发了言;全场一致对女皇这种宽宏大量的思想方法表示感谢。这是叶卡捷琳娜亲口所讲的。参政院是政府首脑机关,领导各行政部门,它最先接受新方针并负责通知所属部门。新方针是:叶卡捷琳娜不主张刑讯,指示参政院对犯人要注重循循善诱,以取得正面口供,勿施严刑拷打,办案不要加重人民负担,不额外增加税收,新增开支"采用其他最适当的办法抵补";负有绝密使命的参政院总检察长必须代表最高当局"只实行一种公文方式,即使国家利益蒙受损失,旁人也无权直接干预",至于各省省长必须奉命对受害者予以保护。这些指令都没有打动普通老百姓的心,或许他们对诏书的内容还没有全部理解;他们对新政府的基本精神和方针的了解仅限于:有关限制刑讯和没收财产的传闻;关于贸易自由和降低盐价的法令;关于反对垄断和受贿的命令;关于未受严重损失的队伍进行兵员统计调查的命令;关于拆除所设城关卡和其他零碎限制的障碍,当然,废除这些东西大大方便了社会生活,并使大家感觉到,鞋子夹脚的情况比原先少多了。

当时社会正经历着十分生疏的感受,通过这些感受逐渐形成了一种社会情绪,卡拉姆津在描述这种情绪时说道:"人人感到满足,个个充满活力。"这种情绪在叶卡捷琳娜同人民会见的热烈场面中表现出来,1767年她游览伏尔加河时尤其如此。叶卡捷琳娜旅途中写道,即使"异族人",也就是同行的外交使团,不止一次被欢迎她的人群那种欢乐场景感动得流泪;在科斯特罗马,车尔尼绍夫伯爵由于受到当地贵族"彬彬有礼的亲切接待"而深深感动,宴会期间一直哭个不停;在喀山,人们用身体铺成地毯,让她从身上走过,凡是进入教堂时总要停一会儿,因为农民端着蜡烛祈求供奉敬爱的女皇:这就是伏尔加河老百姓对巴黎那些把叶卡捷琳娜尊称为沙皇村雅典娜的哲学家的回报。《圣谕》在1767年的委员会上宣读,代表们听了同声赞叹,许多人流下了眼泪,特别感人的是第520条的言辞:"千万不要!千万不要在这次立法之后,地球上还会有某个比我们更公平,因而更繁荣昌盛的民族。如果这样,那我们的立法意图就没有实现,我不愿看到这种不幸。"在觐见女皇时大家都哭了,在宣读她的诏书和《圣谕》时也哭了,在她出席的盛大宴会上到场的人都哭了，当认定比伦时期已一去不复返时大家高兴得落泪了；看来，俄国从来没有像叶卡捷琳娜二世皇朝初年那样流过那么多高兴的政治泪水。

这些泪水中有许多重要的东西：透过眼泪流露出人们对政权的新看法和所抱的态度。政权本是用来实行惩治的一种威严力量，谈起来想起来都叫人可怕，现在它却变成了富有行善关怀人的有生命的东西，说也说不够，怎么夸也不过分。这种政治敏锐性逐渐使那些对即将到来的幸福还充满模糊感觉的人精神大为振奋。这种情形在1767年委员会会议上表现得特别明显。全国有550多名代表出席会议，他们代表各自不同的信仰、语言、种族、阶层和观点，从圣主教公会学识渊博的诺夫哥罗德大主教德米特里到伊谢蒂省米舍尔亚克人现役军人的代表伊斯兰教教士阿布杜拉——鞑靼贵族塔维舍夫，还有萨莫耶德人——异教徒的代表，委员会上不管怎样向他们解释，他们也根本不懂什么叫法律，人们需要法律干什么——全俄民族展览馆陈列一组展示几乎是人类走过的所有文化阶段生动的范例。代表们的使命是把各自所在地对这项"繁难而又耐心细致的工作——编纂法典"的有关"需求和短缺"带来，使"法典同这些需求和短缺协调一致"。代表们进入委员会时都要按统一的例行公事宣誓，立誓"恪守慈善之准则，以全体基督教徒之博爱精神和维护人类幸福与安宁之诚善品德"把这项伟大事业善始善终。刚一开始就有一个代表要把他当地不值一提的需求列入人类的崇高理想。委员会开幕时，副国务大臣代表女皇讲话，他号召代表们要不失良机给自己和所处的时代增光，赢得子孙后代的感激，要热心关怀共同幸福，关怀人类和本国可爱同胞的幸福。他说："普天之下各国人民都在期待你们做出榜样，人人都把目光集中到你们身上。"大约过了两个星期，委员会总管比比科夫就曾扯着高八度的嗓门向叶卡捷琳娜说过这样的话，"在创造共同幸福方面我们独占鳌头"，因此他主张由委员会把国母尊称献给叶卡捷琳娜，他还补充说，全人类都应该这么做，把各国人民之母的尊称献给她。稍后类似的说法成了代替感情的刻版；当时这种话语首初以实在的感情表现出来，或者说这种感情已注入业已打开的心扉。准确地说，被气球托起的代表们连同其领导人都甩掉了家乡土里土气的习气，甚至俄罗斯的习气，于是从令人神往的高处给他们敞开了无比广阔的视野，展现出未来前景、各国人民和全人类。这一切有些矫揉造作，但是显现出对祖国一种朴实的爱，同时由这种爱无意中唤起的民族自尊心和爱国主义自豪感反映出来的感情显得不自然，这不只是这种感情本身新奇还是表现的机会不够的缘故。是的，最后这种矫揉造作的操练还是教会不熟练的人乖乖地适应了相称的步伐。

以祖国而自豪就应当不愧为祖国之子；舍此自豪不过是吹牛。叶卡捷琳娜时期的人员对人必须是公道的，因为他们要提防人民自豪感造成的危险，不受踮起脚来抬高自己的诱惑。精神振奋是与他们社会意识的觉醒同时发出的，这种觉醒起了阻止他们把自命不凡当成民族自我意识的作用。他们一感受到自己祖国的重要意义，就会正视自己，以便认清他们是否已具备登上大舞台的条件。他们会发现而且以严谨的态度承认，他们还不能像祖国尊严所要求的那样出现在欧洲世界，叶卡捷琳娜常给外国人说，帝国的威严与强大其靠山就是本国人民群众的力量，而他们这些有教养的统治阶级责任就是把自己人民的理智表达出来，现在还没有能力成为当之无愧的表达者。这种认识来源于叶卡捷琳娜时期报刊与戏剧讽刺作品的热烈鼓动，显然，这与当时的显赫成就大相径庭。自我揭露是有明确目的的爱国主义感情合乎情理的直接结果，因为出于爱国的自我揭露就是揭露那些不配为祖国之子的人。这种讽刺作品对现实生活水平的提高不大明显，因为私人和社会的弊病与劣习仍然到处可见，但它们已被揭露和意识到，就是说仿效的人少了，这样就使儿辈们有希望不致把习性难改的父辈的东西统统继承下来。正因为如此，思想空前活跃，尤其是叶卡捷琳娜主张文学"言论自由"，即允许思想自由发挥以来，她本人也亲自参加这类文学活动。当时善于独立思考的人在揭露国内种种弊端时，反复考虑过这些问题，况且这种爱好思索这类问题的本身就已经是社会意识显著提高的特征。自然，在这方面启蒙学者著作的影响帮了他们的忙。从波罗申和温斯基的回忆录中可以看出，这种影响激发了有教养的人，甚至缺少教养的人对政治和道德的兴趣，即对研究国家制度和社会人员结构的兴趣。波罗申在保罗大公时期当数学教员，他给学生讲解孟德斯鸠和爱尔维修的著作，并说为了启发理智必须读他们的书。他为大公准备写一本《国家机构》的书，书中"他打算指明国家赖以活动的各种不同部分，例如，阐明需要多少士兵，多少农民，多少商人等，以及谁在促进共同幸福方面占何种比重，因为一旦哪个官吏随心所欲，而其他人受到鄙视，国家就断无宁日"。万分可惜 358 是，在18世纪学识最渊博，人品最高尚的俄罗斯人中，这位数学教师没有能够完成他所想好的著作的写作，要不然这本书就已成为当时俄国政治思想成长的极好标志。叶卡捷琳娜时期的有识之士立下了功劳，是他们提出了往后一代接一代人用心研究的一系列重要问题：俄国与西欧的关系，近代俄国与古代俄国的关系；民族特点研究；民族发展与全人类发展之一致性，即民族独立发展与仿效先进民族的必要性。在这种对道德、政治和社会生活问题进行超常思考的影响之下，法律和文学语言具有了严肃的道德说教色彩，表达精神原则和社会生活关系的学院式辞令以抽象术语形式纷纷出现。"品行端正"或"品德优良"、"人道"、"博爱"、"关怀共同幸福"、

"总体与局部幸福"、"祖国"、"公民"或"同胞"、"敏感性"、"感动人心"、"品德高尚之人",等等词汇不胫而走。1782年4月8日颁布的规章,或叫城市警察条例《品行端正条规》中就出现了用这种语气写的法规条文:"己所不欲,勿施于人;彼此善意相助,给盲人带路,给无家可归者住处,给口渴者水喝";《社会义务条规》中规定:"丈夫要在妻子同意爱抚之时方可恋妻子,对妻子的不足之处要尊重、维护和原谅,让她轻松愉快",而在要求官吏明确遵守的条规中则有:"精神正常、人道、对公务尽忠效力。""社会"和"人类"词语特别受人喜欢。1768年,叶卡捷琳娜为了给臣民作出表率,由她自己和儿子试种牛痘,为此拉祖莫夫斯基代表参政院、政府机关和全国人民向叶卡捷琳娜表示感激,甚至还讲到了"人类两性"的事。随着1775年省级机关的建立,地方县警察局长必须履行的职责是"待人要心善仁慈",在发生流行病时要尽力"医治和保护人类"。在17世纪的文献中,俄国人民被划分为许多低微的服役和赋役等级或者叫成分,他们承担专门的义务,从事不同的职业,没有共同的利益,有时偶尔用"基督教社会"来表述,因为宗教仍然是社会生活最牢固的精神联系方式。叶卡捷琳娜时期便有了"俄罗斯社会"的说法;参政院在呈交女皇的报告中讲到"全体忠实臣民社会",1785年颁赐的特权证书确定的术语是:"贵族社会"、"城市社会",在1767年的代表委托书中还发现了各地方自治各阶层团体的申请书"由全县各团体选举法官"。这种团结思想吸引了社会各个阶层,在这以前它们之间还没有要团结起来的感觉。在这种新词语中没有华丽辞藻和模糊概念的缺点。好话在生疏的环境下一旦变成老生常谈,就会很快衰退,失去意义,因为正如斯塔罗杜姆在《纨绔子弟》中所说,老说好话"人就什么也不去想,什么也感觉不到"。这类好话对行为风尚、对生活方式的改善不起直接的作用，但美化词句可显示思想正派，使之超越利己主义和本能欲望，让个人对专横的理解服从社会体面的需求。从这个角度讲，可以认为1786年2月19日法令具有国民教育意义，因为它命令凡向政府呈报的公文一律用"臣民"一词取代"奴隶"。好话通常类似拐杖支撑着衰弱的思想。在1767年的委员会上贵族代表谢尔巴托夫公爵对维护阶级特权十分恼火，他认为阶级不平等是一种政治教条，而且他还在会上补充声明说，农奴"是与我们平等的人"，只是由于"不同的机会把我们上升为他们的统治者"。叶卡捷琳娜《圣谕》的条文中有时引用了基督教教规和自然法则。只有城市代表和贵族根据同样的教规和法则，反对限制刑讯和体罚的要求，他们"绝不容忍偏袒"，并挑明说，"贼，不管他是小人还是君子，永远是贼"，而作为知书懂法的正人君子，对他的惩罚就应该比平民更严厉，因为平民犯罪常常出于需要和无知。此外，这些代表还补充说，按照他们对民主君主制的看法，俄国开天辟地以来实行的是君主政体，而不是贵族政体，因此"小人也好，君子也好，一律是大慈大悲女皇百依百顺的奴隶"。时行词语表达新思想，而思想又指引行动，至少指示行动计划。时行词语中有一个在当时公告报刊上反复出现的词——启蒙。那时国内外一些观察家确信，俄国贵族把无知看成是本阶级的权利（温斯基语），确信开化贵族甚至比开化农民还难（马卡特尼语），在这个文化上无望的阶级中也有人向委员会呈文，要求由教会开办农民子弟学校，"以便用法律知识稍微矫正一下他们的风气"（科波里耶和亚姆布尔斯克贵族委托书），让教会牧师教育农民的男孩子，"从此往后可望贱民智能得到开化"（克里皮夫纳贵族委托书）。1764年，阿尔罕格尔斯克市公民克列斯季宁根据市议会决定考察了初等教育，后来发表了许多有关他家乡德维纳情况切合实际有历史意义的文章，他还向参政院提交了一份考虑周全的小学义务教育计划，规定城市任何等级的男女儿童无一例外都应上这种学校。

这种按政府号召唤醒理智的做法——几乎是叶卡捷琳娜死后她的皇朝给人的印象增强的最重要因素。至少《费丽察》一诗中一些著名诗句起了这种特殊效用：

……你要实实在在掌管好手下的人，
就得放心大胆让他们知道一切，
思考一切。

凡被认为有聪明才干参与讨论重大问题的人，他们会感到特别满足和幸运，而且会对让他们获得这种幸运的人表示真诚感激。现在政府不仅允许，而且明令人民要知道一切，思考一切，并把讨论重大问题的能力列为公民的社会义务。1766年12月14日的诏书责令代表们必须把选民陈述当地"社会需求和负担"的委托书亲自带上，然后参加委员会制定新法典的工作。小俄罗斯的当政者鲁勉采夫在其关于12月14日诏书的通告中写道：由此可见，地方代表团承担的任务是繁重的，不仅要审议本地的状况、利益和需要，而且还要把它们同全国的状况和利益协调一致，要上升到最高政治观点乃至"要注意已过去的各个时代，尽力找出危害共同幸福和法律效果的各种原因"。总之，号召人民代表不是去参与管理工作，而是实际参与按新的原则建立国家制度的工作。把这么重要的事情交给人民代表办理，这是我国历史上从来没有的。的确，彼得二世时期曾把贵族代表召集到法典委员会，伊丽莎白时期曾把贵族和商人代表召到法典委员会，但前一种情况委员会的工作只是对1649年旧法典进行补充，后一种情况同1648年一样，召集代表听取由政府委员会拟定的现成法典草案,而不是直接参加法典的编纂。

大家都知道了1767年委员会没有编出新法典草案的原因以及在会上暴露的情况。代表委托书抱怨社会生活主要基础还不具备,或者说不巩固,要求军人不得殴打商人,不得白拿他们的货物就是实例。后来,不可调和的阶级利益纠纷暴露出来了:各种不同社会阶级要求特权,即阶级垄断权,它们只是在一种不光彩的愿望方面同贵族和睦相处——拥有农奴的愿望。可是,在各阶级彼此摩擦,即利益不协调和敌对,这种对抗观念在整个紊乱局面占上风的时候,要编成一部谁也不得罪的严整而又公正的法典是不可能的。不知从哪里涌来了一股未来良好制度的源流,它的表现是:要求颁布"实现不同成分的人友好团结"的法令;所有阶级参加地方管理机关;设立"简便口述法庭";允许不同宗教信仰;建立科学院、大学、中学、城市和农村学校等。这股源流来自与皇朝同时开始的社会意识的普遍觉醒,委员会又把它强化了。并非所有代表像法令所要求的,都是"忠心耿耿最能干的人",不过他们在委员会上同政府最高机关的代表相聚,并肩共事达半年之久,彼此都非常了解,相互接近,交换意见,紧张地讨论关系全民幸福的重大问题,牢记委员会开幕时政府发出的号召:"你们的光荣就在你们手中。"与此同时,代表们把从《圣谕》中学到的原则和在共同合作中得到的感受传遍全国。剩下的事情是使公民的情绪适应形势,让焕发起来的政治意识同样生动活泼,让大家同样都来关心已开展的事业。然而,在内政外交经历了几年充满恐惧的暴风雨岁月之后,才于1775年颁布了要求进行管理的省级行政建制,可是后来的反响既无激情,也未唤起人们的期望。

按照卡拉姆津的说法,当时和往后,人们都把"公文上写得优美,而运用到俄国现实却坏事"的省级机关的明显弊病归罪于这种建制。不过在这种机关中也闪现着值得它重视的引起社会共鸣的两个观念：这就是当选代表参与地方机关和法院，而某些机关，例如社会救济署，则由三个阶级——贵族、市民、农村自由民——的代表共同参加。后者看样子是最能起良好作用的机构。很久以前，大约从17世纪下半期起，曾经在缙绅会议和某些地方机关合作过的俄国社会自由阶级开始分手了，划分出了各个阶级的权利与义务，各个阶级的利益和偏见，而且每个阶级封闭在本阶级包围圈内开始各行其是。现在政府号召社会各县在另行成立的各阶级参加的机关中，本着嘉奖国民教育和社会救济的精神恢复这种中断了的共同协作，因为这种机关同时具有类似感化法院的作用，可称作是"永远对人类的不幸和苦难倾注善心和把仁慈与法庭融为一体的两股源泉"，继而它呼吁："尽其可能，不要使臣民对他人固有的同情怜爱之心泯灭，不要把他们自家人的感情同皇帝陛下的仁慈等同起来！"但是，臣民的心情在以自家人的感情适应女立法者的仁慈时，对她的号召并不在意，各地也敷衍塞责，因为县里的贵族根本不来参加选举代表的大会，以致剩下首席贵族一个人，他派信使去请城郊的地主也无济于事，便采取缺席委派的办法；根据当代人鲍洛托夫的表述，选举常常公开进行偏袒，不公正的行为达到厚颜无耻的地步；心地善良的有识之士要么退出会场，要么就遭到满场文化低下而又粗鲁的乡村贵族"高贵无知之徒"的压制，这种会议留给观察家们总的印象是，会上"除了荒诞不经，为鸡毛蒜皮的事吵骂不休，从来就没有提及过一件正经事"。

新设的机关让贵族在地方团体和管理部门占统治地位，大长了贵族的威风，但它自身的管理工作很少改进。这好像是个谜，要破这个谜，必须靠叶卡捷琳娜时期贵族社会某些引起民众心理上颇为注意的特点。

叶卡捷琳娜二世当政时期社会情绪的高涨主要是在贵族中间开始形成起来的，中途出现过可怕的时刻，关于这件事过后叶卡捷琳娜时代的人不喜欢去回想它，因此在他们最亲近的后辈的回忆录中也成了平淡无奇的事。这就是1762年颁布贵族自由诏书和1774年平定普加乔夫叛乱之间发生的事。由于废除了贵族拴在都市的义务服役制，开始了或者说加速了贵族往农村退落的现象，但这种情况遇到农民的阻拦，他们群起骚动、逃跑，并趁火打劫，搅得农村贵族朝不保夕。同时，贵族义务服役制的废除使农奴制失去了存在的基本政治理由，对这一点双方马上就感觉到了，各方都有自己的看法：贵族当中这种感觉的表现是担心同服役制一道取消他们对农奴的统治权，而农奴当中则期待着正义会像取消贵族不自由的服役制那样，要求取消他们的农奴奴隶地位。法典委员会增强了一种人的担心和另一种人的期待。民间开始流传令人不安的谣言，说女皇的《圣谕》压根就没有讲到有利于"奴隶"的内容。关于更改法律，即有可能为农民谋得某些好处的传说四处蔓延。出现了署有叶卡捷琳娜名字的伪诏书，上面写道："我国贵族对神学和国家法权极端蔑视，正义被彻底抛弃，而且被赶出了俄国，俄罗斯人民孤苦伶仃。"这种传说迫使参政院禁止在社会上传播《圣谕》。随着委员会的解散，近卫军军官中出现了不满的议论，说贵族受了屈辱，农民和奴仆有了自由，他们不服从主人了："怎样给农民自由？谁将留在农村？农民会把人杀光，像现在这样把人打死杀死。"于是政府本身给自己提出了安置脱离了兵役的服役阶级问题：让他们干什么才对国家有利？别斯图热夫-留明伯爵早在1763年委员会上就贵族的事提议，让这个阶级积极参加地方行政机关，成立自己的地方团体，以免他们的"惰性痼疾"故态复萌。在1767年委员会上贵族代表也提出了同样的要求。两件事都同意他们办了。可是，贵族是怎样理解赋予他的权利的呢？他们认为，这种为国服务的新形式并不能代替整个贵族阶级从前的义务服役制，因为没有给每个单独的贵族提供经济条件。他们把当选的县警察局长、县法官和地方初级、高级法院陪审员看成是对自己负责任的全权代表，其职责是维护每个贵族在政府机关中的利益和在农村的安宁，这也就是把自己习惯的管家和主管的观念转嫁到这些代表身上，使之必须对他们这些老爷负责，保证不对国家负责。这种观点在呈交委员会的贵族委托书中已有透露，参政员前任高级文官别斯图热夫-留明伯爵本人也是这么看的。照他的方案，当选的贵族参政员对选举他们的团体"在各方面必须成为受压制和受委屈的贵族在地方自治司法机关的保护人与辩护人"。

省级机关的实施无非巩固了贵族对其新处境所持的这样一种观点。关于这种机关的诏书颁布前整个10年内，贵族阶级一直处于心情紧张的状态：据同时代人说，1765年9月19日颁布的关于国家测定地界的诏书在全国引起了巨大震动，迫使农村地主人人为自己的地产异乎寻常地加紧盘算奔走，因为农村所有的人都被这件事所吸引，人们谈论不休，而那些世代祖传家业的主人平生头一次不得不想到而且牢记他们拥有的地产是什么样的根基，什么样的地界。记不清相邻田界就颇费周折，要进行谈判和争执，慌忙寻找遗忘或散失了的契据、田界办公室和事务所的证明；在划定地界时要是侵吞抽出的整块国有地，就得忙个不停，贿赂土地丈量员，施展诈骗抢夺、争吵打骂，细心打听从未见过的古怪稀物星盘和罗盘的方位，真是可悲又可笑——如果读了鲍洛托夫关于这种丈地过程中混乱现象和土地占有者急躁心情的叙述，就会得到活生生的证明：这个阶级处于法律上束手无策的窘境；整个贵族土地占有制的紊乱局面；社会制度的浅陋水平。早就被鼠疫和普加乔夫起义吓得胆战心惊的这些人现在应召参加地方行政管理。在若干年之内，新的总督管区一个接一个地开辟，这样贵族在这个朝代大部分时间在支持社会思想振兴的同时，生活的节奏也大大加快。省区所有贵族刚从熬过的精神震荡中清醒过来，就携带眷属从偏僻的庄园住地来到省城或总督管区都市参加庆祝大会。这些人过着游手好闲、于国很少有益的生活，他们自身就是"欧洲封建时代的写照"，照卡拉姆津说，他们几乎忘掉了一个公民与国家的关系；在庆祝会上，他们听取了总督的演说，他站在女皇肖像下面从君权高度向统治集团，即在场的人发出了号召，他们传阅和讨论新制定的建制，认为新设机构就是履行早期诏书的许诺和1767年他们自己委托书上申述的愿望，他们投票选出了自己的首席贵族、法官和陪审员，出席了总督招待的宴会，参加了特意为他们举办的舞会、化装舞会和演出会，会间他们轻言细语给家眷介绍应总督邀请来自首都的要员，一些风流倜傥的男舞伴，他们讲法语，熟悉时行语言和手势。他们因投票表决、各种庆祝会、频繁结交新人已疲惫不堪，满怀信心地返回各自的农奴制庄园，投入建立任何普加乔夫式的起义也动摇不了的稳固秩序，因为最重要的、一直使他们提心吊胆揣摩的事，即关于实现农民"向往自由"的意图已不存在了，现在他们的庄园梦完全不受当选的首席贵族和警察局长的威胁。有趣的是，这种信念也感染了部分农奴。庆祝会造成的影响每隔三年都要在贵族定期会上重演，这种会不断加固贵族对已有的国家大权的认识，1785年颁赐特权证书以来更是这样。正因为如此，贵族定期会议也使他们养成了与人为善和"虔诚待人"的习惯。这些人已习惯了自我感觉是农奴制村庄天字第一号人物，在贵族会议上他们投赞成票和选任职位的狂热取代了为丈地张罗和收购低价土地的劲头，由此他们学会了头一次考虑个人身价和理解自己在同等人中的地位，学会了估价社会舆论和回避与自己乡土气习不相投的人。所有这些感受不断扩展和交融，以致贵族当中形成了一种情绪，其主导思想是，他们在这个有序的社会里是品行端正的公民；他们比其他阶层更能在自己的会议上履行政权的具有时代崇高思想的美好意图。至于地方机关的日常细节问题，则是贵族全权代表的事，问题不涉及每个选民个人的时候，他们可以无拘无束地工作。假如事情与"正义、博爱和共同幸福"的要求不相符时，就必须按法律办事，这是正常现象，因为根据《圣谕》，这些要求与其说具有实践意义，不如说具有国民教育意义。《圣谕》声称，为了使好法律行之有效，必须"做好人的精神准备工作"。论断是，首先应该提高人的精神和心情境界，然后改善他们的生活，先教会人游泳，再放他下水。叶卡捷琳娜时期，人的观念起了思想转变，这就是我们在想象力兴奋而精神空虚的人身上发现的那种转变：认真干事的思想悄悄地蜕化为闲散的幻想，当意识到幻想的幸福不能实现的时候，就听天由命。这种思想转变只可能解释为叶卡捷琳娜式的伏尔泰信徒心理，这种信徒爱好自由的幻想就这样与农奴制现状和睦共存。因此发生了这样的情况，社会思想的觉醒，即社会精神的振奋没有使社会秩序的水平明显提高。

　　这种双重情绪透露出一个最明显的特征，说得更直接些，透露了叶卡捷琳娜社会精神面貌最深刻的鸿沟，双重情绪便成了渊源于叶卡捷琳娜二世皇朝的这条鸿沟冲积的印象形成过程的决定因素。这种情绪是从强烈的政治敏锐性开始的，在延续不断的增长过程中它上升为爱国主义的民族自尊感，然后转化为理性的觉醒，其表现是喜欢进行政治思考，同时，这种情绪是通过激发民心来实现的，民心一旦觉醒就容易出现冲动行为，即便失败了，也会使日常生活变个样。但是，精神上的收获是主要的：叶卡捷琳娜的同时代人以及他们的近亲后代确信，在叶卡捷琳娜当政时期燃起了民族自尊心的火花,即萌发了爱国主义;开始萌生了鉴别能力,即社会舆论;出现了关于荣誉、自由、法律权威的初步概念;俄罗斯人会自我焕发努力同多少世纪以来超过他们的各民族携手并进(维格尔语)。

(五)

叶卡捷琳娜写道:"凡是负责掌管百姓的人,要是不正视国家的真正幸福,就一定会受到上帝的诅咒。"她绝不沉溺于幻想思维方式,而引以自慰的是想望成为国家的改革家和国民教育家,想望在国土上种下比播种者要长久的幸福。不相信她所表白的诚意是谓不尊,她喜欢"不仅现在能创造幸福,而且将来能为无数代人创造幸福的那种荣誉"。她继俄国帝位时带来了两种行为方式:装满了当代哲学政治思想的头脑,这些思想有利于她自命为立法狂;能克制住哲学家似的兴奋情绪的性格,这不是靠孤独自我修养,而是在日常繁忙当中更多地同生人交往锻炼出来的。她抱着理性是管好百姓的力量这种信念开始了自己的活动,她相信受她统治的百姓是有理智的。她把这个外交上具有威望而内政紊乱的国家置于她强有力的控制之下,这个国家物质财富丰盛,而精神力量涣散,利益上不协调而且处于敌对状态。她经过查阅、观察和思考,断定:俄国的现行法律很不适应国家现状,它不是在提高而是不断降低国家福利,并且给大多数平民造成痛苦;彼得一世本人不明白国家需要什么样的法律,也不清楚俄国这样一个尚未开发也未被历史歪曲的独特国家,需要的不是修修补补,而是从根本上按新的原则重建法律,一切都必须重新改造。这种想法与其说出自学院式头脑,不如说来自政治头脑。把俄国看成是尚未被历史勾画的一张白纸的人并不是叶卡捷琳娜一个,也不是最后一个。但是,这种看法在很大程度上被叶卡捷琳娜的另一种想法做了矫正,这就是比法律本身更可靠的东西，即以君主的宽容精神为指导的权力的行为方式。经验和对国情更精确的了解，特别是1767年委员会向叶卡捷琳娜表明"我们在同谁打交道"的情况，都使她确信，俄国有自己的过去，至少有自己的历史习俗和偏见，这是必须考虑到的。她认为，没有深刻的震荡，要按照她授意的原则定好的法律制度来要求实行根本改革是不可能的，而且她把狄德罗关于按这些原则改造俄国整个国家制度和社会制度的建议看成是，只会同书本打交道，而不同活生生的人打交道的哲学家的幻想。当她在压缩自己的朝纲时意识到，她不可能承担起俄国政权的所有任务，远的不说，做能办和必须办的事。她写道："如果说我给俄国做了什么的话，——那不过是沧海一粟。"不过她引以自慰的是"在我之后，我的原则将会延续"直到完全实现。然而，好心的保护人不得不相信，要实现依附于她的人都幸福的计划是办不到的，但她已给他们创造了良好的环境，正努力让他们至少比以往得到更多的满足，开导他们的优良思想感情。叶卡捷琳娜看到，用新的法律和新的机构改造俄国的现实是办不到的，她想最好是用新的思想和新的意图来调理好俄国的思想情绪，使它认识到改造现状是自身的事。她不想成为国家激进的改革家，愿意成为一名国民教育家，因此她没有触动现成制度的基础，开始发挥社会思想的作用。她掌握的政权依然充当对外保卫安全、对内维护秩序的武装警察捍卫者，没有成为自由与教育的传播者。叶卡捷琳娜没有缩小权力的空间，但减少了它的活动，并把这种原则用于指导工作，这样她的无限权力就不容易感觉得出来，因为政权的指导原则体现了她的权限。叶卡捷琳娜没有给平民以自由和教育，因为这不是能赏赐的东西，而是必须通过发展与认识过程方可获得，即靠自身的努力才能争取，不像施舍物白白地伸手可得。但她让人感受到，这些福利虽然不如社会制度基础那么珍贵，但至少为私人,即个人的生存提供了条件。按鲍洛托夫的表述,这种感受不但没有因当时理解获得这些福利要付出代价和努力而减弱,反而越加使人振奋,不过给这些福利划定的活动范围窄小的情况并没有引人注意,这是因为受"她在全世界享有无上光荣"所感召,鞋子夹脚的地方便感觉不出来。这种光荣对俄国社会来说是一种新的感受,也是叶卡捷琳娜受到普遍欢迎的秘密所在。她的蜚声世界的光荣使俄国社会第一次感受到自己的国际力量,是这种力量使它发现了自我:我们如同赞赏一位能激发我们身上一直存在的神秘力量与情感的能手那样,大力颂扬叶卡捷琳娜,这是因为通过她我们才看清了自己。自彼得开始,俄罗斯人才敢把自己当作欧洲人,但还不是真正的欧洲人,叶卡捷琳娜时期,他们不仅感到自己是欧洲人,而且几乎就是最早的欧洲人。因此,无论她在执行对外政策中所犯的错误、内政的窘境,还是对马采耶维奇或者诺维科夫兄弟的处理,都不宜归咎于她,而是因为这些人的行为既损害了她的才智、显位,也损害了她的"小本经营"方式。据当时的人说,"小本经营"过程中,对最宠爱的人要5根黄瓜就得花500卢布,一个宫廷理发师一年用于烫发钳的煤炭费为1.5万卢布。

共同的心愿缓和了这些不稳定的因素,从而使皇朝晚年的帝国在法律,在总的印象方面俨然是一座结构严整的雄伟大厦,而近看细观,则杂乱无章,是一幅应付远望的观众的粗枝大叶、潦草塞责、胡乱涂抹的画面。

农奴制的废除

(一)

在获悉尼古拉一世皇帝驾崩之后,俄国才稍微松了一口气。这是扩大社会生活自由天地的三起死亡事故之一。[1]

尼古拉一世的继承人早在登基之前就以守旧闻名，他因财产问题在同内务大臣比比科夫发生冲突时倒向了白俄罗斯和立陶宛贵族一边，理由是比比科夫在确定农民对地主的义务时偏袒了农民。亚历山大二世皇帝即位时，贵族中间许多人期望这将是贵族的天下，显然，新君主的最初步骤支持了这种愿望。他们是一些竭力维护农奴制的人，为此甚至不惜代价，除非必要时，特别是在获得丰厚报酬的情况下才会考虑放弃农奴制。比比科夫对白俄罗斯和立陶宛财产的处理很快被废止，他本人成了贵族臭名昭著的敌人，被迫下了台，接替他职位的是兰斯科伊，此人向各省首席贵族郑重宣布了皇上的任命状，命令他"排除干扰，维护历朝先帝赐予贵族的权利"。农民问题似乎突然搁置下来了……

可是突然发生了意外的情况。1856年3月，巴黎和约签订之后不久，皇上在莫斯科向莫斯科省、县首席贵族发表了很快要废除农奴制的讲话，这个消息使贵族惶恐不安。皇上的讲话说，他不打算马上办这件事，但又补充说："不过，很明显，你们自己也清楚，管理农奴的现行制度不可能一成不变。自上而下废除农奴制比等待自下而上自行废除要好。诸位，请你们想一想，怎么实行才好。"

通过这次讲话，首席贵族困惑不安的心情有所平静。他们得知，废除农奴制是肯定的，但不会立即实行。自上而下的意思是，废除来自政府，而贵族的使命是考虑执行。亚历山大二世的讲话叫人捉摸不透，其原因部分是由于当时农民问题的现状，部分是他自身性格的某些特点造成的。当时，皇帝站在两个俄国之间，他的讲话可能成为步入未来自由俄罗斯的革新序幕，千年之后就是编年史官们评价昔日农奴制俄国的名言。在那里，自由人民称权力本属于他们，后来是权力使他们沦为奴隶，现在是权力召唤被奴役的人民走向自由。莫斯科讲话是决意通过自上而下的行动废除农奴制，怎样以及何时采取行动尚无规划；自下而上的废除，即通过农民暴动对不愿让步的贵族是一种威胁，所以号召贵族对如此重大问题的解决方式要尽快予以考虑。面对这样的紧迫难题，贵族脑中一片空白，束手无策。[2] 1856年提出废除农奴制问题的情况就是这样。这不是头一次提出。在19世纪初的立法中就已列入议程。更早一些，在叶卡捷琳娜二世的《圣谕》印刷本和法典委员会上，帕宁等人的呈文以及4月5日保罗的敕令中都只谈到在法律上限制农奴制的问题。在未印发的《圣谕》条款和意见传阅件中，叶卡捷琳娜已周密考虑了实行解放的方式，关于这一点是戈利岑公爵在一封私人信函中谈到的，意思表述得不明确，但他说这是他们私下的想望和打算，仅此而已。法律上解决废除农奴制问题是从1803年3月20日关于自由农法令开始的，法令提出了解放的两个根本条件，即坚决遵循下列法规：份地和自愿协议。亚历山大一世当政时期情况就限于此。斯佩兰斯基的解放计划和国体方案，各种不同人物的呈文以及十二月党人的意图，当时社会上都不知道，所以无论对立法和社会意识都没有起明显的推动作用。后继的朝代加强了对这一问题的立法的关心。

尼古拉一世皇帝有时喜欢把解放农民的事说成是他朝思暮想的夙愿。1834年，他在办公室用手指着挂在墙上的草图对基谢廖夫说："看见了吗，这就是我即位以来收集的有关诉讼的所有文件，我要用它们来反对奴隶制，时机一到，就解放全帝国的农奴。"[3] 1837年，皇帝在上流社会的一次晚会上跟一个叫斯米尔诺娃的贵妇说："我要解放农奴，好给我儿子留下一个太平安乐的帝国。"大约就在这时，彼得堡纷纷传说，解放农奴的问题很快就要解决，同时就在前任一等文官涅谢尔罗迭伯爵的家庭晚会上，消息最灵通人士也满怀信心地谈到这件事，说问题已经在皇帝近臣的圈子中决定下来。这些传闻说明，宫廷人员知道的情况并不比都城的人知道的多。

尼古拉向基廖列夫抱怨说，大臣们不理解农民问题。可是他自己起初对这个问题的实质和范围也没有完全弄清楚，因此他只能一般地说解放农奴，他不但自己不甚了解，而且也使政府和贵族一帮人处于忐忑不安的困惑中。好在了解问题透彻和了解周围人的看法的人指明了农民问题的范围和改革活动的方法。解放农奴的意思不是废除农奴制，而是通过局部的立法措施，慎重而逐步地为废除做准备。这些措施的制定由受委托的官员组成不断替换的"秘密的"或"周围的"委员会长期而暗中进行。

374 尼古拉一世采用长期隐蔽的地雷战方式反对奴隶制：他即位之初就接连成立了有关农民问题的6个秘密和绝密委员会，似乎是想从贵族手里偷走农奴制，并把自由交给农民。像内务大臣彼罗夫斯基那样的官员，堪称国家栋梁之材，他们指望通过逐步限制农奴制的办法使农民成为自由人，而首先要让他们听到自由这个字眼。

这些治国能人对俄国人民心理的理解，就是希望满足他们数世纪以来对自由的渴望，办法是每年通过一道限定性法令，给干枯焦渴的嘴灌上一丁点水。他们对病痛使用这种顺势疗法，大概是要引导患者感到，普加乔夫起义不过是农民的小孩子同小少爷之间一场微不足道的争吵。这种缓慢渐进和严守秘密的政策，其依据不是人民的心理，而是政府和贵族的心理，是出自统治阶层本能地对人民的惧怕。就是这种惧怕心理预示出他们对人民有一种惶恐不安的犯罪感，因为他们把人民掠夺一空，不给任何回报。于是他们就以人民尚未成熟到自由阶段为理由来掩饰其恐惧心理，真实意图是处心积虑阻碍人民的成长，借口人民不会游泳，不宜下水，以防不测。

尼古拉和他的政府按照其对农民问题的看法和对俄国现状的理

解，认为只有在国家严守秘密的掩盖之下才有可能采取行动。要是把事情公开，就必须做好周密计划和定下义无反顾的决心。他们没有这些，而且凭他们对问题的态度，两者都不可能有。[4]无论是农奴制的起源还是实质，他们一无所知，也对此毫无兴趣。

这些统治者对农奴制的看法无所谓政治观或道义观，只有狭隘的警察观，这是因为农奴制不会由于这些人的内部矛盾扰乱他们治国的基本理论——全民幸福的思想，也不会因此激起像道义上不公正行为那样大的义愤，他们害怕的不过是农奴制经常威胁着国家的秩序和安宁，这就是农民起义那股暗流随时都在准备往外迸发。凡认为农奴制在政治上和道义上是一种不合理现象的人是不会有这种恐惧感的[5]。狭隘的警察观是政府的统治观点，尼古拉赞同这种观点。政府同贵族一样，很注重农奴制的宽松环境；他们知道，当农奴还没有萌发使人惊慌的企望时，就要让他们舒适安稳地过日子。由此就产生了政府在农奴问题上的两种担忧：怎样做才不致误时，怎样做才能应急。焦虑不安是有道理的，因为尽管警察的耳目很多，但政府还是对广大农民的特性和情绪知之甚少。在这方面地主是靠不住的情报员，因为他们在认真执行乡村警察长的任务时，对犯有过错和行为鲁莽的农奴动辄鞭打，农奴把他们看透了，根本不情愿做事。各省省长就是通过县、区警察局长从这种缺少或很不清楚的来源中获取情报的。由此农民问题的立法关系便掺杂了不少偏见。例如，认为地主家仆是农奴中最有害和最危险的阶层，其原因就在这里。

秘密委员会成为对被看作极端危险实情进行仔细侦查的工具。人们指望委员会说明：决定性行动的时机是否已经到来，或者可能还要等待、延期。要是提上日程的改革明显过早或危险太大，秘密状态下实行退却就不致陷入窘境。这就是皇帝要求严格保守委员会秘密的原因，他威吓委员会受托人员和国务会议委员说，要是不分场合泄密则按国事罪依法严惩不贷。[6]秘密委员会处在这种提心吊胆和虚情假意的模棱两可的情况下，是不可能作出任何重大决策的。委员会详细审理了与农奴制有关的各类问题，讨论了解放农奴带不带土地，地主对农奴人身权利的确切定义；农民财产免受地主任意贪占的危险等问题。[7]斯佩兰斯基在为第一批委员会拟定的呈文中，就是用农奴这个定义来解释农奴制的历史起源及其法律结构的，只有用这一定义才能制定出解放的整体规划。然而，所有这些忙碌对问题的解决却无济于事。

立法当局似乎没有发觉其立法工作徒劳无益。阻碍这项工作的是：在农奴问题业已形成的纯警察态度和讨论义务农法令时皇帝表明的看法。在进行大量的立法工作时出现这种徒劳现象，通过义务农法令的历史便可一目了然。这项法令按其意义是秘密委员会提出的措施中最重要的一个。鉴于1803年的自由农法令未见成效，于是就想寻求一种解放地主农奴更切实际的方法。为此，1839年成立了一个秘密委员会，基谢廖夫伯爵被任命为委员，他是前不久设立的国有财产部首脑、国有农民的统办人，在皇帝心目中他是农民问题的赫赫权威，他受到特殊的赏识。基谢廖夫在为君主起草的通告中提出了一道法令草案，内容是：地主给予农民人身自由，同时在保留其土地私有权的情况下，划给农民永久使用的份地，农民或缴纳代役金或履行每个庄园资产清册所规定之义务。按草案的精神，法令必须强制执行，农民可望获得土地，其义务也予确定。基谢廖夫所指的必须执行的法令和农民份地是按立法方式通过的法规确定的义务，而不是根据地主与农民的自愿协议。皇上看了通告非常满意，认为草案的原则非常公正和合理，遂批示发送委员会。然而，在委员会听到的却是一片强烈的反对之声。皇上即刻向委员会宣布，他过去没有，现在也没有让讨论的草案具有强制性法律效力的意思。鉴于这一切，委员会便按自己的原则修改了基谢廖夫的草案，允许地主自愿同公民签订协议，按照协议分给农民使用的份地和确定份地义务。国务会议在讨论委员会的方案时（1842年3月），皇帝就此发表看法：这是政府关于农民问题政策的总纲。这个政策的基本原则是：在目前形势下，农奴制是一大祸害，这是人人都感受到和看得见的。如果现在这种祸害的危害程度显得更大，那么有关赐予农奴自由的任何意图就成了蓄意破坏国家安宁的犯罪行为。然而，现状再也不能延续下去了。由农民中间的新观念和地主不受法律限制而滥用权力引起的农民骚动正日益加剧。不给农民自由，就别想打开通往过渡状态之路。提交国务会议的法案就为了实现此目的。法案主张消除1803年法令的有害原则，不把地主的土地收归国有，皇上把完好地保护地主土地所有制看成是他及其继承人的神圣职责。法案对慈善的地主提供自动改善自己农民状况的条件，即为"其自愿和个人内心的喜爱"提供一切。在讨论草案时，只有一名国务会议委员站在基谢廖夫一边。他深感遗憾地说，没有必要让任何人签订协议，建议根据保罗一世关于三天劳役的法令切实限制地主的义务产权。[8]尼古拉立刻反驳说："是的，我是专制和独裁的，但我向来不主张这种措施，也不主张命令地主签订协议。"这就是说，皇帝在热心赞同基谢廖夫通告的同时，压根就没有想颁布义务法，而通告正是要这个法。往后的情况表明，保罗的两届继承人在农民问题上不仅毫无进展，反而后退了，连三天劳役的法令也没有实行。儿子比父亲落后了半个世纪。基谢廖夫在3月30日的国务会议上保持沉默，忍痛抑制自己的意见，同意委员会的草案，唯一指望能如期实行，成为某种良好的开端。

　　1842年4月2日的法令是秘密委员会工作的一项最重要措施，

它允许地主同农民签订协议,划给农民永久使用的份地以履行自愿协议所规定之义务。然而,这项义务农法令的推行因受到重重阻力而完全失效。而非义务法令又遭到最高行政当局的坚决反对。沃伦佐夫公爵想把自己人数众多的农民全部转为义务农,同样遭到大臣们及其所属机关的阻止。他靠基谢廖夫强有力的协助,才好不容易按新法令解决了一个村子的问题。许多地主原想按"自愿和本人心意"运用4月2日法令,但来自上面的种种障碍打消了他们的这种念头,而大批贵族最初惶恐不安,预料会发生农民骚动,便赶忙涌进城市,当他们弄清楚法令之后,很快就平静下来,原来法令与他们无关。这样专制君主靠立法之手制作的专制刺绣,被执行者拆毁了。法令只剩下僵硬的字面意义,更糟糕的是,它摆出一副教唆的样子,似乎在告诉农奴:皇帝是竭力要给你们自由的,可是大臣和贵族不愿意,而且多方干扰。皇帝在同基谢廖夫商谈解放农奴问题时抱怨说,大臣们不理解这个问题,而且感到害怕。[9]他们所能理解的,只想要皇上慎重行事——犹豫不决。尼古拉执政伊始所领会的原则使他们大受鼓舞,这就是他把发动大规模改革和推行御批革新规划理解为:事情要推迟"到适当的时候",实际上延迟到塞瓦斯托波尔战役。不过这项原则美好而没有头绪的政策,没有让贵族安定下来。尼古拉当政时期,关于地主农民的法令已颁布了100多道。出发点似乎是要逐步限制农奴制,但有的无效,有的甚至对现状起了加强作用。[10]这些法令经常使贵族想到,这是悬在这个阶层头上的一块大石头,随时都会掉下来。这就是一把触动贵族痛处的法律钳子。政府把农奴制变成一个吓唬贵族的稻草人,但它自己却比谁都害怕。在反对国家祸害的斗争中表现出的这种无能为力的现象,使政权的代表感到困惑,对他来说,专制制度乃是一种政治信念,而不是任意摆弄的玩具。尼古拉一世更懂得农奴制造成的直接危险,要超过一般现象。40年代,有16个省发生农民骚动,最主要原因是对自由的无法抑制的渴望,骚动中逃离地主庄园的农民达1.1万人。[11]地主的舞弊行为变本加厉,农奴则以更频繁地屠杀地主来回报,平均每年有13人丧命。在这种情况下,皇帝决定检验一下他控制贵族的道德力量。据一位当事人说,他未敢宣布1842年4月2日法令为必须履行的法律,而是期望通过博得地主"内心喜悦"来使之生效,指望从这个阶层身上找到公民的感情。他本人认为,这个阶层的成员有三分之二是不中用或者根本无用之辈。1847年,皇帝接见了斯摩棱斯克贵族代表团,对他们讲了话,在表示良好愿望时,尽说赞扬的和客气的话。首先他把自己降为贵族阶层的一员,他说,他在义务农法令中清楚地表明了自己的想法:"我们,即贵族或者我们的先辈为之效劳多年的国土,是我们贵族的,"——尼古拉补充说,"你们看到,我是以国家头号贵族的身份在同你们讲话"。皇帝接着说,但是,农奴不能被当作财产,更不能被当作物品,所以皇帝希望,贵族在逐步把农奴转为义务农这个极其主要的问题上给予协助,预计这将是个急剧的转折。用下面的话结束了讲话:"诸位先生,我希望你们像我对待你们一样,密商一下,把自己的意见写给我。"省首席贵族德鲁茨科伊-索科林斯基公爵代表斯摩棱斯克贵族不慌不忙也不客气地回答了国家头号贵族,说他的4月2日法令是违法的,是不切实际的轻率之举,并把法令的执行描绘成对地主、国家和百姓会是一幅全面破产的景色。他指出,随着农奴的解放,自由之风也会像西欧一样在俄国泛滥,成为一股破坏性潮流,将导致俄国国民和国家公共事业的毁灭。首席贵族得出结论说,国家想不出比地主管理人民更好的办法,用改变不动产买契形式之类的改革予以充分限制就行,因为买契写明出卖的不是农奴,而是居住着农奴并标明了农奴人数的某处世袭领地。这种回答很像是在对皇帝互相信任号召的嘲笑，不过没有招祸，因为斯摩棱斯克农奴主的冒失报告书刚好移交给了继承人领导的新委员会。未必有哪位立宪君主能像这位无限权力的专制君主这样，会默默地耐心静听自己臣民这种荒诞的开导。1842年3月30日的意图就这样失败了。

1848年西欧的政治运动把尼古拉的注意力从内政引开，因为这是一种具有自由主义倾向的运动。抵制西欧革命的防卫斗争同对付家里的敌人——农奴制相比显得更加重要。4月2日法令和其他解放措施未能妥善执行，它们常常被解释为前人偶然有过的一种意图，也就是说，解决农民问题的时机尚未到来。[12]政权当局威信扫地，对自己的命运抱着一种自暴自弃的冷漠态度。1848年对外战争来临的时候，皇帝在对彼得堡贵族代表团的讲话中愤怒斥责了把一些不合理意图（关于连带土地解放农奴）归咎于他的做法。他在义务农法令中早已宣布："所有土地毫无例外都属于地主，这乃是神圣之物，谁都不能触动它。"他在结束讲话时补充说："我没有而且不喜欢警察，你们就是我的警察，你们每个人都是我的管家，为了国家的长治久安，凡发现不良行为都必须向我报告。"他要求代表们把他的话原原本本传达给每一个人，因为"坦诚是我做人的准则"。[13]在政府的心目中，贵族不是什么别的，只是警察兵团，这一点贵族心里也明白。可是他们却头一次听到，皇帝设立的第三厅是警察之中的警察，而他却说他没有也不喜欢警察，而且坦诚是他的准则，原来是要在他执政期间利用一连串秘密委员会来解决农奴问题，使秘密协商成为皇帝同贵族代表就农奴问题交流意见的条件。[14]

（二）

留给亚历山大[15]二世的遗产是一副沉重的负担，这就是迟误了的改革问题,即很早以前过期未实现的许诺以及前不久遭受的严重损失。这个半欧洲半亚洲式的庞大帝国,不久前还是使西欧摆脱革命的威慑力量,而现在丧失了整个黑海,把一个世纪以来的重大外交成果拱手送给了12月2日同盟。拥有最高权力的帝国现在很少有人尊敬,最可信赖的公仆要员凤毛麟角,最高行政机关统治阶级职员人满为患,他们缺乏法律和管理的基本知识,政府和司法部门在执法方面显得无能为力〔15〕。尼古拉临终前曾说,他作为父亲留给儿子管理的是一个远不如人意的制度。新皇帝在他的周围、在朝廷里遇到的只是那些政治觉悟和报国之心不见得比有老爷和仆人的任何一个地主庄园更高水平的人。一等文官哥尔查科夫公爵弥留之际曾说,他是在紧急报告中用君主和俄国用语取代通常的皇帝一词的第一人。哥尔查科夫的前任,主管俄国外交部长达40年之久的涅谢尔罗迭伯爵斥责了公爵的这个新发明,他说:"我们知道只有一个沙皇,俄国的事不用我们操心。"〔16〕人数众多的贵族远离宫廷,他们不信任政府,埋怨政府,凡是实行4月2日法令这类对农民有利的任何重大措施时,他们由于害怕农民暴动就从农村跑进城市,但常常能得到安抚,因为民政厅照例批准把农奴当作谷物和牲口进行交易的贵族不动产买契和抵押契约。他们非常熟悉多次经皇帝宣布为神圣不可侵犯的法律汇编第9卷关于贵族占有权的条款。除此之外,他们什么也不想知道,只求安于现状,既不愿回顾过去,也不想展望未来。这些人就这样濒于绝境,他们酗酒消愁,挥霍无度,百事不思,精神恍惚不定。而广大农奴则是正待引发的爆炸物,随时会因某个偶然火星燃起大火。1854年法令和1855年关于海军和国家后备军的诏书引起了流言,传说凡自愿加入后备军的农奴全家可获得自由,结果民众纷纷从地主村庄涌进城市,甚至远到莫斯科报名参军。这股风潮从梁赞省开始,遍及中央地带和伏尔加河流域，波及9个省。民众对地方政府和地主根本不信任，说是他们串通一气把沙皇的手谕隐藏起来。

只好动用军队。

贵族与农奴之间的关系不是国家机体的局部病痛、局部伤口。农奴制使国家整个机体陷于瘫痪，使它内部各等级的利益混乱不清，有的受到漠视，有的无法协调。当时稍有观察力的人都能轻易地看到国家的基本力量——政府、贵族和人民之间，彼此互不了解，互不信任，而且"互相戒备"。国家变为抑制内讧的机关（只得如此），这是农奴制专制政体国家建设事业最后的一条经验。

是什么力量促使新上台的亚历山大这个早已闻名的保守派走上根本改革的道路？是不是由于诗人茹科夫斯基的门生——农奴制国家君主身上开始闪现出受辱的想法呢？因为在这个国家里，作为国民福利的国家思想已被歪曲成同国家完全对立的东西，因此他作为农奴制国家君主再打着这种旗号去同欧洲各国君主周旋不是就困难了吗？或许是1853年大规模农民运动，军队使农民遭受重大伤亡，它加剧了亚历山大对不改变现行制度的恐怖心情，而农民运动又使他感到［自己］是站在"火山口上"。这就是沙皇本人公开讲到的最后动机。

皇太子在父皇的引导之下参与国事，显然他很快而轻易地熟悉了现行制度墨守成规的弊病。种类繁多的会议和委员会已成为政府涣散的实际掩蔽物。他以委员或主席的身份出席某些会议和委员会，博得慈父般体察下情的崇高声望。他举行军事检阅，视察全俄教育和公务，借此机会沿途观察警察为皇帝陛下和高级人物点缀装饰的技巧。这类国务活动不可能为继承人为打破官方那幅厚实的舞弊屏障提供政治上的战斗准备、战斗欲望和本领。因为当时的当权人士就是用这层屏障掩盖俄国现实欺骗世人的。后来亚历山大二世皇帝不得不偷偷地通过这层屏障批准改革措施。也许装饰的环境帮助他练成了对隆重仪式的那种冷漠蔑视态度，或者说是对周围人的容忍（甚至对亲近的人也如此）。他不能不对这些人的平庸无能或卑劣行径有所了解。

是周围舞弊之风太盛还是秉性耿直，也许是由于他无忧无虑，所以他不曾花很多时间研究对人的态度。他与自己前辈明显不同的地方是不喜欢扮演沙皇。那些在政府和宫廷日常交往中、在自家人中，凡心态和思维方式平庸者，必须即时改变自己的态度，因为他们看到，在他们面前展开的是卷卷史册。这就是说他们亲自或用书面发表讲话时都要使公众看到亚历山大二世待人接物，不管是平时还是外出，都尽力保持本色，说话随便，言之有物，不顾及影响，办事当机立断，不考虑后果。他不想让人觉得他比实际的好，可是情况常常是他实际上比别人看来还要好。

他在登极当天对国务会议的讲话，一半为诏书定调，一半是善待自己仆人的老爷的语言。他传达了父皇临终前对国务会议全体成员和各位大臣的感激之情，感谢他们的竭诚效力。这么说来，已故沙皇通过继承人——儿子的嘴，感谢自己亲近僚臣的该是：他们共同努力使几乎整个欧洲反对俄国；使所向无敌的黑海舰队沉没；使帝国面临丧失比萨拉比亚、克里米亚和新俄罗斯的危险。亚历山大这番不经心的当众讲话，在逻辑性和用词斟酌方面都带有不合要求的痕迹。他完全无意显示正厅主角的作用。他平常和蔼可亲，有时伤感流泪，但他容易发火，一副老爷气派，不拘礼职，不怕降低自己沙皇的身份，接见代表团时，因对贵族的行为不满，情不自禁用拳敲打桌子。由于他是在专横的氛围中长大的，有时权力的本能容不得客气，他的这种本能毫不夸张就像是他祖父那种任性行为的发作。例如，他不喜欢进步这个词，就反对在教育大臣的文件中使用这个词，批注说，"叫什么进步！请不要在正式文件中使用这个词。"[17]他勇敢出众。当他面临险境，眼看瞬息加剧并通常使人大为震惊的时候，他毫不犹豫迎上去，很快化险为夷。面对1877—1878年土耳其战争，他就是这样做的。当时塞尔维亚正同土耳其人作战，1876年秋土军直逼贝尔格莱德，沿途进行扫荡。当时在利瓦吉亚的沙皇得知这一消息后，便召集身边大臣商议。大家对塞尔维亚的沦陷深表惋惜。哥尔查科夫公爵发言说："陛下！现在不是空谈和惋惜的时候，是行动的时候了。"他提交已拟好的致俄国大使的电报，命令大使立即向土耳其政府宣布，如果土耳其人不立即停止行动，不退出塞尔维亚，就在24小时内离开君士坦丁堡。沙皇向哥尔查科夫说："我同意你的建议。"会议结束。电报发走了，塞尔维亚幸免于难。至少这件事是哥尔查科夫后来亲自讲述的。不过，如果当时这个复杂和困难的问题有时间进行思考，亚历山大会陷入沉思，引起多疑的猜测，认为危险可能还离得远，那就会出现动摇，甚至会出现急剧的转变和退却。[18]

他的想象和意志不是协调的，而是彼此经常斗争，轮番取胜，当情况不容迟疑需要迅速决断时，长期自恃的意志便突然激发。亚历山大的这种性格特征由于受改革引起的种种事件的影响，在农民改革中频频表现出来。现在不少人根据自身经历的回忆记得，从50年代末开始，特别是1857年发布最早的解放诏书以来出现的我国社会思想的活跃景象，这是社会舆论和文化领域出现的一股思想，渴望和追求的强劲清新的水流，也是一股年轻充满活力而跃跃欲试的热流。就在这种社会思想活跃的环境下产生了迄今尚属禁区的有关社会生活各式的问题，即关于人民朝夕渴望的根本利益问题。报刊不是利用新的政治和其他观点吸引社会，而是利用一般振奋人心的方法。空气中散发的热烈气氛感染了统治阶级的上层。可是，这种气氛一到他们那里就立刻化成流过他们脚底的细弱残波，溅起星星泡沫。这种社会运动的拍岸浪声与其说惊醒了亚历山大，不如说使他困惑不解。他没有费力去寻找，而是善于珍视聪明和饱学之士。当他得知这是一些非朝廷人物时，便召来起用。于是这些英才就肩负起研究农民改革立法工作的重任。然而，亚历山大二世还没有学会相信思想的威力，甚至对强大的社会思想运动持简单的不信任态度。报刊使他非常恼火，因为它超越了最高意志规定的界限。这儿说的不是惯于要引导社会的当局的强烈的自尊心，而是提心吊胆的懊丧心情，就是说不能让人跟着报刊走，而要让报刊走它尚未完全探清的道路。1858年4月，由于杂志上刊登了政府早就知道的卡维林呈文一事，出版界大难临头，因为作者主张出卖的份地必须作为农民的私有财产（违背诏书）；但是，就在这年年底沙皇赞同了这一主张。卡维林的主要过错在于他通过报刊早于政府公布了这个想法，而当时关于出版部门的通令规定，绝不容许热衷于对"政府实施的改革后期关于农民未来的体制问题妄加推断"。[19]面对突如其来的威胁，即处在亟须火速决断的时刻，皇帝确具有采取坚决步骤的本领，但对麻烦虽小而后果可能严重的复杂重要事务，开展长期的日常研究，他却兴趣不大，情绪不稳定，左右摇摆，时断时续，似乎在探索什么。经过长时间沉思，即经过一段畏怯不安和默认退让之后，猛然间作出决断。据周围的人观察，他当时把一种叫人困惑不安的神秘目光盯住远处的某个地方，准确地说，他从那里看到或者已经发现除了他谁也无需知道的某种重大秘密。

这种动摇不定说明，行为方式存在猜不透的明显矛盾：在条件已经变化的情况下采用尼古拉的老办法——各种秘密委员会；对递交的信件、呈文和某种预谋犯罪予以警告、撤职和流放；吸收对农民问题一窍不通或者干脆持敌对态度的人参与农民事务；为讨好贵族集团，委派对改革不怀好意的帕宁接替热烈拥护农奴解放的罗斯托夫采夫担任编纂委员会主席职务，等等。他感到需要有新的能干人才和新的方法，但由于猜疑心理使他不敢信任他们，故无法与旧人员决裂。最高决策者的犹豫不决使改革的进程独具特色。改革一开始方向就不明确，听之任之，各自为政，情况复杂，像从山顶滑落的积雪往下翻滚，酿成巨大的雪崩。

这种猜疑心有其辩解的理由：当务之急是克服许多障碍和预防现实危险。处理新问题需要有新人才。[20] 登基初期，几乎更换了全部大臣。但新鸟并没有带来新歌。把不愿了解俄国的涅谢尔罗迭调换下来，由他的对手哥尔查科夫公爵接任外交大臣，无疑是恰当的。因为哥氏颇有俄国大官风度，是擅长讲爱国主义漂亮话的能手，连讨厌他的人都承认，正当俄国国际威望下降之时，这个有自由主义情绪的公爵，除了外交，对俄国内部现实情况也非常了解，因而成了亚历山大最亲信的顾问之一。这同由兰斯科伊替换皇上本人厌恶的比比科夫绝不是一回事。因为兰斯科伊是上流社会人士，是个标准的绅士派，按上流社会的看法，他实际上是个不正派的小人物，谁给他事做，他就紧跟谁。基谢列夫不是被换下来由穆拉维约夫接替，而是被撤职，对这件事彼得堡上流社会褒贬不一。有人评价基谢廖夫智力超群，精明能干，朝气蓬勃，他几乎是当时大臣中最有才干的人。然而，有人却很不喜欢他；因为同外表一样，他待人没有一点人情味，不讨人喜欢，指责他专横跋扈，假公济私，贪图职位：他担任国家财产部大臣之后，兼任两个部门的职务，拿两份薪水，加上一个部门的公差费，共领取三份差旅费，由此称他为有三权杖的帕沙。他是农奴解放的强烈反对者。任命科瓦列夫斯基取代国民教育大臣诺罗夫的位置并非前进之举，因为科瓦列夫斯基聪明、善良，但无个性特点，而诺罗夫则受过高等教育，严于律己,奉公守法。诺罗夫招致不满,是因为自由主义报刊激怒了别的大臣,而他却对报刊采取了纵容态度。还有这样的大臣,例如,陆军大臣苏霍泽涅特和财政大臣克尼亚热维奇,他们都未能改善政府人员的结构,随便处理本部门的日常事务。他们对促进改革运动,既没有能力,也不感兴趣。留任的司法大臣帕宁没有变动。他凭自己不同于一般人的身高和借助三段论法推出的结论的简单逻辑,给彼得堡智囊提供了不少养料:通常他对法律的分析非常精辟,但得出的结论意外地与分析完全不相符。他这个学问高深、冷漠无情、深沉傲慢、行为方式模棱两可的人,只会阻挠任何改革。切甫金以特殊人物的身份出任被查封的交通部总管。据当时的说法,任命他接替人人痛恨的克莱茵米赫尔,是为了安抚因塞瓦斯托波尔陷落的民众。谁也不怀疑,捷甫金是个聪明人,人们都公开说,驼背人就是聪明。大约过了两年,他还在为克莱茵米赫尔的事深感遗憾。为此大家指责他妄自尊大,疑心太重,小题大做,爱管闲事。当时有人挖苦说,最突出的执拗脾气是他的第二驼峰。最重要的是他在农民问题上靠拢"红色人物",所作所为无不使贵族地主担惊受怕。这使他在社会舆论中被断送,个性的缺陷也暴露无遗。最后一位是政府首脑、国务会议和大臣委员会主席、尼古拉一世皇帝的朋友、头号精明能干的廷臣奥尔洛夫公爵,他是个对改革明显不怀好意的人。而且有可能成为反动势力的头子。1856年,他签订了巴黎和约。这就使他的仕途上升到顶点。他居高临下,达官贵人的惰性使他变得几乎高不可攀,厌恶平凡的行政管理事务,对荣誉也产生厌倦感,常常为拥有的权势而苦恼。这样一种政治隐士式的生活是皇恩厚禄造成的:他的巨额财富中有受赏够用50年的国有土地,仅此一项租金收入就达1.2万卢布,但这远不是主要收入项目,因为公爵将土地转租给别的承租人,年收入为18万卢布。新事务需要的新力量究竟在哪里？[21]透过老牌干练人才队伍似乎能意外地发现，他们就是尚处在第二线的副陆军大臣和副内务大臣米留金兄弟为代表的一类人物。

新皇帝最初对部一级人员的安排，虽然在各种人员结构中相当准确地反映了当时各方面的情绪，说清楚一点，反映了当时操纵社会舆论的高级官吏和贵族阶级动荡不安的情绪，但是，民众对此并不满意。难道这就是对不满意的部采取的重大革新！参政员斯米尔诺夫（上面提到的阿·奥·斯米尔诺娃的丈夫）在回忆录中提到："来自各派人士的这种感叹我听到了上千次。"[22]很快就有人喊出调换的现有不合格大臣某人的名字，不过声调变了：不，这个更坏，——要是皇上按大众的呼声任命大臣就好了。他也许一个部也组建不成。老一辈人埋怨说，以前俄国从来不缺乏人才，现在出现这种现象应归罪于铁腕人物尼古拉一世，是他压制了一切杰出人才。参政员斯米尔诺夫认为，问题并不是人才缺乏，而是在于善于发现人才。现在是从宫廷熟悉的狭小圈子中挑选大臣，前不久还从康士坦丁大公和叶莲娜·巴甫洛夫娜大公主保护的"红"派人员中挑选大臣。然而，人才必须从这两个圈子之外去寻找，而且还要找出对各种职务有用的后备人才。[23]从由身心均属于贵族高级官僚阶层的人形成宫廷后备力量来看，以下情况有特别重要的意义：大臣们原先培育人才的苗圃已经枯萎，能提供的不过是退化了的虚弱残枝。

1856年，号召贵族考虑废除农奴制的莫斯科讲话徒劳无益，因为没有一个省的贵族——皇位的支柱，响应沙皇的号召。当局处于极为尴尬的境地。不得不由多半不赞同皇上意图的部级机关来影响贵族，同样不支持皇上意图的贵族对部没有丝毫信任，于是出现了三方交叉鼎立的对抗格局。剩下解开症结的办法只好靠不容争议的最高意志强制命令。鉴于当时国家制度由于无能的当局和拙劣的执行者造成的不公正和不合理的社会关系而处于极不稳定的状态，[24]这种意志只来自一部分善良愿望，而不是继承过去的现成计划和可靠的行动手段。

然而，[25*]在亚历山大二世处于孤立无援时，他却摆脱了危害其改革活动进程的性格缺陷——提心吊胆的多疑心。前任废除或者只是缓和农奴制的尝试，特别是他父皇的努力，都毫无结果，这就使他坚信，无论如何要最后结束这种制度的必要性。多疑变成了果断的来源。他担心的主要是"自下而上"的起义。[25a]

农奴制来源于立法的草率，并且由于错误和滥用权力发展到现在的规模，但它已经过时，进而可能给国家带来巨大灾难：这种看法有助于亚历山大二世在他周围流传的伪善或者不理智的议论中，坚持达到预定目标的道路。可是，在坚定目标之时，还是那种多疑心使他在选择手段时胆怯了。他这个时而固执己见的人从来没有勇往直前的胆量。于是，他现在便用过时的方法来处理新问题：1857年1月3日，成立了由亲信组成的新的秘密委员会，由主席奥尔洛夫公爵领导的这些人绝大多数是解放的反对派，少数派中有两人，罗斯托夫采夫和科尔弗，以不了解情况为由拒绝委任。皇帝在说明农奴制起源的看法之后，向会议提了一个问题："是否现在就应该……"这个问题是此前9个月向莫斯科贵族首席代表讲话的直接继续，说明他还不打算现在废除农奴制。与会者一致回答：是重新审理有关农奴状况各种决定的时候了，目的是以谨慎态度找到废除农奴制的更好的方法。这样，在委员会上面面相觑，双方开始捉迷藏。委员会收集了资料，审阅了各行政区的方案，汇总起来近100份，其中有卡维林教授的呈文。委员会展开了激烈的辩论。辩论中出现的概念上的混乱迫使会议主席不得不找个体面借口宣布闭会。[25б]

（三）

其实，除了委员会外，对农民问题还采取了方向上完全不同的措施。在社会和政府里占优势的意见是，在这个问题上不能没有贵族参加。那么这种参加是积极的还是消极的呢？[25B][25*]内务大臣向某些首席贵族表示，他困惑不解的是，贵族为什么不响应皇上的莫斯科号召，他们的托词是不知道政府打算处理农民问题的条件，而他们自己又没有能力想出这些条件。贵族在等待上面的指示，而上面则在等待贵族迈开第一步。正如有航海经验的人所说，风平浪静之后将是风暴，即一连串的措施。兰斯科伊向皇上建议，借首席贵族前来莫斯科出席加冕典礼（1856年8月）的机会就此问题同他们谈判。皇上批准谈判。大俄罗斯首席贵族被召集在一起，进行了讨论，但毫无结果。

来自立陶宛的首席贵族比较好商量，他们还提出了某种希望，因为当地贵族对资产处理的过程不满。陛下当即委托立陶宛总督纳吉莫夫负责办理，让他管辖的三省贵族向政府表示自己的解放意愿。可是当地贵族辜负了这种期望，经过长时间的争论之后才作出了很小气的不明确的让步。1857年11月纳吉莫夫把这个情况禀报了彼得堡。秘密委员会刚知道纳吉莫夫受委托的事，就以为立陶宛提出的条件是可行的。可是皇上并不满意，要求规定另外一些条件。于是人们对要写的内容考虑再三，写好、删改、重写，最后形成了著名的1857年11月20日给维尔诺、科夫诺和格罗德诺三省总督纳吉莫夫的诏书。结果并不是由立陶宛贵族表达的"美好意图"获得赞许，他们获准着手制定"关于安顿和改善地主农民生活"的方案。为此目的召开的各省委员会在制订自己的方案时，似乎为了做到与贵族代表本人的（从来没有的）要求相符合，必须遵循以下主要原则:(一)地主在保留自己全部土地所有权时,给农民提供在规定期限内由农民赎买的庄园定居地,提供适当数量的使用土地,作为交换,农民将服代役金或服劳役;(二)世袭领地警察事务仍归地主。在给纳吉莫夫的诏书之后,下达了给各省委员会的通知阐明了内务大臣秘密的领导关系。立陶宛贵族从诏书中获悉了有关自己的不少新情况,不过诏书不让人周知,而为了执行,不得异议。彼得堡贵族也很快遭到同样的命运。在此之前的几年内,他们一直在从事确定农民义务的工作,根本没有考虑要解放自己的农奴,这样由他们拟好的建议也就付之东流。现在想起这些被抛弃的方案,把它们找出来,仿照诏书(以彼得堡陆军总督的名义)的模样,通知彼得堡贵族有关他们改善自己农民生活状况"值得赞许的意图",允许他们为此而召开省委员会。随后对11月20日诏书的那些主要原则所作的某些修改做了说明,而文字的表述几乎一模一样。大约就在前几天,大臣兰斯科伊收到由某人以他的名义写成并经陛下签署的通令,他赶紧连夜付印,第二天交邮局发送。通令告知各省省长和首席贵族要以立陶宛贵族关于使农民摆脱农奴依附地位的"善良意图"为榜样仿效实行。同时,大臣给每位省长和首席贵族寄送了11月20日诏书,并对"省贵族借机表示同样愿望者"予以保密。结果悄悄发生在异族人的涅曼河某处的事件在辽阔的全俄大地传开。秘密委员会主席奥尔洛夫公爵在获悉这一切之后,为这一不可逆转的行动惊恐不安,企图制止散发通令,可是邮局已按各线路分发,而当时还没有电话网。

(四)

第一批的诏书已经众所周知,它们像席卷沼泽地的旋风,发挥了作用。它们揭开了掩盖社会生活的腐朽霉层,显示了霉层底下那么多此前尚未展现的新东西。这就是搅浑了的社会意识和不知道人们思考的东西。那些迄今人们坚持的东西已经成了泡影,而模糊的东西现在化成了消散的烟雾,在强光之下已经面目全非。有位官员每天从我们旁边路过回自己的邸宅,老是露着鼻子走进自己的"房间",在我们看来他已完全判若两人。当我们在学校如饥似渴地阅读《省情概况》的时候,他已不再通过看这类书来了解自己,在这面镜子里他感到自己已不是原来的面目了。也有脑子清楚和意志坚定的人充满"荒谬可笑和模糊不清"的思想。当时杰出的农民问题专家基谢廖夫伯爵,是一位在尼古拉一世时期研究成果最多的出类拔萃人物,现在他在不同的信函与呈文中发表的农民问题的见解也前后不一致:一会儿说给农民充分自由是不必要也不可能,只要宣布他们固定于土地的期限,用法律保障他们的人身和财产就够了,一会儿又说……[26]

评　　述

《俄国史教程》第五卷，按照瓦·奥·克柳切夫斯基的分期，结束了俄国历史的最后时期，即第四时期（贵族帝国时期）。按时间顺序《教程》第五卷包括的年代是1762—1855年，即从叶卡捷琳娜二世即位到尼古拉一世去世的时期。瓦·奥·克柳切夫斯基在其研究工作中，没有对这一时期的有关问题作专题研究，只在他的许多论文和公开演讲中，对18世纪下半期到19世纪初的生活方式做了某些描绘，并概要介绍了俄国学术史和文学史。针对当时俄国历史科学状况，克柳切夫斯基正确地指出，俄国历史上的18世纪还处于"学术上半明半暗状态"。[1] 然而，他在《教程》的最后一册，即第五卷，试图说明俄国历史发展进程的主要趋向。实际上他继续在分析《教程》上一卷，即第四卷提出的问题：关于彼得一世时期推行的改革的命运问题，和关于这些改革与俄国今后历史的关系问题。克柳切夫斯基同以前一样，主要是从政府的对外和对内政策的角度看待1762—1855年俄国历史发生的进程。

前述各个时期，按作者的意图，是采用把决定俄国历史进程的许多原因折中结合的办法评述的，与此不同，在《教程》第五卷中，克柳切夫斯基目的更明确，就是考察决定18世纪下半期历史进程的主要趋向。他指出，这个时期的主要现象是建立"贵族政权"。但是，如同前面说过的，克柳切夫斯基还远没有理解18世纪

---

[1] 瓦·奥·克柳切夫斯基：《论文集和言论集》第2集，莫斯科，1913年，第55页。

俄国贵族政府的阶级基础,他把它看作是一种超阶级的力量。克柳切夫斯基对贵族作用的看法在方法论上是极不正确的,似乎贵族只是由于1725—1762年宫廷政变才攫取了国家政权而成为统治阶级。实际上,贵族在国家社会政治生活中的统治在这以前老早就确立了,这是由它在整个封建生产关系体系中的地位决定的。然而克柳切夫斯基正确的地方,是发现了俄国贵族专政的巩固正是18世纪下半期,他对这个过程的分析直到现在还没有失去意义。克柳切夫斯基对叶卡捷琳娜二世活动的全部目的旨在巩固专制政权的中央,特别是地方机关所作的分析,对贵族的政治作用与农奴制度的进一步发展同时产生所作的分析,具有极重要的意义。他在批评农奴制度及其对俄国社会经济和文化生活各方面极有害的影响时,消极地评价了18世纪下半期在俄国历史发展中的作用;他还同样悲观地看待19世纪上半期。克柳切夫斯基能够看出农奴制度加强和贵族作用扩大产生的严重后果,但是他对专制制度和农奴制度的批评是从资产阶级自由派思想家的"阶级和平"和各阶级合作的立场出发的。

克柳切夫斯基根据自己的叙述方法,在分析由他提出的问题时,有着鲜明轮廓的背景,这就是对专制政权代表人物的评述,首先是叶卡捷琳娜二世,然后是保罗一世及其继承人的评述。他用充满尖刻讽刺的语调评述叶卡捷琳娜二世,证明这位侥幸的"皇位篡夺者"是个表里不一的政客,口头上宣布自由主义原则,而实际上俯首帖耳地执行贵族的意志,正由于这样,她达到了巩固自己政权的目的。克柳切夫斯基着重指出:"贵族近卫军的呼声当然是最高当局完成6月28日行动的最威严的势力。"[1]

按照克柳切夫斯基的意思,贵族统治乃是一种消极现象,它对

---

[1] 参见克柳切夫斯基:《俄国史教程》第5卷,第38页。

19世纪中叶以前无论是俄国的政治还是经济的发展都产生了极有害的影响。克柳切夫斯基根据1767年法典编纂委员会资料和18世纪70—80年代最重要的立法文件,对贵族政权的巩固进行了详细研究。

克柳切夫斯基对1767年新法典草案编纂委员会的召集工作及其活动做了详细研究,同时也详细研究了叶卡捷琳娜二世编写的《圣谕》,正确地指出了它们之间的矛盾。他写道:"举办一个比1767年委员会更完整的全俄民族学展览会是困难的",组织工作也好,文件处理也好,"都无法适应展览会工作"。[1] "委托书要求把等级权利的条款交给选出的等级机关拟订",但是叶卡捷琳娜二世在《圣谕》中宣告,俄国没有"公民社会生活的基本福利",她一心渴望了解"上层社会和全帝国的情况,我们跟谁打交道,就要颂扬谁"。[2] 通过1775年地方行政机关的改革和颁赐贵族特权证书和城市诏书,实现了贵族和商人的要求。实际上"省级管理体制"和御赐诏书也巩固了能同人民运动做斗争的政权机关的集权化,加强了同一个贵族阶级的地位和组织。克柳切夫斯基总结说:"这样一来,397县警察制度,即维持治安和不分等级的法庭都集中到贵族机关……即受贵族省长监督的市自治机关,这种机关发展缓慢,工作疲沓;可是贵族自治机关却蓬勃发展。"[3]

克柳切夫斯基把农奴制度的加强同政权机关的巩固,即贵族在地方机关中作用的加强连在一起是正确的,正是"这个等级处于土地占有者重要地位的结果",因为"当地居民——农奴"一半都归它掌管。[4] 他对农民在法律上丧失等级的全部权利做了分析,得出的

---

[1] 参见克柳切夫斯基:《俄国史教程》第5卷,第101、102页。
[2] 同上书,第81、106、107页。
[3] 同上书,第121、127页。
[4] 同上书,第130页。

结果是18世纪的俄国农民就其地位而言，同北美的黑奴相差无几。

在第八十到第八十一讲里，克柳切夫斯基对农奴制度的后果做了详细研究。他正确地提出了证明农奴制度在发展国家生产力方面起阻碍作用的一系列论点。农奴制度没有推动地主经济的发展；地主变成了只关心获得收入的"看管农民的警察"。由于观察到代役经济对劳役经济的绝对优势，克柳切夫斯基加深了这个论点。此外，他还指出了农奴制度引起的其他消极现象（它延缓了南方肥沃地带农民的移民，阻碍了工业、城市手工业的发展，阻碍了贸易等等）。

在估计所研究的时期俄国阶级力量的配置时，克柳切夫斯基写道："构成俄国基本社会成分的各社会成员之间敌对现象加剧了；其所以加剧是叶卡捷琳娜把俄国社会的两个主要阶级——贵族和农奴置于她的法律规定的各种关系范畴的结果。"[1]

克柳切夫斯基把主要注意力放到了旨在进一步加强农奴压迫的立法措施上，并顺便指出了18世纪下半期阶级斗争的发展，当然不能用政府的一批立法措施来解释，因为人民群众的反抗是由国内社会矛盾的加剧而引起的。苏联历史科学揭示了这一重要现象的主要原因，详细地阐明了普加乔夫领导的农民战争的前提和过程。[2]

俄国的文化状况同决定国家经济状况的农奴制度有直接关系。克柳切夫斯基对地方贵族的风尚做了写照，以嘲讽的口气描绘了首都贵族，说他们穿的是外国服装，主要是法国服装，讲的是外语，回避和鄙视俄国的一切。

由此可见，杰出的资产阶级史学家之一克柳切夫斯基表述了他的正确思想：18世纪下半期农奴制度乃是俄国进一步发展的障碍，

---

1 参见克柳切夫斯基：《俄国史教程》第5卷，第180页。
2 参见《苏联史纲要。封建主义时期。18世纪下半期的俄国》，莫斯科，1956年，第166—247页。

而贵族变成了寄生的、退化的阶级。这种观点同当时贵族资产阶级历史编纂学确定叶卡捷琳娜二世当政时期为俄罗斯帝国昌盛时期的观点是对立的。

克柳切夫斯基在批评农奴制度时常常提出的问题实质上是经济问题,但他并没有贯彻始终。他在指出农奴制度进一步统治产生的经济后果时,没有看到破坏其基础的经济体制方面的现象。因此,他把根除农奴制度的原因归结为社会政治的需要,按照他的意见,既然农奴制度孕育着社会突变的危险,不妨由与解决农民问题的各种方案相关的纯粹法律问题来代替。只有在苏联研究者的著作里提出了我们考察的时期俄国资本主义的起源、俄国农业的变化(农民的分化)、工业的发展、从小生产向大生产的过渡、商品生产在资本主义关系形成过程中的作用等问题。[1]

我们绝不能同意克柳切夫斯基对进步思想作用的评价,特别是对法国启蒙文学影响的评价。他认为,把18世纪在俄国传播相当广泛的这种文学思想,"不假思索地吸收过来,更加强了使接受这种思想的人脱离与之毫无共同之处的周围现实……18世纪末的伏尔泰信徒,没有遇到敌对的东西,也没有感到所处环境有什么矛盾……这一代人没有运用过自己的思想,但他们充当了传送站;并把它转交给了下一代,这一代人才使这个传送站发挥了用场。"[2] 由于这种观点,克柳切夫斯基在《教程》里没有为进步的社会思想,

---

[1] 参见:如,《关于俄国原始积累问题(17—18世纪)》,论文集,莫斯科,1958年;Б. Б. 卡芬高兹:《季米多夫家族经营史(18—19世纪)》第1卷,莫斯科—列宁格勒,1949年;С. Г. 斯特鲁米林:《苏联黑色金属史》第1卷,莫斯科,1954年;И. B. 米夏林:《18世纪和19世纪上半期莫斯科省农民的纺织工业》,莫斯科—列宁格勒,1950年;B. H. 雅科夫采夫斯基:《封建农奴制俄国的商业资本》,莫斯科,1953年;H. Л. 鲁宾施坦:《18世纪下半期的俄国农业》,莫斯科,1957年;以及其他。

[2] 《俄国史教程》第5卷,第176、185页。

特别是拉吉舍夫这样的人找到位置，而把诺维科夫仅仅描述为出版家和书商。¹

克柳切夫斯基关于18世纪下半期俄国对外政策问题阐述的观点有独到之处。他对叶卡捷琳娜二世本人及其亲密助手帕宁的外交才能评价并不很高，认为北方体系和同普鲁士结盟的事"使达到历史指明的直接和最近目标陷入了困境"。²叶卡捷琳娜二世时期解决了两个对外政策的老问题：1）国家的南部边界伸展到国家的自然疆界，即连同克里木和亚速海在内的黑海北岸一线和高加索山脉；2）完成了原先归属波兰的西部罗斯领土的回归。但是不论是第一个还是第二个问题都是靠毁灭一个斯拉夫国家——波兰而获得解决的。历史向叶卡捷琳娜二世指明："从波兰收复属于她的俄国的东西，而没有授意她伙同德国人瓜分波兰"，也没有授意要俄国参与扩充"斯拉夫人墓地为一座宽大的新坟墓"。克柳切夫斯基写道：波兰"本可以很好地为斯拉夫人和国际均势效劳，成为抗御疯狂进犯东方的普鲁士的坚强堡垒"。他是第一个阐明这类观点的人。³

虽然有这样一些推测和有益的对比，但克柳切夫斯基还是未能揭示出由贵族和日益发展的商人阶级利益决定的18世纪下半期俄国对外政策的主要阶级原因。

从18世纪末（准确说是从1796年保罗一世登基）到1855年这一时期，按照克柳切夫斯基的意见，是俄国近代史的最后部分。保留下来的19世纪80—90年代的石印笔记不能充分说明这位史学家把他的观点一直坚持到20世纪初。

在1908年前的讲稿中，克柳切夫斯基指出了19世纪上半期固

1　克柳切夫斯基：《回忆诺维科夫及其时代》，《论文集和言论集》第2集，第248页。
2　《俄国史教程》第5卷，第39、40、60、61页。
3　同上。

有的一般特征：俄国对外政策的胜利、立法的发展、俄国创作才能的繁荣。他继续写道："紧接这三个方面——似乎是社会生活的光明面——之后，便展开了第四方面，这是暗无天日，也是阴森恐怖的一面：空前未有的由政府托管和警察搜捕的有组织的迫害。"在同一讲稿中克柳切夫斯基讲到"国家生活的新因素、新条件"时指出：政府"对提高国民生产力的事漠不关心；警察迫切关心的是使人民群众同有教养阶级在精神上隔绝，目的是强迫人民处于顺服愚昧状态"。（科学院历史研究所手稿汇编，克柳切夫斯基总档，公文夹13）

如果试图对克柳切夫斯基关于19世纪上半期俄国历史的概念作出一般的评价，那么首先应当强调这些概念的唯心主义实质。这位著名的资产阶级历史学家的整个创作道路所特有的方法论上的缺陷，对封建农奴制度瓦解时期俄国历史过程事件的评价影响特别大。

克柳切夫斯基忽视当时俄国社会经济史上有深远意义的现象，即新兴资产阶级关系[1]已经在封建结构内部逐步成熟。他也没有研究被压迫的农民阶级和新生的工人阶级反对农奴制压迫的激烈斗争。[2]革命民主主义者别林斯基、赫尔岑、车尔尼雪夫斯基的活动，也没有引起他的注意，他主要是通过从保罗一世到尼古拉一世[3]君主个人

---

[1] 参见 И. И. 伊格纳托维奇：《解放前夕的地主农民》，第3版，莫斯科，1925年；E. H. 英多娃：《19世纪初的农奴经济》，莫斯科，1955年；K. B. 西弗科夫：《19世纪上半期农奴经济和农民运动史纲》，莫斯科，1951年；A. B. 法捷耶夫：《改革前时期内高加索经济发展概要》，莫斯科，1957年，以及其他。

[2] 参见 Я. И. 林科夫：《1825—1861年俄国农民运动史纲》，莫斯科，1952年；《19世纪的俄国工人运动》；A. M. 潘克拉托娃主编《资料汇编》第1卷（1800—1860年），第2版，莫斯科，1955年；A. C. 尼冯托夫：《1848年的俄国》，莫斯科，1949年。

[3] 克柳切夫斯基在《教程》（1890—1900年）的草稿和提纲（其中有的在注释中发表）中，对19世纪俄国专制君主做了有趣的勾画。例如，他在逝世前不久，1911年1月，就曾写道："保罗、亚历山大一世和尼古拉一世统治了俄国，但没有治理好俄国，他们实施的是各个皇朝的利益，而不是国家的利益，利用俄国来显示自己的意志，不愿也不会去了解人民的需要，按自己的意图把人民的精力和钱财消耗殆尽，没有将它用来改善和充实人民的福利。"（国立列宁图书馆，克柳切夫斯基总档，第1卷夹，案卷13）

的生平来考察18世纪末—19世纪上半期俄国历史过程的。似乎政府在对内政策上力图"使社会各阶级彼此接近,让他们在法律面前平等",目的是培训他们参与国家的共同活动,——按照克柳切夫斯基的意见,这个过程以确立地方自治机关而告结束。在《教程》第五卷里,根本找不到揭示由贵族和商人的利益决定俄国对内对外政策的阶级基础的任何意图。相反,克柳切夫斯基把农奴制国家说成是某种超阶级的机构,认为官吏的官僚政治是19世纪上半期政府的主要支柱。

克柳切夫斯基对保罗一世皇帝个人做了清晰评述后想证明,保罗的主要任务是"同等级特权做斗争"。他同时指出,原先的改革意向在保罗"同前皇朝和革命"做斗争中"逐渐被遗忘了"。然而,众所周知,保罗一世竭力借助警察官僚机构,巩固绝对君主专制制度。克柳切夫斯基明显地夸大了保罗一世采取的限制贵族某些特权的作用,因为对保罗皇帝活动的基本路线起决定作用的,并不是反对叶卡捷琳娜二世之道的企图,而是对革命的无限恐惧。但是,在克柳切夫斯基的讲义中,我们没有发现他对保罗一世活动的过分美化,而这种现象是20世纪初资产阶级历史学家某些著作的特色。[1]

克柳切夫斯基在研究俄国对外政策的主要方向时,把俄国向东方推进的原因解释为不是由于俄国贵族和资产阶级的阶级利益所致,而是由于俄国东部边界之外"不存在能用自己实力挡住俄国领土扩张的政治社会"。[2] 这位历史学家对所谓东方问题的阐述是唯心主义的,他认为这个问题的实质只不过是俄国对同种民族的政治解放。[3]

---

1 参见如 М.В.克洛契科夫:《保罗一世时期政府活动概要》,彼得格勒,1916年。
2 沙皇政府的阶级根源在 М.К.罗日科娃的著作《19世纪第二个25年沙皇政府在中东的经济政策和俄国资产阶级》(莫斯科—列宁格勒,1949年)中得到揭示。
3 参见 А.В.法捷耶夫:《俄国和19世纪20年代的东方危机》,莫斯科,1958年。

在转到分析亚历山大一世朝代时，克柳切夫斯基区分了主要与政府立法措施有关的几个基本因素。他过分夸大了亚历山大一世初期改革创举的意义，力图使其同瑞士共和党人拉加尔普培养的年轻皇帝那种"自由主义安宁闲适的"情绪联系起来。[1]他对斯佩兰斯基这位"貌似东正教神学家的伏尔泰"及其改革计划给予高度评价。克柳切夫斯基认为，改组行政和各等级在法律面前平等是斯佩兰斯基建议的实质。

克柳切夫斯基完全根据资产阶级历史编纂学普遍接受的关于亚历山大一世朝代的评述，把这个朝代划分为两个时期，两者之间的界限是1812年卫国战争。

初期改革的失败，而主要是外交事件（"消除法国革命的影响"），迫使亚历山大一世放弃了原先的改革纲领，变成了对内政策方面保守方针的保护者。

实际上，在封建农奴制度瓦解的条件下进行的改革，其目的是使旧官僚机构适应新的需要，即在某种程度上满足日益成长的资产阶级的要求。但是，这些改革是由贵族政府实行的，就其实质说，仍然是农奴制改革。列宁写道："农奴主实行的'改革'，按其全貌来说，不能不是农奴制的改革。"[2]亚历山大一世的改革结果并不明显。[3]

克柳切夫斯基资产阶级自由主义的局限性，明显地表现在对

---

[1] 19世纪末20世纪初发表了许多关于亚历山大一世朝代中央政府机关工作的专门研究著作：В. Г. 舍格洛夫：《俄国特别是亚历山大一世皇帝朝代的国务会议》，雅罗斯拉夫，1892年；С. М. 谢列多宁：《大臣委员会工作历史概述》第1卷，圣彼得堡，1902年；别林德兹：《亚历山大一世和尼古拉一世朝代参政院改革草案》，《执政的参政院200年史（1711—1911年）》，圣彼得堡，1911年。

[2] 列宁：《"农民改革"和无产阶级农民革命》，《列宁全集》第2版，第20卷，第173页。

[3] А. В. 普列德捷钦斯基：《19世纪第一个25年俄国社会政治史纲》，莫斯科—列宁格勒，1957年。

十二月党人运动的评价。他从科尔弗男爵[1]反动保守的著作中吸取了1825年起义历史的实际方面,把这次事件说成是近卫军政变的最后一次尝试,图谋举事的人是受西欧自由主义思想熏陶的贵族青年的优秀代表。克柳切夫斯基把12月14日运动的意义归结为:这次运动似乎"结束了俄国贵族的政治作用",贵族由统治阶级转变为"官僚机关的辅助工具"。[2]诚然,克柳切夫斯基在20世纪初编写的俄国历史概要中企图把他对十二月党人运动的解释稍加扩充,他强调指出,这次运动的重要性就在它成了贵族阶层社会政治情绪的标志。

众所周知,十二月党人运动的真正意义是列宁揭示的,他把他们评定为贵族革命家。苏联历史科学不论在全面研究1825年12月14日运动本身,还是在阐明运动的原因和历史影响方面都做了许多工作。[3]

克柳切夫斯基在自己的讲稿中,留给尼古拉一世朝代较少的篇幅。他认为尼古拉一世时期是"前朝后半期合乎逻辑的直接继续",并把这种情况解释为(虽然是部分地)"新皇帝的个人性格"。[4]

吸引克柳切夫斯基注意力的首先是:中央和地方行政的变动、政府机构官僚化的加强以及解决农民问题的企图。在谈到基谢廖夫的关于国家农民的改革时,克柳切夫斯基强调这种改革对随后解放地主农民的意义。事实上这位史学家对19世纪农民的社会经济实际状况并不感兴趣。[5]

---

1 科尔弗:《尼古拉一世皇帝的登基》,圣彼得堡,1857年。
2 参见《俄国史教程》第5卷,第261页。
3 Н.М.德鲁日宁:《十二月党人尼基塔·穆拉维耶夫》,莫斯科,1953年;М.В.涅奇金娜:《格里鲍耶多夫和十二月党人》第2版,莫斯科,1951年;十二月党人运动历史的综合性著作是涅奇金娜的专著:《十二月党人运动》第1—2卷,莫斯科,1955年。
4 参见《俄国史教程》第5卷,第263页。
5 这个问题的最新研究参见德鲁日宁的巨著《国家农民和基谢列夫改革》第1卷,莫斯科—列宁格勒,1946年。

克柳切夫斯基的俄国史讲授早在19世纪90年代照常以《亚历山大二世重大改革概述》结束。史学家对19世纪60年代改革的阐述，是从资产阶级自由主义立场出发的。克柳切夫斯基在论述了农民改革的准备和实施的事实方面之后，得出结论说："由于改革，社会在法律面前已实现平等"。对地方改革也表露了同一种思想，似乎这种改革恢复了各等级在政治和经济事务上的"共同协作"。

克柳切夫斯基没有看出，农奴制度的衰败是在革命形势的环境下发生的，而这种衰败意味着资产阶级关系在俄国形成的道路上迈出了新的决定性的一步。同时，由农奴主亲手推行的1861年改革导致的结果是：农民被掠夺，大量阻碍国家社会经济发展的农奴制残余被保留下来。

因此，克柳切夫斯基无法把农民改革本身的实质弄清楚。整体看来，克柳切夫斯基的《教程》对19世纪俄国历史的阐述，是属于最不成功的章节。为迎合读者的某种兴趣，只是用巧妙的手法勾画了18世纪末19世纪初保罗一世的任意胡为、亚历山大一世以及其他某些活动家的假仁假义和伪君子的形象。对俄国历史过程这个重要时期的阐述所以失败，与其说是由于克柳切夫斯基的研究工作尚未完成，不如说是在当时情况下，最清楚不过地暴露了这位史学家方法论和政治观的弱点。

在《教程》第五卷的写作中，克柳切夫斯基使用的史料和文献，比着手写作前几卷的范围缩小得多。他运用的史料主要是回忆录资料（即叶卡捷琳娜二世、赫拉波维茨基、塞居尔、波罗申的回忆录），刊登在俄国历史学会文集上的叶卡捷琳娜二世的通信，《叶卡捷琳娜二世的〈圣谕〉》，某些立法文据。他从18世纪俄国史文献中广泛使用了索洛维约夫《自古以来的俄国史》的资料，拉特金、基泽维捷尔、切丘林、罗曼诺维奇—斯拉瓦京斯基、谢麦夫斯基等人的专著和论文中的某些资料。

克柳切夫斯基的20世纪俄国史，主要是根据希利杰尔、科尔弗、扎勃洛茨基—杰夏托夫斯基等人的著作写成的，这些著作大部分具有半官方性质。

＊　　　　　＊　　　　　＊

克柳切夫斯基没有来得及完成在1910年年初开始的《俄国史教程》第五卷的工作。他把《教程》最后一册书的大约三分之一准备付印后，于1911年5月因重病逝世。

第五卷在他死后根据他的讲义石印本曾两次出版。[1]首次是1921年由克柳切夫斯基学生巴尔斯科夫出版。[2]这次出版是根据巴尔斯科夫记录《教程》1883—1884年的石印本。学生的笔记曾由克柳切夫斯基本人作过校正。出版时出版者以《教程》的最后石印本为基础，审核了克柳切夫斯基所作的许多变动和修改。从克柳切夫斯基的《俄国史简明教科书》（第7版，弗拉基米尔，1909年，第144—201页）中摘录来的《彼得大帝逝世后俄国历史主要事件概述》作为附录刊出。

总的说来，巴尔斯科夫的版本是根据《俄国史教程》的早期版本，没有注意到《教程》在1883/1884—1910年间发生的重大变动。

《教程》的第五卷第二次出版是在1937年。[3]

1　克柳切夫斯基的《俄国史教程》曾经多次在国外出版（参见克柳切夫斯基：《俄国历史》，柏林，第1—3卷，1925年，第4卷，1926年；克柳切夫斯基：《俄国历史》(C. Y. 霍加思译)伦敦，第1—3卷，1911—1913年，第4卷，1926年；克柳切夫斯基：《俄国历史》第5卷，纽约，1911—1931年）。

2　克柳切夫斯基：《俄国史教程》第5卷，彼得格勒，1921年。

3　克柳切夫斯基：《俄国史教程》第5卷，莫斯科，1937年（由C. K 鲍戈亚弗林斯基付印并加注）。在附录里重印了克柳切夫斯基关于18世纪俄国史的许多论文。

19世纪90年代一份比较全的授课《教程》石印本，是这个版本的基础。编纂者毫无保留地把80年代授课《教程》（阿蒙等人的笔记）的增补词句补进了石印本素材，这样便提供了一个"组合式"文本。甚至在出版前言中，没有准确地说明出版时究竟利用了哪种石印文本。所以，该版从古文献研究观点应当承认是不能令人满意的。

《俄国史教程》第五卷现在的版本，是根据作者在1910年准备付印的资料和反映学者在其创作生涯结束时观点形成的资料出版的。把这些资料同较早时期的石印文本作比较，可以证明克柳切夫斯基观点的变化。

前三讲（第七十五到第七十七讲）是根据作者在1910年3至7月间准备付印的誊清本出版的（科学院历史研究所手稿部，克柳切夫斯基总档，案卷6；第1—90页铅笔字，第91—110页墨笔字，第111—142页打印字）。打印字未经校正，有几处同收藏在案卷13的讲义草稿有出入[1]。也许是根据另外某种草稿打印的。第七十八讲是根据上述草稿本出版的。

克柳切夫斯基把瑟索耶夫在1887—1888年听他的《俄国近代史》课程作的笔记当作第七十五讲的基础（国立列宁图书馆，克柳切夫斯基总档，第7卷夹，案卷1，第609—658页；本讲是第631—658页）。这份笔记满是克柳切夫斯基的增补词句和在《教程》第五卷付印时所作的史料脚注。1883—1884年，巴尔斯科夫听《俄国近代史》课的笔记石印教材为克柳切夫斯基第七十六到第七十八讲提供了基础（国立列宁图书馆，克柳切夫斯基总档，第4卷夹，案卷2，第320页，没有结尾）；事实上，克柳切夫斯基用

---

[1] 草稿的最晚日期是1910年6月20日到10月16日。

他笔记石印本的地方并不多，正文大部分重写。[1] 在直接准备《教程》第五卷的过程中，作者几乎没有利用石印本的最后几章，尽管这几章的页边上引用了大量史料和词句修正。作者加的所有脚注是从19世纪80年代开始历经多年完成的。

所以，第七十五到第七十八讲是根据克柳切夫斯基本人在第五卷准备付印时重新写作的文本出版的，同现有的石印本教程比较，它们才是原著。

在准备后续几讲（第七十九到第八十一讲）的付印工作时，克柳切夫斯基利用了自己1887—1888年《教程》的石印本［《俄国近代史》第二册，从叶卡捷琳娜一世到亚历山大二世（1725—1855年，由纳尔多夫出版）；参见国立列宁图书馆，克柳切夫斯基总档，第5卷夹，案卷1，第1—184页，以下是另一种编号—1—39］。《教程》发表的部分属于第52—184+1—39页。[2] 有一份石印本作者做了相当大的修改。正文从113页到22页（新编页码），即

---

[1] 石印本下列各章（第205—320页）同《教程》第五卷有关：1762年前叶卡捷琳娜的生活及其性格、叶卡捷琳娜活动的一般纲领、对外政策的任务、叶卡捷琳娜对外政策概述、叶卡捷琳娜对俄国国内状况的研究、《圣谕》的来源和内容、新法典草案编纂委员会、彼得以后行政机关的变动、1775年的省制设施、1775年省制设施的意义、贵族和农民、彼得一世以后农奴制度的发展、叶卡捷琳娜二世时期的农奴制度、农奴制度的后果：（一）对农业的影响，（二）对人民经济的影响，（三）对国家经济的影响，（四）对俄国社会思想和道德生活的影响、叶卡捷琳娜二世朝代的意义、18世纪末到19世纪中叶俄国历史事件概述、保罗一世皇帝朝代、亚历山大一世皇帝朝代、教养与性格、头几年的改革经验、斯佩兰斯基及其改革计划。

[2] 石印本的简要内容是：Ⅷ. 叶卡捷琳娜活动的一般纲领。叶卡捷琳娜的性格。叶卡捷琳娜对外政策简述。彼得一世逝世后到叶卡捷琳娜登基前的对外政策概述。Ⅸ. 叶卡捷琳娜在位时期本人参与对外事务的程度。Ⅹ. 叶卡捷琳娜二世的土耳其战争。Ⅺ. 叶卡捷琳娜的政务、立法和《圣谕》。Ⅻ. 新法典草案编纂委员会（1767年）。ⅩⅢ. 1767年委员会工作简况。地方行政制度。彼得一世逝世后中央行政的命运。ⅩⅣ.（续上）。ⅩⅤ. 1775年省制设施的意义。贵族和农民。彼得一世逝世后农奴制度的发展。ⅩⅥ.（续上）。ⅩⅦ. 叶卡捷琳娜关于农奴制度的立法。农奴制度的后果。ⅩⅧ.（续上）。叶卡捷琳娜二世女皇朝代的意义。

到叶卡捷琳娜在位末期，作者显然（根据修改内容判断）是要把它当作《教程》的基础，但是他没有来得及把事情做完。

《教程》第五卷第八十二到第八十三讲是根据尤什科夫在1885—1886年的《俄国近代史》石印本第二册出版的［《从叶卡捷琳娜一世到亚历山大二世（1725—1855年）》。第四时期的后半期——《俄国现代史》，第259—479页（国立列宁图书馆，克柳切夫斯基总档，第4卷夹，案卷4）］。尤什科夫的石印本正文主要内容同纳尔多夫的石印本一致。但是在现在的版本中，前者被用作保罗一世和亚历山大一世朝代各章的基础（石印本第435—479页），因为它保留了《教程》第五卷付印时克柳切夫斯基修改的笔迹。[1]

所以，上述五讲（第七十九到第八十三讲）石印本的原文都包括《教程》第五卷准备付印时克柳切夫斯基作的修改内容，似乎是《教程》的草稿；因此，它们就是现在出版的版本，虽然在篇幅和引用的资料方面都不如19世纪90年代石印本教程相应的章节。

克柳切夫斯基在1887—1888学年讲授的《俄国近代史》课程，末尾是阐述斯佩兰斯基的改革计划。有关克柳切夫斯基准备付印的石印本教材资料，包括1812—1815年的资料一点也没有保存下来。只能根据在本版第八十四到第八十五讲的注释中引用的阐述亚历山大一世、十二月党人和尼古拉一世的草稿和素材来推测，这些草稿和素材保存在克柳切夫斯基个人档案全卷中。此项工作是他在1907—1911年进行的。因此，本版《教程》的最后三讲（第八十四到第八十六讲）是根据90年代末的石印本出版的。（收藏在

---

[1] 尤什科夫石印本的标题同纳尔多夫各章的名称一致。

406 苏联科学院社会科学基础图书馆，编号是 6/дк40)[1] 石印本（原先出于列佩什金手笔）背面标题是：克柳切夫斯基：俄国历史（讲义），分三部分：1）序言和俄国历史前三个时期（第 1—8 页，1—291 页）；2）第四时期（到 18 世纪第二个 25 年，第 1—244 页）；3）从伊丽莎白统治时期开始到农民解放结束的俄国历史（第 1—368 页）[2]，出版的正文在第 285—368 页，同作为 1937 年出版的《俄国史教程》第五卷基础的正文相近。

克柳切夫斯基《俄国近代史》讲义许多石印本和大学生笔记收藏在克柳切夫斯基档案全宗，在准备付印《教程》第五卷时，[3]没有被学者利用，在这些石印本和笔记中，必须指出瑟索耶夫的石印本

1　阐述 60 年代改革概况的第八十六讲是头一次出版。鉴于作者在编写这几讲时没有使用文献的任何标记，所以这几讲的注释只引用了保存下来的作者的草稿，即按年代顺序和题目内容与考察的问题有关的草稿。克柳切夫斯基在创作第八十四、八十五讲时使用的文献简目是鲍戈亚夫林斯基编的。参看克柳切夫斯基：《俄国史教程》第五卷，莫斯科，1937 年，第 545—547 页。

2　石印本下列部分（第 23—368 页）同《教程》第五卷的题目有关：叶卡捷琳娜二世：生平。叶卡捷琳娜二世评述。她的统治纲领。叶卡捷琳娜二世的对外政策。叶卡捷琳娜二世的对内政策。叶卡捷琳娜二世的立法活动：(一) 圣谕；(二) 1767 年委员会，委员会的组成；(三) 委员会的工作，它失败的原因；(四) 委员会和圣谕的意义，1775 年的省制设施及其意义。农奴制度发展的历史概述。叶卡捷琳娜关于农奴制度的立法及其意义。农奴制度的后果：(一) 地主农业，(二) 农奴制度对人民经济的影响，(三) 农奴制度对国家经济的影响。社会思想和道德生活。叶卡捷琳娜二世朝代的意义。俄国近代史最后部分（1796—1855 年）。19 世纪俄国历史的主要事实。保罗一世。19 世纪俄国的对外政策。亚历山大一世。他的教养。头几年的改革经验。斯佩兰斯基及其改革计划。按斯佩兰斯基计划建立的中央行政机关。亚历山大一世朝代的后半期。1825 年 12 月 14 日。尼古拉一世登基。亚历山大二世重要改革概况。

3　阿蒙的石印本《俄国近代史》。1881—1882 年克柳切夫斯基副教授的讲义（303 页，从 17 世纪到 1825 年）；《俄国近代史讲义》石印本（第 1—136 页，学生笔记第 137—201 页），从彼得一世到 18 世纪后半期，共 22 讲；按增补的石印本大纲判断，共 25 讲，包括叶卡捷琳娜二世在位时期；1883—1884 年克柳切夫斯基教授宣讲的《俄国史讲义》（古勃金笔记，久洛出版，335 页），从叶卡捷琳娜二世在位到 19 世纪 60 年代改革。上述所有教程藏于国立列宁图书馆克柳切夫斯基总档，第 3 卷夹（案卷 1—2）、第 4 卷夹（案卷 1）。

《俄国近代史》(1613—1855年),编内教授克柳切夫斯基的讲义,莫斯科,1888年(第四时期,1613—1855年,第526页,国立列宁图书馆,克柳切夫斯基总档,第5卷夹,案卷3)。这份石印本有克柳切夫斯基的许多铅笔标注,主要是标明词句顺序。显然克柳切夫斯基的这个石印本从关于地方机关一章(参看第七十九讲)起在将《教程》第五卷交付印刷时做了修改,而且瑟索耶夫和尤什科夫的石印本全文基本内容又相同(略有删节),所以本版充分考虑到作者对瑟索耶夫石印本的修改情况。[1]

鉴于《俄国史教程》第五卷没有最后完成,所以在本版有关克柳切夫斯基讲义的注释中刊登了他晚年写作的内容丰富的草稿。这些资料收藏在国立列宁图书馆克柳切夫斯基总档第1卷夹(案卷12——关于叶卡捷琳娜二世的讲稿,案卷13——关于保罗一世的讲稿,案卷14——关于亚历山大一世讲义资料;同时在第14卷夹中〔案卷9〕有关于苏沃洛夫的讲稿);第2卷夹(案卷1)存放着关于保罗一世和亚历山大一世的资料;在第9卷夹中(案卷1,第458印张)有巴尔斯科夫在1883—1884年作的《俄国近代史》课程大学笔记,经克柳切夫斯基本人校正;在第11卷夹中有巴尔斯科夫准备付印《教程》第五卷的资料,其中有巴尔斯科夫石印本的副本,克柳切夫斯基关于叶卡捷琳娜二世讲义的标注(与页边有标注的巴尔斯科夫和瑟索耶夫石印本放在一起),《教程》第五卷的校样(12—15),标明日期是1914年11月20日;在第10卷夹中有克柳切夫斯基关于叶卡捷琳娜的讲义最后版本的打印副本(第七十五讲及以后各讲)。第22卷夹(案卷2—10)收藏着巴尔斯科夫用过的克柳切夫斯基有关18世纪下半期俄国历史文件的副本。

---

[1] 课文只考察了农奴制在法律上和经济上对俄国历史的影响。

此外，上面提到的全宗收藏着克柳切夫斯基在阿巴斯—图曼（1893—1894年）讲授《教程》的提纲。这个"关于叶卡捷琳娜二世到亚历山大二世的阿巴斯图曼提纲"（第2卷夹，案卷3，共59页）和它增补的第二个版本（同上，案卷4，共60页）——《教程》计划（案卷4，共4页）和个别草稿，根据尤什科夫石印本标注判断，克柳切夫斯基在准备付印《教程》第五卷时打算利用这些草稿。

在注释中公布的大部分资料也取自苏联科学院历史研究所手稿汇编（对亚历山大一世、尼古拉一世的评述，关于1861年农民解放的草稿，参见案卷6、11、12、26）。[1]

由于作者没有完成《教程》第五卷的工作，在准备目前的版本时，对讲义的正文做了必要的修正。其中例如，把正文划分为几讲（第七十八到第八十六讲），如对《教程》第一到第四卷所做的那样，编出各讲的简要提纲，一部分根据作者在其早期教程中所列的各部分标题把各讲划分为单独小节（所谓"小窗口"）；修正明显的错别字，在方括弧内填补作者遗漏的必要的词，以及其他等等。本版正文现有重复的地方依然保留，这正说明第一作者的工作没有结束（参见如第226—230页）。

为了让读者能够更完整地了解克柳切夫斯基对18世纪下半期到19世纪上半期俄国历史主要方面所持观点的发展状况，在附录中刊载：1）载于1896年第11期《俄罗斯思想》杂志上的论文《叶卡捷琳娜二世》，在很大程度上依靠该文的资料，写成了《教程》第五卷的有关各讲[2]；2）没有写完和迄今没有发表过的论文《农奴

---

1 案卷6也收藏了巴尔斯科夫《教程》石印本中使用过的副本（19世纪俄国史部分）。

2 论文手稿的再版、论文的原草稿和有作者标注的铅印文本已保存下来（国立列宁图书馆，第13号，案卷第18—20号）。

制度的废除》。论文写于 1910 年年底 1911 年年初，是为农奴制度崩溃五十周年而作，也是克柳切夫斯基的最后一篇著作（手稿收藏在苏联科学院历史研究所手稿汇编，克柳切夫斯基总档，案卷 26，第 22 页是铅笔字，第 20 页是打印稿和铅笔增补的文句和草稿）。

克柳切夫斯基在 19 世纪 90 年代讲授的小型课程（共五讲），内容是阐述亚历山大二世朝代的历史。这份经巴尔斯科夫做了修辞的《教程》的大学生笔记保存下来了（国立列宁图书馆，第 23 卷夹，案卷 2，共 46 页）。该教程后来编入了在 1897—1898 年重印的《教程》胶印本（参见第 23 卷夹，案卷 2，第 436—532 页，附有巴尔斯科夫修改件，维特铅印本有部分修改）。本版没有刊登这个教程。

编者遵循克柳切夫斯基《俄国史教程》第一卷和第二卷注释中阐明的原则，在出版全文时，指明了它的来源和版本，也指出了克柳切夫斯基利用过的史料和文献。

*　　　　*　　　　*

《俄国史教程》第五卷全文付印和有关注释的编辑工作是由 B. A. 亚历山德罗夫和 A. A. 季明负责的。

索引的编者是：人名索引——B. B. 斯坦科夫斯卡娅，地名索引——Г. B. 扎哈罗娃。

《教程》全套五卷由 M. H. 季霍米罗夫院士监督出版。

注　释

第七十五讲

〔1*—1*〕 这是作者在《教程》第五卷准备付印时根据重校的瑟索耶夫大学生笔记加上的文字。

〔1ᵃ〕　C. M. 索洛维约夫:《自远古以来的俄国史》(以下称索洛维约夫:《历史》), 第 21 卷, 莫斯科, 1871 年, 第 261、273 页。

〔1ᵇ〕《叶卡捷琳娜二世女皇笔记》(以下称《叶卡捷琳娜二世笔记》), 圣彼得堡, 1907 年, 第 500、501 页。

〔1ᴮ〕　索洛维约夫:《历史》, 第 21 卷, 第 319 页。

〔1ᴦ〕　索洛维约夫:《历史》, 第 21 卷, 第 322、323 页。

〔2〕　索洛维约夫:《历史》, 第 21 卷, 第 323、336 页。

〔3〕《叶卡捷琳娜二世笔记》, 第 12、22、29、30、44 页。

〔4〕 这是作者在《教程》第五卷准备付印时根据重校的瑟索耶夫笔记加上的文字。

〔5〕　B. A. 比利巴索夫:《叶卡捷琳娜二世史》, 第 1 卷, 圣彼得堡, 1890 年, 第 119、120 页;《叶卡捷琳娜二世笔记》, 第 49、50 页。

〔6〕 这是作者在《教程》第五卷准备付印时根据重校的瑟索耶夫笔记加上的文字。

〔7〕《叶卡捷琳娜二世笔记》, 第 61、90 页;《谢缅·波鲁申笔记》, 圣彼得堡, 1844 年, 第 72 页。

〔8〕《叶卡捷琳娜二世笔记》, 第 39—41、97、139、187、549、694 页。

〔9〕《叶卡捷琳娜二世笔记》, 第 481、482 页。

〔10〕 这是作者在《教程》第五卷准备付印时根据重校的瑟索耶夫笔记加上的文字。《叶卡捷琳娜二世女皇笔记》, 伊斯坎杰尔出版 (以下称

《叶卡捷琳娜二世笔记》,1859),伦敦,1859年,第10、11页;索洛维约夫:《历史》第21卷,第334页;第22卷,莫斯科,1872年,第42页。

〔11〕《叶卡捷琳娜二世笔记》,第85、95、100、106、112、113、129、181、486—488页。

〔12〕这是作者在《教程》第五卷准备付印时根据重校的瑟索耶夫笔记加上的文字。

〔12a〕比利巴索夫:《叶卡捷琳娜二世史》,第1卷,第114页。

〔13〕《叶卡捷琳娜二世笔记》,第12、58、108页。

〔14〕《叶卡捷琳娜二世笔记》,1859年,第26、31页。

〔15〕《叶卡捷琳娜二世笔记》,第61页。

〔16〕这是作者在《教程》第五卷准备付印时根据巴尔斯科夫的石印本加上的文字。《叶卡捷琳娜二世笔记》,1859年,第10、30页;《叶卡捷琳娜二世笔记》,第165、166页。

〔17〕《叶卡捷琳娜二世笔记》,第58、61、76页;《叶卡捷琳娜二世笔记》,1859年,第17页;比利巴索夫:第1卷,第322页。

〔18〕这是作者在《教程》第五卷准备付印时根据重校的瑟索耶夫笔记加上的文字。《叶卡捷琳娜二世笔记》1859,第37—38页。

〔19〕《叶卡捷琳娜二世笔记》,第189页。

〔20〕这是作者在《教程》第五卷准备付印时根据重校的瑟索耶夫笔记加上的文字。

〔21〕《叶卡捷琳娜二世笔记》,第61、62、108、223、255页。

〔22〕这是作者在《教程》第五卷准备付印时根据重校的瑟索耶夫笔记加上的文字。[《古代和近代俄国》第12期,1876年,第412页]

〔23〕《叶卡捷琳娜二世笔记》,第62、192、366页;索洛维约夫:《历史》,第24卷,莫斯科,1882年,第55页;比利巴索夫:第1卷,第244、251、256、258页。

〔24〕索洛维约夫:《历史》,第24卷,第54页。

〔25〕《叶卡捷琳娜二世笔记》1859,第227、228页;索洛维约夫:《历史》,第24卷,第60、190页。

〔26〕《叶卡捷琳娜二世笔记》,第447—456页;《叶卡捷琳娜二世笔记》,1859,第217、242和以下各页;索洛维约夫:《历史》,第24卷,第191—193页。

〔27〕《叶卡捷琳娜二世笔记》,第 548 页。

〔28〕《叶卡捷琳娜二世笔记》,第 535 页。

〔29〕 这是作者在《教程》第五卷准备付印时根据巴尔斯科夫的石印本加上的文字。

〔30〕 A. B. 赫拉波维茨基日记（以下称赫拉波维茨基）,《俄罗斯档案》第 7 期,1901 年,第 162 页。

〔31〕 这是作者在《教程》第五卷准备付印时根据巴尔斯科夫的石印本加上的文字。

〔31ª〕《叶卡捷琳娜二世笔记》1859,第 239 页。

〔32〕《叶卡捷琳娜二世笔记》,第 62 页;《叶卡捷琳娜二世笔记》,1859,第 239 页;赫拉波维茨基:《俄罗斯档案》第 5 期,1901 年,第 55 页;第 6 期,第 65 页;第 7 期,第 139 页;索洛维约夫:《历史》,第 25 卷,莫斯科,1875 年,第 358 页;《俄国历史学会文集》,第 10 卷,圣彼得堡,1872 年,第 283 页;第 7 卷,圣彼得堡,1871 年,第 Ⅶ 页。

〔33〕 这是作者在《教程》第五卷准备付印时利用巴尔斯科夫的石印本加上的文字。

〔34〕 这是作者在《教程》第五卷准备付印时根据巴尔斯科夫的石印本加上的文字。

第七十六讲

〔1〕 这是作者在《教程》第五卷准备付印时利用瑟索耶夫的笔记加上的文字。

〔1ª〕 索洛维约夫:《历史》,第 25 卷,第 122、161、163、164、166 页;《谢立尔伯爵在叶卡捷琳娜二世朝代旅俄笔记》(以下称谢立尔),圣彼得堡,1865 年,第 15 页。

〔1⁶〕《叶卡捷琳娜二世笔记》第 524 页;[《俄国历史学会文集》,第 7 卷,第 108 和以后各页。]

〔1ᴮ〕 索洛维约夫:《历史》第 25 卷,第 151、165 页;[《达什科娃公爵夫人笔记》(以下称《达什科娃笔记》),圣彼得堡,1907 年,第 67、68 页。]

〔2〕《叶卡捷琳娜二世笔记》,第 538、539 页;《俄国历史学会文集》第 7 卷,第 322 页。

〔3〕 索洛维约夫:《历史》第25卷,第274页。

〔4〕 这是作者在《教程》第五卷准备付印时根据巴尔斯科夫的石印本加上的文字。

〔5〕 这是作者在《教程》第五卷准备付印时根据巴尔斯科夫的石印本加上的文字。

〔6〕《她的座右铭》,比利巴索夫:第2卷,圣彼得堡,1891年,第103页,例2。

〔7〕 这是作者在《教程》第五卷准备付印时根据巴尔斯科夫的石印本加上的文字。《叶卡捷琳娜二世笔记》,第537、641页;索洛维约夫:《历史》,第26卷,莫斯科,1876年,第127页。

〔8〕 索洛维约夫:《历史》,第25卷,第326、327页;第26卷,第67页。

〔9〕《俄国历史学会文集》,第7卷,第135页;索洛维约夫:《历史》,第25卷,第192页。

〔10〕 这是作者在《教程》第五卷准备付印时根据巴尔斯科夫的石印本加上的文字。索洛维约夫:《历史》,第25卷,第99、240页;第26卷,第65页;赫拉波维茨基:《俄罗斯档案》第6期,1901年,第76页;[俄罗斯帝国法律大全(以下称《法律大全》),第16卷,第12119号]

〔11〕 索洛维约夫:《历史》,第26卷,第110页。

〔12〕 这是作者在《教程》第五卷准备付印时根据巴尔斯科夫的石印本加上的文字。

〔13〕 索洛维约夫:《历史》,第27卷,莫斯科,1888年,第197—209页;第28卷,莫斯科,1892年,第82页。

〔14〕 这是作者在《教程》第五卷准备付印时根据巴尔斯科夫的石印本加上的文字。

〔14^a〕 索洛维约夫:《历史》,第26卷,第78页;第28卷,第82页

〔14^б〕 索洛维约夫:《历史》,第27卷,第269及以后各页;[《法律大全》,第18卷,第13071号。]

〔15〕 索洛维约夫:《历史》,第28卷,第85、88页。

〔16〕 这是作者在《教程》第五卷准备付印时根据巴尔斯科夫的石印本加上的文字。

〔17〕《俄国历史学会文集》,第10卷,第338页。

〔18〕索洛维约夫:《历史》，第28卷，第9、14、35—39、124和以后各页;《俄国历史学会文集》，第10卷，第390、413页;[《俄罗斯档案》，莫斯科，1871年，圣彼得堡，1327、1328。]

〔19〕索洛维约夫:《历史》，第28卷，第168页。

〔20〕索洛维约夫:《历史》，第28卷，第223页。

〔21〕索洛维约夫:《历史》，第29卷，莫斯科，1879年，第23页。

〔22〕这是作者在《教程》第五卷准备付印时根据巴尔斯科夫的石印本加上的文字。

〔23〕索洛维约夫:《历史》，第28卷，第34、147、165页。

〔24〕索洛维约夫:《历史》，第29卷，第203页。

〔25〕《同波兰的关系》和《瓜分波兰》的部分是根据巴尔斯科夫石印本较简要的章节写成。

〔26〕索洛维约夫:《历史》，第27卷，第260、261页；第28卷，第64页。

〔27〕索洛维约夫:《历史》，第27卷，第246页。

〔28〕索洛维约夫:《历史》，第27卷，第253、288、289、297、302—310页。

〔29〕索洛维约夫:《历史》，第28卷，第144及以后各页。

〔30〕到《继续瓜分》一节的文字是作者在《教程》第五卷准备付印时为代替下列草稿本文字而写的:

"俄国同土耳其的战争给了他期盼的时机，照他的说法，他紧紧抓住了这个时机。他利用俄国侵占多瑙河下游的危险狠狠地把奥地利给吓住了之后，便想出了一个方案:战败土耳其，不要它出给俄国赔偿，而叫波兰赔偿，借机让波兰把自己领土的相应部分让给同奥地利结盟的普鲁士。结果是这样:波兰一部分地区顶替土耳其作为战争费用和战利品划归俄国，另一部分地区给了普鲁士和奥地利，这绝不是因为前者制造麻烦和节外生枝、装腔作势，或后者因同普鲁士结盟而敌视俄国的结果。弗里德里希总是惩罚叶卡捷琳娜，因为她在谋求他的友好关系，而他本人因准许侵占波兰领土只好把同样的波兰领土报答同谋者。叶卡捷琳娜非常难堪和声名狼藉，被迫把从土耳其人手中夺来的多瑙河基督教公国重新置于异教徒的桎梏之下，因为夺取基督教国家的地域并不是为了民族宗教的统一，而是为了讨好异族人，所以在郑重宣布保卫波兰完整免受贪婪邻国侵犯的许诺之后，便伙同异族人吞食波兰。叶卡捷琳娜尽量设法把土耳其问题同波兰问题分开的努力徒劳无益,却给奥地利和普鲁士提供了从波兰夺取他们所需要东西的方便,只要不妨碍她从表示认罪的土耳其追偿战争费用。奥地利受弗里德里希的暗中调唆同土耳其缔结了反俄协定;这就迫使叶卡捷琳娜采纳了弗里德里希的计划(1771年6月)。1772年年初,弗里德里希在波兰问题上同俄国达成了和解(1772年2月6日协定);奥地利经过长久的扭捏作态也加入了这个协定,甚至要在掳获物中捞到最大的一份——整个加里西亚和某些其他地区。根据当时俄国的计算,这一份有80多万农奴(男性),普鲁士一份约38万,而俄国(白俄罗斯)约55万。当奥地利大使向弗里德里希宣布自己的一份时,国王看了看地图,禁不住惊呼:'活见鬼,先生!我发现您的胃口真好!您那一份等于我的和俄国的加在一起那么大;您真有好胃口。'在这里,弗里德里希因过分热衷充当损害其盟友俄国的中介人而使自己受到惩罚。但是叶卡捷琳娜稍稍削减了奥地利的一份。然而弗里德里希还是不得不说出了较有良心的话:他们制造了他第一个为之后悔的事。〔他〕写道:'我很清楚,俄国拥有处理波兰事务的很多权利,至于我们同奥地利就无从谈起。'"(索洛维约夫:《历史》,第28卷,第243、245、246、350和以后各页)

〔31〕《索洛维约夫文集》,圣彼得堡,公共利益出版社,第197、200卷。

〔32〕 作者在《教程》第五卷准备付印时删去了草稿本中(苏联科学院历史研究所手稿部克柳切夫斯基总档,案卷13)下面一段文字:

"现在特派俄国大使对这个主要借口的补充是:叶卡捷琳娜在致俄国驻华沙大使的手谕中第一次把波兰问题看作民族宗教问题,并宣称,她认为问题归根到底应由俄国同种族人将从前属于俄国的人口众多、信奉同一宗教的地区和城市,从遭受苦难和压迫的威胁下拯救出来。不过是20—30年前的事旧调重弹,也不是俄国外交的独出心裁。

"5月3日宪法的创作者有充分理由认为,波兰东正教居民政治危险的根源,就在于同俄国的教会关系,即当地东正教教阶依附于俄国主教公会。大家记得维托夫特,他为了避免这种危险,在他公国境内的俄罗斯教区单另设置了独立于莫斯科的总主教。现在人们想做某种类似的事情,使波兰的东正教会隶属于君士坦丁堡总主教或使其处于独立于俄国主教公会的总主教领导之下。这个意图使俄国外交明白:使东正教会的教阶隶属于俄国主教公会乃是西部罗斯同俄国最牢固的纽带。如果同它脱离,俄国政府同奥地利和普鲁士一样，在波兰问题上只能诉诸武力。但是，叶卡捷琳娜对波兰革新家提出的民族宗教观点理解很肤浅，在第二次瓜分确定自己的份额时，她指出在地图上画出一条从库尔兰东界至加里西亚的界线：沃伦西部连同罗斯王公的古老都城弗拉基米尔处于波兰的一边。"

〔33〕 赫拉波维茨基：《俄罗斯档案》第 9 期，1901 年，第 250 页。

〔34*—34*〕 这是作者在《教程》第五卷准备付印时使用巴尔斯科夫石印本加上的文字。

〔34ª〕《索洛维约夫文集》，第 197 卷；赫拉波维茨基：《俄罗斯档案》，第 8 期，1901 年，第 218 页；Н. Д. 切立林：《叶卡捷琳娜二世朝代初期俄国的对外政策》（以下称切立林），圣彼得堡，1896 年，第 439、440 页。

〔35〕 索洛维约夫：《历史》，第 29 卷，第 328 页。

〔36〕 赫拉波维茨基：《俄罗斯档案》，第 5 期，1901 年，第 22 页；第 8 期，第 218 页；比利巴索夫：第 2 卷，第 103 页注解 2（德文本第 36—39 页）。

〔37〕 作者在《教程》第五卷准备付印时删去了草稿本中下面一段文字："在这场游戏中，最不易乱阵的是俄国政府，保持坚定的原则，能正确理解自己和别人的利益，拥有 30 万军队，准会成为欧洲国际政策中的世界仲裁人。叶卡捷琳娜直接违反了自己的纲领。"

〔38〕《索洛维约夫文集》，第 133 卷。

〔39〕 作者在《教程》第五卷准备付印时删去了草稿本中下面一段文字："她前后只有两个朋友：普鲁士国王和德意志皇帝，但是这两个人对于她绝不比敌人好，她曾经为波兰和土耳其的被压迫者辩护过，可是在第一次困境中出卖过他们。在幻想的北方体系遭到完全失败后不久，当英国和法国、西班牙和美国作战时，根据帕宁的想法，叶卡捷琳娜建议中立国组织同盟，以便保护他们的海上贸易免遭交战国的肆虐，因为交战国的军舰以战时禁运品为借口扣留了中立国的商船，尽管俄国没有商船队，也没有什么要保护的（1870 年 2 月 28 日武装中立宣言）。瑞典、丹麦、普鲁士从这个文件中得到了好处，而给俄国带来的只是损失，因为它成了英国向荷兰宣战的借口，从而使荷兰同俄国的贸易蒙受严重挫折。可是，却给帕宁提供了给女皇戴上弱国保护者新花冠的机会。"（索洛维约夫：《历史》第 29 卷，第 325 页；赫拉波维茨基：《俄罗斯档案》第 7 期，1901 年，第 150 页）

〔40〕 这是作者在《教程》第五卷准备付印时利用巴尔斯科夫的石印

本加上的文字。

〔41〕 赫拉波维茨基:《俄罗斯档案》第7期,1901年,第226页。

〔42〕 赫拉波维茨基:《俄罗斯档案》第5期,1901年,第55页;索洛维约夫:《历史》第29卷,第324页。

第七十七讲

〔1〕《叶卡捷琳娜二世笔记》,第583、585页;索洛维约夫:《历史》第26卷,第137页。

〔2〕《叶卡捷琳娜二世笔记》,第710页。

〔3*—3*〕 这是作者在《教程》第五卷准备付印时利用巴尔斯科夫石印本加上的文字。

〔3ª〕《叶卡捷琳娜二世笔记》,第583页;《俄国历史学会文集》第10卷,第381页。

〔4〕 作者在《教程》第五卷准备付印时删去了草稿本中下面一段文字:"然而在这座国府大厦的中央,占据皇位的不知是冠之以形形色色的教会封号和政治头衔的拜占庭专制政体的傀儡,还是佛教专制政体的傀儡。"

〔5—5〕 这是作者在《教程》第五卷准备付印时根据巴尔斯科夫的石印本加上的文字。

〔6〕 索洛维约夫:《历史》,第25卷,第135、141、142、144、145、262、273、288页;第26卷,第33和以后各页;《叶卡捷琳娜二世笔记》,第585页。

〔7〕 索洛维约夫:《历史》,第26卷,第140页;《叶卡捷琳娜二世笔记》,第584页[《法律大全》第16卷,第12060号]。

〔8〕《俄国历史学会文集》,第7卷,第209和以后各页。

〔9〕[克柳切夫斯基:《俄国史教程》,第5卷,圣彼得堡,1922年,第65页]。

〔10〕 索洛维约夫:《历史》,第25卷,第182、263页;《俄国历史学会文集》,第7卷,第279、280页;[《法律大全》,第16卷,第11989号]。

〔11〕 作者在《教程》第五卷准备付印时删去了草稿本中下面一段文字:"国家制度被彻底扭曲,且不受人民的信任,而人民生活则呈现一片混乱,但它为国家建设提供了丰富而适用的资料。就是这种国家制度和人民

生活之间的严重不协调也没有使叶卡捷琳娜感到不安。她不是用一般的眼光,而是以自恃动用武力的眼光看待这种不协调状况。"

〔12〕《叶卡捷琳娜二世笔记》,第656页。

〔13〕 作者在《教程》第五卷准备付印时删去了草稿本中下面一段文字:"理性、正义、真理、自由、宗教——不只是被意识和意志接受了的政治和道德生活的原则或规范——这是一种世界力量,或者说是人类生存的规律,即像自然规律那样,不以我们对它的态度为转移的经常起作用的规律。叶卡捷琳娜写道:'显然真理和理性在我们一边,就应当向人民当面展示出来;应该说理性是必不可少的,你们要相信,它将在大众心目中占上风;必须服从真理,少听华而不实的言辞。因此不需要去实现这种力量,即为争取这种力量而斗争。应当设法利用它,适应它,或者提防它,因为它有时有利有时有害。干吗希望日出?太阳按固定时刻升起;在此地它用自己的光和热唤醒生命,在别处则用酷热摧残生命。在上帝的名义下已犯下和正在犯下多少罪行啊!善于有效地利用这种力量来管理国家就是政治上的英明之举。"

〔14〕《俄国历史学会文集》,第10卷,第29、30页。

〔15〕《叶卡捷琳娜二世笔记》,第620、626、627、629页。

〔16〕 作者在《教程》第五卷准备付印时删去了草稿本中下面一段文字:"由于她的思维是在对道德进行抽象议论的基础上养成的,所以很难接受枯燥而又确切的法律概念。由此她对法律效力的看法是摇摆不定的。"

〔17〕 作者在《教程》第五卷准备付印时删去了草稿本中下面一段文字:"应当补充说明,她认为对于国家来说,专制和独裁是唯一适合的统治形式。她喜欢的不是管理方面的法制问题,而是法制教育任务。她写道:'统治科学在于使人民转向良好习惯。'没有法制基础,在俄国官吏和贵族这样的管理机构里,法制问题实际上不可避免要变成败坏法制的实践行动。"〔《叶卡捷琳娜二世女皇圣谕》(下称《叶卡捷琳娜二世圣谕》),圣彼得堡,1907年,第68页;《俄国历史学会文集》,第10卷,第152页。〕

〔18〕《叶卡捷琳娜二世笔记》,第611、626、644、686页;索洛维约夫:《历史》,第26卷,第228页。

〔19〕《叶卡捷琳娜二世笔记》,第544页。

〔20〕 这是作者在《教程》第五卷准备付印时利用巴尔斯科夫的石印本加上的文字。《俄国历史学会文集》,第10卷,第31页;谢立尔:第22

页;《叶卡捷琳娜圣谕》,第130、132、140、144页。

〔21〕《叶卡捷琳娜二世圣谕》,第131页。

〔22〕《叶卡捷琳娜二世圣谕》,§13—16、28(第4、6页)。

〔23〕《俄国历史学会文集》,第10卷,第75和以后各页。

〔24〕《叶卡捷琳娜二世圣谕》,§79和209—212(第17、61—63页)。

〔25〕这是作者在《教程》第五卷准备付印时利用巴尔斯科夫的石印本加上的文字。《俄国历史学会文集》,第10卷,第167页。

〔26〕《俄国历史学会文集》,第10卷,第153页。

〔27〕这是作者在《教程》第五卷准备付印时利用巴尔斯科夫的石印本加上的文字。

〔28—28*〕这是作者在《教程》第五卷准备付印时利用巴尔斯科夫的石印本加上的文字。

〔28ª〕《叶卡捷琳娜二世圣谕》,§89、90、210(第20、61页)。

〔28б〕《叶卡捷琳娜二世圣谕》,§123、141、255、480(第30、35、75、130页)。

〔28в〕《叶卡捷琳娜二世圣谕》,§489(第133页)。

〔28г〕《叶卡捷琳娜二世圣谕》,§494—496(第134页)。

〔28д〕《叶卡捷琳娜二世圣谕》,§266(第77页)。

〔28е〕《叶卡捷琳娜二世圣谕》,§269—271(第78—79页)。

〔29〕《叶卡捷琳娜二世圣谕》,§278、279(第80—81页)。

〔30〕《叶卡捷琳娜二世圣谕》,§158、243—248(第41、42、73、74页)。

〔31〕这是作者在《教程》第五卷准备付印时利用巴尔斯科夫的石印本加上的文字。

第七十八讲

〔1〕这是作者在《教程》第五卷准备付印时根据巴尔斯科夫的石印本加上的文字。

〔1ª〕B. H. 拉特金:《18世纪俄国的立法委员会》(以下称拉特金),第1卷,圣彼得堡,1887年,第21、56和以后各页。

〔2〕拉特金:第98、99页。

〔3〕这是作者在《教程》第五卷准备付印时根据巴尔斯科夫的石印本加上的文字〔《法律大全》,第17卷,第12801号〕。

〔4〕《叶卡捷琳娜二世圣谕》,§359、380—382、394(第106、109—111页)。

〔5〕А. А. 基泽维捷尔:《呈交1767年叶卡捷琳娜委员会的城市代表委托书的起源》(下称基泽维捷尔),《俄国财富》第11期,圣彼得堡,1898年,第44页。

〔6〕拉特金:第194和以后各页。

〔7〕这是作者在《教程》第五卷准备付印时根据巴尔斯科夫的石印本加上的文字。

〔7ª〕"有迹象表明,一些商人参加城市选举;§24例行方式。"《法律大全》第27卷,第12801号,1104页;Д. 谢苗诺夫:《叶卡捷琳娜时代的城市代表机构》,《俄罗斯财富》,第11期,圣彼得堡,1898年,第42页。

〔7⁶〕拉特金:第250页。〔表中的百分比来源于巴尔斯科夫的石印本,因为草稿上的计算不准确。〕

〔8〕拉特金:第98、127页。

〔9〕这是作者在《教程》第五卷准备付印时利用巴尔斯科夫的石印本加上的文字。

〔10〕拉特金:第209页;基泽维捷尔:第37页。

〔11〕《叶卡捷琳娜二世圣谕》,§153、154(第39、40页)。

〔12〕拉特金:第252页。

〔13〕《叶卡捷琳娜二世圣谕》,第26、41页。

〔14〕基泽维捷尔:第48页。

〔15〕这是作者在编写第一版时加进的一段话,以取代删去的文稿本中的一段文字:"委托书很少讲到代表对选民承担的责任。责任本身就决定了要起维护本团体需要的辩护人的作用。而且有一份贵族委托书威胁代表说,如果他不及时根据时间地点提出所有项目,就要'对团体负法律责任'。萨拉托夫农民托付自己的代表,'他认为应当申请在委托书中没有写上的东西'。当然,他不能同自己的委托书相抵触,一旦出现不一致的情况,他就应当放弃自己的代表权。"《俄国历史学会文集》第4卷,第80、115、321、397页。

〔16〕《俄国历史学会文集》,第4卷,第69页。

〔17〕这是作者在《教程》第五卷准备付印时利用巴尔斯科夫的石印本加上去的文字。

〔18〕[《法律大全》,第18卷,第12948号]。

〔19〕这是作者在《教程》第五卷准备付印时利用巴尔斯科夫的石印本加上去的文字。

〔20〕索洛维约夫:《历史》,第27卷,第62和以下各页,148页。

〔21〕这是作者在《教程》第五卷准备付印时根据巴尔斯科夫的石印本加上去的文字。

〔22〕《俄国历史学会文集》,第4卷,第58、59页;《叶卡捷琳娜二世圣谕》,§520(第141页)。

〔23〕《俄国历史学会文集》,第10卷,第271页;第8卷,圣彼得堡,1871年,第352页。

〔24〕这是作者在《教程》第五卷准备付印时根据巴尔斯科夫的石印本加上的文字。

〔25〕《俄国历史学会文集》,第4卷,第70、76、77、79、108、[131]页。

〔26〕《俄国历史学会文集》,第4卷,第163页;《叶卡捷琳娜二世圣谕》,§263(第76、77页)。

〔27〕《俄国历史学会文集》,第4卷,第187、193页;索洛维约夫:《历史》,第27卷,第93和以下各页。

〔28〕《俄国历史学会文集》,第4卷,第205页。

〔29〕《俄国历史学会文集》,第4卷,第460页;索洛维约夫:《历史》,第27卷,第109页。

〔30〕索洛维约夫:《历史》,第27卷,第106页。

〔31〕索洛维约夫:《历史》,第27卷,第111、112页。

〔32〕索洛维约夫:《历史》,第27卷,第117页;拉特金:第309页。

〔33〕拉特金:第309页。

〔34〕索洛维约夫:《历史》,第27卷,第113页。

〔35〕索洛维约夫:《历史》,第27卷,第111页。

〔36〕索洛维约夫:《历史》,第27卷,第317页。

〔37〕这是作者在《教程》第五卷准备付印时利用巴尔斯科夫的石印本加上的文字。

〔37ª〕谢立尔：第22页。

〔37⁶〕《俄国历史学会文集》，第10卷，第204页。

〔37ᴮ〕（E. A. 164、166）

〔37ᴦ〕作者在《教程》第五卷准备付印时删去草稿本中下面一段文字："为了在他们中间找到共同点，就要有特别灵活的法律意图和适用的熟练手法。"

〔38〕拉特金：第492页；索洛维约夫：《历史》，第27卷，第121页。

〔39〕《俄国历史学会文集》，第10卷，第138、206页。

〔40〕《地方行政机关里的贵族》（E. A. 173）；巴尔斯科夫：第245页。

〔41〕《俄国历史学会文集》，第4卷，第460页；索洛维约夫：《历史》，第27卷，第121、318—321页。

〔42〕索洛维约夫：《历史》，第27卷，第122、320页（§12）。

〔43〕《俄国历史学会文集》，第4卷，第461页；第8卷，第513、514页。

〔44〕《俄国历史学会文集》，第8卷，第507页。

〔45〕《叶卡捷琳娜二世笔记》，第545页。

〔46〕《叶卡捷琳娜二世笔记》，第629页。

〔47〕《俄国历史学会文集》，第4卷，第26页。

〔48〕索洛维约夫：《历史》，第25卷，第285页。

〔49〕索洛维约夫：《历史》，第27卷，第144、145页。

〔50〕《比较》，《叶卡捷琳娜二世圣谕》，第146页。

〔51〕这是作者在《教程》第五卷准备付印时利用巴尔斯科夫的石印本加上的文字。

〔52〕《叶卡捷琳娜二世圣谕》，第151页。

〔53〕索洛维约夫：《历史》，第26卷，第31页。

第七十九讲

〔1〕Л. О. 普洛申斯基：《俄国人民的市民等级或中间等级……》，（以下称普洛申斯基），圣彼得堡，1852年，第195—198页。

〔2〕《法律大全》，第15卷，第11538号；B. 安德烈也夫：《彼得一世以后俄国政权的代表》，圣彼得堡，1871年，第224页。

〔3〕［《法律大全》，第8卷，第5625号］。

〔4〕索洛维约夫：《历史》，第26卷，第20页。

〔5〕"重大申诉案件根据圣谕由参政院授权总检察官办理"。（《俄国历史学会文集》，第10卷，第283、284页）

〔6〕纳尔多夫石印本中的原文由作者在《教程》第五卷准备付印时移入括号。

〔7〕作者在1909年12月23日到1910年1月3日写的标题为《叶卡捷琳娜二世时期的委员会》的下列讲义草稿同本节有关。（国立列宁图书馆，克柳切夫斯基总档，第1卷夹，案卷12）

"国务会议建立于19世纪初，但是在此之前很早就产生了这种想法，根据实践的经验采取了不同的形式。

"彼得大帝的先辈，16世纪和17世纪的莫斯科沙皇立法时都同自己的大贵族杜马磋商。这个杜马是最早最先的立法咨询机关，它的主要和经常的事务是：拟定法律草案，裁决来自下面或下面根据君主敕令或衙门呈报提出的问题。它作为上级机关宣布的诉讼判决，具有法律意义，也就是作为下级司法机关必须依据的规范，即必须遵循的判例。像监督行政机关一样，负责管理法律的执行是杜马活动受到宠信的异乎寻常的表现形式，在尚不具备由专门指定的执行机关处理法律执行公文的固定制度条件下，这种表现形式就是对杜马职权范围的一种扩充。

"彼得大帝的参政院，同样的职能表现为另一种关系。与原先的杜马不同，管理和监督工作成了取代杜马的新设机构的最主要任务。参政院为了执行法律，满足国家的当前需要，采取了一切必要的措施，并督促和指导下级机关，同时共同对措施本身的效用进行监视，同样对其执行机构的工作也进行监视。为此给参政院配备了一套同下级机关联系的辅助手段，以便对其执行情况进行监督检查。这就是：下属机关汇报的严格报表制度；通过在参政院供职的各省特派员直接同省长联系；一个分散在各地的监察员和检察官密网，由他们对政府机关和人员实行公开和秘密的监督。最后，参政院本身接受在院部供职的总检察官的督促和指导。这个总检察官一方面身为君主的'耳目'，通常以最高当局及其最高机关之间的中介人出现，另一方面任参政院办公厅主任，把参政院同其所属机构联系起来。旧的大贵族杜马就是君主——立法者本人的会议，在君主身边并且在他的直接领导下工作。参政院本身的工作，是适应沙皇经常离开而设立的。按照彼得的意思，参政院应当成为法律的集体卫士，并同它的传动皮带——总检察官连在一起成为操纵行政系统的飞轮。

418 "参政院的整套复杂组织旨在能够加强它的管理和监督作用。但是参政院继承大贵族杜马的立法咨询作用不应受到限制。相反，参政院在特殊情况下工作，有时被直接置于立法者的地位。彼得'为了经常外出'在设置参政院时吩咐说，要'像我们服从它本身那样服从它的命令'。他在致参政院的信中谈到参政院时说：'现在一切都归你们掌握'，'一切都指望你们'。参政院由于有了这种全权，当沙皇不在时，便运用自己的权力征集紧急税收，宣布招募新兵，改组现有机构，建立新机构，停止或限制沙皇敕令的实行。彼得借口时间紧迫，目的合理容许了这些做法。他死后，因需要或者由于专横而引起的类似的越权行为不断重演。叶卡捷琳娜二世女皇则怀着沉重的心情抱怨这种习以为常无章法的行为。她在给被委任履行总检察官职务的维亚泽姆斯基公爵的指令中写道：'参政院设立的宗旨是奉命执行法律；可是它却经常颁布法律，授予官衔、爵位，支配金钱、乡村，并排挤其他司法机关。'

"但是，除了各种各样的权力，或者叫任意夺取的权力外，还要给参政院参加正常的立法活动开设一个重要席位。对于总检察官或下级机关指明的法律不清楚或没有法律的情况，参政院负责'郑重地予以考虑和作出解释'，并把自己的意见禀报君主审定（1722年4月17日命令[《法律大全》，第6卷第3970号]）。彼得甚至禁止参政院在没有事先讨论和通过讨论提出意见或方案之前，向他报告关于要求新法律的问题，'因为不这样做，陛下一人难以决定'（1722年5月11日命令[《法律大全》，第6卷第4003号]）。

"这就暗示出，需要一个讨论法律草案的机构。可是参政院不是这种单一的机构。它参与法律的补充工作是通过讨论立法问题和制定法律草案进行的，这是它的管理和监督工作额外的事情，而且它办理这些事只能在匆匆忙忙和试探摸索中进行，这是一个前后不一，即若断若续的过程，同时还要回答有关行政管理日常需要的各种各样的咨询。这就使它不可能有另外更好的行动方式。这种额外的事务以至与它所承担的主要任务和已有的习惯是背道而驰的。它的整套体制已使它习惯了按国家生活的现时规范促进行政部门的工作，而不是奉命去建立新的机构。下属机关爱发号施令的首长，更多的办法是布置向新管辖的部门下达命令和要求，而不是采纳它们的需求和意见；只许州官放火，不许百姓点灯。叶卡捷琳娜二世在同一指令中提到这样一个典型事例:有一个部大胆地向参政院提出了自己的意见,就为了这个,参政院要向它提出警告。照女皇的说法,其结果是'下级机关由于遭受这种压制而急剧衰败,工作人员一副卑躬屈节的狼狈相,在这种机关里出现的现象是:履行单一的公文形式;尽管国家的利益蒙受损失,一些人啥也不想,另一些人干脆就不敢想'。而参政院本身也处总检察官把持的办公厅控制之下。叶卡捷琳娜二世晚年为参政院准备了章程,目的是使它摆脱办公厅,她认为,办公厅压制了参政院。

"处在这种状况之下,立法工作就不可能连续不断地进行和有机地发展。结果不是增加权利,而只能是增加一大堆互不协调的法律。由于彼得个人的毅力和预见使得对这种缺陷的感受有所减轻。但是,就在他当政时期已开始感到,需要更好地完善立法事宜;然而当时已暴露出参政院无能为力进行调整工作。在各委员会成立时,参政院积极参与制定了权限和公文处理的细则,制定了各委员会章程。但是彼得交给它编纂法典的工作,进行得很差或者说完全失败。它负责的日常立法工作也不令人满意。总检察官亚古任斯基在彼得大帝死后不久禀呈叶卡捷琳娜女皇的报告中沉痛地抱怨说,因职务关系我虽然经常敦促参政院关注各种需要,但是收效甚微,'大部分人通常只是带着遗憾和伤感的情绪停留于对这种或那种需要的议论,简直没有一个人甘愿热忱出力'。

"这样,需要专门设立一个最高机构的问题提上了日程,由它按拟定程序把各个部门的法律资料收集起来,用这些资料为所有行政部门制定出领导规章草案,制定草案时根据时代的需要考虑现行法律的基础。从彼得大帝去世到18世纪末,所做的事情就是这种机构的一些尝试。

"第一个尝试是改革家逝世一年后建立的最高枢密院(1726年2月8日命令[《法律大全》第7卷第4830号])。这个机构正式成立前实际上已经产生,并开始工作。按职务二级文官是'第一批大臣',他们经常秘密开会,讨论重大对外事务。但是,他们是参政院的成员,而某些人兼任委员会主席。这种兼职给'枢要会议'和'参政院理事会'造成了困难,由于'事出多头'而延宕了参政院对问题的解决。所以,认为有必要'建立'最高枢密院,即把二级文官的'枢密院'改变为由六名二级文官(缅什科夫公爵、阿普拉克辛伯爵、戈洛夫金伯爵、托尔斯泰伯爵、戈利岑公爵、奥斯捷尔曼男爵)组成的常设机构。

"根据第一批大臣在其致女皇的呈文中阐明的计划,不应把枢密院看成一个专门的委员会,因为女皇本人才是其'个人特定'主席。枢密院只为女皇减轻管理的负担并加速办事的进程:'不是靠一个人',而是靠集体的智慧思考问题。枢密院的一切事务都以女皇陛下的名义进行,上报给枢密院的所有呈文抬头一律写女皇名字,从枢密院发出的一切命令都代表女皇陛下,即具有上谕性质,而不是枢密院的意见。所以,枢密院类似莫斯科沙皇的近臣杜马,或叫秘密杜马,是同主席个人不可分离地融为一体的机构,因为这是由七人一起思考问题的女皇本人的体现。同时,枢密院对公文的处理遵循明确的办理制度。它主管必须由最高当局决定的内政外交。审理向参政院和前三个委员会,即外交委员会、陆军委员会和海军委员会上诉的案件;监督各委员会和其他机关。上上下下引发了立法问题。女皇掌握立法的主动权:她在出席枢密院会议时提出了'必须办的事'。参政院和其他委员会应当把超越它们权限的特重大政事附上自己的意见提交枢密院。女皇不在时,每件政事由枢密院有关委员会的成员提出意见,也就是由它事先全面考虑,该政事是否需要解决以及如何更好地解决,俾使女皇更易于作出判决。枢密院自己的办公厅有分工,还有两本记录:一本是办理政事的简要记录,另一本是决议记录;后一本必须经枢密院成员签名确认。在枢密院'交不出完整的'记录以前,即记录未经确认和未呈送女皇核准以前,不得发布任何法令;只有在核准后,法令得到确认,再由枢密院办公厅主任分发执行。

"专门立法机构最初的轮廓就是这样。在这份手写的简要计划中,对许多问题的表达小心谨慎,姿态,缺乏预见、含糊不清或避而不谈。女皇在以后给枢密院的敕令中,对该计划的某些不是或吞吞吐吐的话语特别引起注意。例如,着重强调说,没在'我们身边'的枢密院,只是为了使一切问题能让女皇'根据真心实意而深思熟虑的讨论'作出裁决,因此,提交枢密院处理的问题不仅要根据女皇同意的枢密院最初的计划或规则呈请陛下决定,而且关系国家利益的所有其他问题,由枢密院事先冷静考虑成熟并附上'共同意见'呈请陛下裁决。为此命令:凡属参政院审理的问题,未经参政院事先讨论,未得到'我们'的特别吩咐,任何人不得'私自'处理任何问题。所有机关必须严格遵守本部门的权限,不得干预其他部门。女皇还许诺,她今后不再接受未经枢密院审理和未签署共同意见的任何私人的呈报(索洛维约夫:《历史》,第18卷,第285、286页)。在枢密院意见分歧和不可能达成一致的情况下,不能以多数票决定,但必须用书面方式将'详细讲明各种理由'的全部申报意见叙述清楚,呈报女皇裁决。

"最高枢密院由于1730年众所周知的事件而被撤销,参政院便在原先的基础上以原班人马恢复工作。但是由于现实的需要被撤销的机关并没有因撤销而消失。安娜女皇时期建立了一个内部的机关——皇室办公厅,其领导人是副首相奥斯捷尔曼伯爵,此外还有她委托起草上谕和决议的人,在1731年10月皇室办公厅改组为正式机关——大臣办公厅,给奥斯捷尔曼增加了两名同事——首相戈洛夫金伯爵和切尔卡斯基公爵:他们三人都是二等文官。新的如此狭小的委员会,在确定权限和处理公文方面不像先前的枢密院,有那样明确的规则和确切的限定。敕令(1731年11月6、10日[《法律大全》,第8卷第5869号、5871号])漫不经心地说,'为了更好地和有条不紊地办好必须由我们亲自决定的全部国家事务',建立了由三名大臣组成的办公厅,'只要把所有问题和可能涉及我们的需求与国家利益的其他一切情况详细向我们报告,同时也把我们发布的仁慈的决定的情况详细报告给我们,他们就会照章办理'。1735年,根据女皇的口头命令,'越过三人大臣办公厅,由女皇亲自签字的敕令正式生效。敕令中对办公厅作为立法咨询机关的作用,没有表达清楚,就是说:它应该向君主详细报告,它的需求和国家利益要求的是什么,必须由它解决的又是什么,——意思是说首先要提出因国家现实需要而产生的立法措施草案,为此必须预先讨论这些建议。但是在敕令中关于办公厅成员负责委员会的分工只字未提,关于讨论程序的事也无片言只语。这个人数范围过于狭小的委员会,能做的只是它活动议程的细枝末节。例如,三人委员会多数人意见能起何种作用。尤其经常是由奥斯捷尔曼一人(被称为'首席大臣')说了决定了算数,其他人习惯于听从而不敢辩驳!但由于敕令出于小心表述的不明确性,便使办公厅的管辖范围有可能向各方面扩展,首先指向参政院,损害参政院的管理和监督职能。于是,通过上谕命令参政院和所有司法机关向新设办公厅送交受理诉讼案件的每月清单,虽然是为了'不致因循拖延判决',命令对弄虚作假和玩忽职守的下级与上级法庭以'毫不宽恕'的处罚相威胁,而对公正审判过程进行监督的事则由参政院直接负责。这样一来,便建立了办公厅对参政院的优势。

"各部门可能提供监视其办案过程的一切材料——密报、汇报、呈文、禀文都由办公厅集中起来,进行审查并呈报女皇,得到女皇的指示或向女皇提出自己的建议,使指示和建议具有上谕或皇帝批示的形式,再将它们转发给下属机关贯彻执行。办公厅所处的地位是最高权力的首要机关，是女皇和整个管理体制之间的中枢，它要保持收集和整理立法资料的纯粹咨询机关的性质是很难的。当时觉得需要这样的机关，但它的中心思想还没有摆脱旧习惯或擅自处理的方法。建立这个机关时没有经验或者仓促从事是与政治上顾虑重重有关，导致这种状况的原因是由于为了图方便或谨慎而放弃了对权利的要求，尤其是1730年事件以后更是如此。根据安娜女皇的敕令，没有剥夺参政院听取'重大政事'的权利，也没有剥夺它就这类政事向办公厅提交自己书面意见的权利（索洛维约夫：《历史》，第18卷，莫斯科，1887年，第185、186页），并且要求它参与讨论，于是办公厅大臣和参政院成员会集一起，共同协商，一道'作出决定'。但是办公厅本身很少俯就这样的联席会议。相反，它有时长时间拖延参政院的报告，有几次把一些报告退还参政院修改，而有些报告提出的要求几年内难以实现，对这样的报告，加上极其含糊不清的批示转发执行。同时越过参政院向所属下级机关发布命令，甚至不通知参政院，直接从各委员会接受和批准应事先由参政院审查的规章和条例草案，而参政院则积满了应由各委员会解决的文件。总之，办公厅忽视了职权范围，搅乱了公文处理程序。

"所以，办公厅实际上与其说是最高当局的主要立法委员会，不如说是审查和在其他各机关之间随意分配立法起草工作的指挥者。

"1741年，呈请伊丽莎白女皇关于恢复参政院权力的奏折抱怨说，由于办公厅的过失而造成的混乱是它的前任——最高枢密院行为方式的重演。有关这类机关的文件说明，'虽然名称不同，但两者的行为几乎一样'，它们'除了拖延办事时间，使不幸的呈诉者遭受无益的耽误'，别的什么也干不成。这就是说，最高枢密院的规章考虑得再精细，对机关团体中，同样对人们遵守的风俗习惯中根深蒂固的毛病和癖好都无济于事。

"参政院最早的部门通过办事过程逐渐分立出三种职能：立法、执法和监督，在分立时，[它们]又互相牵制。由于管理的直接需要，为最高枢密院和大臣办公厅确定了其中的第一个职能，但是它们攫取了其余两个职能，特别是最后一个职能，似乎成了集体的总检察官职能，因此目前属于这些机关的总检察官职务没有变动。两个高级机关工作失败的主要原因就在于职能的混淆，这是不以外部影响，其中占第一位的时代风尚的影响为转移的。

"彼得大帝的艰苦岁月和他过世后变幻莫测的事变过程，使当年那些富有才干的人士看清了，同识别关系的合法性相比，要更加强对方法合理性的识别力;否则他们很难真正实现最高机关的主旨——建立国家生活的准则,不要以出面干预的办法压制凡负有遵守准则义务的人。

"随着伊丽莎白的登基,办公厅垮台了,在原来意义上重新恢复的参政院,作为第一个国家机关,一直工作到[她]在位的末年。1756年七年战争开始前,出现了由参政院10名成员组成的代表会议,它的专门使命是军事外交,也涉及只同外交政策和战事相关的内政管理。1762年5月18日敕令向参政院宣布,成立由九个无名氏组成的彼得三世委员会,由于它为时短暂,来不及使固有的面貌有所改变,显然,虽说当时碰巧已选定同丹麦作战,但仍打算把它变成某种类似前不久的秘密代表会议,只不过是另一套人马。

"叶卡捷琳娜二世当政时期,对问题的思考更深刻了,对问题引发的要求,了解得也更清楚了。思索与尝试,特别是两个机关的失败,有助于说明适应当时环境为国家利益着想的立法意图是最高当局的事。这里指的是当时称之为'共同关心国力的增强和改善'的事,但事情很难办到,因为必须呈报陛下审批的文件数量太多,来不及加工整理。无论是委托参政院、最高枢密院,还是大臣办公厅审查和整理立法文件,都没有完成任务。不顺利的原因是两个:偏离任务的文件太多和对任务抱另外的态度。根据暴露出来的常见倾向,不是去弄清立法问题的实质和条款,而是授意自行解决问题。结果使立法工作久拖不决,摇摆不定。这就需要自身事先正确理解这个问题的专门机关。但是在如何建立这个机关的问题上发生了意见分歧:要么是以君主私人办公厅的形式出现的秘密机关,而且表面上是不承担责任的机关,但暗地里却由它以皇帝的名义发布上谕和诏令;要么是由国家法律确定的公开委员会的形式,它负责提出自己的工作报告,有明确的关系体制和公文处理的程序。

"尼·伊·帕宁吸收了第二种解决问题的形式。1762年,他向女皇呈递了关于御前会议诏书草案(包括说明报告),阐明了对他自己拟订的'最高立法会议或立法机关'体制和性质的看法。帕宁认为,在办理事务过程中'个人势力比国家机关的权力'作用更大,没有给政府提供能使其体制巩固的基本依据,这是俄国行政管理各种缺陷的根源。草案建议,最高立法机关体制应当预先防止这类缺陷。御前会议由6名成员,即'皇帝顾问'组成。其中4名必须是国家4个部门的御前大臣,每个大臣参加各委员会及其所属的其他中央机关议事。这些委员会就是外交委员会、内务委员会、陆军委员会和海军委员会。呈报到会议的所有文件，都是要经陛下批示的报告、意见书、方案和有关'组成国家并促进国家利益'的各部门详细情况的呈文，总之，凡有利于'专制君主个人关心国家富强和改善'的一切。以女皇的名义宣告，御前会议'不是别的，正是我们为帝国效劳机关，因此所有送到我们这里的案卷，都一定按其性质分送御前大臣'，他们分别按各司进行审查、整理和弄明确，并在女皇上朝时提交；皇帝顾问'预先说明'自己的意见和讨论情况，而后女皇'钦定'其最后批示。

"草案的某些特点表现为对最高枢密院体制的重视，但从总体上看，在以下方面表现得更为明显：草案十分明确地提出了建立各部门的工作，而枢密院对此只能提出建议，不能规定其名额和管理权限。御前会议的主要优势就在于它的权限更加完整、集中：草案为这个会议的整个组织规定一个目标，就是保证顺利履行其立法咨询职能，使之不致同其他行政管理、司法和监督事项混杂不清。叶卡捷琳娜对草案稍加改动，把会议成员的人数扩大到8人，编造了文职官员名册，从中任命了各部门的御前大臣（海军委员会除外），最后签署了诏书，但是没有颁布。依照惯例，未经同有关人员协商，不得作出决定，她开始征集意见，但并非全都有利于草案：有人指出，'由国家法律强制建立的会议'是不合适的，甚至是危险的。也有这样的意见：为了减轻立法负担，可以把女皇私人办公厅划分为各御前大臣的部门，由这些部门整理和准备呈报的案卷，但不具有咨询意义（索洛维约夫：《历史》，第25卷，第149、173页）。

"谨小慎微使叶卡捷琳娜停留在两个极端中间，但她还是走自己的路。她没有下决心走上'强制'会议之路。她很难迈出这一步，因为按照思想和形势的发展情况较容易地迈这一步，要跨过一代人的时间。孙子当政时期，不相信人民，只相信立法机关决议的威力；到了祖母统治时期，比起对立法机关决议产生信心，对人民早已不再信任。

"然而，她不是死守着一个私人办公厅。1768年11月，鉴于同土耳其作战迫在眉睫，她在朝廷建立了一个亲自主持的临时秘密委员会，类似于伊丽莎白的代表会议，以便讨论因爆发战争引起的所有内政外交事宜。任命了9名委员会委员，其中几个是参政院成员兼大臣；其中五人是列入御前会议名册的人员。历经两个月开过10次会议之后，会上宣读了给参政院关于成立战时委员会的敕令和委员会办公程序的圣谕。这样，委员会变成了正式宣布的常设机关，一直工作到统治时期结束。它不单是专设的军事外交委员会,其管辖范围逐渐扩大,起初只负责与战争和军队状况有密切关系的内政事务,后来一些无关的事情也管了起来了。这样,委员会渐渐成为不仅是对外政策一切事务的咨询机关,同时也成了国家管理一切内政事务的咨询机关,包括一些教会事务在内。送交委员会审批的不只是发给参政院的成文敕令,而且有最重要的皇朝法规,诸如1775年的省制设施、1782年的城市警察规章、1785年贵族和城市特权诏书。1784年,记录中记到,'委员会宣读了女皇陛下的训示'这是写给尼·伊·萨尔特科夫的,要他教育好大公——孙子亚历山大和康斯坦丁。女皇还向委员会透露了一些十分敏感的问题。1779年,委员会接到一部'供阅读和诠释'的历史著作《全俄罗斯专制君主叶卡捷琳娜二世女皇陛下政治、军事和内政状况简明指南》。委员们聆听了全书内容之后,决定分别拿回家'做好最合适的诠释'。

"这一切证明,委员会同其最高主席的亲密关系,证明他们团结一致的相互信任程度。这种信任也在委员会办理公务的程序上体现出来。这种程序不受拘束,而且方式各异:对此,叶卡捷琳娜不想用过多的条条框框约束自己的顾问。通常女皇亲自口述或以书面方式在委员会上提出必须由会议讨论的问题,或者把参政院呈报她批准的敕令和领导人员的报告提交会议,以期听取顾问们的意见。送发各机关的命令,有时根据委员会审查过的项目,由委员会重新审核一次。内政管理事项草案凡需要修改原有条例或改组现有机构者,要经参政院拟定并呈报皇帝陛下批准。由办公厅,即女皇私人办公厅,根据这些草案拟出的敕令要提交委员会'审查和提出意见',委员会可提出修正案,亦可原封不动通过。由办公厅向委员会发出的指令,有时在委员会引起立法属性问题。例如,1780年,交给委员会一份法令草案,内容是嘱总检察官催促参政院加快处理官营专卖罚款案件,总检察官和委员会中出席参政院会议的其他成员对草案进行了讨论,认为在参政院维持原班人马不变的情况下,要办好因新省级机关的设立而大量增加的案件,是力所不及的。

"在最高当局倡导立法时,委员会每个成员可以提出自己的建议。建立委员会时,没有确定分别按各部办理公务的正式程序,但这种按部分工的程序在公文处理中实际上已自然形成了。委员会及其以外的某些委员掌管行政机关的个别部门。参政院总检察官和各委员会主席的情况是:他们向委员会提交各自主管部门的情况报告,兼任大臣和委员会御前大臣职务,总检察官兼管委员会和财政局事务,尼·伊·帕宁伯爵兼管外交委员会、扎·格·车尔尼绍夫伯爵兼管陆军委员会，伊·格·车尔尼绍夫伯爵兼管海军委员会。这样，在参政院里建立了办理提案的双重制度——奉旨办理和根据顾问的建议办理。

"1786年，女皇的秘书长别兹鲍罗德科伯爵进入委员会，他曾一度成了为女皇办公厅起草诏书、上谕和批示的著名行家。很快他几乎成为向委员会传达圣旨的唯一人选。他作为女皇的秘书长兼各部门情况的报告人，负责把委员会记录呈请女皇审查，这些记录有委员会的纪要和委员会案卷主任与办公室主任记编的记录本。因为，别兹鲍罗特科伯爵办公室要根据皇上对委员会意见的批示编写成法令文件，所以他又像是委员会和女皇之间的联络人，也是通过他建立了女皇私人办公厅经常和委员会的联系。国务秘书这个职务就是在这种特殊情况下确定下来的。

"叶卡捷琳娜二世没有采纳帕宁的草案，这也许不是草案本身的问题，而是她深知立法咨询机构的意图并竭力确保她的委员会能认真全面地讨论立法问题。她不仅容许而且要求充分自由地发表意见，乐意听取反对意见，碰到问题，有时详尽有力地论证自己的建议，同时激励顾问们发挥自己的力量，她还亲自说明处理提案的方法，提请大家认真讨论和贯彻执行。

"叶卡捷琳娜二世女皇委员会的发展状况同其先驱者——最高枢密院和大臣办公厅不同，甚至完全相反。前两个机构从一开始就或多或少充当了最高意志的完善而强有力的传达者，即充当了职权范围广泛而缺少有效方法的行政机关有权势的领导者。所以，它们的发展是在自我毁灭的过程中进行的。部门的庞大没有激励它们，而是限制了它们，权力广泛和不负责任的现象导致的倾向是：用专横强制手段来弥补能力的不足，或者被玩忽职守行为掩盖了这种不足。最高枢密院的成员之一缅什科夫公爵指示同僚发布迎合枢密院需要的命令。有6—7名成员的枢密院通常到会的是少数两三个人。因此，枢密院经常召见参政院首席检察官，他因参政院成员失职而遭训斥；枢密院还命令他每天报告参政院成员出勤情况。至于大臣办公厅，在这里由'首席大臣'——安·伊·奥斯捷尔曼伯爵口授决议案，由他一人宣布集体的决定。叶卡捷琳娜二世女皇的委员会，成立之初只是临时秘密军事外交会议，很快发展成为领导所有行政部门，即整个国家生活进程的常设机关。但是，它保持了纯粹立法咨询的性质。根据委员会的记录，可以看出，尽管女皇鼓励和支持委员会尽心尽力工作，但它在立法工作方面并无突出的建树：根据当代人的回忆录判断，他们很少谈论委员会的事。帕宁的草案阐明了立法咨询机关的主旨。叶卡捷琳娜的委员会通过实践为其继承者——亚历山大一世皇帝的国务会议定出了关于某些适用的公文处理方法和细则。"

〔8〕 作者在《教程》第五卷准备付印时删去了石印本中下面一段文字：

"第二，阻止叶卡捷琳娜改革中央行政机关的政治理由没有束缚她对地方行政体制的整顿。叶卡捷琳娜记得听人讲过的1730年枢密院大臣寡头政治倾向的情况，她也同伊丽莎白一样惧怕这种思想，因为她仍然对《圣谕》中所阐述的俄国必须实行专制制度的信念恪守不渝。

"根据当时法国文献的政治见解，地方行政的改组没有出现任何棘手的情况。"

〔9〕（Лохъ., 54）。

〔10〕《省长下设咨询机关。据1781年名册记载，在40个省中有单独一个省，即莫斯科省，任命一名总督的，其他有的是两个省、三个省、四个省任命一名总督》。《法律大全》第20卷第14392号，§94，103；А. Д. 格拉多夫斯基：《文集》，第9卷，圣彼得堡，1908年，第23页；(Лохъ., 52。)

〔11〕《法律大全》，第20卷，第14392号，§395。《〈中心思想——叶卡捷琳娜二世笔记〉》，第645页。谕旨指示的法院应承担的责任就像英国和荷兰的一样。叶卡捷琳娜曲解了中心思想》。《俄国历史学会文集》，第14卷，圣彼得堡，1875年，第19页；赫拉波维茨基：《俄罗斯档案》，第5期，1901年，第2页。

〔12〕 索洛维约夫：《历史》，第27卷，第102页。

〔13〕《法庭对所有人是平等的，——法庭本身并不都是平等的》，《俄国历史学会文集》，第14卷，第XIX，182页。

〔14〕《1762年6月28日奉诏解除专项义务和扩大所有权》，《法律大全》第22卷，第16187号，§23；《各种国家委员会》；普洛申斯基：第214页［《法律大全》第16卷，第11582号］。

〔15〕《根据1786年2月19日敕令，结束等级权利，废除奴仆身份称呼为君主个人的臣民》［《法律大全》，第22卷，第16329号］；敕令不限于两个等级，与其说它是修改国家法，不如说净化官方语言。

〔16〕 普洛申斯基：第244、256页。

〔17〕 石印本中《1775年省制设施的意义》一节，开头是作者删去的

一段文字：

"我讲述了1775年的省制设施和1785年的御赐等级特权诏书，据此建立了叶卡捷琳娜时期地方的新行政机关。我们还要指明这些省制设施的意义。我们从三个方面指明这种意义：（1）它们对地方行政体制的影响；（2）对社会各阶级的结构和相互关系的影响；（3）对其中的一个阶级——贵族阶级地位的影响。"

〔18〕第403、404章，第Ⅺ.441《法律大全》第22卷，第16421号。

〔19〕"显赫重于合理"。H. M. 卡拉姆金：《关于古代和近代俄国的笔记》[下称卡拉姆金：《笔记》]。A. H 佩平：《亚历山大一世时期俄国的社会运动》一书的附录，圣彼得堡，1901年，第495页；《文斯基笔记》[下称文斯基]，《俄罗斯档案》，莫斯科，1877年，第1册，第102页。

〔20〕《1775年3月17日诏书，1783年5月3日敕令》，普洛申斯基：第215、222页；[《法律大全》第20卷，第14275号；第21卷，第15721、15724号]。

〔21〕（《发表的讲义》，第197页）。

〔22〕《1714年3月23日和1731年3月17日法律》[《法律大全》，第5卷，第2789号；第8卷第5717、5653号，以及第5658号]。

〔23〕《优势地位的特征》(《发表的讲义》，第202页)。克柳切夫斯基1910—1911年年初写的许多札记涉及关于省制设施的章节[国立列宁图书馆，克柳切夫斯基全宗，卷夹1，卷宗12]。

"叶卡捷琳娜二世"。省制设施。需要把丧失团结和共同生活的农村居民（种地的士兵，独院的地主，国有农，经济农，宫廷农民，工厂农民）部落群体和阶层群体联合起来，不只在司法方面，而且也在经济方面联合起来。选举委员会的程序为这统一农村管理制度提供了现成的经验和依据。

——彼得时期上流社会参与地方管理。贵族曾两次应召，先是参与县，后来是参与省的管理，其实他们不是地方上的一个阶级，因为他们当中赤贫者和逃避服役的成年纨绔子弟和儿童仍留在当地未动。

总结。1775年设立的制度是对地方行政的重大改造，但不是社会改革，只巩固了在此以前业已形成的社会各阶级的地位和关系。贵族仍起统治作用。社会（政治）制度中的新事实——三个等级共同参加某些机构。御赐特权诏书[走得]更远（实际上）：规定了等级权利和等级自治（包括通过科学试验建立无等级的城市社会）。但各等级之间互相接近的情况还远没有达到平等；障碍——农奴制度（《文集》第3卷第498页）。地方机构的主要任务是号召社会各阶级共同友好地合作，所有制是地方机构无等级差别的基础。总之，在判断省制设施时，叶卡捷琳娜指的是……（第497—500页）。没有让自由农民进行经济管理。

起因。女皇开展不寻常的多方面的活动，照她的说法，她刚刚从第一次瓜分波兰的土耳其战争中解脱出来，就回到被对外政策暂时中断的重大内政事务上来。于是又重新向国外发出信件，把她往常装点皇族谦恭温雅的言辞、诙谐的自我吹嘘和自鸣得意的温厚宽容编织到一起，目的是：神秘地通报正在进行的新的立法事业，《圣谕》对此只不过是废话。

主要特点。Ⅰ、省级机关上层的四个部门（内政、财政、司法、国民教育和社会救济）的分权。第一和第二个部门重新组建，不设原先的中央机关。自治（受皇帝管辖）。

Ⅱ、同委员会在技术上（编制机构草案时的立法）联系。召集程序定为：(1)选举单位是行政司法区（省——新设立的省、县、市）；(2)选举新的职务（首席贵族、市长）；(3)社会集团（贵族联合会、城市不分等级的团体、农村自由居民）。

Ⅲ、旧有的和新设的机构——因机构合并带来的不稳定和职责不清（划分两级的省和总督管区）；'各种身份'的城市居民选举商人与市民代表；以委员制机关为首的代表委员有表决权；在省长——主席领导下的省管理委员会有发言权，而"一省之长"则只有反对权。

Ⅳ、政治理论。部门的分立，不是政权的分立。情况的紊乱与杂乱无章是由于传统习惯的抵制，由于对新理论不大理解，也由于任务的变动：[叶卡捷琳娜二世]1775年开始时梦想第三等级，即中间等级，而[在]1785年结束时则幻想无等级差别的城市。由此就造成机关缺乏明确的规定和分工。

农民的农奴依附地位不是由主人同作为奴仆的劳动者之间的契约建立的，而是根据国家和服役地主阶层的利益达成的协议建立的（第481页）。我国的官僚们通过同贵族的联系是无法接近当地社会的，因为贵族靠自己的特权同社会的其余部分隔绝，所以贵族成为游手好闲的官吏毫不奇怪。

（第485页）教育的要求。18世纪的等级学校和寄宿中学无助于培养官员的日常工作，相反，使人不敢再原谅现实生活，得到的启示是要像蔑视'下流'人的生活那样蔑视它，也就是教育人民对现存制度进行革命的抗议。

（第487页）公文处理方面，文牍主义取代了政府工作，有书写公文的本事——轻率地管理人和事。

（第488—489页）集权制的六个特性。集权制无与伦比，而自治则相形见绌。

（第493页）地方自治制度不仅是人民代表制度的支柱，而且还可以替代。

总结。地方分权制和地方团体参加选举。政府机构——上层；加强对下面的选举因素。政府的优势；省长和省管理委员会的权力，§81、85和89；'主人'各种对立概念的混合（《法律大全》第20卷，第14392号，§81、85、89）；前途§85和162¹。选举机关——遵照省长命令进行自治制度预先实习；行政和司法协同参与（《法律大全》，第20卷，第14392号，§101）。委员会要求，通过省长对政府机关的监督由社会监督代替，(Лохъ, 第209页)。新旧机构不适宜的合并（见上述Ⅲ）。各机关华丽的外表使感化法院和社会救济署感到特别刺眼。借用呈报权（Лохъ., 第221页）。

可以把省司法机关同这些机关筹建的委员会作个比较，这些机关的共同点是设置在各地、分散在50个省的，即分区的专设人民代表机关。奇切林式的地方自治制度可能是替代人民代表制度的机关。（Ⅲ，第493页）

结束语。1775年和1785年的地方选举机关，不是为了满足地方需要的地方自治体系，而是政府行政机关按照全国情况分布在各省的辅助工具——这种古老形式的地方自治机关16世纪就已产生，17世纪得到加强，现在稍作修改和粉饰使之迎合18世纪的风尚和观念。

第八十讲

〔1〕《1781年6月28日的禁令》，К П. 波别多诺斯朵夫：《历史著作与论文》，圣彼得堡，1876年，第184页。

〔2〕《曼什泰的俄国回忆录》（以下称曼什泰），圣彼得堡，1875年，第243、244页。

〔3〕Т. К. 科托希欣：《阿列克塞·米哈伊洛维奇朝代的俄国》（以下称

---

1 Gersurqmorum 一起杜马作用（А. А. 基泽维捷尔：《1785年叶卡捷琳娜二世城市状况》，莫斯科1909年，第412页），感化法院（〈Лохв., 第217页〉）。省政府直接管理的警察事务。总督的辉煌（〈Лохв., 第218、219页〉）。

科托希欣),圣彼得堡,1859年,第118页。

〔4〕从此不带土地买卖、零售,刑事审判权,劳动的范围和形式等观点,根据17和18世纪的立法,主人的义务对其不得妨碍。

〔5〕А.罗曼诺维奇-斯拉瓦京斯基:《从18世纪到废除农奴制俄国的贵族》(以下称罗曼诺维奇-斯拉瓦京斯基),圣彼得堡,1870年,第296页。

〔6〕"地主不是农民长期的主人。由于这个缘故,地主最不爱护农民;农民真正意义上的主宰者是全俄罗斯专制君主,地主占有农民是暂时的;农民必须长期服从沙皇。"《波索什科夫文集》,第1卷,莫斯科,1842年,第183页;[《法律大全》,第9卷,第6569号;第15卷,第11423号。]

〔7〕"《圣谕》初稿中的赎身权利。但是[叶卡捷琳娜二世]把农民和奴仆区分开来。"索洛维约夫:《历史》,第27卷,第77页。

〔8〕[农奴制度的废除]1)"会引起政府难以对付的反抗,2)当时无论对历史、对法律内容还是农奴制度的经济意义都不了解,可能在对农民和对国家都不利的情况下解决问题,例如不带土地的赎买就是一种失败。不带土地赎买奴仆在《圣谕》条款中被忽略。Д.戈利岑草案。"(索洛维约夫:《历史》,第27卷,第78、79页)

〔9〕"自由经济学会的任务。别阿尔德和格拉斯连的著作。关于世世代代占有份地的永久义务关系。贵族权利草案中对地主权力的规定。农民对公正的鉴别力,18世纪下半期的农民暴动(公正的天平偏向贵族)。"拉特金:第305页;А.Я.波列诺夫:《俄国农民的农奴身份》,《俄罗斯档案》,1865年,第510和以后各页。

〔10〕"避免把人沦为奴役状态",《叶卡捷琳娜二世圣谕》,§253(第75页)。

〔11〕"代表委托书请求禁止自由转换。"拉特金:第309页,例3。

〔12〕"根据第二次、第三次和1781—1783年的第四次人口普查为百分之五十三。1764年根据2月26日敕令没收教会土地(大俄罗斯有911 000农奴)。1786年后小俄罗斯情况。1765年当地教会领地上有14 000户。"索洛维约夫:《历史》,第26卷,第34、151页;[《法律大全》第16卷,第15724号。]

〔13〕"圣谕关于法律上承认奴仆所有权(《叶卡捷琳娜二世圣谕》,§261,第76页)和关于调整地主杂税的法律。科罗宾根据《圣谕》在委员会上[发言]:用法律的诡辩开脱。"索洛维约夫:《历史》,第27卷,第

78、111 页。

〔14〕《法律大全》，第 17 卷，第 12311 号；罗曼诺维奇-斯拉瓦京斯基：第 287 页。

〔15〕接着是作者在准备石印本付印时删去的一段文字："但是法典第二章第十三条禁止接受'告密'，即没有办理法律手续的请求，禁止受理来自某些农民对地主的告密。"科托希欣：第 118 页。

〔16〕"农民的申诉被驳回。"索洛维约夫：《历史》，第 27 卷，第 62 页。

〔17〕《叶卡捷琳娜二世圣谕》，§256（第 75 页）；〔《法律大全》，第 18 卷，第 12966 号；第 19 卷，第 13516 号。〕

〔18〕《关于大俄罗斯、新俄罗斯和白俄罗斯农民的处境》。

〔19〕"分给农户的土地不足一俄亩。每个农民〔耕种〕供五人口粮。没有粮食出口。季米特洛夫县的委托书。梦想出口。根据第五次人口普查，农奴占总人口的 49%。"《俄国历史学会文集》第 8 卷，第 507、556 页；索洛维约夫：《历史》，第 27 卷，第 113 页。

〔20〕《叶卡捷琳娜二世圣谕》，§269（第 78 页）。

〔21〕"沃伦斯基式地主经济。他们很多人住在自己的领地、省城和首都，特别是莫斯科和喀山。根据曼什泰和米勒统计，俄国本部共计有男女贵族 50 万。"索洛维约夫：《历史》，第 19 卷，莫斯科，1893 年，第 244 页；罗曼诺维奇—斯拉瓦京斯基：第 508 页，例 16。

〔22〕"根据鲍尔京统计，从每个农奴收取的劳役地租为 10 卢布。里夫兰人舒尔茨就是一例。根据拉契科夫统计，课税单位为一个地主耕种 2 至 3 俄亩地，虽然仁慈的〔主人〕不会超过定额 1.5 俄亩。叶卡捷琳娜〔二世〕在答复狄德罗（1773 年）时打算把劳役增加一倍，因为劳役的增加凭主人的意志和胡乱臆造的结果。征兵手续。"《叶卡捷琳娜二世圣谕》，第 39 页；И. 鲍尔京：《俄国古代和现代历史注释》（以下称鲍尔京），第 2 卷，1788 年，第 217—222 页。

〔23〕"当兵无非是甘愿去受苦受难。"

〔24〕В. И. 谢麦夫斯基：《叶卡捷琳娜二世女皇朝代的农民》（以下称谢麦夫斯基），第 1 卷，圣彼得堡，1881 年，第 161 和以后各页。

〔25〕接着是作者在石印本付印时删去的一段文字："西维尔斯证实，这家银行 70 年代的行情是，连带土地的一个农奴批发价贵族出的整数为 50 卢布。"谢麦夫斯基：第 1 卷，第 154 页；鲍尔京：第 2 卷，第 216、314 页。

〔26〕"他专横，不具有实际的经济价值，而具有法律价值。"
〔27〕（Герм. Ⅰ. 第 97、99 页）。
〔28〕"收入总数从 1 600 万〔增加〕到 6 900 万，即增加四倍多。"
〔29〕"从 1764 年的 350 万卢布到 1795 年的 2 400 万卢布。"

第八十一讲

〔1〕作者删掉纳尔多夫石印本中下面一段文字："你们也很清楚，研究思想道德现象不在本课大纲之列，因为这些现象在其他课程，主要是历史和文字课程中有详细研究。但由于这些现象与政治经济事实有密切关系，所以我有时也会涉及。"

〔2〕作者删掉石印本中下面一段文字："某些人因贫穷而干蠢事，成年后本性难移。"索洛维约夫，《历史》，第 23 卷，第 326 页。

〔3〕Д. А. 托尔斯泰：《18 世纪的科学院大学》（以下称：托尔斯泰，《大学》），圣彼得堡，1885 年，第 1、2 页。

〔4〕《法律大全》，卷 7，4443 号。

〔5〕"教授们上课互相照应。"Д. А. 托尔斯泰：《1782 年前的 18 世纪俄国教务处一瞥》。圣彼得堡，1883 年，第 8、9 和 11—13 页；托尔斯泰：《大学》，第 30 页〔曼施泰因，第 307、308 页〕。

〔6〕〔《Л. Н. 恩格尔哈特回忆录》，莫斯科，1867 年，第 7、8 页；《法律大全》，卷 17，12741 号〕。

〔7〕〔阿法纳西耶夫. А，《1769—1774 年俄罗斯的讽刺杂志》，莫斯科，1859 年，第 185 页及其他。〕

〔8〕〔《炮兵少校：М. В. 达尼洛夫回忆录》，莫斯科，1842 年，第 42、43 页；《安德烈·鲍洛托夫的生平和奇遇》，第一册，圣彼得堡，1870 年，第 179 页〕。

〔9〕关于《法国文学的影响》一节作者写了下面一段文字，日期 1910 年 3 月 4 日（国立列宁图书馆，克柳切夫斯基全档，卷夹 1，卷宗 12）。

"西方影响。谈到 18 世纪法国启蒙文学对俄国社会的影响，我们首先要收集影响到我国风俗习惯的一些象征，或者把这种影响当成不可避免的事实，因为对我们来说，启蒙文学的全部意义取决于它对我们的观念、风俗习惯所起的改造作用的程度。俄国读者用心注重这种文学另有更实际的目的。他们需要了解欧洲文明社会。他们虽挤入欧洲社会，可行迹和思维方式仍是客人身份。在那里他们必须不辜负人家的殷勤接待，必须学会时兴而文雅的风度、手势、言谈等各种礼仪。上流社会交际的准则还包括结识当时的大思想家，即启蒙文学的泰斗。进入巴黎沙龙或是拙劣可笑的彼得堡仿制沙龙，都要把伏尔泰的用语推介绍卡。在这些化了装的俄国自由主义者当中，很少人听到说启蒙文学起源于理性同陈腐荒谬的天主教与封建主义的斗争。他们在本国找不到这两种现象，因此便确信，启蒙文学思想无论哪方面都与俄国不相干，与俄国的风俗习惯不相干。这样一来，他们就可心安理得，既可以坦然地爱他的祖国，也不必反省自身时心神不定。当他们取乐嘲笑天主教笃信炼狱的虚伪行为时，却没有想到自己对俄国东正教鬼神的内心恐惧岂不更可笑。他们无论在社会生活还是在精神生活方面都远离民众，因此断然不会想到，那些只不过为弥补他们自己精神空虚而用来娱乐消遣的思想会对民众生活有什么用。所以，在我国文明史上，直到18世纪末的启蒙运动其意义并不比同是从巴黎引进的时装、舞蹈大，即使我们对此进行研究，也只是因为接替伊丽莎白和叶卡捷琳娜时代自由主义者的这一代人起来反对父辈的正统思想，并企图把思想扭转过来以利于现实生活。为何文化影响在别的地方硕果累累，而在我们这里却只见开花，尽管如此，这种影响又在我国社会意识中留下了哪些痕迹？这就是我们所指的18世纪启蒙运动在我国引发的现象所产生的问题。"

〔10〕马松：《俄国秘闻》（以下称：马松），第2版，第2卷，巴黎，1802年，第225、229页。

〔11〕〔温斯基//《俄国档案》，1877年，1期第103页；2期第183、184页〕；《沃伦佐夫档案》，卷5，第13页。

〔12〕《俄国历史协会》，卷13，圣彼得堡，1874年，第213页。

〔31〕"法国取代母国成了他们心中想象的祖国；这些〔人〕〔也许〕精神上与真正的祖国有联系。"

〔14〕关于《贵族知识界典型代表》一节作者写了下面一段文字（日期是1908年，苏联科学院历史所手稿部，克柳切夫斯基全档，卷宗13）。

"俄国社会是通过哪些方式（力量）从叶卡捷琳娜时代过渡到19世纪的。上个学期我们没有把这些力量研究完。我们看到，这个时代善于思考的人提出了彼得改革的意义和俄国对待西欧的态度问题。这两个问题的答案是否定的：为了维护古俄罗斯的质朴，彼得的改革受到谴责；为了维护刚刚长出幼苗就被彼得摧残的独树一帜的俄罗斯文化,日渐衰落的西欧受到谴责。谢尔巴尔托夫公爵和鲍尔廷将军这两位法官描绘了今后正常社会生活的纲领……

"然而,由哪些社会力量来执行这个庞大而又不太清楚的纲领呢?只能在贵族中寻找。但在外省的大批贵族当中我们见到的是普罗斯塔科娃的现实原型——马特列娜·彼得罗夫娜·达尼洛娃;比她高一筹的,据鲍洛托夫在回忆录中的描绘,是受过教育的野蛮人,一个发狂的自由主义者斯特鲁依斯基,同他一伙的还有一批古怪人、阴谋分子以及大模大样又落落寡合的庄园主;更高一筹的是达什科娃公爵夫人,一个变得冷酷无情的伏尔泰分子。更可靠的力量可以说是大批有教养的贵族,他们当中涌现了一批干练的中央管理人才,能以自己的社会影响和教养对广大本地同仁发挥教育和指挥作用。这个阶层保存了其生活特征。这里研究18世纪最纯正型的俄国伏尔泰分子……

"这是文化畸形人的画廊。不过也有善于思考的人:谢尔巴尔托夫公爵、诺维科夫、鲍尔京以及鲍洛托夫,高尚的波罗申,莫斯科大学教授俄罗斯人波波夫斯基,杰斯尼茨基;叶卡捷琳娜本人就拥有许多具有启蒙倾向的外文译著、更多的是作品、有教育意义的著作、人道主义法令以及自由主义规章。所有这些花样繁多的教育手段能给缺少文化的社会土壤——居统治地位的农奴主阶级占据的土壤施多少肥料?解决这一问题将为我们从18世纪转入19世纪做好准备,也就是为转入本学期研究的对象做好准备。为此必须扩大对上流社会的考察,保罗和亚历山大一世皇帝时期的干才就是出自这个社会。我们应该看到,从18世纪下半期投入这个社会的各种不同的材料中会发掘何种基本的思想道德内容。不了解这一点,我们就会在研究保罗和亚历山大时代时感到模糊不清。为全面考察起见,我提醒你们注意叶卡捷琳娜时代的几个人,著名的或者只是有特点的几个人,他们的情况各不相同,但他们身上都明显地表现出有教养的俄罗斯人所具有的最普遍最典型的特征,是当时文化的影响才造就出这样的人,接下来我想把这些特点归纳成一种风貌。

"我想说的这几个人,并非像谢尔巴尔托夫公爵、诺维科夫、杰尔查文这样的思想家、作家兼政治家、出版家或诗人,而是普普通通的平常人、贵族、官老爷,通常见得最多的是地主,他们并没有做什么显示当时统治动机的非凡事情。

"共济会。原则——教育和平等。目的——通过对他人行善促进个人道德之完善。然而这是一个欺骗性的秘密组织,它有索洛蒙诺夫教堂共济会会员象征性的标志,上有锤子、瓦工围裙、几何图案等不值钱的东西。该组织与自由主义者不同的地方是道德上笃信上帝,而共同之点是,都遵循伏尔泰修正的纯理性思维,而伏尔泰自己本来就是自然神论者,他并非是个不信神的人,而且这个自然神论者还相当迷信。

"在仔细观察这些人物时,最值得注意的是,在他们身上以下列形式反映出的文明风尚是来自彼得堡还是来自巴黎:时装、书籍、男女家庭教师、法令、规章、新型行政官员,还有诸如沃伦佐夫、库拉金、奥波契宁、拉季舍夫之类的人物。(别洛夫,105)

"现在我们再抛开一切偶然的和个人的特点,只抓住在斯特鲁伊斯基、达什科娃、奥波契宁、沃伦佐夫和拉吉舍夫本人身上表现出的共同特征,就能想象出俄国贵族有识之士的面貌。这是一种立体形象,不过这种形象的姿势和容貌在当时的回忆录和传记中常常隐约可见。"

〔15〕〔M. A. 德米特里耶夫:《我印象很深的一些琐事》,莫斯科,1869年,第85—88页;И. М. 多尔戈鲁基:《我心目中的神庙》,莫斯科,1874年,第211—214页;M. 隆吉诺夫:"奔萨市地主斯特鲁伊斯基的有关情况"《俄国档案》,1865年,第958—964栏〕。

〔16〕 关于《女皇叶卡捷琳娜统治时期的意义》一节作者写了下面一段文字,日期1910年1月—7月(国立列宁图书馆,克柳切夫斯基全档,卷宗夹1,卷宗12、13)。

叶卡捷琳娜统治时期的意义。叶卡捷琳娜依仗军队侥幸取得皇位以后,并不认为这支力量足以维护她的权力。她尽可能地对国家机构进行周密考察,以便了解皇帝与臣民精神联系的必要性。在实行世袭制的君主国中,信任不是臣民对政府的报答,而是人头税义务一类的政治良心税。叶卡捷琳娜地位的弱点不在于她的登位没有遵照王朝继承法,也不是没有遵循前任的指定,而是这种地位是凭机遇得来的。继承法已由彼得的法令废除,而他规定的指定办法不过是一种任性专横的游戏,犹如突发的军事行动。习惯这种游戏的人就像看惯了四月的雪。事情坏在她是个外国人,而且处在转折关头。国民对本地统治者并不是心悦诚服,而是把他们当作受上帝惩罚的自家人予以宽恕。叶卡捷琳娜必须强迫自己忘掉自己的来历……

叶卡捷琳娜改革的变革过程有三个阶段:最初的草稿描述的主要是哲

学原理；法律的定稿本讲述的只是些个别的哲学箴言和哲学概念，甚至是同一种术语；而在运用中占优势的却是地方统治阶级的利益（关于1775年机构设置的公告，草稿。[格里戈里耶夫·弗拉基米尔:《叶卡捷琳娜二世时期的地方行政改革》，圣彼得堡，1910年，第206、207页]有印刷本）。叶卡捷琳娜的改革给俄国国家生活这潭死水投进了一块石头，激起的是巨浪还是微波，要看它的重量而定，但由于投入的石块被长满水草的湖底吸住了，表面平平静静，仍旧是一块不透明的毛玻璃。

从叶卡捷琳娜当政时起，诸事纷繁，景象灿烂：在外部——战功赫赫，开疆拓土，订立重要条约；在内部——大设机构，人民暴动，科学和艺术获得新成就。观察家认为这是一个转折点。必须对已开始的过程进行考察。俄国原是个实行旧法典的等级制国家。彼得的改革是与这种等级制相违背的，他在分配阶级义务时，把最重要的人头税义务和税民兵役制扩大到几个阶级，这种税役平摊绕着弯间接地为权利平等准备条件。彼得死后，他的思想被歪曲成解除服役束缚和一个阶级独享特权；就国家制度的不自然现象来说，俄国贵族专制帝国超过了波兰贵族共和制君主国。

这已不是我们祖辈的历史，我们从此已不再有一致的利益；这是我们自身幼年时期的一段经历，它记载的是我们自身的利益和问题，尽管我们为此努力奋斗，但我们无法估算其力量有多大、潜力有多深，也无法准确掂量出我们自身的文化分量有多重。

现实生活不合时宜。知识、思想、愿望超过了一般文化水平；福利与公共事业二者，后者的分量又低于前者。原因是：文化资源分配不当；上层人浮于事，而实际需要和能干人才被置之度外。知识无用和无知走红。不存在有教养的无产业者过剩现象，不需要有学识或内行的人才。上层奉行"无根据"的抽象理论，下层墨守无益的陈规陋习，上下相互疏远，而这种疏远状况又得到胆怯多疑的警察的维护。多数城市和乡村之间文化的对比反差是：城市有书无人读，乡村欲读却无书。

关于女皇统治时期的意义。叶卡捷琳娜当政时期表明，专制制度下立法权高度集中与地方执行机关自行其是完全不负责任的现象并存。

关于意义。

对叶卡捷琳娜来说，当皇帝是一种业余爱好，是一种锻炼，而不是由出身或常规预先规定好的职业。因此有一件顶能让她开心的事，那就是用蔑视的眼光看待那些"完全沉溺于家门传统、习俗、礼仪而不能自拔"的职业君主（请比较《叶卡捷琳娜回忆录》第601页）。

"天命不可违"……她作为一个名副其实的权力的业余爱好者，炫耀自己的统治手腕颇有独到之处。同波波夫和赫拉波维茨基的谈话。

她发表宣言时用词总爱讲究庄重而又不失华丽，而有关日常管理事项的法令条文读来虽枯燥无味但条条讲求实用。关于待人接物她也有自己的一套见解。

叶卡捷琳娜的统治同样是专制独裁制度，只不过方式上有些缓和，也就是按照欧洲方式用法律作点缀（这些法律并没有被执行），同时还有一批大小人物掌管的各种机关支撑门面。

她不得不经常处于紧张状态，因为要主办某项重要改革以引人注目，要颁布某些法律好受人欢迎。她跟前好像常有个揭露者，时而提醒她被她破坏的某某法律仍具有合法性，时而又提醒她某某法律存在缺陷，需要她补充大量的实例，哪怕是做样子也好。

* * *

国家作为人民的联合体，其力量不仅源于人民的力量，而且要与人民的力量一道成长并促进人民力量的成长，这是国家与人民之间首要的也是自然的关系。但外部的危险和国家最高权力机关缺乏理智会给人民强加上无力承受的赋税，侵吞人民为维持和发展其生产力必不可少的部分劳动成果。这时人民的力量受到了损害，如果人民不能及时摆脱这种处境，国家内部就会发生分化。社会各阶级支持的政府就必须发挥强有力的作用，必须坚定这样的信条：作为现时的国家，政府有权牺牲人民的自由去扩大自己的权力，把人民变成受赋役之苦的大众，而物质上没有保障、政治上完全破灭的人民便开始丧失精神勇气，放慢行进速度，处处落后，开始习惯把自己的国家看成是人民现实生活不可避免的灾难之源。结果，脱离人民的国家凭借国民财富的剩余部分某个时候可能显现出相当大的活力，尤其是在弱邻中间，扩大自己的领土和财政预算，显出一种虚幻的强盛，然而这艘海船挂钩已松动，缆绳已磨损，无力再经受公海的风暴。

* * *

西欧和俄国的等级平等。实行等级平等的进程取决于国家建立的方式。在西欧，国家制度是在权力斗争中形成的，社会各阶级的平等是通过把普遍公民权和政治权推广到各阶级而实现的。在我国，国家建立的基础是等级赋役制，由立法取消社会各阶级专门等级义务来实行平等的。

＊　　　　　　　＊　　　　　　　＊

　　由于国家形成过程的缘故便决定了内部斗争的性质。在西欧，是资本与劳动之间，企业主与工人之间的一种社会斗争。斗争是在经济基础上进行的。我国则相反，是以政治为基础，在管理人员与被管理者之间，在供职与赋税之间，在权利与义务之间进行的政治斗争：统治阶级要求为功劳获得报酬，似乎他们或他们的先人是为人民效劳。由此产生了世袭类型的俄国官吏。俄国统治阶级中虽然按天性各色各样的人都有，但大多数都死守陈规，严肃刻板、在西欧，企业主阶层的个性，如资本主义的求新进取、敢于冒险、精于计算等都得到最大限度的发挥；我们这里则是享受特权的人，如神甫、官吏、贵族、富商，全身从头到脚穿的是标明自己官阶、头衔的制服，长袍挡住了个性。制服连同官方赏赐和世袭特权都给了他们一副官老爷的模样，或者一副世袭的等级面孔，也就是他们肉体和灵魂的外部表情。只是在家庭或与友人交往的日常生活中，他们的个性才表现出来。437

　　　　　　＊　　　　　　　＊　　　　　　　＊

叶卡捷琳娜时期的农奴制经济（结束语）

　　人一代传一代都要在一定的日常生活制度影响下生息，谁也摆脱不开这个制度的约束，因为除了共同的习惯外，还有种种物质利益和精神上的共鸣；同时，这个制度要是没有特别让人厌恶的弊病，没有令人愤怒的不平事件，那么人们又都会按照这个制度来形成自己的思想，宁愿重复旧制，不敢大胆创新。结果，社会生活由物理过程转化为一种机械式的反刍过程，虽能把赏心可口之物送到肚子里，却不能使营养成分渗入机体内。这种田园诗式的生活反刍起源于偏僻地方的贵族当中，同样也出现在依附贵族但不是靠它供养的僧侣阶层、宫廷贵族上层和各省官僚阶层的部分人当中。这就是鲍洛托夫关于平息普加乔夫暴动的回忆录中描述的外省社会生活。

第八十二讲

　　〔1〕 关于《18世纪末到19世纪中事件概述》一节作者写了下面一段文字，日期1907—1908年（国立列宁图书馆，克柳切夫斯基全档，卷宗夹1，卷宗13）。

　　"问题在于，从19世纪开始我国的国务活动复杂起来了，因为在这以前有许多因素还没有在国务活动中发挥作用或作用极小。

"我国国务活动靠什么推进到这个时代？对外政策是最活跃的杠杆，即使不是唯一活跃的杠杆。正是对外防御的需要指导了全国人民的生活；人民的一切物质和精神需求都服从以宫廷为首的兵营、监狱和负责办理此类事务的官衙这三套机构的需要。这三套必不可少的机构吞食了劳动群众的全部所得，剩下只能勉强糊口。

"我不打算谈第四种消费力量，即宗教机构，综合意义上的教会。国家把国有资产和人民劳动成果的很大一部分默许给教会支配，为的是换取人类的最高精神需要，好在人民中支持和鼓励他们顺从地为兵营、监狱和官衙劳动。

"对外政策与国内人民成长关系的公式。

"就这样走到了18世纪末。社会的呼声，人民的呼声并没有被政府听到；18世纪社会上也没有传达这种呼声的出版机构。17世纪时倒还有三个这样的机关和方式：（一）缙绅会议；（二）集体诉状；（三）大领主向军政长官呼吁。18世纪所有这些能够把人民的需求传达到皇上或其僚属的途径都被关闭了……政府认为，不是它应该倾听人民的呼声，而是相反。

"但是，19世纪一开始，政府对人民的态度发生了转变：当局认为必须倾听人民的呼声。亚历山大一世在即位诏书中宣布，'他遵照伟大的祖母叶卡捷琳娜二世的法律和心愿承担起管理的义务'（请注意！）。是的，英明的祖母为制定新法典曾召开代表会议，而且在给代表的训令中也真的公开宣布过，她作为俄罗斯的女皇，把自己能造福其臣民看成是她的光荣，至于别人认为臣民应造福其君主，她却不屑一顾。于是她便考虑社会参与管理的形式，悄悄制定现时宪法的完整规划。尼古拉一世时期政府继续关注这方面的工作；只不过对民众的想法和情绪的关心采取了另一种形式，即恢复了对民众的恐惧心理，对民众中做什么想什么进行秘密监视。

"这样一来，除了对外政策，便产生了国家生活调节器的内务部，这在以前的最高管理体系中是没有的。现在政府的视线要集中到两个方面，看着两个地方，既要注视国外，也要注视国内深远的地方——居民的想法和情绪。

"政府视野的这种扩大原因何在？

"西欧的影响是我国现实生活中的新因素。去年我们研究了这种影响的起源和概况，研究了它直到18世纪中叶产生的作用。其影响不断增长，范围也在向广度和深度扩展：起先在社会的上层，然后自上而下包括了越来越广泛的社会阶层；最初只是丰富了国家的物质资料和私人生活方面的日常用品，然后逐渐把社会、政治和精神生活的重要需求和关系置于自己的影响之下。这不单是个有影响的因素，也是我国历史上最活跃的因素，由此还派生出无穷无尽的新因素。

"这种影响至今仍起作用。甚至可以说，我们好像正处在它发生效用的决定性时刻；迄今为止，看来我们这些半西欧化的人碰到了一个问题，是成为彻底的欧洲人还是把身上的欧洲气味统统抖掉，也就是抖落近三个世纪以来西风吹刮到我们身上的那层尘土。

"然而，这个因素也是有斗争的。从一开始它就遭到抵制，即引起反作用；这种抵制和反作用一直没有停止过，只是表现形式有所不同。首先表现在日常生活细节、对德意志人的嘲笑和时装的花色面料等方面。17世纪，曾号召有外国人住的家里要读赎罪祷文，凡外国人接触过的用品都要洒圣水。往后在知识界人士的聚会中，这种反作用上升到原则高度，也就是指责整个西欧生活方式。"

〔2—2〕 这是石印本准备付印时作者加上的文字。
〔3—3〕 这是石印本准备付印时作者加上的文字。
〔4〕 关于《保罗一世皇帝在位时期》一节作者写了下面一段文字：
"谋害的倡导者是世袭和腐朽的旧农奴主贵族，而执行者是主张复兴的激进小贵族，他们像晃动的木偶一样，不知道操纵他们的是谁。就这样埋下了地雷，因为有很长的地下导线，它不可能知道自己要打击的目标。

"有人认为保罗的乖戾行为是一种病态，并以此为之辩护。不过当时无论愚笨还是残忍都是病态，不应承担任何法律的和道德的责任。当时除了精神病院以外还应该给窃贼和其他一切有恶习的人建立诊疗所。"（日期约是1908年。苏联科学院历史所手稿部，克柳切夫斯基全档，卷宗13）

* * *

"有人过去认为现在也还认为保罗是个精神病患者。但这种看法只不过是为这届不可饶恕的朝政进行辩护，并不能说明沙皇不良性格。保罗不过是道德不健全，而并非变态。心理变态者是没有自制力的，是一种不幸，而正常人应为其不正常的行为方式负责，为其恶习负责，因为是他本人的过错才使自己走到这一步的。保罗的过错在于，他不愿了解人类生活的准则，而这些准则对每个人来说都是必需的，不管他生活在什么社会，处于何种社会地位。这些准则都出自共同的理性训诫，就是说我们人人都互相需要，应该彼此相助。在实际生活中能够不遵守这种训诫的恐怕只有那些同野兽打交道而不是同人打交道长大的人。威严显赫的要人因其地位一般很难习惯普通人的生活方式。他的身份把他置于普通人之上，但没有提高他对人与人关系的了解，反而使他与民众疏远。各种各样的人环绕在他周围，但他习惯于看到的并不是活生生的富有个性的人，而是履行职能有职位或身份的官员。其中总会有一些能干而又气质独特的人。保罗身上的这种独特气质，受青年时代所处环境和某些天性影响，发展到了胆怯自封乃至羞怯的程度。在保罗这种通常极少有的天性中，表现出一种鲜明的特性，这就是，从外界获得的印象虽然让他紧张而且难忘，但这些印象没有通过周密考虑使之变成自己的感觉、情绪、意图或信念，而是立刻变成了慷慨激昂的言辞、狂妄古怪的臆想、变化莫测的举动或荒诞不经的命令等等。即位前的生活使他对一件事情过分敏感，因为这件事关系到他的名誉，让他朝思暮想。母亲嫌弃他，而她的宠臣又侮辱他，让他长期远离宫廷和朝政，以失宠的皇储身份待在自己的（？），身边是唯命是从的仆役和传令官，一想起自己的权利遭到非法压制，想起等待着他的皇位，想起那些有关皇位的种种谣言，他就万分忧郁，坐卧不宁。对权力的强烈欲望和对窃权者的无限愤恨吞噬了他的道德良知。"（日期 1909 年 12 月 20 日·苏联科学院历史所手稿部，克柳切夫斯基全档，卷宗 13）

* * *

"保罗一世。身为父亲，他的意见微不足道，但在加特契纳他又言行放肆，渴望迟到的权力，对母亲及其行为很反感，由于受贵族代表的污辱和担心他们反抗而憎恨贵族，最后，过分自信地夸口许诺改革——这些因素再加上他那冷漠残忍、爱图报复和多疑胆怯的恶劣性格，都使他变得恣意妄为。

"他进行的立法工作有没有思想原则性的东西？这种或那种动机导致无益的乖戾和徒劳无益的狂想，这只会引发新的矛盾（皇位继承法和排斥亚历山大的意图，三天劳役制和农奴的分配，遵守法律程序和个人命令破坏法律）。这是个狂人，他不但不善于领会最基本的政治概念，而且也不熟悉人类社会生活的最普遍准则。学生时代，保罗从他的教师特别是波罗申和教养者帕宁那里学到了许多很有用的知识。在他的出色回忆录中可以看到，波罗申竭力开导自己的学生要热爱祖国、要敬重俄罗斯人民。波罗申不仅是一位数学家，而且是位社会学家，想为保罗起草一篇题为"国家机构"

的完整论文,他提议在文章中要用比较方法阐明社会各组成部分,诸如军队、农民、商人等对国家的意义,指明让一个阶级兴旺发达而轻视其他阶级的制度会给国家造成危害。在同保罗的日常谈话中,波罗申也尽力不露声色地向保罗灌输同样的思想。但保罗一走出教学室,这些思想不知为什么马上就从他的意识中消失了,没有留下明显的印记;于是他的智能便降到了低平面,脑子里又装上了宫廷琐事和无谓的争吵,这时他自觉处在一种亲切的氛围中,在这里,国家、爱国、人民幸福之类的词语只不过被当成表明某种文化修养和宴会闲谈的语言装饰品。——幼年的彼得大帝……

"……他们来了,打死人了,又走了,一切照旧,一切交给了继承人。把石头扔进了水潭,激起了波浪,动荡不安,然后平静下来,恢复原先的光亮平整……

"保罗。突然间大家都感到,他们不再是侯爵,不再是科尔柏派,而只不过是噱头,宫廷、都城不再是合法的起调节作用的、拥有治国人才的最高中央机关,而成了我们熟悉的斯特鲁依斯基这个农奴主的偏僻庄园,他操着押韵的伏尔泰名句,兴高采烈地比画着向听客致意,摆出审判农奴的那种冷嘲热讽架势。吉卜赛人的营盘给人的印象也比保罗一世的宫廷文明得多。"(1909—1910年。国立列宁图书馆,克柳切夫斯基全档,卷宗夹1,卷宗13)

〔5—5〕 这是石印本准备付印时作者加的一段文字。

〔6〕《国家农民和领地农民的安置》,克柳切夫斯基:《俄国历史简明教科书》(以下称:克柳切夫斯基,《教科书》),第五版,莫斯科,1906年,第162页。[《法律大全》,第24卷,17906号、17909号、17955号]

〔7〕 科贝科:《皇太子保罗·彼得罗维奇(1754—1796年)》,圣彼得堡,1887年,第266页。

〔8〕《加特契那宫廷与阿拉克切也夫;加特契那的近卫军(三个海军营)。操练。号令与指挥。保罗的虔诚;夜间祈祷》。

〔9〕[塞居尔,第384—386页]。

〔10〕 以下是石印本准备付印时作者删掉的文字:

"可见,保罗称帝正是新的行动方案公布之时,然而这一方案有的项目不仅没有实现,而且逐渐消失,由与之完全对立的愿望所取代。他的继承人着手实施这个方案比保罗认真得多,彻底得多。"

〔11〕 对《19世纪俄国对外政策》一节作者加了下面一段文字(国立

列宁图书馆,克柳切夫斯基全档,卷宗夹14,卷宗9)。

"苏沃洛夫逝世以来整整一百年了。我同你们交谈的目的是要让你们记住这个周年纪念日提示的一个历史时刻。这不仅是俄国历史上,而且也是世界历史上独一无二的时刻,因此记住它在许多方面都有教益。[我要讲的]不是苏沃洛夫的军事作用,甚至主要不是讲他本人,而是要讲他起作用的这个历史时刻,一个被他这个特殊人物的光辉照亮的时刻。

"就在苏沃洛夫去世的同一个时候,国际上稀奇古怪的复杂事务中有一件寿终正寝了,不过这并非是他去世的结果。这件事,确切地说,是18和19世纪许许多多混乱事变中的一幕,也许是最奇怪最荒诞的一幕。这就是第五次反法同盟(1798—1799年)。共同对付这个革命的无神论共和国的有:东正教俄国、新教英国、天主教奥地利和那不勒斯,还有伊斯兰教土耳其。这些信仰各异的同盟者并不是通常的政治朋友,因为五个成员国中,挑不出哪一对是真正友谊的结合,按传位关系,其中无论哪一个对其余成员国都态度冷漠,按眼前切身利益,随便哪四个都是第五个的敌人;唯有共同的第六个敌人迫使这五个互不友好的朋友一道行动,但并不齐心协力。这种政治上隔阂的伪装同盟最终因苏沃洛夫惊人的意大利阿尔卑斯远征而告结束,类似这样的远征,西欧自汉尼拔以来就不曾见过。这种英勇远征的结果,俄国把苏沃洛夫的战果送给了三个盟友,但他们仍旧是俄国的敌人,第四个、最弱的盟友那不勒斯的国王死了,被其余的盟友抛弃了,而年老的苏沃洛夫在意大利取得的一切成果也在一年以后的马连戈战役中被法国年轻的将领、一个科西嘉人毁灭了。几个月以前他刚刚由埃及返回途中从英国人手中逃生,顺路当上了法兰西共和国革命的首领,并成了俄国正统主义皇帝保罗一世的朋友。欧洲发生的这些事件说不定什么时候会被描述成阿拉伯故事那样一个富有想象力、那样一个迷人的故事,不过对思维健全的人来说就不那么引人入胜了。

"当时,所有事件的发生都是必然的,也是合乎历史规律的。路易十四王朝可以说是西欧最出色的君主制,但它本身实际上并不合乎历史规律,而是最专制和最腐败的君主制。在他死后总共过了77年,这个君主制就垮台了。究其原因,是这个君主制要求自己忠实的臣民帮助它摆脱由于自身错误造成的困境,顺便摆脱赤字和债务。为建立这个君主制并使其成为西欧其他君主制羡慕的榜样,精明强干的历代君主花了几个世纪的时间,而摧毁这个君主制总共不过三年零几个月的时间。

"了解旧君主国如何对待降临在它们头上的灾难是大有裨益的。不久前，它们的优秀代表和精明干将，君主及其重臣如弗里德里希二世、约瑟夫二世、古斯塔夫三世、庞巴尔、阿朗达组成了特殊的专制君主开明派。在自己的改革活动中推行自由、平等、博爱的原则。正是为了这些原则法国君主制才被推翻。这些人的继承人，国王和大臣，不像自己最亲近的先辈，不能也不愿意继承先辈的事业。这对革命的法国来说成了没有料到的幸事。但是在法国革命推翻了君主制，砸碎了旧制度的最后基石的时候，西欧的君主制政府既没有出现当之无愧的代表人物，也没有出现真诚而可靠的卫士。提纲——结果，西欧君主制世界出现了群龙无首的可悲局面，出现了政府无大臣、军队无军官的情景。当局不掌握可靠的武力，也没有认真负责的官员。

"在我们这个帝国里，虽然充满阴谋倾轧，但人们仍然安于守旧并为此沾沾自喜。即使如此，法国上空隆隆作响的雷声在这里也不会没有回响。但这里的人听到来自巴黎的雷声仅仅是哆嗦一下，连眼睛也不会好好地睁开。一些人像撒丁国王卡洛·埃马努埃莱四世或者像西班牙国王查理四世及其外交官戈多伊一样被吓坏了；另一些人像瑞典国王占斯塔夫四世、阿道夫一样大为愤慨和恼怒，但谁也没有想到应该怎么去对付。叶卡捷琳娜二世身处这个世界之外，却对西欧头戴王冠的同行们了解得很清楚，她徒劳地劝告当地朝廷不要动用他们不熟悉的军队，更多地在道义上而不是物质上支持法国的保皇主义，她向法国保皇派反复强调，他们主要应依靠自己的力量，不要指望别人的援助，恢复法国君主制只能靠法国人亲手完成。稍后，当革命的火焰越过法国国界而真的威胁到整个西欧的旧制度时，叶卡捷琳娜二世便主张必须靠'真诚的愿望'动用武力恢复法国的君主制，而且要通过'最直接的途径'进入法国，直抵巴黎。但是，势力最强的与英国联手的中欧大国普鲁士和奥地利，都拿起了武器，但不是抱着叶卡捷琳娜的真诚愿望复兴死亡的君主制，而是把它当成一种借口。每个盟国成员都有自己不可告人的自私目的，由于彼此之间深怀不信任便各行其是。他们就如旧的消防队员一样，表面上以忘我精神投入现场扑灭别人的火灾，但仔细一瞧：有的，如英国，直奔失火房子里的财物，奔向法国的殖民地；另外的直奔近旁还没有着火的邻居，特别是波兰的某些东西。进攻法国时，普奥两国都盯着波兰不放。为酬谢恢复法国合法秩序的骑士功劳，[他们]宁愿违反合法秩序，把波兰国土分割成片作为自己的奖赏。这也许是历史上目标在后方,前线只是借口或手段的独一无二的同盟。人在莱茵河,心却在维斯瓦河,和古代的普斯科夫人完全是两回事:'人在沃尔霍夫,心在维利卡亚河。'〔普斯科夫位于维利卡亚河边——作者〕这种思维方式可以划分出两种对立的含义,亦即表里不一,结果断送了头两个联盟(1792—1795年和1795—1797年,后者有俄国参加,其余的俄国没有参加)的事业,引起联盟动摇,内部不光彩的倾轧,最终落得个可耻下场。"

〔12〕 克柳切夫斯基,《教科书》,第146—149页。

〔13〕 乌梁尼茨基:《18世纪的达达尼尔海峡、伊斯坦布尔海峡》,莫斯科,1883年,第112、113页。

〔14〕 索洛维约夫,《全集》,第910栏。

〔15〕 塔季谢夫:《尼古拉一世皇帝的对外政策》,圣彼得堡,1887年,第153、156页。

第八十三讲

〔1—1〕 这是作者在石印本准备付印时加的一段文字。

〔2〕 作者删去了石印本中下面一段文字:

"据此,叶卡捷琳娜把小孙子安置在冬宫一间窗口朝海军部的房子,目的是尽早让他听惯大炮声,但是孩子的听觉神经受不了过早的锻炼,而且亚历山大终生有只耳朵听觉迟钝。"

〔3〕《俄国人名词典》(以下称:《词典》),第1卷,圣彼得堡,1896年,第143页及以下。

〔4〕 马逊 第二卷,第214页(加拉霍夫·А.Д.俄罗斯古代与近代文学史、第1卷,圣彼得堡,1863年,第502页)

〔5〕"历史内幕,俄罗斯历史和民族是多余的东西。由此就产生了感伤主义抽象世界观和疏远现实环境的心情。"

〔6〕"他们不是在教书,不是在培养,而是在制造荒唐的思维方式,在锻炼意志。"

〔7〕《俄国档案》,1866年,第98页。

〔8〕 马逊 第2卷,第160页;《词典》,第148、149页栏。

〔9〕 对《亚历山大一世性格》一节作者加了下面一段文字,日期1908年4月26日。(国立列宁图书馆,克柳切夫斯基全档,卷宗夹1,卷宗13)

"亚历山大一世 这是一种不很复杂,但相当曲折的性格。形成这种性格内容的思想感情其特点既无深度,又不丰富,但是由于人为的压力和迫于各种情况,思想感情被扭曲成各种各样的形状,需要不断进行调整,以致无法猜到这个人每次现场如何行动。青年时代,拉加尔普及其他教师传授给他的思想与需求同野蛮的俄国朝臣们的习俗与欲望格格不入,亚历山大就是在这种环境中成长起来的。他的理解力已使他意识到,前者优于后者并更有利于受到正派人的欢迎。他竭力去领会已引起他喜欢的那些思想和需求,并且常向人炫耀他已学会了的东西。然而,他的缺点就在于,炫耀的本领比掌握的能力更顺手。他尽力去吸取这些不属于他天性固有的东西,但他很难办到,因为这些东西不好领会,到头来当作功课死记硬背,形不成深思熟虑和感受的信念。善于观察的同时代人指责他为人虚伪,爱装模作样,掩人耳目,好像他已变了一个人。有必要对这种观感附加一点修正。不仅会当着别人的面装假,而且对自己也如法炮制。遇到意外情况时,亚历山大很快想到应该挺身而出,好向人表明并自以为这种情况是他早已预料和想到了的。在仔细考虑一个聪明交谈者的新想法时,他尽力设法向人家表明,更主要的是自认为他同任何正派人一样,这些想法是他老早就考虑到的。他需要苛求别人的尊重,实际目的是维护自己的面子。他竭力借别人的光来照亮自己阴暗的心灵。受环境的影响,他没有逐渐长大成熟,只不过把自己暴露了,他没有发生变化,只不过越来越不自觉罢了。他从各种不同性格和见解的人接受影响,诸如斯佩兰斯基和卡拉姆津,恰尔托雷斯基公爵和卡瓦迪斯特里亚伯爵,克留杰涅尔夫人和阿拉克切也夫等人,还虔诚地听从教友派教徒,听从充满激情的新教牧师那种类似埃阿科斯的人物,还有听从大司祭福季这种散发苏兹达尔——拜占庭气味善于钻营的人。很难推测出总根源来,即推测把如此包罗万象的精神爱好集于一身的起源,是否可以说这是由于对人对事还不完全了解的缘故,或者说精神上的软弱状态早已无可救药,或者还有第三种情况。亚历山大的心灵表面像是一潭死水,太阳也好,乌云也好,繁星也好,这些经常在它的上方疾驰而过的现象都能反映出来,但不留半点痕迹。然而,有一种思想不知为什么使这个能反映一切而又不能长久保持任何东西的心灵铭记不忘,而且凝固下来:这就是像爱护眼珠一样备受珍惜的由他继承的君主专制思想,他在临终前相信并认为,他是以一个共和主义者身份而生而死的,在莱巴赫代表会议上,当祝福奥地利武装粉碎了意大利解放运动时,他甚至说过，一切正派人都应热爱立宪政体。但是这种相信或认为并不等于信念，而只不过是一种成见，是为了减轻和辩解成年时代的过失而对他青年时代的老师拉加尔普的一种回忆。有这样的情况，渐近老境的妇女有时候会为已度过的不顺心的生活突然感到忧伤，这时会从抽屉取出老早藏好的心爱玩偶，想在它身上寻找昔日童年一去不复返的光彩容貌，以此来掩饰失去光泽的渐近老境的现状"。

〔10*〕 这是作者在石印本准备付印时根据在阿巴斯-图曼授课的提纲增补的一段文字。

〔10ª〕 А.Н.佩平：《亚历山大一世时期俄国社会运动》（下称：佩平），圣彼得堡，1900 年，第 24 页。

〔11〕 佩平，第 30 页。

〔12〕〔科尔孚，《尼古拉一世皇帝即位》，圣彼得堡，1857 年，第 2 页以下，第 228 页。〕

〔13〕对"初期改革尝试"这一节加了下面一段文字，标明的时间为 1908 年 1 月初（苏联科学院历史研究所手稿部，克柳切夫斯基全档，卷宗 13）：

亚历山大一世皇帝在位（勾去——一个君主带着准备好管理国家迫切需求并切实适应这些需求的思想即位的情况是少见的，亚历山大一世皇帝在领会这些思想方面却做得比较好。他继位时不是抱着对人员的信赖，而是确信法律和机构作为国家生活可靠调节者的作用，而自彼得大帝以来俄国从来没有比 19 世纪初更需要依靠持久作用的法律和机构。亚历山大的教育者穆拉维约夫和拉加尔普，特别是拉加尔普，把学生的思维限制在崇高感情和抽象理论的范围以内，这些理论有：国家和社会的起源；不同管理方式的相对优点；人不平等的危害。他们不愿意或不善于引导年轻哲学家接触俄国存在的现实（它由于历史生活无意识的理性组成），这种现实从来就没有像 19 世纪初那样需要用思想即行为准则来重振精神。他是在对现实毫不关心的情况下接过政权的，此后心情一直冷漠，而且意志过早衰退），由于国际事件的进展情况所迫，他只好承担起俄国历史上这个最使人忧虑不安的朝政，他经受住了七次战争，一会儿同拿破仑这样的敌人斗，一会儿同同盟者斗，把拔都以后出现在欧洲最强大的军队埋葬在本国的雪地里，于是他想成为欧洲的和平缔造者，便违背意愿自认为是欧洲独裁者。

（勾去——亚历山大一世皇帝在其活动中体验到历史规律的全部力量，

这就是无形地指导人类活动的力量,特别是人们沉痛地感受到的破坏力量。皇帝最初采取步骤时,无论是他个人的情绪,还是社会的情绪都不去考虑这个规律。本地人的印象连同外来潮流的影响把社会思想完全引向了另一个方向。俄国社会人人都满怀无限希望。然而,19世纪初俄国的管理状况里里外外一片混乱,任何力量也无法把它收拾好,彻底破坏比整顿更好办。)正是这时欧洲大陆正欣赏法国执政政体的诱人景象,那里在双层破坏基础上、在旧君主制废墟上和革命火灰上建立起了国家大厦,显示出是一座复杂的结合物,即把革命原则和巩固秩序的条件与下列各项相结合的产物:国民十级选举制、美好的立法权和行政权的分离制、正在筹备的国务会议、正在讨论中的法院、起决策作用的立法会议、保守的参议院、三名执政官,等等。执政体制被认为是创办人天才的创举,与革命前的体制毫无共同之处。当时很少有人懂得,这种机关进行精巧分割的办法等于约定各机关处于无能为力状态,(勾去——就是说整个这个体制不过是一架丧失生命力的机械装置),其外表的稳固性来源于无活动能力;往后果然暴露出来,这种体制很多方面只不过实现了早在旧制度时就产生的愿望,因为在这个体制中最具生命力的,是为自己从旧君主制传统以及由这个制度培养的国民习俗中找到滋养土壤的东西。

亚历山大一世皇帝最早的顾问可能都是崇尚英国的,他们赞成英国的制度。然而这些制度只限于在当地历史土壤中生长,不能成为模仿的榜样:可以欣赏,可以想望,但难以移植。拿破仑的制度显得更奇特。在这方面它们为俄国人的思想意识增添了18世纪的法国思想。思想变了,但思维方式依然如故。如果认为这些思想对所有有思维能力的人明白易懂,甚至是必需的,那这些制度对所有国家均可不分当地历史条件都是适用的。这些以通常的立法形式临时建立起来的制度,能够用来为实际上不需要尊重历史的思想做直观辩护的理由。这种思想对那些感到要弄清历史积留的制度太难的人特别有用。19世纪初深感肩负建立俄国国家制度任务艰巨的治国之才就是这么想的。这种思想回避了对往日的沉思。另外一种思想是把现状估计得太简单。18世纪的政治思维接受了一种观念,认为好制度比好人更可靠,好人向来只是一种幸运的机遇,而好制度改造坏人要比好人改革坏制度更容易。于是排斥了这样一个问题:到哪里以及怎样为这些还感到生疏的制度找到合适的行家?没有他们就会耽误这些制度的建立(佩平,第151、152页)。

两种观点导致一个见解，就是说立法工作的迫切任务，即便是仿照别人的现成样板，也要尽快实现把新的制度网从首都扩大到乡村，覆盖整个俄国，做到这一点要比整顿现有旧的、各个不同时期杂乱无章的制度容易得多。那位肩负为皇帝大规模改革计划制定法律的治国之才当时就深信，俄国的立法工作同管理状况一样，没有任何意义，求助立法也无济于事，因此，像他当时所说的那样，一切都得重来：法律也好，制度也好——一句话，当机立断，大刀阔斧（过新生活；佩平，第142页）。（勾去——然而忍痛割舍和化整为零的办法简便，但总是不成功，因为历史上形成的〔有机体〕，虽然不怎么正规，但它本身就是权力而且寿命相当长。）事后斯佩兰斯基通过艰苦的试验信服了，认为忍痛割舍和化整为零的办法实为不妥（勾去——就是说，善于到国民实际生活的结构中寻找方法要比重新发明好）。

447 这次同俄国历史上其他关键时刻一样，对外关系对内政的进程起了巨大的、恰恰是阻碍的作用。最初战争连遭挫折，随后同敌人缔结不得人心的联盟，这都使本朝政府初年民众的期望逐渐淡漠了，而1812年和以后年代的风暴把政府和民众的注意力引到了另外方面，从国内事件转向世界事件。但这些事件不同程度地相互影响。仿照文明民族的榜样，建立世界主义的模糊幻想，由于经历了体验和国外的感受而变得清楚了，现在这种幻想由于爱国主义情绪的高涨而复杂化了。不久前由欧洲大陆各国军队组成的人马开到俄国，援助拿破仑完成对欧洲大陆的征服。现在，农奴新兵占半数的俄国军队从莫斯科到达巴黎，协助欧洲摆脱征服者。在莱比锡战地野营篝火旁和蒙马特高地上，俄军军官在对比这些事件的时候，想到了遥远的祖国，想到祖国对人类新生的意义，想到民族特性，想到他们还没使本国人民的潜在力量向人类自由发挥出来。这些想法在国内受到热烈的响应。然而，也就是这些国际事件的进展情况促使俄国的政策要去捍卫刚刚在欧洲恢复的法律秩序。俄国赋予的神圣同盟的保守原则不利于国外的民族政治运动，也无助于国内改革开创事业继续有效地进行，而当时已激发起来的爱国热情也没有对此起促进作用。

即位之初提上日程的有两个主要立法任务：建立中央管理机关——这是叶卡捷琳娜二世女皇省制改革后国家制度急需要办的；把各等级的权利与义务规定得更合理一些——这也是女皇的立法规定好的。亚历山大一世皇帝在位时，指导俄国现实生活的是各种各样有时互相矛盾的条件，就在这些条件的合力推动之下，促使俄国现实生活发生急剧转变的大规模改革计划才能始终一贯，在与过去的立法工作协调一致的情况下开始解决第一项任务，接着准备解决第二项任务。

立法与执法的关系使亚历山大一世时期在我国国家制度史上具有特殊意义。由历史现实无意识的理性而形成的这种制度，在19世纪初需要用思想、原则来振奋精神，最需要明确而公正的法律，以及遵循一贯原则由这些法律建立的制度。亚历山大一世皇帝着手进行的改革为俄国国家生活带来的正是它所需要的东西，因此可望使俄国全面复兴。撇开改革自身的缺点不谈，但改革还是遇到各种阻力：社会思想准备不足、观念陈旧、各种利益不协调、缺乏得力的执行人才、外部困难和俄国现实存在的各种历史条件。由于这些阻力作怪，定好的各项改革成功的不多；有一些效果不大，另外一些完全放弃。我国历史上从来没有像这个时期这样把政治理论同历史上形成的现实之间的力量对比暴露得如此分明，同时还提出了那么多对可称之为改革的教学法大有教益的指示。

* * * * *

亚历山大一世皇帝从很年轻的时候起就积累了大量抽象的政治思想和充满理想的愿望。这些东西本身是崇高的，但需要结合实际进行详细分析，这样才会使皇位继承人在现实运用中减少困难。传授这些思想和愿望的教师很少关心培养学生的历史现实感。他们坚信自己思想的内在力量，相信根据这些思想创立的法律和制度有能力改造一切与之不相适应的历史现实。

这些思想与愿望同大公考察周围情况产生的印象发生碰撞。他感到情况令人担忧，甚至毫无希望。他承认，治理这个舞弊行为积重难返的国家，对于天才也无回天之力。

新朝给人产生的感觉冲淡了这种印象。目击者描述，这是空前的转变，是令人惊异的盛况：人人突然之间真的变了样，和善起来，到处都感到自由和秩序，自觉精神上自由自在。不过这种感觉是从新朝刚触动的现存制度中传出来的。当这些新思想和新愿望刚一出现就消失了。很难坚信这些思想和愿望的力量、能力……

各种不同的印象长久以来都影响着政府内政事务的方向。但它们在了解真实情况，摸清条件和需要方面却帮助很少。皇帝和他最初的顾问，准确地预见到当前紧迫的共同任务，他们把它叫作"改革我国尚未定型的管理结构系统工程"。更难的是选定适当的方式，为此［需要］有长期的经验和事先广泛的研究。他们清楚,在着手这项工作时,必须给人展示一幅帝国的全景图,然而他们手头缺少足够的材料,连一份可靠的目测图都没有。在他们看来,俄国是乱成一团,无法理出个头绪,把它摧毁比整顿更容易。他们没有从乱堆中找到新秩序的因素,并不是不希望找到,而是坚信没有。在处理每一个问题时,他们或是求助自己个人的思想,或者寻求外地现成的样板,这就立刻陷入同本国现实冲突的状态。尊重现实才是真正的民族精神。

改革诉讼程序的方案则借用了英国人身保护令的条款,但随后产生了疑问,说不定什么时候不得不予废止。在讨论各部的结构时,采用了标明各部组成状况的法国工作进程表,而原来各部的组成情况分得过细。他们提出了调整立法的老问题,因为立刻出现了关于要像法国民法那样规格的思想,而且主张聘请欧洲最著名的法学家来参与俄国法律编纂工作;〔？〕同时他们意识到,他们必须做到的事只是单纯的法律汇编,别的什么也办不到。

当时赞同皇上思维方式的人从俄国需要"系统体制"的见解出发,认为应立即改革整个管理系统,他们定能找到办好这件事的方法,总之可以办成。对别人的样板感兴趣才有这种信心。

*　　　　　*　　　　　*

"保罗——亚历山大一世——尼古拉一世。你们找不到这三个皇帝当政时期的错误,因为他们没有错误。凡有心按规矩办事,但不善于办事的人都会犯错误。这几个皇帝身为活动家不愿这样做,因为他们不知道也不想知道什么叫正规办事。他们清楚自己的动机,但认不准目标,对后果的预见也觉得无能。这些活动家过分自信,想通过自我摸索的办法找到摆脱黑暗的出路,使他们及其国民处于黑暗境地就是他们自己,其目的是不让国民见到光明,因为光明会使民众能看清他们是什么样的人……"(同上第14页)

〔14〕"情况属实——保罗可怕的一周时间过去了。人们为旧朝的覆灭比新朝的开端更高兴。被禁止使用的东西——燕尾服,翻口的长筒靴,圆形带缘帽。"

〔15〕"一组法令。彼得保罗要塞借住后已腾出。改革计划。不知道有人将不带土地出卖农民。"佩平、第59页、141页;《词典》第171页,180页。莫罗什金《从叶卡捷琳娜二世女皇至今在俄国的耶稣会教徒》圣彼得

堡,1870年、第2分册、第18页;〔法律大全、第26卷、第19773。〕

〔16〕 捐款。《国民教育预备条例》(1803年1月24日)。1803年政治理想和历史习惯同参政院发生冲突。代表团和3月21日法令。1803年致杰尔查文的信:'我是专制君主而且也是这样想的。'《词典》,第189页、191页;布佳达·H.B.《亚历山大一世皇帝的统治和生平简述》。《19世纪》。历史文集,第1部、莫斯科、1872年、第426页及以下;〔法律大全,第26卷、19806号;第27卷、20406号、20598号、20675号。〕

〔17〕"亚历山大时期共计160起,农奴47 000人";〔法律全书,第26卷、20075号;第27卷、20620号。〕

〔18〕《柯丘别伊论不干涉》,《词典》,第186页,第194—196页。

〔19〕 对"斯佩兰斯基及其改革计划"一节加了下面一段文字,日期1897年9月5日(苏联科学院历史研究手稿部卷宗,第4卷宗,第1目录,第92号文献,第13—14页):

"亚历山大一世、阿拉克切也夫〔1812年阿拉克切耶夫。《我该为祖国做什么!》。《词典》、第250页〕和斯佩兰斯基。亚历山大是个懦弱而又凶恶的人。所谓懦弱是指他在感到自己无能为力的时候,屈从于各种力量。他害怕这种异己力量,并像恶人一样对之抱以仇恨。不过他作为一个懦弱者需要可依靠的力量,找到能令他信任的人,仆役的忠诚要比友人的爱慕更能博得他的信任。他甚至情愿按自己的方式喜欢鄙视他所信任的仆役而不遭到报应,感到是仆役给他带来的一种快慰——是把懦弱者和凶恶者同他们的懦性和恶性调和的唯一乐事。他是在这样一些人当中成长的:他害怕的人(如祖母和父亲);他憎恨的人(如祖波夫);抱着贵族女学生般的冷淡心理崇拜的人(如拉加尔普);最后是使他烦恼的人(如妻子),他知道怎样对待那些被这样那样感情感染的人。他终于碰到了一位智力非凡和精神抖擞的人,此人使他产生畏惧,其智力令他折服,而且其精神力量也令他产生不由自主的敬佩和信赖。亚历山大不得不一心兼容害怕和敬佩,还有信赖——对他来说这是感情和态度一种极不习惯的结合。因为直至现在他的习惯是:恨他所害怕的人,不怕他所信任的人,蔑视他不害怕,但使他烦恼的人。然而此刻他不得不既害怕,又信赖,主要还是敬佩,因为他还不会办事,而且截至当时还没有试着让他办事的机会。显然,在同各种感情交融的这种斗争中,他会因自己与斯佩兰斯基的关系感到不安,但不会因此而苦恼。有趣的是,他开始以一个怀着感激心情的主人对待一个杰出臣民的高风亮节姿态，在意图和行动规划的高尚气质方面同斯佩兰斯基展开竞赛，争胜负。斯佩兰斯基使这个萎靡不振和懒散倦怠的人精神奋发，并迫使其冷淡、自私和妒忌的心理变为对他人的伟大之处表示爱慕和尊重。正在这恍然大悟的时候他们创造了自己的宪法。由这位臣民给自己的皇上脑海和心灵规定的这项陌生而力不从心的工作正好落到仆役自己的肩上！斯佩兰斯基头一次出错时，立即出现了把他从艰难的高位上赶下台降为臣民的场面，当时皇帝怀着何等自满和报复的豁达心情给他讲了身为皇上的教训，在同他亲切分手后，皇上盼咐他的敌手警察大臣巴拉绍夫把他当作犯有过错的官员流放到下诺夫哥罗德。此后，亚历山大不再尊重任何人了，只不过照旧害怕，仇恨和蔑视"。

〔20—20〕这是作者在石印本准备付印时增加的一段文字。

〔21—21〕这是作者在石印本准备付印时根据巴尔斯科夫石印本增加的一段文字。

〔22〕〔法律大全，第30卷，23559号、23771号；第31卷，24064号。〕

第八十四讲

属于第八十四讲的许多草稿保存在国立列宁图书馆，注明的日期是1907—1911年，克柳切夫斯基全卷，卷夹一，卷宗13、14，以下草稿十分完整，颇为引人入胜：

国际关系进程中，像上个世纪第二个十年期间欧洲所经历的那种反复无常的现象，是罕见的。1812年，整个西欧大陆以法国为霸主对东欧，对俄国举行了大举进犯；而事过一年，还是这个大陆又以俄国为霸主对法国发动了进攻。

在那些岁月里，恐怕没有一位君主像俄国皇帝那样，经历过将历史车轮忽左忽右迅速改变转动方向的过程。当拿破仑坐观烈火熊熊的莫斯科的那段时间，亚历山大曾打算躲往西伯利亚，不刮胡须，以土豆和黑面包充饥。然而，一年半之后，他却身着极其考究的军装，骑着他的浅灰色骏马——埃克利普斯，没有随行卫队，神采奕奕、满面笑容走在降服的巴黎大街上，以优美的姿势挥着手，向已被他征服、前后簇拥、欢呼着的男女市民致意。不仅如此，还在不久以前，同他所宠信的米·米·斯佩兰斯基一起抱着成功的坚定信心，要给予俄国以"新生活"，运用法国革命时期的模式在俄国建立从未有过的机构,对俄国的"各个部门"进行改造。然而,五年以后,当米哈伊尔·米哈伊洛维奇［斯佩兰斯基］身陷彼尔姆流放地的时候,亚历山大却守在"欧洲边界",武装保卫由他本人所恢复的反动秩序。

"机不可失,时不再来"——亚历山大用拉丁语说。

1813年1月1日,当亚历山大迈过俄国当时的边界涅曼河的时候,他看到展现在他眼前的情景是:当他沿着欧洲大地每走一步,欧洲的面貌部分地是按其手势改观。但他却很少发现,他自己在那些曾经欣赏或者羡慕过的欧洲人的眼里也逐渐地变了样。

国际事件像旋风般地从皇帝面前席卷而过,在他心灵里留下了形形色色杂乱无章的印象,迫使他那摇摆不定的思想在这种天翻地覆的局势中,在这样暴风雨般激荡的环境里努力寻求抓紧办的事,迫使他去经受从未体验过的许多东西,同时也显露出他身上迄今很少有人料到,而他自己更没有料到的一些特性。

1813年1月,即紧接着1812年曾使俄国心惊胆战的事件之后,亚历山大越过涅曼河进入波兰的时候,便精神振奋,轻松愉快地开始了为欧洲的和平而斗争。4月的大礼拜六,他穿过无数欢呼的人群,胜利地进入了德累斯顿。接着,还是在萨克森境内,在柳岑和鲍岑城下溃败,像在奥斯特利茨败阵一样,他不得不在漆黑的夜里,挤在有灯笼光的伤员队伍当中,好不容易才返回宿营地。休战后不久,奥地利加入了俄普联盟,8月初亚历山大一世便成了三国军队的实际指挥者,也就是国际事件的推动者。在德累斯顿近郊的两天交战中,同盟军损失3万人,而莫罗本人也死在那里。8月15日亚历山大又一次怀着悲痛的心情［被迫］迎着风雨交加的黑夜,在伤员的呻吟和各种不同的欧洲语发出的咒骂声中,脚踏难以行走的泥泞逃出了战地。但是,过了1天,在库尔姆近郊进行的两天战斗中法国人彻底失败,汪达姆元帅被俘,他的兵团几乎全军覆没。这是亚历山大本人的战绩,是他亲自指挥所赢得的胜利。他这个拉加尔普感伤主义者的温和的、胆怯的,曾经幻想只同妻子两个人幽居乡下过宁静生活的门生,如今却第一次发现自己竟是一位欧洲统帅,这是他莫大的荣幸;10月在莱比锡城郊打了3天仗,他已经成为50万联军的真正总司令。他在危急关头,能从容不迫地指挥作战,榴弹落在近旁时刻,还在谈笑风生,开着玩笑;他的韬略使职业战略家无不为之十分惊讶,从而获得了"这一伟大战斗的阿伽门农"的称呼,并且很快在施展卑劣的军事外交方面,他的狡猾技巧胜过了奥地利人。1813年10—11月间,在美茵河的法兰克福,亚历山大就已成为众皇中之皇:国王、亲王们纷纷聚集到他的客厅。这是欧洲的新太阳,它从东方冉冉升起,渐渐取代西方缓缓下山的落日。2.2万名俄国人倒在莱比锡城下并不是徒劳无功的。

从受命运的支配得以完成许多大事的人,总会感到需要慷慨大度。1813年年末,亚历山大打算率领军队越过莱茵河的时候,便想起了自己的恩师。正是这位恩师坚定地告诫他要有舍生取义的气概。后来,他又给恩师写信,其中谦恭地承认;他,亚历山大的预见能力就在于两年来他有机会发挥自己"某种坚韧精神和坚强毅力",而这对欧洲的和平不无裨益,"请看,现在我们从莫斯科河岸已经来到莱茵河岸了"。亚历山大把这一切归功于他的恩师拉加尔普,因为恩师的教导才使他学会了舍生取义之道。而对这位恩师的严厉教诲哪怕报以微词都是不可取的。

随着1814年的来临,联军攻入了法国。亚历山大仍然效忠联盟。不断发生的军事和外交事件照样令人不安。有失败,也有胜利,一会儿举行庆祝,一会儿又要谈判。亚历山大不顾天气好坏,穿着一身漂亮考究的军装,骑着马奔忙不休;在这场变幻莫测,碰战争运气的赌博中,在联军大本营内充满无谓争吵和彼此敌视的气氛下,唯独他一人一直精神焕发,牺牲自己的利益和自尊心以维持摇摇欲坠的同盟的和睦关系,力求使大家都满意。他经常夜间起来,不顾阴雨连绵的天气,借着灯笼的亮光,沿着法国乡村的笔直街道走向各同盟国君主或者总司令施瓦尔岑贝格大公的住处,叫醒他们,坐到床边告知他们刚刚获得的情报。他亲自指挥了巴黎郊外费尔——沙姆佩努阿兹的战斗。他独自推动同盟不断前进,不顾拿破仑成功的可能,也不顾拿破仑险恶的突变战略及其诡计多端,坚持径直向巴黎挺进,无论如何把战斗进行到底,直到把敌人打败。

最后,3月19日,他作为一位宽宏大量的胜利者而成了巴黎的偶像。在这次战役中联军阵亡8 500人,其中俄军阵亡6 000人之多。战役结束后,他在1 000名不同种族的将领和军官随员的簇拥之下,走过挤满街道、阳台、屋顶向他热烈祝贺的人群进入了世界首都。人们吻他的手,吻他的脚。巴黎市民彼此呼喊:"他应该留下来,要不赐给我们像他那样的君主!"。阿乌斯捷尔里茨之战,1805年的军事行动,弗里德兰战役,提尔西特和约,火烧莫斯科,莱比锡3天奋战和1814年3月19日欢腾的巴黎——闯过这样一条道路是艰难的,势必要在自己的心灵上留下种种感受的深深痕迹，甚至是伤痕。亚历山大进入巴黎时，首先在他脑海里引起重视的是什么呢？他想到的是彼得堡和令人懊丧的倒霉日子，那就是受拿破仑诱惑的俄国上流社会将拿破仑同本国君主作比较的那段日子。他在进入巴黎城时对叶尔莫洛夫将军说："喂！阿列克谢·彼得洛维奇，你说，此刻在彼得堡人们会说什么呢？老实说，国人不是有一阵子把拿破仑捧上天，而把我当作笨蛋吗？"。

1814年巴黎的印象长期留在亚历山大的记忆里，使他铭记不忘。后来他亲自写信把这些印象向 A. H. 戈利岑公爵做了描述，当然是带着后来的成见写成的。巴黎人欢迎他的狂热气氛使他很开心。但是，他还有另一个高兴的事：他那颗对上帝无限虔诚的心渴望得到平静和安宁。复活节前一周来到时，他打算斋戒。就在塔列朗住所对面找到了一座被最后一位俄国大使遗弃的家庭教堂。于是，亚历山大便住进塔列朗家的一所幽静的房子里，而且在这条街上禁止马车通行。然而，这里也有诱惑，这种诱惑对这位皇帝即使保持忏悔的空虚心情都有妨害：只要他在大街上露面，巴黎上流社会成双结伴的男男女女便蜂拥而至，把他团团围住，投以兴奋而善意的目光，使他感到他们是那样甜美和动人。复活节礼拜天来到了。亚历山大清楚地感受到当时"异族人颂赞俄国荣耀"的情景，是他给巴黎市民开创了前所未有的场面。在路易十六21年前丧命的地点为他举行了俄国东正教的追悼仪式。广场上搭好的讲道台周围站着俄国士兵。无权的巴黎民众目睹了所能看到的俄国神父进行的祈祷仪式。当齐声用俄语唱出复活节颂歌的时候，全场顿时变得鸦雀无声。此时此刻皇帝思忖："就是凭借上苍不可思议的意志，我才从寒冷的北国率领俄国东正教官兵来到前不久还在大肆进攻俄国的异族人国土上，就在他们著名的首都，在民众狂怒之中国王丧命的地方，为国王和那次暴乱中的壮烈牺牲者向上帝赎罪祈祷。"俄国在精神上的胜利，用亚历山大的话说，甚至无意之中使法国人产生了景仰之心。皇帝向戈利岑承认，在这隆重的时刻，他看到在罗伯斯庇尔和后来的拿破仑时代曾赴汤蹈火，饱尝甘苦的元帅和将军们如何触景生情，抱着惶恐的虔诚之心，相互推推搡搡，争先恐后向前拥挤，去恭恭敬敬亲吻俄国十字架的时候，他恶毒嘲讽，洋洋自得，内心感到十分开心。

鉴于亚历山大当时享有"万世联盟领袖"的威望，1814年5月18日他就在巴黎城签订巴黎和约之时，轻易地同被他解放和平息的欧洲结算了俄国的账目，以有利于俄国的方式同自己的同盟者解决了所有问题，从而使

453

俄国为欧洲共同事业付出的巨大牺牲得到了补偿。但他只注意了安抚和安排好被他征服的法国，认为共和国是最符合法国人民心理的管理形式而勉强同意波旁王朝复位，并用威胁手段迫使愚钝的路易十八宣布了一部宪章。其他所有的欧洲事务，包括他本国与欧洲的问题，同意交给欧洲会议去解决。他并没有预见到这个会上将会遇到使他伤心和失望的事情。卡波迪斯特里亚曾请亚历山大提防这一会议的危险性，但他回答说："请放心，我会对付得了的。"这种轻率的决断是由亚历山大本人对待欧洲的态度造成的，这就是由于他以往的经历，特别是因巴黎的虔诚而心软的思绪起了促进作用的结果。

1812年战争前夜，亚历山大并没有指望战争会有顺利结局。他曾对德尔普特的教授帕罗特说过，在即将来临的可怕的斗争中，不指望有战胜自己敌人的天才和力量，他本人已做好准备葬身于自己帝国的废墟之下，甚至前景是：莫斯科一旦失守，（米哈依尔）的皇位有可能丧失。然而，当风暴卷起，"当代的阿提拉"很快要夺取维斯瓦河的时候，亚历山大判定俄国的事业还远没有结束。在他身上重新强烈地升起了早已密藏在心中的念头——从征服者手中拯救欧洲，"使不幸的人类摆脱威胁着它的野蛮制度"（辞典，第236页）。在维尔诺他对俄军将领们说："你们岂止拯救了一个俄国，而是拯救了欧洲。"与此同时，他对英国将军威尔逊也说过："我们在开始新纪元；必须用对上帝至诚感激的心情使它的开端变得神圣。"这还不是关于上帝赋予俄国皇帝以解放世界的某种使命的神秘意图的表述；这不过是一位刚刚经受重大险情和付出巨大努力的人的一种通常的强调语气。拯救欧洲意味着保障俄国的安全。大约就在当时，亚历山大说过："如果持久和平是符合愿望的，那就应该在巴黎签订和约。"拿破仑只有彻底灭亡后才不再令人可怕。维斯瓦河上签订的和约不过是提尔西特和约的翻版。因此，决定于1813年进驻德国，但这已经不是为了俄国，而是为欧洲继续战斗。基于同一种考虑，亚历山大在柳岑战役之后拒绝同拿破仑直接谈判，虽然当时亚历山大本可以通过单独媾和从拿破仑那里获得一切。须知，在提尔西特是拿破仑向亚历山大建议平分世界的。1813年柳岑战役之后，亚历山大之所以拒绝同拿破仑谈判，并不是因为他决心为了欧洲的共同福利而牺牲俄国的局部利益，乃是为了使俄国的利益得到更可靠的保证。为寻求这种保证，亚历山大的头脑里形成了类似政治纲领的某些思想，其宗旨是复兴被法国革命和法兰西帝国破坏掉的欧洲体系。这个纲领的基本要点是:"重新使每个国家完全和自由地享有权利和制度;把所有国家及其本国的君主一律置于共同联盟的保护之下;保证我们,即各国君主预防各国免遭征服者蹂躏之害"。这种共同联盟的思想一时还很模糊,通过发生的一些事件逐渐变得明朗。针对践踏各国君主和人民权利的单个征服者破坏力量,被奴役的欧洲集体防卫力量应运而生,这种力量担负的责任就是恢复各国君主和人民被践踏的权利。这样,剩下的问题就是把这种偶然奋起的复兴力量,即欧洲联盟变为永久的欧洲联盟,由它来维护联盟行将恢复的秩序。这些就是亚历山大于1814年年初表述的"欧洲体系"的实质。

在波兰,德国,尤其是法国受到的欣喜若狂的欢迎气氛使他陶醉,从而深信能够建立一个即使不像各国君主那样的联盟,也会是像由他那样的君主领导的各国人民自身的联盟。狂热气氛澄清了混乱不安的伦理道德思想,使之变成了前途光明而可以实现的理想。不过,通过什么方式,提出什么目标把共同联盟牢固地团结起来,就成了有待解决的问题。暂时还只能依靠和解处事的共同愿望。于是,亚历山大就成了普遍和平的传播者。在巴黎投降当天的战斗中,他对指派去谈判的军使、皇帝侍从武官奥尔洛 455
夫说:"上帝赐予我权利和胜利,为的是我能为全世界带来和平与安宁。"这种自告奋勇把平靖全世界的使命揽到手的思想隐没了有关俄国利益的意图。主宰欧洲整整10年的一套政治体系,就是从这种笃信上帝的误解中产生的。可是,这一思想是怎样酝酿、成熟和付诸实现的呢?为了这一切,我们在柳岑和鲍岑,德累斯顿,莱比锡等战场投入了整个军队,欠下了额外的数亿巨款的债务,卢布贬值2/3,银卢布甚至跌到25戈比,把本国的发展迟缓了数十年,而其原因只是由于柳岑战役之后我们没有同拿破仑缔结有利于和平的和约,没有从维斯瓦河边撤离,这就让西欧要么借助于哲学家的智慧,要么就靠神学家的先知,——这对我们来说反正都一样,——从原来的误解中得以自救。

然而,历史的车轮再次急剧倒转,席卷欧洲的又一场战争风暴发生了,这时才发现巩固"共同联盟"的更加可靠的另一种手段。1814年秋维也纳会议开幕了。亚历山大赴会时,抱定履行他所承担的两项义务:1)恢复波兰的独立自主,即答应给华沙公国一部宪法,使其拥有本国军队;鉴于波兰人在拿破仑麾下进行反俄战争颇为勇敢,仍由俄皇继续控制公国;2)取消萨克森的独立地位,此事亚历山大向他的朋友普鲁士国王允诺过,理由是身兼华沙大公的萨克森国王在1813年参加反对反法同盟,也就是反对俄国的战斗很是勇敢。亚历山大在维也纳本期望,像不久前在巴黎那样,继续充当各国人民的领袖和王中之王。可是,突然间他却成了两位老奸巨猾的外交家的控告对象:其一是塔列朗,亚历山大不久前在巴黎时曾在他那里寄寓,在复活节前做过斋戒,但离开巴黎时却不辞而别了;其二就是并不每次都能在亚历山大的前厅被接见的梅特涅公爵。前者为拿破仑的背叛者,他背叛了曾经为之效劳的一切后成了由亚历山大恢复的波旁王朝国王的大臣;而后者则是奥地利帝国的总理大臣,他倒未曾出卖任何人,因为此人从来不曾效忠于任何人,出席这个会议他却代表弗兰茨皇帝,这位皇帝不久前同亚历山大一道推翻了自己的女婿拿破仑。塔列朗一面向亚历山大献媚,使他的自尊心得到满足,一面又用教训的口气教导他多懂一点政治,刺伤他的自尊心;梅特涅则干脆当面对他说些没有礼貌的话,处处跟他作对,散布谣言,以致有一次亚历山大决意要梅特涅出来决斗。最后,这二位大臣背着亚历山大秘密组成了一个反对他的联盟——由奥地利、法国和英国三个国家正式组成的进攻性同盟,随后还有三个二流大国与它联合到一起。这些国家曾决定组建 50 余万人的同盟大军,由施瓦尔岑贝格大公拟订作战计划,并选定了开战日期。

这一次充当惩治诈骗行为和背信弃义举动的涅墨西斯女神的却是普遍和平和合法秩序的破坏者本人——拿破仑自己。1815 年 2 月末,维也纳正举办各种舞会和化装舞会,上演戏剧,玩旋转木马游戏,施展幕后的阴谋,举行盛大庆祝典礼之时,忽然传来了拿破仑从厄尔巴岛逃跑的消息。在被称之为"跳舞会"的维也纳会议上大家立刻感到好像一个来自阴曹地府,身披白色寿衣,谁都熟悉把双手交叉在胸前而叫人害怕的半死不活的人出现在众人面前。茫然吓昏了的阴谋家们慌乱中抓住了俄国,抓住了亚历山大,准备在新的斗争中再次听从他的指挥。拿破仑出色地报答了亚历山大的衷心厚待,因为拿破仑在巴黎投降时,亚历山大曾劝说这位"伟大而不幸的人物"放弃王位,给他在俄国安排"极好的"避难所。

亚历山大对雄伟威望已感到厌倦,对坚忍毅力已感到消耗殆尽,由于期望未能实现和向往之事受到了欺骗而心情沉痛;当青年时代的理想尚存一线希望的时候,他就像是被近三年来的惊恐和焦虑弄得体力和精神上都疲惫不堪的愁容满面的骑士,于 1815 年 5 月从维也纳启程前往海尔布伦(词典,第 336 页),以便在那里等待向莱茵河推进的俄国军队。他感到需要一种强有力的动因、兴趣、观念,最终不过是需要某种令人惊奇之事能够帮助他把那么多不尽相同的感觉、信念、回忆汇集成某种完整的情感之事，从而使他本人从精神上陷入苦恼不堪而仿佛心乱如麻的状态中解脱出来。同所有敏感的人一样，给人以深刻印象的环境容易使他受影响，尤其在参与神秘的事情的时候更是如此。

＊　　　　＊　　　　＊

1815年，亚历山大回到俄国时，已经是判若两人，令人难以辨认。他变得冷漠，苛求，易怒，万般愁苦。观察家们断定，他发生了深刻而重大的转变。足见他们直至当时对亚历山大其人还不甚了解。其实，这正是他真相毕露。我们清楚他的童年、青年，也知道教师对他的影响及自由主义虚荣心对他的诱惑。不过，这些都抬高和激励了这一角色，也迫使人们予以接受。往后的经历，诸如阿乌斯捷尔利茨之战，弗里德兰战役，同斯佩兰斯基的决裂，1812—1815年间的行动，都是继续激励人心，从而形成了他有创造毅力的假象。然而，这里则到了光荣里程的尽头。欧洲眯缝着眼睛接受了来自东方的新太阳，它是前来替代在西方，在大西洋上空某处运行过的旧太阳的。战争年代的暴风雨把装扮的色彩吹扫得干干净净；历史再也用不着打扮了；提尔西特的丑角再不必担忧刺激自尊心了；再没有可以扮演的角色了，不得不显出本色。亚历山大无论是道德风貌还是民族血统上都与俄罗斯无缘，因为他的祖父是霍尔施坦的德国人，祖母是安亨尔特—采尔布斯特的德国人；他的生母为符腾堡的公主，哺养他的也是来自利夫兰的一个德国妇女，而教育他的则是瑞士一位伏尔泰自由派人士。亚历山大的过去由于汇集了上述意外事情，所以经历同拿破仑的几场战争之后，把自己在俄国处于一种矛盾百出的境地。

从巴黎归来之后，他令人难以辨认了（词典第319页），变得过于自信，处事果断，冷漠讥笑，细察弊端和漏洞，喜性"傲慢"。疑心他的性格变了，是不必要的。其实，1815年的亚历山大依然与1801年时一模一样，仍保存着生来的基本特性，如今只不过其表现形式不同罢了，这是由他对自己的看法发生变化的结果。过去，他胆小怕事，优柔寡断，腼腆羞怯。那是因为他还不自信，不了解自己的为人，不知道自己具有的和缺少的东西，而且总以为自身的缺陷胜于才智。经验和成就向他展示了自身的力量，并使之确信无疑。于是，长期受抑制的自尊心便产生了尽可能广泛而自如地使用这种力量的欲望。过去，亚历山大由于缺乏自信心总怕别人议论自己，为了取悦于人往往使出一些迷惑手段。如今，由于自信便更加毫无顾忌。对人世、他人和自己了解得更清楚，开始蔑视他人的意见，一心想让他人对自己敬仰，要求众人只有服从。他没有变成另一个人，只不过比过去更显其本色罢了——这就是他性格的全部变化。他表现出的老憨气息，与其说是他的苦难经历引起的宗教感情的体现，莫如说更大程度上是功绩所造成的仍是那个过分自信的表现。认为自己的业绩是上苍神秘之手所为，就等于认定是超人的业绩：这就是谦逊胜过骄傲（1907—1908年）。

*　　　　　*　　　　　*

亚历山大一世的全部情况同拉加普、斯佩兰斯基、拿破仑、阿拉克切也夫等人的情况相似，是外部影响和意外情况促成的。从他身上看不到内在的成长和发展过程。正像河水是从上面，从侧面，而不是从自身，从河底受强弱不同气温的影响而融化或结冰一样，他不是发展了，只不过是外表变了，进化了，暴露了或则说是收敛了。

亚历山大在第二次巴黎和会之后回到俄国，突然觉得自己是本国的异族人。在经过长时间思考以后，他才承认了这一点。

1815—1825年的俄国

神圣同盟的举动对西欧和东欧、对俄国都起了极其险恶的，同时又是双重性的作用。

维也纳会议之后，西欧大陆引发了各国政府的疯狂反动。这本来与俄国毫不相干，而如今却被置于俄国刺刀的保护之下。亚历山大打着欧洲解放者的旗帜，打着把各国君主和人民从法国压迫下拯救出来的大救星的旗帜走遍了欧洲。如今，在各种国际会议上他自己便成了欧洲的压迫者，成了与人民为敌的，维护各国王位的哨兵。俄罗斯承担了本国君主个人行为的历史责任，使国家长期蒙受污点。另一方面，对外政策种种刁钻古怪手腕，在俄国国内生活中反映出来：政府与社会精英之间产生严重分歧，与人民的期望极不协调乃至把正义感和责任感也破坏殆尽。这种情况便造成了我国历史上这个皇朝最后十年的一段黑暗时期。从来没有一个国家像俄国在1812—1815年那样受到本国政府那种感恩的关照。俄国为战争不惜代价，付出了那么多牺牲。

十二月党人

就评价一起事件而言，重要的不是12月14日这个日子，而是十二月党人本身。他们的影响在这个倒霉的日子之前就产生了,而且在此之后,即使十二月党人本身已被排除去社会转变之外,被囚禁在彼得保罗要塞和什利谢尔堡,后来又身陷赤塔、涅尔琴斯克、雅库茨克苦役牢房与世隔绝,但这种影响仍延续了很长时间。十二月党人不是阴谋家小圈子,不从事秘密地下活动。12月14日作为一种密谋,因考虑不慎以致轻举妄动,也就是准备工作带有中学生式的疏忽失误,根本不可能实现:一早就把2 000名近卫军士兵拉到参政院广场,排成方阵,没有人指挥,总指挥特鲁别茨科伊不在,他没有在现场露面,直到傍晚队伍原地未动,等待的结果,敌对一方聚集了力量,清醒过来,发射霰弹——这就是12月14日头脑简单的策略。12月14日作为政治事件乃是付出无谓牺牲的不幸事件。但我重复一遍,十二月党人最出色的地方不是搞密谋,也不是秘密协会;这是公开揭露社会本身感觉不到的病害的一种公共道义的征候;这是笼罩社会各界的普遍情绪,而不仅仅是公认有罪和按不同程度被判罪的121人的情绪(1908年4月10日)。

458

* * *

保罗死于类似亚洲专制暴君的母亲御前显贵之手。他的长子自由思想表现出亚洲式的怯懦性,他竭力利用受英国式教育的贵族自由派青年,后来则利用阿拉克切也夫之类的败类来挡住叶卡捷琳娜时代的旧显贵。然而,关于同俄国社会的道德连贯性,他也许只是在最初年代想过。12月14日却向这位得势的沙皇和宫廷显贵表明,他们的共同敌人就是受过欧洲教育并深受西欧解放影响的近卫军青年军官。由此新王朝产生了两种倾向。一种倾向是:为使近卫军在政治上不造成危害,要把整个军队变成镇压国内群众运动的机械工具;在这种情况下,近卫军的兴致不再是军人芭蕾舞,而是来源于兽性般的毫无理性的前线临战姿态。另一种倾向是:消除各阶层受西欧影响的自由主义风气。要达到这两个目的,就要伺机利用古怪,因而是可怕的野兽——人民。对自由风气和人民的双重恐惧使朝廷与宫廷显贵联手合作,进行反俄国的默契阴谋。在参政院广场上,霍尔施坦人强烈地感到,他们的精神状态与政治风浪把他们带到的这个国家格格不入,但他们在尼古拉尽力塞进更多德国人的宫廷圈子里还是找到了可依靠的力量。社会上的自由风气只好期待宪兵队去解决,而农民群众则由身边以地主身份出现的吸血鬼,即推选的贵族首席代表和司法警察代理人来对付。亚历山大一世对待俄国,像是一个陌生的怯懦狡猾的外交官,尼古拉一世同样是个陌生胆怯的人，不过由于担受害怕成为一个更坚定的暗探（1911年2月13日）。

第八十五讲

这一讲包括克柳切夫斯基不迟于1908年所写的下列手稿（苏联科学院历史研究所手稿部，克柳切夫斯基全宗，卷宗13）。

459　　尼古拉一世。有两种情况对朝政的性质起了特别巨大的作用。尼古拉一世皇帝没有准备执政，也没有过这种愿望。他是通过叛军在意外的和不情愿的情况下登上皇位的。第一种情况，看来，是在皇帝未参与的情况下使他获得了政权；第二种情况则在很大程度上决定了他的执政方式。他不是遵照长子直接继承父王帝位的惯例掌权的，而是绕过一位兄长从另一位兄长那里接过政权的。他把这种继承方式看作是非常情况下就最高职务的一种委托。12月14日的叛乱被认为是严重破坏军纪的行为，是由错误的社会思潮引起的。因此，强化纪律，提高思想教育的效果成了治理朝政的极迫切而极重要的任务。这些任务不仅逐步扩及俄国最高当局的一切活动范围，而且为当代的立法实践也指出了特殊的方针。

过去亚历山大一世当政时期就已经存在许多深深触及俄国国家制度的问题。其中有些问题刚刚着手解决，有些尚未触动。然而，解决问题所激起的热望渐渐冷淡下来，转而变成了不满情绪。同时，对外政策要求谨慎行事。希腊的起义使得同土耳其的关系陷入了困境，大有激起易燃的东方问题之虞。新皇帝声明，他不受神圣同盟义务的约束。俄国不再维护维也纳会议所建立的西欧秩序，把这件事转交与此事关系更密切的人。

俄国在东方的老传统和需求，迫使它为了希腊人去同土耳其作战，随后便支持危险性已经不大的邻国，即筋疲力尽的土耳其去对付叛逆而又危险的藩属埃及。在这个冲突中俄国有西方同盟者。但这种友好乃是隐蔽的竞争。波兰的起义表明，只要国内一遇到困难，就必须为这种友谊付出代价。

在这种情况下，不宜惹起内患，要把尚未解决的问题暂且搁置起来。但它们还是没有从日程上消失，只是采取维持严加保护的方针……

为对付明目张胆，令人愤恨的舞弊行为，皇帝亲自出面监督，实行严厉的法令和依法侦查，并由参政院监察。现行制度应运用本身拥有的全部手段进行自我保护，自我改善，以证实其行动的正确性。皇帝本人比谁都更清楚地知晓现行制度潜伏的痼疾。正当社会公众觉得这个制度是稳固和安宁之时，他却直至自己的晚年，直至克里木战争前，通过有组织的秘密观察和借助于为重新审查该制度而建立的一系列秘密委员会，暗中进行了双重检查。对待这个制度要像对待一个不怀疑自己已病危的垂危病人那样，对他说的［做的］，不是他担心的事，对他做的不是对他说的事。必须同时做好两件事：既要治好损害心情的病痛，又要理顺妨害康复的情绪。此项秘密工作有时通过重要法规表现出来，它们表面上显示现行制度的牢固，甚至有所加强，但实际上是为从根本上改革现行制度而准备条件。1831年12月6日的贵族服役条例和国家财产部的建立，都是为了这一目的。

＊　　　　　　＊　　　　　　＊

尼古拉一世皇帝当政时，坚持不做任何革新的原则，对现有的一切不进行任何调整，也没有进行任何革新的社会思想准备。政府对一些人的过分期望加以压制，而对另一些人的过早恐慌则予以安抚，宣称一切照旧。然而，实际上已决定谨慎而不声张地进行变动。可是害怕宣扬出去的心理，既妨碍改革的准备工作，又阻碍为改革做思想准备。为了以充沛的精力彻底解决面临的问题，光靠各种秘密委员会的悄然无声的工作是绝对办不到的，需要把拥有的一切力量和设施统统吸引到这项工作中来。改革的思想准备比预期缓慢得多，因为尚未发现改革逼近的迹象而大家不急于做这种准备。结果，便陷入了毫无出路的境地，各种设施本身就阻碍了预定目标的实现。

与此同时，在所有管理部门，在国家现实生活的所有方面，都可以感觉到有一种革新的需求。这种需求包括许多个别的需要，而每一种需要都要求对现行制度的这个或那个部门进行根本改革，诸如等级制、司法体制、地方管理机关、国有经济和国民经济。就每项要求本身进行改革颇为困难，综合起来就构成了大变革，这不见得任何一代人都能胜任。政治上明智之举要求把这些改革项目按照一定的顺序逐个去完成。长期的拖延使这些项目在时间上难以明确划分而连接到一起了。等到该解决的时候，一下子全被提上了日程。［删掉的内容是：与此同时，由于满足要求的愿望受到压制的时间过长，昔日的需求变得急如星火，已不可忍耐；早已成熟的问题，因为熟透而酿成强烈激愤的需求。］对当前的任务感到困难重重，对解决任务缺乏思想准备，预料到的往往是被过分夸大的危险（连同已感觉到的普遍高涨的情绪）——所有这些各不相同的认识，妨碍人们保持必要的镇静。

期待得太久的事情降临了，似乎使大家措手不及，因为一些人期望过久而一无所获，另一些人则始终认为，没有它也可以过下去。各省委员会……

这样，推动亚历山大二世皇帝改革工作的先决条件准备就绪。改革虽然迟延，但付诸实现已有了充分准备。相比之下，接受改革的社会思想准备却显得不足。要是必须在同一个时间进行这些改革，情况就会非常严重。农民改革是整个改革事业的起点，也是它的最终目的。这项事业首先必须从农民改革开始，其他各种改革是由农民改革引出的必然结果，但它们又必须保证农民改革实施的成功，并在顺利实行中为自己寻找依据和让人谅解的理由。

谁对前进道路上的困难比他人认识得更清楚，谁就会比他人对这些困难进行更多的斗争。亚历山大二世皇帝掩盖了这些困难。但再没有谁比他更深信改革的紧迫性。皇帝在1861年1月28日召开的国务会议上发表了值得纪念的讲话，他毅然说道，农民改革绝不容推迟，再有半点延误就会给国家造成致命的危险。

*　　　　　*　　　　　*

改革由于延误的太久而丧失了许多成功的机会，以致造成了意料不到的困难。长时间得不到满足的期望，不是变得漠不关心，就是变得迫不及待。另一方面，本来选定过进行改革的时机，在拟订计划时也考虑到这个时机的各个方面。但由于错过了时机，改革只能根据已经形成的新的情势和新的关系重新制订的计划进行。尼古拉时期设立的各类委员会拟好的各种方案，对亚历山大二世时期应召的办事人员来说，大多已不适用了，因此他们不得不做大量的修改工作，并且还必须加紧加快工作。

由于革新源源不断地发生，上流社会经常处于激荡之中，没有喘息的机会，来不及清醒地对各种改变进行周密考虑，以便减轻政府的工作负担，来不及把这些革新的结果加以对比和疏导，正确判断造成的形势，并去适应这种形势。当改革全面展开以后，开始出现复杂而不受约束的实际工作局面，以致再也不听从有意识的领导和监督了。这种情况本身产生的结果只能像交易所牌价、票证行市、市价浮动、关税税率等一样，通过统计学的自动指数来显示。随着人力的激发，人的劳动发生了可怕的分流，其密集地开始迅速突然转移，一批新型职业出现了，新兴企业不断产生，股份公司也建立起来，金融市场出现了新的有价证券，土地财富的开发不断扩大，资本的聚集和分散很快［勾去了——破坏数世纪积累起来的旧有财富]。人际[删去了——社会的]关系被打乱,并重新组合,社会生活的厚实结构连同财主们的古老庄园一起土崩瓦解了。贵族阶层迅速改变了自身的组成成分和面貌[删掉了——按新的等级标准重新评价人物,旧的权威被新的为期还不那么长的权威所代替],社交界和文艺书籍中出现了一些新的典型。处在这种新的动荡旋涡中,个人失去了他的稳定性,个人和社会含义的原有基础动摇起来,并被新的基础所取代;尽管人们感到自己仍处于激荡之中,但再也无法预见自己行为的后果。(俄国的立法从来,即使是在彼得大帝时代,也没有……)

*　　　　*　　　　*

尼古拉一世。尼古拉登基时对其统辖的社会所持的观点远不是他兄长登基时的观点。这点不难理解,这是由于兄弟二人的观点大相径庭或者说是从不同的观测站观察的结果。对亚历山大一世来讲,拉加尔普的讲堂的窗户便是观测站,而尼古拉的观测站则是宫廷的客厅。(不错,无论是讲堂还是客厅都设在同一个冬宫里,两者的位置近在咫尺,但他们所受的教育则截然不同。)拉加尔普的哲学课教人从凌空鸟瞰世界,从而只能看到现实世界的一般轮廓,即建筑群的远景,而看不到政府机器的细小轮子,也看不到这些轮子上的润滑油和碎屑——也就是轮子运转时的全部过程和效果。与此相反,尼古拉则不得不从下面来观察俄国社会的现实生活,他的视线被国家机器的这些轮子及其嘈杂繁忙的运转情况所吸引。由此便形成了兄弟二人截然不同的治理方针和政治特性。亚历山大一世认为,把这部笨拙机器立即更新是可以办到的,为此只需要有一位精通全人类最新政治机构的能工巧匠制订计划就足以实现。尼古拉既对这种机构一窍不通,也不了解他人的这些意思。他是一名由兵营培养出来的最讲求实际的长官。他所知道的,充其量是经过多次训练,教会士兵依照命令把密集的队形变为散开的队列,或变换阵地。因此,他有充分理由认为,一个不懂军事纪律的社会要比士兵的队形操练迟钝得多。他懂得习惯势力和旧传统势力的威力,根本不同意信仰智慧的创造力,因为那种信仰是 18 世纪哲学思想培育出来的人所主张的一种宗教信仰。由此,面对现行的改革他的心情不知是欣喜,还是畏怯,或是反感。尼古拉对单个的人毫不在意,但根据带兵进行队列训练的经验他清楚地知晓,当单个的人一旦为了某种目的而同心协力联合起来时,将会意味着什么。与其说他是一位思想家,还不如说是一名观察家更为合适。他清楚地,也许是透彻地能够想象骚乱、破坏、叫骂、哄挤、流言——所有这一切伴随改革而出现的，扰乱人心的疯狂现象。在他看来，即使重大改革获得最大成功，但那时社会制度能赢得多少，人们头脑里的纪律观念就会损失多少。对他来说，一个遵守纪律的人，同一个受过良好训练的士兵一样，是巩固的制度必不可少的支柱。这就是为什么每当提出一项重大改革问题的时候，他总是要问：不是还早吗？是否可以缓一缓，再考虑一下？他认为，正确和没有风险的改革只能是对现行制度进行补充，即局部的修补。这样，尼古拉就习惯于背着社会公众，秘密行事以避免过早地引起社会思想的波动，防止由于过分的期望而砸锅。所有这一切都符合于军事条令的精神而不符合国民的实际生理状态。会齐步走并不等于会理解共同利益。前者通过严格的操练就可以做到，而后者则要进行思考和教育方能达到。紧身胸衣能够压缩胸部（呼吸）使腰部挺直，可是不能限制意念，改变思路。

他的行动（执政）方式所依据的是：善于治理，就意味着可以把权柄握得更紧。在家里，即亲人中间，他是一位好家长，为人直爽、快活，遇事机敏，很会理解（评价）俏皮话；他有很高的审美能力，是普希金的崇拜者；他爱好音乐，有一副相当好的男中音嗓子，而且唱得很好。然而，在正式活动场所，他既不喜欢随随便便，也不喜欢温厚宽容，他认为两者都会降低威信，放纵僚属。他在运用权力方面始终是坚定的，甚至是严酷的。最初，这并不是他的性格的需要，也不是贪图权力。这不过是一种权衡之计和治理方法。但后来则变成了他惯用的，不由自主的手腕和作风。只要他在场，周围的人都望而敬畏，甚至感到压抑。他对下属的态度索性就是命令和训斥。他习惯于用严厉的眼神看人，用命令式的刺耳的嗓音讲话，判断事物坚毅果敢；他的话是官气十足的训诫，他的意见是不容有丝毫异议的指示和命令。他的这种态度在不同时期里［……］曾对社会起过推动作用，可是自始至终使人［产生］一种下意识的恐惧。有他在场，大家就本能地神色紧张。曾有人开玩笑说，当他出场的时候，连擦得锃亮的军服纽扣也黯然失色。然而，起初这种恐惧还使人感觉问心有愧，与此相连的是自觉有错，愿意改正，落个干净。但一切都成了习惯。后来，虽然还是忐忑不安和神色紧张，不过再也不存在自我悔过和问心有愧的感觉，也没有自行改正的事了。这种恐惧心理已经丧失了感化的作用，而仅仅成了一种职务标记，也就是在职人员普通制服上的一种附加标志。

附　录

[农奴制的废除]

〔1〕 本文草稿完成日期是 1910 年年底至 1911 年年初（苏联科学院历史所手稿部，克柳切夫斯基全宗，卷宗 26）。

两个首都和其他城市为了回忆和适当纪念 1861 年 2 月 19 日五十周年，正热心地进行筹备工作。对 2 月 19 日 50 年来这个值得回忆的日子还重视得很不够。这一天主要是农民的节日，是农民长期辛苦平凡劳动挣得的具有真正历史意义的复活节。

今天回顾 50 年来的情景可以想起很多往事。

在我国往昔就历史意义来说，还没有比这更重大的事件。2 月 19 日的改革把自由还给了农民大众，恢复了国内正常的国家人员结构。改革前，俄国只不过是在相对夸张的含义上才称之为俄罗斯国家。这并不是俄国人民的国家。19 世纪的俄国仍然是个受奴役的国家，按当时俄国的标准，只有上层阶级的人——贵族、僧侣和市民享有充分公民权利，由他们制定俄罗斯国家法律。农村纳税居民不享有法律明确规定的权利。地主们自己称之为农奴地位的农奴完全无权，实际上处于奴隶地位，虽然地主在其法律文献中羞于使用奴隶这个字眼（称呼）。至于国有农民不过是相对意义上的自由人：他们是被强行转为皇室领地的农民，即转为地主农民地位，列入军屯户，农民自己认为这种地位比农奴还坏。叶卡捷琳娜二世在御赐特许状中规定了贵族和城市的权利，曾打算颁发一份同样的国有农特许状。亚历山大一世和尼古拉一世时期，政府多次讨论了为农村各阶层颁布这种特许状的必要性，但都没有胆量迈开这一步。1840 年，国有财产部大臣基谢廖夫伯爵反对把国有农按军屯户对待，尼古拉回答："我本来就尚未颁赐特许状"（查布洛茨基—捷西亚托夫斯基：《基谢廖夫伯爵及其时代》，圣彼得堡，1882 年第 2 卷第 137 页〔以下简称查布洛茨基—捷西亚托夫斯基〕）。这样一来，通俗用语叫作人民的农村纳税阶级实际上约占俄罗斯帝国总人口的 90%，他们起着国内最大生产力的作用，成了国家聚集所需钱财的主要源泉，但列入行使国家法律组成部分而获得有权利能力的公民身份，则是 2 月 19 日改革时候的事。想想很可怕，因为剩下的欧洲部分史前时期出生的人本来就是俄罗斯国家防卫地域内俄国人民（劳动生息）的基本部分，他们并没有死绝，但仍停留在合法国家大厦的门外。

改革时期，窄小的、受法律严密掩护的大厦其主人，即人民的统治者是怎样行动的？丧失法律掩护的人民——劳动者又是怎样对待他们的呢？

尼古拉一世的统治是混乱时期大破坏之后俄国经受破坏最严重的一个时期。由残酷军队和傲慢自信维持的表面强大坠入了东方战争的深渊。欧洲不再害怕北方这个靠赤贫农奴支撑的庞然大物。政府用严格纪律和民族自豪精神进行了29年的国民教育，结果并没有使各种社会力量取得精神上的完全和解。贵族害怕农民，农民憎恨贵族，两者对政府根本不信任，而政府对他们都害怕。

农民问题经受了尼古拉一世的众多委员会和法令的种种折腾，没有获得成效。由于后继朝代没有符合实际的行动计划，所以问题弄得紊乱不堪，对问题的解决毫无进展。但［亚历山大二世］吸取了父皇试验失败的教训，经过亲自考察产生了对农民问题坚信无疑的看法：农奴制的产生是由于政府官员的无知和滥用职权造成的，继续维护这种制度国家有遭受大难的危险，因此有必要把它尽快结束。这种想法有助于他在选定的道路上因生性疑虑而发生各种动摇时站稳脚跟。他周围人中间流传的胆小怕事或假仁假义的种种议论，以及恐吓性的警告，他能小心敏捷地加以识别。这样他就牢牢把握住吸引贵族参与解放的改革意图，甚至使贵族起首创者的作用。

贵族对参与这样一种改革缺乏准备，更不用说起首创者的作用。他们之中赞成最高意志决心拥护解放的人寥寥无几，想通过自上而下来证明贵族不愧为忠君阶层，即爱国与开明阶层称号的人也非常少。他们绝对不会主张一个没有农奴劳动的祖国。这个国家京城和省府的首脑向来不大吹大擂，而是有力地论证，解放将毁灭贵族和祖国，会激起农民的反抗，会破坏农业和使军队无给养。普通贵族对这种可怕情景表示附和，但并不绝望。这一层人迄今还是古老地主庄园一塘屯聚的死水，尚未受到正义与自由社会思潮的触动，是权力和阶层利益的一种机械推动力。御座给贵族下的话是：从上面废除农奴制比等待从下面自行废除更好。当最早的农民问题诏书强迫地方贵族团体主动承担制订调整和改善农民生活状况的方案时，各省城贵族委员会开始吵吵嚷嚷，反应敏捷的地主明白，问题不在于解放农奴，这正是大势所趋，而在于解放的条件。地主急需的不是尽快解放自己的农奴，而是要摆脱他们。农民处在农奴制桎梏下比在自由状况下更危险。农民没有白白地度过尼古拉时代，他们收集了各种谣传，其中部分出自地主客厅和宴席之间的言谈,还收集了尼古拉一世皇帝 1842 年亲自指示的一些新打算,他们觉得自由指日可待。处在农奴思想的这种转折关头,省委员会便成了我国历史上贵族同贵族政府斗争的唯一舞台。政府给省委员会下达了陛下钦准的制订农民方案的准则,主要内容是:农奴人身无偿实行解放;划定庄园住地由农民赎为私有财产;拨给农民使用的耕种份地。然而,委员会中大多数农奴主要么大声喧嚷拒绝这些准则,要么就一声不吭绕过去,顽固地维护通过习俗或豪夺据为己有的一切权利。他们主张:实行人身解放,但要交赎金,根据地主的自愿或征得农民的同意可不带土地;留给农民的宅园地只限于使用,而且指的是庄园内不含土地的建筑物,也不包括建筑物附近的土地;无偿废除劳役租和人身义务;田间份地只能暂时使用或者必须一次付清赎金,等等。

农奴主在委员会上只好压住心中怨火,对政府的要求步步退让,但每退让一步与政府要求趋于一致的贵族对"彼得堡官僚政治"的愤恨愈加激烈,到 1860 年年初,即委员会代表前来彼得堡参加第二届代表大会的时候,贵族的对立情绪升温到了顶点。

就这样彼此敌对的两个统治阶级在农民问题上碰撞了。按出身他们同根并互为补充,这就是地方的庄园贵族和京都掌管中央机关事务的官员贵族。他们的敌对状态是一场大误会,因为在最高官僚机构中,甚至君主的亲信当中,尤其是农民问题秘密委员会即后来的总委员会当中,同普遍贵族一样,对农民问题真心实意表示拥护的人同样是很少的。在这方面,后一个阶级仍然对人心有忽视(注意不够)的情况。省委员会暴露出贵族既无充足的智力,也无高度的报国之心。献身解放事业并为之进行了大量研究工作的人士,如萨马林和切尔卡斯基公爵,称这种委员会死气沉沉,注定一事无成。(特鲁别茨卡娅汇编:《切尔卡斯基公爵生平资料》1901 年莫斯科第 1 卷第 1 册第 316、317 页。)可是,强迫贵族自上而下通过这种委员会以主动精神作出的被迫让步却冠以为祖国利益自愿牺牲的假象,而且在 2 月 19 日法令中就这种牺牲表述了向贵族永致谢意的著名言辞:"俄罗斯不会忘记,贵族自愿放弃现今正在废除的农奴制,只是为尊重人格和敬重基督的爱人之心所动。"

对贵族来说,更重要的问题是省委员会倒向对立面,即倒向可怕的农村基层。贵族对农奴制乡村的恐惧早在 18 世纪就表现出来,废除贵族义务兵役制以后日益加剧,19 世纪由于农民骚动和地主农奴杀死主人的事件连续不断,由恐惧而提心吊胆,到尼古拉一世统治时期,这种恐惧似乎成了这一阶层遗传性的精神痛苦。恐惧也在统治集团的情绪中反映出来，习惯思索和关注农民状况的治国之才，如基谢列夫伯爵，沃伦佐夫公爵等人，也不例外。他们承认，感到自己站在火山口，担心农民起义和贵族的覆灭。恐惧也危及亚历山大二世的统治，他警告贵族，危险来自"自下而上"，而罗斯托夫采夫的说法，是担心农民会拿起斧头来。也许这种恐惧无意中道破了地主们害怕得不到好下场的心声。因此，为了避免普加乔夫起义的可怕灾难重演，皇上号召贵族参与解放事务，并注意用自愿主动的假象作掩护，然而假象变成了实践行动。众所周知，农奴普遍痛恨地主，即使是无言的表示，也很少例外。他们有一个根深蒂固的思想，认为"老爷们"正在阻止沙皇给农民自由，宁愿相信各村流传的模糊而令人气愤的传闻——地主隐藏了沙皇关于农民自由的法令。大有一触即发之势。省委员会开幕的消息一经传出，就可看到，地主本人迎合爱民沙皇的旨意，农民的情绪开始发生明显的变化。他们耐心期待。彼得堡接到报告称，极有害的谣传沉寂了。省长以及地主——农奴主对地主农民的良好表现赞不绝口：他们"比任何时候都平静安定"。据一位对当时情况熟悉的人士报道，1858年——省委员会之年——没有发生一起地主农奴杀死地主的事件，而在此之前每年平均有13起。当时农民中间的主导情绪还表现为另一种现象，即反酗酒运动，特别是反包税人，抗议他们出售劣质昂贵的伏特加酒。当时目击者的叙述是可信的：这种抗议还夹带着一种像迎接盛大节日的气氛，希望用俄国最难忍的斋戒——戒酒方式为迎接自由做好相应的准备，因为以前包销的伏特加也质劣价昂，但没有引起过这样的骚动。俄国宗教界害怕政府当局没有支持戒酒运动。政府反对这样做，因为抗议行动使靠酒类收入的国度蒙受损失，而连环保式的立誓戒酒使民众养成罢工习惯，危害国家秩序。

据参政员斯米尔诺夫回忆，最近两年（在省委员会和1861年2月19日期间）发生了以下情况：都关心"我国的土地，"（谢苗诺夫），其历史根源在于农民被固定于土地——土地依附农民。总委员会和国务会议削减当时现成的份地（《俄罗斯思想》报，波斯特尼科夫撰文）。颁布2月19日诏书和法令，让人从中领悟到的只是既无自由，又无土地。彼得堡和各村的2月19日（《俄罗斯晨报》，斯米尔诺夫撰文）[1]，各代表团聚集彼得堡，1861

---

[1] 此处及以下均指斯米尔诺夫参政员的回忆录内容，是从克柳切夫斯基写的手稿中获得的，现保存在苏联科学院历史所手稿集中。

年的农民骚乱——以上种种都标志着不带土地实行解放可能产生的后果。

亚历山大用强迫贵族参与和划分份地的办法使贵族避免大难。贵族害怕这种灾难,但已无法避免。亚历山大在旅途讲话中(斯米尔诺夫有历次讲话提要,《俄罗斯晨报》85 期)反复说要给予信赖。1858 年,他〔亚历山大二世〕对莫斯科贵族说:"给我以保护你们的机会。"你们面对的是谁?是百姓和百姓的君主。这就是他作为头号贵族说的话。在此政府与贵族发生了分歧,前者注重问题的政治方面(无产者、暴动、歉收),后者只注重经济方面(劳动力、租金、土地收入)。农民在改革中〔表现〕最守纪律,克制忍耐,理解共同利益,自己却一无所得,到头来他们发现自己完全受骗。

功劳归报刊,作家受到宴请。思想工作者怀着热诚的感激之情不期而遇地云集在最高权力的体现者面前表达自己的感情。(库夫申诺夫:《亚历山大二世与农民问题》,1898 年 11 月,第 236 页;特鲁别茨科伊)

〔2〕作者删去了下面一段文字:"这个差不多 100 年前提上了日程的问题依然使大家措手不及,准备不够。"

〔3〕查布洛茨基——捷西亚托夫斯基,第 2 卷,第 2、13 页

〔4〕作者勾去了下面一段文字:"他们不是从政治观点,而是纯粹从警察观点来看这种现象,把它看成是对国家制度和安宁局面的一种经常性的威胁。"

〔5〕查布洛茨基——捷西亚托夫斯基,第 2 卷,第 296、324 页

〔6〕同上书,第 2 卷,第 257 页。

〔7〕亚历山大二世皇帝在位时期俄国废除地主农民农奴身份的资料〔以下简称"资料"〕,柏林,1860 年第 1 卷,第 55 页。

〔8〕同 5 第 2 卷,第 254—258 页。

〔9〕同 5 第 2 卷,第 2 页。

〔10〕同 5 第 2 卷,第 240 页。

〔11〕同 5 第 2 卷,第 275 页。

〔12〕同 5 第 2 卷,第 290 页。

〔13〕《俄国古风》,圣彼得堡,1883 年 9 月号,第 595、596 页。

〔14〕显然,对本段内容作者还增补了下面一段未写完的文字:

"有关尼古拉的总结。尼古拉一世的立法把农奴制这个总体问题分成了许多依法相应处理的小问题,但一个小问题也没有妥善解决,因为解决一个就要解决其余的问题。这个政府在处理农奴制问题上,像医生给长满痂

斑的患者治病那样，单独给每个斑点热敷和涂药，其他地方概不触及。很明显，这个习惯于别种行当的侍从将官政府，对于立法工作和国家管理事务，完全不能胜任。这种立法不能提供改革措施，而只会提供秘密委员会悄悄制定的非常羞怯的学院式经验报告。1848—1849年，欧洲命运的主宰者——靠农奴制勉强支撑的巨人，没有多久，还来不及站稳就遭到以"12月2日同盟"为首的欧洲同盟的反对。1853年，俄国宫廷成了柏林取笑的目标。彼得堡尚未意识到，他们对欧洲的短暂霸权，结果导致了1848年革命，如同1814—1815年的反动事件一样，事情绝非俄国的内部力量所能做到的。尼古拉不认为，农奴制的无权地位是不合理现象，所以对它的惨无人道并不感到气愤，他最担忧的则是国家面临的危险。因此他珍惜同政府与自己最亲密同事的和衷共济⋯⋯"

〔15—15〕此处可换成作者的这句话："这就是传给亚历山大二世皇帝的政治遗产。"

〔16〕《俄国古风》，1883年10月号，第168页

〔17〕"资料"第1卷，第292页。

〔18〕作者勾去了下面一段文字：

"在国内事务方面，尤其在执政的后半期，即谋刺时期，他成了这样一位深思熟虑的政治家。这是很自然的。可是，在农民改革年代他很少是这样的。"

〔19〕"资料"第1卷，第247页。

〔20〕显然，对本段内容作者增补了下面一段文字：

"关于亚历山大的总结：他的保守思想就是用新的执行机关来维护旧的管理机关和法律机构，也就是说，用已损坏了的支架来巩固国家制度旧的基础。

"亚历山大二世评述：在他的身边充斥着后进的顾问，因为他们在农民问题上都支持国务会议少数自由派的意见，对如此美好的专制政体无不为之诧异"。

〔21〕显然，对本段内容作者增补了下面一段文字：

"大臣的遴选 这是件棘手的事：彼得不拘一格从商人、农民以及地主仆人中间寻找而善于寻找治国之才。然而，当他们有了特权之后就维护贵族，因此很难发挥才干。负责选举地方官职的当地贵族会议，推荐人才的工作办得很差。为此尼古拉一世皇帝指责贵族，说贵族法庭不中用，因为

这个阶层把自己选举职位的事办得很糟。当之无愧的人选,即拥有军衔和勋章的人持回避态度,结果谁也没有选上。"查布洛茨基—捷西亚托夫斯基,第2卷第278页。

〔22〕 斯米尔诺夫:《回忆录》。

〔23〕 作者勾去了下面一段文字:"就是说,朝廷早就有了这类可选拔出最高意志执行者治国人才的储备。"

〔24〕 作者勾去了下面一段文字:"情况是不好,但如谚语所说,'坏事'可变成'好事'。"

〔25*—25*〕 作者用另一种表达方式代替了这段文字:

当农民问题的准备工作尚未普遍开展的时候,它在贵族社会引起了反对意见,引发了虚假的关心,激起了盲目的热情。政府要是拿着既定要实行解放的命令式计划出现在这个社会面前,那结果就会在贵族俯首听命的情况下,使计划充当中心的作用,围绕这个中心一切乌七八糟的东西会团结聚集成同心协力的贵族反对派。没有这种集中现象,一切动荡的因素就协调不起来,彼此失去活动力,政府就有时间改变主意,集思广益。事情不得不从上层本身,即政权本身着手进行。

怎样着手进行?早在尼古拉一世时代,关于义务农非义务化法令颁布以后,许多人发表了意见,其中有基谢列夫。他们认为,在农民问题上,政府必须行动率直,"公开果断,若是遮掩诡秘"是不会有好结果的(查布洛茨基—捷西亚托夫斯基,第2卷第255、287页)。现在完全是按旧方法来处理新问题:根据兰斯科伊1857年1月3日的建议,成立了由皇上亲自主持(非直接主办)的新的秘密委员会。委员绝大多数是解放的反对派,他们在皇上缺席时由代理人奥尔洛夫公爵领导,少数派中有两人,罗斯托夫采夫和科尔弗,以不熟悉情况为由拒绝参加委员会(以下删去——皇上在对委员的讲话中,请他们对一切绝对保密,他宣布,农奴制已不合时宜,并提问:他们是否认为采取措施废除这个制度是适时的以及该采取哪些措施?这个提问是多余的,在此之前,皇上关于农奴制已不符合时代精神的言论做了回答。当问及就此问题按例行方式召开类似的协商会是否合适时,委员们一致回答,完全可行)。

被迫提出受到严加限制的倡议,造成了一种提倡自由的假象——这纯粹是政治问题,而不是法律问题。可是,贵族坚持法律的观点,认为废除农奴制不过是个法律问题,并不是国家必不可少的东西。

"土地是我们的——这是贵族削减份地的诡辩术。"（波斯特尼科夫，《欧洲通讯》）

〔25ᵃ〕《1858年戒酒运动》，查布洛茨基-捷西亚托夫斯基，第2卷，第342页。

〔25ᵇ〕 查布洛茨基-捷西亚托夫斯基，第2卷，第336页。

〔25ᴮ〕 作者勾去了下面一段文字：

"像罗斯托夫采夫这样一些人提议，政府的意图拟订之后，提交贵族讨论，为此要成立省委员会；另一些人则认为，最好是'让贵族凭借经验和良知发表个人独立的见解'。"

〔26〕 查布洛茨基-捷西亚托夫斯基，第2卷，第337页。

人名索引

（索引中的页码为原书页码，即本书边码）

A

Август Ⅲ 奥古斯特三世（波兰国王） 41, 42, 56

Адольф-фридрих 阿道夫·弗里德里希（霍尔施坦亲王，叶卡捷琳娜二世的舅父） 7, 8, 9

Аксаков, Сергей Тимофеевич 阿克萨科夫，谢尔盖·季莫菲耶维奇（作家） 247, 340

Александр Ⅰ 亚历山大一世（俄国皇帝） 173, 184, 186, 189, 202, 203, 206, 208—212, 215—218, 229—231, 236, 237, 240, 243, 246, 250—253, 257—264, 266, 268, 282, 336, 373, 400—402, 404—407, 424, 426, 433, 438, 440, 443—459, 462, 463

Александр Ⅱ 亚历山大二世（俄国皇帝） 185, 187, 255, 283, 284, 288, 289, 303, 306, 308, 313, 371, 372, 381, 383—387, 390, 402, 406—408, 460, 461, 464, 466—468

Александр Ⅲ 亚历山大三世（俄国皇帝） 303

Александр Македонский 马其顿亚历山大（马其顿国王、统帅） 170, 323, 324

Александров, В. А. В. А. 亚历山大罗夫 408

Алексей Михайлович 阿列克谢·米哈伊洛维奇（俄国沙皇） 169, 211, 301, 314, 343

Алкивиад 阿基米德（希腊政治家） 29, 31, 75, 320

Аммон, Н. Н. 阿蒙 404, 406

Анна Ивановна 安娜·伊凡诺夫娜（俄国女皇） 22, 49, 114, 128, 166, 167, 345, 420, 421

Анна Леополвдовна 安娜·列奥波尔多夫娜（俄国执政者） 26, 114

Анна Петровна 安娜·彼得罗夫娜（荷尔斯泰因公爵夫人、彼得一世女儿） 1—7

Апраксин, Федор Матвеевич 阿普拉克辛，费奥多尔·马特维耶维

奇（伯爵、海军元帅、最高枢密院成员）419

Аракчеев, Алексей Андреевич 阿拉克切耶夫，阿列克谢·安德烈耶维奇（伯爵、保罗一世和亚历山大一世时期的宠臣）233, 234, 241, 441, 444, 449, 457, 458

Аранда, Педро-Пабло-Амбарака де Болеа 阿朗达，彼得罗-帕布洛-阿姆巴拉卡·德博利亚（伯爵、西班牙外交家）442

Арсений（Мацеевич）阿尔谢尼（马采耶维奇）（罗斯托夫都主教）370

Арсеньев, К. И. К. И. 阿尔谢尼耶夫（彼得堡大学统计学教授）241

Б

Баженов, Василий Иванович 巴热诺夫，瓦西里·伊凡诺维奇（俄国建筑师）326

Байер, Готлиб Зигфрид 巴耶尔，哥特里布·齐格弗里德（德国历史学家、哲学家，彼得堡科学院成员）165

Балашов, Александр Дмитриевич 巴拉绍夫，亚历山大·季米特里耶维奇（警察部大臣）450

Бальи 巴里（天文学家）327

Барман 巴尔曼（叶卡捷琳娜二世的主要厨师）324

Барр 巴尔（法国天主教神甫）20

Барсков, Я. Л. Я. Л. 巴尔斯科夫 403, 404, 407—410, 412—416, 450

Батый, хан 拔都汗 235, 445

Беарде 别阿尔德 430

Безбородко, Александр Андреевич 别兹鲍罗德科，亚历山大·安德烈耶维奇（伯爵、国务活动家和外交家）50, 64, 213, 316, 341, 425

Бейль（Бэйль）, Пьер 培尔（法国思想家）20, 177

Беккариа Чезаре 贝卡里亚（意大利法学家和政论家）76, 77, 81, 82, 119, 328

Белинский, Виссарион Григорьевич 别林斯基，维萨里昂·格里戈里耶维奇（俄国革命民主主义者）400

Бенкендорфы 本肯道夫（伯爵）244

Бернулли, Даниил 贝努利，达尼尔（力学家、彼得堡科学院成员）165

Бернулли, Николай 贝努利，尼占拉（数学家、彼得堡科学院教授）165

Бестужев-Рюмин, Алексей Петрович 别斯图热夫-留明，阿列克谢·彼得罗维奇（伯爵、一等文官）22, 23, 42, 65, 334, 349, 364, 365

Бестужев-Рюмин, Михаил Павлович 别斯图热夫-留明，米哈伊尔·巴甫洛维奇（十二月党人）255

Бецкой, Иван Иванович 别茨科伊，

伊凡·伊凡诺维奇（叶卡捷琳娜二世时的国务活动家）36, 310, 321, 322, 349

Бибиков, Александр Илвич 比比科夫，亚历山大·伊里奇（1767年委员会主席）92, 288—290, 356, 371, 387

Билвфеильд 比尔斐尔德（德国政论家）77

Билкфингер 比尔芬格（德国物理学家）165

Бирон, Эрнст Иоганн 比隆，恩斯特·约翰（安娜·伊凡诺夫娜女皇的宠臣）22

Блекстон, Вильям 布列克斯顿，威廉（英国法学家）327, 328

Бобринский 鲍勃林斯基（伯爵）293

Богоявленский, С. К. С. К. 鲍戈亚弗林斯基（历史学家）403, 406

Ботолов, Андрей Тимофеевич 鲍洛托夫，安德烈·齐莫费耶维奇（作家）170, 337, 363, 365, 370, 437

Болтин, Иван Никитич 鲍尔京，伊凡·尼基季奇（少将、历史学家）431, 433

Бретейль Луи-Огюст ле Тоннелье 勃列铁尔（男爵、法国驻彼得堡大使）26, 36, 334, 339, 347

Брикнер 布里克奈尔（家庭教师）173

Будлянский 布德梁斯基（贵族）134

Бурбоны 波旁（法国王朝）453, 455

Бутурлин, Дмитрий Петрович 布图尔林，季米特里·彼得罗维奇（伯爵）174, 175

Бюффон Жорк Луи Леклерк 布丰（法国自然科学家）327

Бьелке 贝尔卡（叶卡捷琳娜二世母亲的女友）324, 332

В

Вагнер 瓦格涅尔（路德教牧师，叶卡捷琳娜二世的老师）15

Вандам Иосиф-Доминик 汪达姆（法国元帅）451

Веревкин, Николай Александрович 维列夫金，尼古拉·亚历山大罗维奇（中将）196

Вигель, Филипп Филиппович 维格尔，费利普·费利波维奇（《回忆录》作者）368

Вильбоа, Александр Никитич 维尔博阿，亚历山大·尼基季奇（将军、炮兵总监）71

Вильсон 威尔逊（英国将军）454

Винский, Григорий Степанович 温斯基，格里戈里·斯捷潘诺维奇（贵族、《回忆录》作者）174, 345, 357, 360

Витовт 维托夫特（立陶宛大公）412

Витте, Сергей Юльевич 维特，谢尔盖，尤里耶维奇（俄国国务活

动家） 408, 472

Владимир, Всеволодович Мономах 弗拉基米尔，弗谢沃洛多维奇·莫诺马赫（基辅大公） 239

Волков, Дмтрий Васильевич 沃尔科夫，季米特里·瓦西里耶维奇（彼得三世的秘书） 12

Волконские 沃尔孔斯基（公爵） 244

Волынский, Артемий Петрович 沃伦斯基，阿尔捷米·彼得罗维奇（内阁大臣） 431

Вольтер, Франсуа Мари 伏尔泰（法国作家、哲学家） 13, 20, 32, 46, 68, 75, 172, 174, 175, 177, 183, 184, 217, 321—324, 328, 342, 343, 348, 434

Воронцов 沃伦佐夫（公爵） 378, 466

Воронцов, Михаил Илларионович 沃伦佐夫，米哈伊尔·伊拉里奥诺维奇（伯爵、一等文官） 346

Воронцова, Анна Карловна 沃伦佐娃，安娜·卡尔洛夫娜（一等文官沃伦佐夫的妻子） 345

Воронцова, Елизавета 沃伦佐娃，伊丽莎白（彼得三世的情妇） 22, 25

Воронцовы 沃伦佐夫家族（伯爵） 35, 67, 334

Вяземская 维亚泽姆斯卡娅（公爵夫人） 244

Вяземский, Александр Алексеевич 维亚泽姆斯基，亚历山大·阿历克谢耶维奇（参政院总检察官） 86, 115, 323, 418

Г

Гагарины 加加林家族（公爵） 244

Галич, Александр Иванович 加里奇，亚历山大·伊凡诺维奇（哲学家、心理学家，彼得堡大学教授） 241

Ганнибал 汉尼拔（迦太基统帅） 441

Гваренги Джакомо 格瓦林基（在俄国工作的意大利建筑师） 326

Гельвеций Клод Адриан 爱尔维修（法国哲学家） 357

Георг 乔治（霍尔施坦亲王） 10

Георг Ⅲ 乔治三世（英国国王） 332

Георгий Ⅻ 格奥尔基十二世（格鲁吉亚国王） 195, 196

Георгий, Конисский 格奥尔基，康尼茨基（摩吉列夫主教） 52, 53

Герман, Карл Федорович 格尔曼，卡尔·费多罗维奇（彼得堡大学统计学教授） 241

Герцен, Александр Иванович 赫尔岑，亚历山大·伊凡诺维奇（俄国革命民主主义者） 400

Гиббон, Эдуард 吉本，爱德华（英国历史学家） 205, 206, 327

Гикс 吉克斯（巴黎贵族寄宿学校主人） 247

Глазов 格拉佐夫（贵族、1767年

委员会代表）95

Годунов, Борис Федорович 戈都诺夫, 鲍里斯·费奥多罗维奇（俄国沙皇）102

Годой, Мануэль 戈多伊, 曼努埃尔（西班牙国王宠臣）442

Голицын 戈利岑（公爵、1767年委员会代表）87

Голицын, Александр Николаевич 戈利岑, 亚历山大·尼古拉耶维奇（宗教和国民教育大臣、公爵）236, 237, 253, 453, 454

Голицын, В. М. В. М. 戈利岑（公爵、十二月党人）246

Голицын Д. 戈利岑（公爵）372, 430

Голицын, Дмитрий Алексеевич 戈利岑, 德米特里·阿列克谢耶维奇（公爵、外交家和作家）158

Голицын, Дмитрий Михайлович 戈利岑, 德米特里·米哈伊洛维奇（公爵、参政员、最高枢密院成员）419

Голицына 戈利岑娜（公爵夫人）244

Голицыны 戈利岑家族（公爵）244, 334

Головкин, Гавриил Иванович 戈洛夫金, 加夫里尔·伊凡诺维奇（伯爵、首相、最高枢密院成员）340, 419, 420

Гольц 霍尔茨（普鲁士驻彼得三世宫廷大使）336

Гонта, Иван 冈塔, 伊凡（1768年乌克兰农民起义领袖之一）56

Горчаков, Алексей Михайлович 哥尔查科夫, 阿列克谢·米哈伊洛维奇（公爵、一等文官）381, 382, 385, 387

Граслен 格拉斯连 430

Грегуар 格列古阿尔（神甫）239

Грибовский, Адриан Моисеевич 格里鲍夫斯基, 安德里安·莫伊谢耶维奇（叶卡捷琳娜二世的御前大臣）334

Гримм, Фредерик-Мельхиор 格里姆（法国作家）32, 321, 323, 325, 343

Грубер Гавриил 格鲁贝尔（耶稣会士）244

Губкин В. 古勃金 406

Густав Ⅲ 古斯塔夫三世（瑞典国王）443

Густав Ⅳ Адольф 古斯塔夫四世·阿道夫（瑞典国王）341, 442

Д

Давыдовы, А. Л. и В. Л. 达维多夫兄弟（十二月党人）246

Даламбер, Жан Лерон 达朗贝尔（法国数学家和哲学家）74, 78, 172, 173

Данилов, Михаил Васильевич 达尼洛夫, 米哈伊尔·瓦西里耶维奇（作家、《回忆录》作者）170

Данилова, Матрена Петровна 达尼洛娃，马特列娜·彼得罗夫娜（贵族女子）433

Дараган 达拉甘（贵族）134

Дашкова, Екатерина Романовна 达什科娃，叶卡捷琳娜·罗曼诺夫娜（女公爵、俄国科学院院长）28, 36, 177, 321, 346, 433, 434

Делиль, Жозеф Никола 德利尔（法国天文学家、彼得堡科学院成员）165

Демосфен 狄摩西尼（雅典政治家和演说家）205

Державин, Гавриил Романович 杰尔查文，加夫里尔·罗曼诺维奇（诗人）434, 449

Десницкий, Семен Ефимович 杰斯尼茨基，谢缅·叶费莫维奇（莫斯科大学教授）433

Дидро, Дени 狄德罗（法国哲学家和作家）172, 330, 369, 431

Димитрий (Сеченов) 德米特里（谢切诺夫）（诺夫哥罗德和大卢基都主教）101, 349, 355

Дмитриевский, Иван Афанасьевич 德米特里耶夫斯基，伊凡·阿法纳西耶维奇（演员、戏剧教育学家）163

Дове 多维（路德牧师、叶卡捷琳娜二世的教师）15

Догардт 多加尔特（耶稣会士）244

Друцкой-Соколинский 德鲁茨科伊-索科林斯基（公爵）380

Дубянский 杜比扬斯基（伊丽莎白·彼得罗芙娜和叶卡捷琳娜二世的神甫）24

E

Евгений, Вюртембергский 叶甫盖尼，魏登堡（德国亲王、皇后玛丽亚·费多罗芙娜的侄子）256

Екатерина Ⅰ Алексеевна 叶卡捷琳娜一世·阿列克谢耶夫娜（俄国女皇、彼得一世的妻子）113, 114, 158, 345, 405, 419

Екатерина Ⅱ 叶卡捷琳娜二世（俄国女皇）5—42, 45—48, 50—53, 55, 56, 58, 60—78, 82, 83, 85—87, 89, 91—93, 101—103, 106—113, 115, 116, 119, 120, 123—125, 127, 129—131, 140—151, 153, 154, 156—162, 166, 167, 171—185, 187, 188, 192, 193, 195, 197, 207, 208, 210, 213, 214, 237, 242, 243, 258, 309—343, 345—350, 352—360, 363, 364, 368—371, 395—400, 403—407, 411—413, 418, 422, 424—428, 431, 433—435, 437, 438, 442, 443, 447, 463, 470

Елагин, Иван Перфильевич 叶拉金，伊凡·彼尔费尔耶维奇（剧院院长）322

Елена Павловна 叶莲娜·巴甫洛

夫娜（大公主） 389

Елизавета Петровна 伊丽莎白·彼得罗夫娜（俄国女皇） 5—15, 18, 19, 21—27, 36, 37, 40, 41, 66, 67, 69, 114, 134, 137, 143, 144, 153, 163, 164, 166, 168, 169, 171, 172, 175, 176, 182, 345, 346, 350, 353, 361, 406, 422, 426

Ермолов, Алексей Петрович 叶尔莫洛夫，阿列克谢·彼得罗维奇（将军） 452

Ж

Жакино 扎基诺（巴黎贵族寄宿学校主人） 247

Железняк Максим 热列兹尼亚克，马克西姆（1768 年乌克兰农民起义领袖） 56

Жоффрен 卓弗林夫人（叶卡捷琳娜二世女友） 76, 157, 319, 328

Жуковский, Василий Андреевич 茹科夫斯基，瓦西里·安德烈耶维奇（诗人） 383

Жуковский, Степан Михайлович 茹科夫斯基，斯捷潘·米哈伊洛维奇（1857 年编纂委员会文书） 293

З

Заблоцкий-Десятовский, Андрей Парфенович 扎勃洛茨基-杰夏托夫斯基，安德烈·帕尔菲诺维奇（政论家） 403

Закревский 扎克列夫斯基（贵族） 134

Закревский, Арсений Андреевич 扎克列夫斯基，阿尔谢尼·安德烈耶维奇（伯爵、莫斯科总督） 289

Зимин А. А. А. А. 济明 408

Зубов Платон Александрович 祖波夫，普拉顿·亚历山大罗维奇（叶卡捷琳娜二世的宠臣、公爵） 335, 450

И

Иван Ⅳ Васильевич Грозный 伊凡四世雷帝·瓦西里耶维奇（沙皇） 343

Иван Ⅵ Антонович 伊凡六世·安东诺维奇（皇帝、安娜·列奥波尔多夫娜之子） 6, 35

Игнатьев, Павел Николаевич 伊格纳季耶夫，帕维尔·尼古拉耶维奇（伯爵、彼得堡总督） 292

Иннокентий（Смирнов） 英诺肯季（斯米尔诺夫）（大司祭、彼得堡神学院学监） 236

Иоанна-Елизавета 约安娜—伊丽莎白（叶卡捷琳娜二世之母） 8

Иосиф Ⅱ 约瑟夫二世（奥地利皇帝） 45, 50, 323, 327, 442

Ираклий Ⅱ 伊拉克利二世（格鲁

吉亚国王）195
Ищелин, Анюк 伊舍林，阿纽克（1767年委员会代表）101

К

Кавелин, Константин Дмитриевич 卡维林，康斯坦丁·德米特里耶维奇（政论家、历史学家、法学家、莫斯科大学和彼得堡大学教授）386, 391

Калонн（Колонн, Каллон），Щарль-Александр 卡伦（法国国务活动家）107, 332

Кальвин, Жан 加尔文（宗教改革家）16

Камерон, Чарльз 卡麦隆（在俄国工作的苏格兰建筑师）326

Канкрин, Егор Францевич 康克林，叶戈尔·弗兰采维奇（伯爵、财政大臣）234

Каподистриа, Иоанн 卡波迪斯特里亚，约翰（伯爵、俄国和希腊国务活动家）444, 453

Карамзин, Николай Михайлович 卡拉姆津，尼古拉·米哈伊洛维奇（历史学家和作家）212, 311, 313, 314, 317, 335, 342, 352, 354, 362, 366, 444

Карл 卡尔（霍尔施坦亲王）8

Карл Ⅰ 查理一世（英国国王）63

Карл Ⅳ 查理四世（西班牙国王）442

Карл ⅩⅡ 查理十二世（瑞典国王）7

Карл Гогенцоллерн 卡尔·霍亨索伦（多瑙河联合公国王公）200

Карл Фридрих 卡尔·弗里德里希（霍尔施坦—戈多普亲王、彼得三世之父）7

Карл Эммануил Ⅳ 卡洛·埃马努埃莱四世（撒丁国王）442

Кауниц-Ритберг, Венцель Антон 考尼茨，文采尔·安东（亲王、奥地利国务活动家、外交家）50

Кауфман, Константин Петрович 考夫曼，康斯坦丁·彼得罗维奇（塔什干总督）196

Каховский, Петр Григорьевич 卡霍夫斯基，彼得·格里戈里耶维奇（十二月党人）255

Кизеветтер, А. А. А. А. 基泽维捷尔（历史学家）89, 403

Киселев, Павел Дмитриевич 基谢列夫，帕维尔·德米特列耶维奇（伯爵、国务活动家）273, 275—279, 281, 372, 376—378, 387, 394, 402, 464, 466, 469

Клейнмихель, Петр Андреевич 克莱因米赫尔，彼得·安德烈耶维奇（伯爵、交通部总管）388

Клериссо 克列里梭（外国匠师）326

Климент ⅩⅣ 克里门特十四世（罗马教皇）243

Княжевич, Александр Максимович

克尼亚热维奇，亚历山大·马克西莫维奇（财政大臣）388

Ковалевский, Евграф Пегрович 科瓦列夫斯基，叶甫格拉夫·彼得罗维奇（国民教育大臣）388

Козицкий, Григорий Васильевич 科齐茨基，格里戈里·瓦西里耶维奇（叶卡捷琳娜二世的秘书）77

Константин Павлович 康斯坦丁·巴甫洛维奇（大公、波兰总督）50, 204, 231, 252—254, 256, 257, 263, 273, 291, 293, 389, 424

Коробьин, Григорий 科罗宾，格里戈里（1767年委员会代表）100, 434

Корф, Иоганн-Альбрехт 科尔弗，约加尼·阿尔布列赫特（男爵、俄国驻哥本哈根大使）43

Корф, Модест Андреевич 科尔弗，莫杰斯特·安德烈耶维奇（伯爵、国务活动家）255, 391, 401, 403, 469

Костюшко, Тадеуш 科斯丘什科，塔德乌什（1794年波兰起义领袖）59

Котошихин, Григорий Карпович 科托希欣，格里戈里·卡尔波维奇（书吏、《论阿列克谢·米哈伊洛维奇统治时期的俄国》一书的作者）136

Кочубей, Виктор Павлович 科丘别伊，维克托·巴甫洛维奇（公爵、内政大臣、副首相）213, 216, 217, 313, 336, 449

Кочубей 柯丘别依（伯爵、俄国驻土耳其大使）198

Крестинин, Василий Васильевич 克列斯季宁，瓦西里·瓦西里耶维奇（历史学家）360

Крижанич, Юрий 克里扎尼奇，尤里（斯拉夫政论家）343

Крюденер, Варвара-Юлия 克留杰涅尔，瓦尔瓦拉-尤利娅（男爵夫人）444

Куза, Александр 库扎，亚历山大（公爵，摩尔多瓦和瓦拉几亚公国王公）200

Кур Де Жебелень 库尔·德·热别林（法国学者）327

Куракин, Алексей Борисович 库拉金，阿列克谢·鲍里索维奇（公爵、总检察官、内务大臣）216

Куракин 库拉金（公爵）173, 434

Курций, Руф Квинт 库尔齐，鲁弗·克文特（罗马历史学家）170

Кюхельбекер, Вильгельм Карлович 丘赫尔贝克，维尔格尔姆·卡尔洛维奇（诗人、十二月党人）249

Л

Лагарп, Фредерик-Цезарь 拉加尔普，弗里德里希-采扎里（亚历山大和康斯坦丁大公的老师）173, 205—209, 401, 443, 445, 450—452, 457, 462

Ланской, Сергей Степанович 兰斯科依，谢尔盖·斯捷潘诺维奇（伯爵、内务大臣）289, 291, 371, 387, 391, 393, 469

Ланской, Александр Дмитриевич 兰斯科依，亚历山大·德米特里耶维奇（侍从将官、叶卡捷琳娜二世的宠臣）327

Латкин, В. Н. В. Н. 拉特金（历史学家）403

Лафайет, Мари Жозеф 拉法叶（侯爵、法国政治活动家）327

Левшин, Алексей Ираклиевич 列夫申，阿列克谢·伊拉克利耶维奇（内务副大臣）290

Ленин, В. И. В. И. 列宁 401, 402

Лепешкин, В. Д. В. Д. 列佩什金 406

Лермонтов 莱蒙托夫（1767年委员会贵族代表）104

Лесток, Иоганн-Герман 列斯托克，约甘-格尔曼（伊丽莎白·彼得罗芙娜的御医）13

Линь, Шарль-Жозеф, Де 利恩（亲王）328, 331

Линьи, Де 利尼伊（彼得堡科学院成员）165

Локк, Джон 洛克，约翰（英国哲学家）204, 205

Ломоносов, Михаил Васильевич 罗蒙诺索夫，米哈伊尔·瓦西里耶维奇（俄国伟大学者和诗人）165, 345

Лоран 洛兰（叶卡捷琳娜二世的小学老师）15

Людовик XIV 路易十四（法国国王）15, 442

Людовик XVI 路易十六（法国国王）63, 239, 453

Людовик XVIII 路易十八（法国国王）453

Лютер, Мартин 路德，马丁（宗教改革家）15, 16

М

Мабли, Габриель Бонно, де 马布利（神甫、法国思想家）205, 206

Магницкий, Михаил Леонтьевич 马格尼茨基，米哈伊尔·列奥季耶维奇（反动政治家）238, 239

Макартней 马卡特尼 360

Манштейн, Христофор Герман 曼施坦因，赫里斯托福尔·格尔曼（将军、《回忆录》作者）166, 431

Марат, Жан Поль 马拉特（法国革命活动家）173

Мария Терезия 玛丽亚·特蕾莎（奥地利女皇）332

Мария Федоровна 玛丽娅·费多罗芙娜（皇后、保罗一世皇帝的妻子）204, 268

Массон, Карл 马森（作家）205

Мельгунов Алексей Петрович 麦尔古诺夫·阿列克谢·彼得罗维奇（中将）12

人名索引 449

Меншиков, Александр Данилович 缅什科夫,亚历山大·达尼洛维奇（公爵、陆军元帅）134, 419, 426

Меншиковы 缅什科夫家族（公爵）244

Мерсье, Луи Себастиан 麦尔西（法国作家）124

Меттерних, Клемент 梅特涅（公爵、奥地利国务活动家）455

Миллер, Герард Фридрих 米勒, 格拉尔德·弗里德里希（历史学家和古文献学家、彼得堡科学院成员）431

Милорадович, Михаил Андреевич 米洛拉多维奇, 米哈伊尔·安德烈耶维奇（伯爵、彼得堡总督）253—256

Милютин, Дмитрий Алексеевич 米留金, 德米特里·阿列克谢耶维奇（伯爵、大将、陆军大臣）389

Милютин, Николай Алексеевич 米留金, 尼古拉·阿列克谢耶维奇（内政副大臣）293, 389

Миних, Бурхард Христофор 米尼希, 布尔哈德·赫里斯托福尔（陆军元帅）166, 167

Мирович, Василий Яковлевич 米洛维奇, 瓦西里·雅科夫列维奇（陆军少尉）35

Мишо, Жозеф-Франсуа 米绍, 约瑟夫·弗朗索瓦（法国历史学家）453

Михаил Павлович 米哈伊尔·巴甫洛维奇（大公）263

Мольер, Жан-Батист 莫里哀（法国剧作家）32

Монтескье, Шарль Луи 孟德斯鸠（法国启蒙哲人）19, 20, 32, 75—77, 81, 82, 174, 328, 357

Мордвинов, Николай Семенович 莫尔德维诺夫, 尼古拉·谢苗诺维奇（海军上将、国务活动家）233, 234, 279

Моро Жан-Виктор 莫罗, 让·维克托（法国将军）451

Муравьев, Михаил Никитич 穆拉维约夫, 米哈伊尔·尼基季奇（作家、保罗和康斯坦丁大公的老师）205, 206, 445

Муравьев, Михаил Николаевич 穆拉维约夫, 米哈伊尔·尼古拉耶维奇（伯爵）387

Муравьев, Никита Михайлович 穆拉维约夫, 尼基塔·米哈伊洛维奇（十二月党人）

Муравьевы-Апостолы, Сергей и Матвей Ивановичи 穆拉维约夫-阿波斯托尔, 谢尔盖和马特维·伊凡诺维奇兄弟（十二月党人）247

Муравьев-Апостол, Сергей Иванович 穆拉维约夫-阿波斯托尔, 谢尔盖·伊凡诺维奇（十二月党人）255

Мусин-Пушкин, Алексей Иванович 穆辛-普希金，阿列克谢·伊凡诺维奇（伯爵、考古学家）31

Н

Назимов, Владимир Иванович 纳吉莫夫，弗拉基米尔·伊凡诺维奇（维尔诺总督）290, 292, 392

Наполеон I Бонапарт 拿破仑一世（法国皇帝）204, 217, 231, 450, 452, 454, 455, 457

Нардов 纳尔多夫 405

Нарышкин, Лев Александрович 纳雷什金，列夫·亚历山大罗维奇（宫廷官员（三等文官））12, 334

Нарышкин, Семен Васильевич 纳雷什金，谢缅·瓦西里耶维奇（1767 年委员会代表）97

Нарышкина 纳雷什金娜（宫廷狩猎官纳雷什金之妻）12

Нарышкины 纳雷什金家族（贵族）244

Неккер, Жак 涅克尔（法国政治家、路易十六的大臣）106, 332

Нессельроде, Карл Васильевич 涅谢尔罗迭，卡尔·瓦西里耶维奇（伯爵、外交大臣）373, 382, 387

Николай I Павлович 尼古拉一世·巴甫洛维奇（俄国皇帝）120, 184, 186, 188, 189, 196, 241, 252—257, 262—265, 267, 268, 271, 272, 274, 278, 279, 281— 284, 287, 290, 371, 373—375, 377—381, 388, 389, 394, 395, 400, 402, 405—407, 438, 449, 458—466, 468, 469

Николь, Карл Евгений 尼科尔，卡尔·叶夫根尼（天主教神甫、教育家）243, 244, 246

Новиков, Николай Иванович 诺维科夫，尼古拉·伊凡诺维奇（政论家、社会活动家）370, 398, 433

Новосильцев, Николай Николаевич 诺沃西尔采夫，尼古拉·尼古拉耶维奇（伯爵、国务活动家）213, 232

Норов, Авраам Сергеевич 诺罗夫，阿弗拉姆·谢尔盖耶维奇（国民教育大臣）388

О

Оболенский, Евгений Петрович 奥鲍连斯基，叶夫根尼·彼得罗维奇（公爵、十二月党人）246, 257

Одоевский, Иван Михайлович 奥多耶夫斯基，伊凡·米哈伊洛维奇（公爵、世袭领地委员会主席）12

Опочинин 奥波契宁（雅罗斯拉夫地主）184, 434

Ордин-Нащокин, Афанасий Лаврентьевич 奥尔金-纳晓金，阿法

纳西·拉夫连季耶维奇（大贵族、省长、外交家）218

Орлов, Алексей Григорьевич 奥尔洛夫，阿列克谢·格里戈里耶维奇（伯爵）47, 48, 51, 86

Орлов, Алексей Федорович 奥尔洛夫，阿列克谢·费奥多罗维奇（公爵、国务会议和大臣委员会主席）388, 391, 393, 469

Орлов, Григорий Григорьевич 奥尔洛夫，格里戈里·格里戈里耶维奇（伯爵、叶卡捷琳娜二世的宠臣）47, 58, 95, 150, 335

Орлов, Михаил Федорович 奥尔洛夫，米哈伊尔·费奥多罗维奇（公爵、少将、亚历山大一世的侍从武官）454

Орлов, Федор Григорьевич 奥尔洛夫，费奥多尔·格里戈里耶维奇（伯爵、总检察官）327

Орловы 奥尔洛夫家族（伯爵）35, 47, 244

Остерман, Андрей Нванович 奥斯捷尔曼，安德烈·伊凡诺维奇（伯爵、海军上将、副首相、最高枢密院成员）114, 419—421, 426

П

Павел I Петрович 保罗一世·彼得罗维奇（俄国皇帝）21, 26, 35, 42, 172, 186, 189, 190, 192, 193, 198, 202, 204, 216, 236, 243, 244, 263, 268, 334, 357, 377, 378, 396, 399, 400, 402, 404—407, 433, 438—441, 449, 458

Паизиелло, Джованни 帕伊齐埃洛（意大利作曲家）324

Паллас, Петр Симон 帕拉斯，彼得·西蒙（自然科学家、彼得堡科学院成员）153, 328

Панин, Виктор Никитич 帕宁，维克托·尼基季奇（伯爵、司法大臣、农民改革问题编纂委员会主席）295, 387, 388

Панин, Никита Иванович 帕宁，尼基塔·伊凡诺维奇（伯爵、国务活动家和外交家）34, 41—44, 50, 51, 53, 54, 56—58, 64, 70, 71, 78, 115, 191, 334, 335, 340, 346—348, 398, 412, 413, 423, 425, 426, 440

Панин, Петр Иванович 帕宁，彼得·伊凡诺维奇（上将）141, 146, 151, 372

Панины 帕宁家族（伯爵）35, 334

Панов 帕诺夫（普列奥布拉任斯科耶近卫团中尉、十二月党人）247

Паррот, Егор Иванович（Георг Фридрих）帕罗特，叶戈尔·伊万诺维奇（物理学家、彼得堡科学院名誉成员）453

Паскевич 帕斯凯维奇（公爵）293

Перар 彼拉尔（神甫、叶卡捷琳娜

二世的老师） 15

Перекусихина, Марья Саввишна 彼列库西希娜，玛丽娅·萨维什娜（叶卡捷琳娜二世的少年侍女） 321

Перовский, Лев Алексеевич 彼罗夫斯基，列夫·阿列克谢耶维奇（伯爵、内政大臣） 277, 375

Пестель, Павел Иванович 彼斯特尔，帕维尔·伊凡诺维奇（十二月党人） 252, 255, 257

Петр I Великий 彼得一世大帝（俄国皇帝） 5—7, 17, 22, 31, 35, 40, 47, 57, 66, 67, 82, 86, 95, 96, 99, 104, 107—109, 112, 113, 125, 127, 128, 130—134, 136—138, 140, 144, 145, 147, 158, 161, 164—166, 171, 172, 174, 175, 179—182, 185, 187, 190, 191, 194, 255, 273, 312, 314, 316, 340—342, 344—346, 348, 369, 370, 395, 404—406, 417—419, 422, 427, 433—435, 440, 445, 461, 468

Петр II Алексеевич 彼得二世·阿列克谢耶维奇（沙皇） 113, 114, 361

Петр III （Карл Петр Ульрих） Фёдорович 彼得三世（卡尔-彼得-乌尔里希）·费奥多罗维奇（皇帝） 5—7, 9, 10, 12, 21, 22, 24—27, 37, 40, 42, 66, 114, 138, 141, 347, 353, 422

Петрово-Соловово 彼得罗沃-索洛沃伏（沃龙涅什地主） 215

Платон 柏拉图（古希腊哲学家） 239

Плутарх 普鲁塔克（古希腊作家） 31, 205, 326

Поленов, А. Я. А. Я. 波列诺夫（政论家、1767年委员会代表） 146

Помбал, Себастиан хозе 庞巴尔（葡萄牙国务活动家） 442

Понятовский, Станислав 波尼亚托夫斯基，斯坦尼斯拉夫（波兰国王） 41, 53, 56, 319

Попов, С. В. С. В. 波波夫 435

Поповский, Николай Никитич 波波夫斯基，尼古拉·尼基季奇（莫斯科大学教授） 433

Порошин, Семён Андреевич 波罗申，谢苗·安德烈耶维奇（保罗一世的老师） 334, 357, 403, 433, 440

Потемкин, Григорий Александрович 波将金，格里戈里·亚历山大罗维奇（大将、国务活动家和外交家、叶卡捷琳娜二世的宠臣） 50, 142, 327, 335

Протасов, Александр Яковлевич 波罗塔索夫，亚历山大·雅科夫列维奇（参政员、亚历山大·巴甫洛维奇的老师） 206

Протасова 普罗塔索娃（公爵夫人） 244

Пугачев, Емельян Иванович 普加

乔夫，叶梅利扬·伊凡诺维奇
（1773—1775年农民战争领袖）
397

Пулавский 普瓦夫斯基（波兰律
师）54

Пушкин, Александр Сергеевич 普
希金，亚历山大·谢尔盖耶维奇
（俄国伟大诗人）313, 462

Пущин, Иван Иванович 普辛，伊
凡·伊凡诺维奇（十二月党人）
254

P

Радищев, Александр Николаевич
拉吉舍夫，亚历山大·尼古拉耶
维奇（作家、唯物主义哲学家、
启蒙运动者）312, 313, 398, 434

Разумовские 拉祖莫夫斯基家族
（伯爵）134

Разумовский, Алексей Григорьевич
拉祖莫夫斯基，阿列克谢·格里
戈里耶维奇（伯爵、伊丽莎白女
皇的宠臣）11, 12

Разумовский, Кирилл Григорьевич
拉祖莫夫斯基，基里尔·格里戈
里耶维奇（伯爵、小俄罗斯统领、
彼得堡科学院院长）23, 134,
143, 358

Раупах, Эрнст-Вениамин-Соломон
劳帕赫，恩斯特-韦尼阿明-索洛
明（彼得堡科学院世界通史教授）
241

Рейналь, Гильом-Томас-Франсуа
列纳尔（法国哲学家和历史学家）
323

Репнин, Николай Васильевич 列普
宁，尼古拉·瓦西里耶维奇（公
爵、大将）325

Романович-Славатинский, А. В.
А. В. 罗曼诺维奇–斯拉瓦京斯基
（历史学家）403

Ромм, Жильбер 罗姆（斯特罗甘
诺夫伯爵的教师）173

Ростовцев, Яков Иванович 罗斯托夫
采夫，雅科夫·伊凡诺维奇（侍
从将军、农民改革问题编纂委
员会主席）293, 295, 387, 391,
466, 469, 470

Ростопчин, Фёдор Васильевич 罗
斯托普钦，费奥多尔·瓦西里耶
维奇（伯爵）198, 235

Румянцев, Сергей Петрович 鲁勉
采夫，谢尔盖·彼得罗维奇（伯
爵）

Румянцев, Петр Александрович 鲁
勉采夫，彼得·亚历山大罗维奇
（伯爵、大将）152, 335, 361

Румянцевы 鲁勉采夫家族（伯爵）
334

Руссо, Жан Жак 卢梭（法国思想
家、启蒙哲人）174, 177, 204—
206, 263

Рылеев, Кондратий Фёдорович 雷
列耶夫，康德拉季·费奥多罗维
奇（诗人、十二月党人）252—

255

Рычков, Петр Иванович 雷奇科夫，彼得·伊凡诺维奇（地理学家、经济学家和统计学家） 148, 151, 431

Рюрик 留里克（瓦良格王公） 96

С

Салтыков, Николай Иванович 萨尔特科夫，尼古拉·伊凡诺维奇（伯爵、上将） 173, 205, 206, 335, 424

Самарин, Юрий Фёдорович 萨马林，尤里·费奥多罗维奇（斯拉夫主义者，参与1861年农民改革的准备和实施） 293, 466

Самборский, Андрей Афанасьевич 萨姆鲍尔斯基，安德烈·阿法纳西耶维奇（保罗一世皇帝的宗教老师和神甫） 209

Севинье, Мари де Рабютен Шанталь 塞维涅夫人（法国沙龙女作家） 32

Сегюр, Луи-Филипп 塞居尔（伯爵、法国驻彼得堡大使） 35, 192, 403

Семевский, В. В. В. В. 谢麦夫斯基（历史学家） 403

Сергий Радонежский 谢尔盖·拉多涅日斯基（季米特里·顿斯科伊王公时期的教会政治活动家） 31

Сиверс, Яков Ефимович 西维尔斯，雅科夫·叶菲莫维奇（伯爵、诺夫哥罗德省长） 141, 146, 153, 431

Симон Тодорский 西蒙·托多尔斯基（普斯科夫和纳尔瓦大主教） 15

Скобелев, Михаил Дмитриевич 斯科别列夫，米哈伊尔·德米特烈耶维奇（将军） 196

Смирнов, Н. М. Н. М. 斯米尔诺夫（参政员、《回忆录》作者） 389, 467

Смирнова, Александра Осиповна 斯米尔诺娃，亚历山德拉·奥西波夫娜 373, 389

Соловьев 索洛维约夫（1857年编纂委员会文书） 293

Соловьев, С. М. С. М. 索洛维约夫（历史学家） 403

Соломон Ⅱ 索洛门二世（格鲁吉亚国王） 195

Солтык 索尔蒂克（克拉科夫主教） 54, 55

Сперанский, Михаил Михайлович 斯佩兰斯基，米哈伊尔·米哈伊洛维奇（伯爵、亚历山大一世和尼古拉一世时期的国务活动家） 71, 186, 202, 216, 221, 223, 225, 226, 238, 257, 260, 265—268, 273, 280, 373, 376, 401, 404, 405, 444, 446, 449—451, 456, 457

Спиридов, Григорий Андреевич 斯皮里多夫，格里戈里·安德烈耶维奇（海军上将） 47, 48

Степанов, Ипполит Семёнович 斯捷潘诺夫，伊波利特·谢苗诺维奇（1767 年委员会代表）95

Стратимирович 斯特拉季米罗维奇（都主教）199

Строганов, Александр Сергеевич 斯特罗甘诺夫，亚历山大·谢尔盖耶维奇（伯爵、参政员、艺术学院院长）334

Строганов, Павел Александрович 斯特罗甘诺夫，帕维尔·亚历山德罗维奇（伯爵、参政员）173, 213, 282

Струйский, Никита Еремеевич 斯特鲁依斯基，尼基塔·叶列麦耶维奇（奔萨地主）177, 433, 434, 440

Суворов, Александр Васильевич 苏沃洛夫，亚历山大·瓦西里耶维奇（俄国伟大统帅）336, 407, 441

Сумароков, Александр Петрович 苏马罗科夫，亚历山大·彼得罗维奇（作家）163, 169, 170

Сухозанет, Николай Онуфриевич 苏霍泽涅特，尼古拉·奥努夫里耶维奇（陆军大臣）388

Сысоев, В. В. 瑟索耶夫 404, 406—410

Т

Тавышев, Абдулла-Мурза, Мулла 塔维舍夫，阿布杜拉-穆尔扎（1767 年委员会代表）101, 355

Талейран, Шарль Морис 塔列朗（法国政治家和外交家）452, 455

Тацит, Корнелий 塔西佗（罗马历史学家）20, 205, 326

Тихомиров, М. Н. М. Н. 季霍米罗夫（院士）409

Толстой, Петр Андреевич 托尔斯泰，彼得·安德烈耶维奇（伯爵、最高枢密院成员）419

Топь, Карл Фёдорович 托尔，卡尔·费奥多罗维奇（将军）254

Тредьяковский, Василий Кириллович 特列李雅科夫斯基，瓦西里·基里洛维奇（诗人）177

Тромбар 特隆巴尔（在俄国工作的外国匠师）326

Трубецкой, Сергей Петрович 特鲁别茨科伊，谢尔盖·彼得罗维奇（公爵、十二月党人）246, 251, 254, 458

Тургенев, Николай Иванович 屠格涅夫，尼古拉·伊凡诺维奇（政论家）252

Тюрго, Анн Робер Жак 杜尔哥（法国政治活动家和经济学家）323

У

Унковский, Алексей Михайлович 温科文斯基，阿列克谢·米哈伊洛维奇（法律学家、特维尔省首席贵族）294

Ушаков, Фёдор Фёдорович 乌沙科夫，费多尔·费奥多罗维奇（海军上将）61, 341

Ф

Фальконет, Этьен Морис 法里康涅特（法国雕塑家、彼得堡彼得大帝铜像的作者）326

Филарет 费拉列特（莫斯科牧首）253

Фонвизин, Денис Иванович 冯维津，杰尼斯·伊凡诺维奇（剧作家、讽刺作家）176

Фотий 福季（大司祭）444

Фридрих II 弗里德里希二世（普鲁士国王）8, 9, 23, 24, 27, 35, 41—45, 47, 49, 57, 58, 60, 77, 110, 321, 326, 336, 341, 342, 411, 442

Фридрих Вильгельм II 弗里德里希·威廉二世（普鲁士国王）60

Фридрих Карл 弗里德里希·卡尔（叶卡捷琳娜二世的外祖父）7

Х

Храповицкий Александр Васильевич 赫拉波维茨基·亚历山大·瓦西里耶维奇（叶卡捷琳娜二世的御前大臣、《日记》的作者）31, 32, 320, 322, 330, 403, 435

Христиан VII 克里斯蒂安七世（丹麦国王）331

Христиан Август 克里斯蒂安·奥古斯特（普鲁士元帅，叶卡捷琳娜二世的父亲）6

Циммерман 齐麦尔曼（医生）319, 331

Цнцерон, Марк Туллий 西塞罗（古罗马演说家、作者和政治家）19

Ч

Чарторыйские 恰尔托雷斯基家族（波兰公爵）44, 45

Чарторыйский, Адам Ежи 恰尔托雷斯基，亚当·耶日（公爵、波兰和俄国政治家、亚历山大一世时期秘密委员会成员、外交大臣）210, 213, 444

Чеботарев, Харитон Андреевич 切鲍塔列夫，哈里顿·安德烈耶维奇（教授、莫斯科大学第一任校长）31

Чевакинский, Савва Иванович 切瓦金斯基，萨瓦·伊凡诺维奇（俄国建筑师）326

Чевкин, Константин Владимирович 切甫金，康斯坦丁·弗拉基米罗维奇（交通部总管）388

Черкасский, Алексей Михайлович 切尔卡斯基，阿列克谢·米哈伊洛维奇（公爵、编审委员会专家）293, 466

ЧернышевЗахар, Григорьевич 车

人名索引　　*457*

尔尼绍夫，扎哈尔·格里戈里耶维奇（伯爵、大将、陆军委员会副主席）425

Чернышев, Иван Григорьевич　车尔尼绍夫，伊凡·格里戈里耶维奇（伯爵、大将、海军委员会主席）68, 171, 354, 425

Чернышевский, Николай Гаврилович　车尔尼雪夫斯基，尼古拉·加夫里洛维奇（俄国革命民主主义者）400

Чернышевы　车尔尼雪夫家族（贵族、伯爵和公爵）67, 334

Черняев, Михаил Григорьевич　切尔尼亚耶夫，米哈伊尔·格里里耶维奇（将军）196

Чечулин, Н. Д.　Н. Д. 切丘林（历史学家）403

Чупров, Иван Андреевич　丘普罗夫，伊凡·安德烈耶维奇（1767年委员会国家农民代表）94

Ш

Шаховской, Яков Петрович　沙霍夫斯基，雅科夫·彼得罗维奇（总检察官）334

Шварценберг, Карл-Филипп　施瓦尔岑贝格（公爵、奥地利元帅）452, 455

Шекспир, Вильям　莎士比亚（英国诗人和剧作家）328

Шетарди, Иоахим-Жак Тротти　什塔尔第（侯爵、法国将军和外交家、驻俄国宫廷大使）13

Шильдер, Николай Карлович　希利杰尔，尼古拉·卡尔洛维奇（中将、历史学家）403

Шишков, Александр Семенович　希什科夫，亚历山大·谢缅诺维奇（作家、教育大臣）236, 237

Шуазель-Гуфье, Марей-Габриэль-Флориан-Огюст　舒阿泽里-古菲叶（伯爵）243

Шувалов, Александр Иванович　舒瓦洛夫，亚历山大·伊凡诺维奇（伯爵、大将）24, 25

Шувалов, Андрей Павлович　舒瓦洛夫，安德烈·巴甫洛维奇（伯爵、彼得堡省首席贵族）293, 295

Шувалов, Андрей Петрович　舒瓦洛夫，安德烈·彼得罗维奇（伯爵、作家）175

Шувалов, Иван Иванович　舒瓦洛夫，伊凡·伊凡诺维奇（国务活动家、莫斯科大学学监）23, 172, 323, 334

Шувалов, Петр Иванович　舒瓦洛夫，彼得·伊凡诺维奇（伯爵、大将、伊丽莎白女皇时期的国务活动家）12

Шуваловы　舒瓦洛夫家族（伯爵）23, 35, 67

Шторх, Андрей Карлович　什托尔赫，安德烈·卡尔洛维奇（统计学家、彼得堡科学院特级成员）

148, 151

Штрубе, Де Пирмонт　什特鲁别（院士）　85

Щербатов, Александр Алексеевич　谢尔巴托夫，亚历山大·阿列克谢耶维奇（公爵、莫斯科省首席贵族）　289

Щербатов, Михаил Михайлович　谢尔巴托夫，米哈伊尔·米哈伊洛维奇（公爵、历史学家和政论家，1767 年委员会代表）　96—99, 100, 106, 312, 313, 315, 331, 359, 433

Э

Эллерт　埃列尔特（寄宿学校校长）　168

Эльфинстон　埃尔芬斯通（在俄国服役的英国海军少将）　48

Энгель　恩格尔（参政员）　265

Энгельгардт, Л. Н.　Л. Н. 恩格尔哈特（贵族）　168

Ю

Юсти　尤斯季（德国法律学家）　77
Юсупов　尤苏波夫（公爵）　244
Юшков　尤什科夫　405, 406

Я

Яворский Стефан　雅沃尔斯基·斯特凡（作家和教会活动家）　170

Ягужинский, Павел Иванович　亚古任斯基，帕维尔·伊凡诺维奇（伯爵、参政院总检察官）　114, 419

地名索引

（索引中的页码为原书页码，即本书边码）

A

Абас-Туман, г. 阿巴斯图曼（城） 407

Австрия 奥地利 9, 42, 43, 45, 49—51, 57—59, 63, 197—199, 215, 411, 412, 441, 443, 451, 455

Адрианополь, г. 阿德里安堡（城） 200

Адриатическое море 亚得里亚海 50

Азия 亚洲 68, 194, 196

Азовское море 亚速海 40—46, 399

Аккерман, г. 阿卡尔曼（城） 200

Аландские о-ва 亚兰群岛 194

Албания 阿尔巴尼亚 47, 200

Ангальт-Цербст, Герцогство 安亨尔特—策尔布斯特（公国） 7, 456

Англия 英国 23, 43, 44, 47, 333, 412, 427, 441, 443, 455

Английская Индия 英属印度 196

Аппенинский п-ов 亚平宁半岛 235

Архангельская провинция 阿尔汉格尔斯克州 89

Архипелаг 群岛 47, 48

Астрахань, г. 阿斯特拉罕（城） 89, 335

Атлантический океан 大西洋 456

Аустерлиц, г. 奥斯特利茨（城） 451, 452, 456

Афганистан 阿富汗 196

Афины, г. 雅典（城） 29, 75

Б

Бакинсков ханство 巴库汗国 195

Балканский п-ов 巴尔干半岛 187, 199, 201

Балтийсков море 波罗的海 39, 194

Бауцен, г. 鲍岑（城） 451, 455

Белград, г. 贝尔格莱德（城） 51, 385

Белозерская провинция 白湖州 89

Белоруссия 白俄罗斯 58, 59, 371,

411

Бендеры, г. 宾杰里（城）48

Берлин, г. 柏林（城）15, 44, 335, 468

Бессарабия 比萨拉比亚 48, 50, 194, 197, 384

Болгария 保加利亚 198

Болгарское княжество 保加利亚公国 200

Босния 波斯尼亚 50, 198, 200

Босфор, пролив 伊斯坦布尔海峡 62, 341

Брауншвейг, герцогство 不伦瑞克（公国）7, 8, 15

Брацлавская губ. 布拉兹拉夫省 178

Буй, г. 布伊（城）87

Бухара, ханство 布哈拉（汗国）196

Бухарест, г. 布加勒斯特（城）

В

валахия 瓦拉几亚 48—51, 57, 59, 197, 198, 200

Вартбург, г. 瓦尔特堡（城）235

Варшава, г. 华沙（城）53, 253, 254, 273, 411

Варшавское герцогство 华沙公国 231, 455

Великая, р. 维利卡亚河 443

Великое княжество Финляндское 芬兰大公国（见芬兰）

Великороссия 大俄罗斯 69, 88, 430

Вена, г. 维也纳（城）45, 335, 455, 456

Венецианская республика 威尼斯共和国（见 Венеция）

Венеция 威尼斯 50, 51, 198

Византийская империя 拜占庭帝国 198, 341

Виленская губ. 维尔诺省 178

Вилия, р. 维利亚河 59

Вильна, г. 维尔诺（城）454

Висла, р. 维斯瓦河 59, 63, 211, 443, 454, 455

Витебская губ. 维捷布斯克省 58, 178

Владимир, г. 弗拉基米尔（城）177

Владимирская губ. 弗拉基米尔省 216, 299

Волга, р. 伏尔加河 68, 354

Вологодская губ. 沃洛格达省 298

Волынь 沃伦 412

Волынская губ. 沃伦省 178

Волхов, р. 沃尔霍夫河 443

Воронежская губ. 沃罗涅日省 143, 156, 288

Восточная Европа 东欧（见 Европа）

Восточная Сибирь 东西伯利亚（见 Сибирь）

Восточный Кавказ 东高加索（见 Кавказ）

Вюртенберг, г. 符腾堡（城）456

地名索引 *461*

Вятская губ. 维亚特卡省 298

Г

Галиция 加里西亚 58, 60, 180, 411, 412

Гамбург, г. 汉堡（城）15

Гатчина 加特契纳 191, 192

Гейльбронн, г. 海尔布伦（城）456

Герцеговина 黑塞哥维那 200

Германия 德国 6, 15, 20, 21, 24, 29, 199, 340, 454

Гинду-Куш, хребет 兴都库什山 196

Голштиния, герцогство 霍尔施坦（公国）7, 337, 340

Голландия 荷兰 40, 104, 413, 427

Гродненская губ. 格罗德诺省 178

Греция 希腊 50, 52, 207

Грузия 格鲁吉亚 195

Гурия, княжество 古里亚（公国）195

Д

Дагестан 达格斯坦 196

Дакия 达基亚 50, 198

Далматия (Далмация) 达尔马提亚 50

Дания 丹麦 40, 43, 44, 47, 337, 413, 422

Дарданеллы, пролив 达达尼尔海峡

Двина, р. 德维纳河 52

Днепр, р. 第聂伯河 52, 341

Днестр, р. 德涅斯特河 49, 50, 61, 341

Дрезден, г. 德累斯顿（城）451, 455

Дунай, р. 多瑙河 49, 50, 411

Е

Европа 欧洲 8—10, 22, 29, 38—41, 43, 47, 51, 60, 62—64, 74, 76, 92, 113, 119, 124, 151, 174—176, 183, 184, 186, 198, 199, 201, 203, 204, 211, 212, 222, 227, 230, 235, 247, 324, 335, 339, 341—343, 346, 358, 380, 381, 384, 412, 433, 436, 441, 442, 447, 450, 451, 453—459, 464, 468

Египет 埃及 198, 442

Екатеринослав, г. 叶卡捷琳诺斯拉夫（城）61

Екатеринославская губ. 叶卡捷琳诺斯拉夫省 178

Енисейская губ. 叶尼塞斯克省 153

З

Закавказье 外高加索 47, 195, 285

Земля Войска Донского 顿河军区辖地 285

Земля Войска Черноморского 黑海军区辖地 178

И

Имеретия 伊麦列第亚 195
Испания 西班牙 199, 235, 412
Истрия 伊斯的利亚 50
Италия 意大利 47, 199, 323, 444

К

Кабарда, обл. 卡巴尔达 47, 51
Кавказ 高加索 194, 195, 196
Кавказский хребет 高加索山脉 40, 194, 195, 399
Кагул, р. 卡古尔河 48, 317, 323
Казань, г. 喀山（城） 68, 102, 103, 174, 225, 238, 354, 431
Казанская губ. 喀山省 288
Казанская округ 喀山区 238
Калужская губ. 卡卢加省 156
Каргопольский уезд 卡尔戈波尔县 89, 93
Каспийское море 里海 195, 196
Киев, г. 基辅（城） 225
Киевская губ. 基辅省 143, 252, 255
Киль, г. 基尔（城） 15
Кипр, о-в 塞浦路斯岛
Китай 中国 196
Клермонт, г. 克列蒙特（城） 235
Кокандское ханство 浩罕汗国 196
Константинополь, г. 君士坦丁堡（城） 47, 48, 51, 62, 198, 335, 341, 385

Копенгаген, г. 哥本哈根（城） 43
Кострома, г. 科斯特罗马（城） 68, 171, 354
Костромская губ. 科斯特罗马省 156
Крит, о-в 克里特岛 50, 198
Кронштадт, крепость 喀琅施塔得要塞 47, 314
Крым 克里木 40, 49, 50, 61, 317, 327, 399
Кубань, р. 库班河 49, 61, 194
Кульм, селение 库尔姆村 451
Курляндия 库尔兰 60, 62, 412
Курляндская губ. 库尔兰省 178
Курская губ. 库尔斯克省 143
Кутаис, г. 库塔伊斯（城） 195
Кучук-Кайнарджи 库楚克—凯纳吉 315

Л

Ладожский канал 拉多加运河 67
Ларга, р. 拉尔加河 48, 317
Лайбах, г. 莱巴赫（城） 444
Лейпциг, г. 莱比锡（城） 246, 447, 451, 452, 455
Ливадия 利瓦吉亚 385
Ливорно, г. 里窝那（城） 48
Литва 立陶宛 60, 231, 371, 392
Лифляндия 利夫兰 232, 456
Лондон, г. 伦敦（城） 47, 346
Люцен, г. 柳岑（城） 451, 454, 455

М

Македония 马其顿 200

Малая Валахия 小瓦拉几亚 50

Малороссия 小俄罗斯 88, 143, 361, 430

Маренго, селение 马连戈（村）441

Мекленбург, герцогство 麦克伦堡（公国）7

Мингрелия, княжество 明格列里亚（公国）195

Минская губ. 明斯克省 178

Могилев, г. 莫吉廖夫（城）52, 327

Могилевская губ. 莫吉廖夫省 58, 178

Молдавия 摩尔多瓦 48—51, 57, 59, 197, 198, 200

Монмартр, предместье 蒙马特郊区 447

Морея（Пелопоннес）, п-ов 摩利亚（伯罗奔尼撒半岛）47—50, 59, 198

Москва, г. 莫斯科（城）10, 68, 78, 87, 93, 152, 164, 168, 177, 225, 247, 252, 277, 289, 312, 335, 346, 371, 382, 391, 431, 451, 452, 454

Москва, р. 莫斯科河 452

Московская губ. 莫斯科省 156, 292, 298, 299, 304, 398, 427

Московское государство 莫斯科国家 112, 129

Н

Нахичеванское ханство 纳希契万汗国 195

Неаполь, г. 那不勒斯（城）235, 441

Нева, р. 涅瓦河 211

Неман, р. 涅曼河 58—60, 393, 451

Нерчинск, г. 涅尔琴斯克（尼布楚）（城）144, 458

Нижний Новгород, г. 下诺夫哥罗德（城）225, 450

Николаев, г. 尼古拉耶夫（城）61

Новгород-Северская губ. 塞维尔斯克—诺夫哥罗德省 143

Новгородская губ. 诺夫哥罗德省 89, 298

Новороссия 新俄罗斯 156, 317, 341, 384

Нухинское ханство 努哈汗国 195

О

Обь, р. 鄂毕河 102

Озургеты г. 奥祖尔盖特（城）195

Олонецкая губ. 奥洛涅茨省 298

Ораниенбаум, г. 奥兰宁鲍姆（城）12, 18, 20

Оренбург, г. 奥伦堡（城）174

Очаков, г. 奥恰科夫（城）50

П

Париж, г. 巴黎（城）8, 175, 246,

247, 275, 432, 434, 442, 451—456

Пензенская губ. 奔萨省 177, 288

Персия 波斯 195

Петербург（С. -Петербург）, г. 彼得堡（圣彼得堡）（城） 9—11, 15, 26, 32, 35, 41, 46, 51, 62, 66, 86, 93, 163—165, 175, 192, 199, 208, 209, 225, 243, 251, 252, 256, 265, 271, 290—292, 299, 314, 321, 323, 326, 335, 340, 342, 345, 373, 434, 452, 465—467

Петербургская（С. -Петербургская）губ. 彼得堡（圣彼得堡）省 299, 327

Петергоф, г. 彼得戈弗（城） 18

Петропавловск, крепость 彼得—保罗要塞 457

Поволжье 伏尔加河流域 382

Подольская губ. 波多利斯克省 178, 252

Польское царство 波兰王国 194, 230, 231, 258, 273, 285

Польша 波兰 34, 41—46, 52—63, 111, 178, 180, 197, 211, 231, 243, 258, 315, 316, 341, 399, 411, 412, 428, 435, 443, 451, 454, 455

Полоцк, г. 波洛茨克（城） 52

Полтавская губ. 波尔塔瓦省 143

Порта 奥斯曼土耳其政府 50, 51, 200

Португалия 葡萄牙 199

Пруссия 普鲁士 9, 22, 23, 34, 40, 42, 43, 51, 53, 57—59, 63, 215, 231, 353, 398, 399, 411—413, 443

Псков, г. 普斯科夫（城） 443

Р

Рейн, р. 莱茵河 63, 211, 443, 452, 456

Речь Посполитая （波兰）共和国 53, 56, 57, 59, 61, 180, 443

Рим, г. 罗马（城） 207

Рион, р. 里昂河 195

Россия 俄国 7, 9—11, 13, 15—19, 22—24, 26, 37, 39, 41—46, 49—52, 54, 56—61, 63, 64, 67, 74, 75, 78, 80—82, 86, 88, 93, 104, 108, 111, 115, 116, 122—124, 143, 148, 150, 151, 157, 158, 161, 171—173, 177, 178, 183, 186, 187, 193—203, 207, 211, 212, 217, 219, 221, 222, 227, 229—231, 233, 235, 237, 241, 243, 248, 250, 253, 257—259, 264, 266, 270, 273, 281, 285, 287, 293, 297, 299, 311—315, 317, 324, 325, 327, 333, 335, 336, 339—343, 345—347, 352, 355, 358, 360, 362, 364, 369, 371, 372, 374, 380, 382—384, 387, 389, 395—407, 411—413, 423, 426, 427, 431—433, 436, 441, 443, 445—451, 453—459, 463, 464, 466, 468

地名索引 465

Ростов, г.　罗斯托夫（城）67
Румыния　罗马尼亚 198, 200
Русь　罗斯 39, 52, 53, 56, 60—62, 84, 100, 126, 127, 136, 139, 180, 196, 288, 314, 340, 412
Русское государство　俄罗斯国家 52, 143, 178, 180, 187, 220, 239, 274, 463
Рымник, р.　雷姆尼克河
Рязанская губ.　梁赞省 288, 382

С

Саксония　萨克森 43, 451, 455
Севастополь, г.　塞瓦斯托波尔（城）61
Северная Америка　北美 412
Сербия　塞尔维亚 20, 52, 198, 199, 385
Сербское княжество　塞尔维亚公国 200
Сибирь　西伯利亚 137, 144, 153, 174, 196, 273, 285, 451
Силезия　西里西亚 9, 43, 51
Симбирск, г.　辛比尔斯克（城）68, 174
Смоленская губ.　斯摩棱斯克省 156
Спарта, город-государство　斯巴达，城市国家
Средиземное море　地中海 47, 48
Стокгольм, г.　斯德哥尔摩（城）9, 42, 115
Сыр-Дарья, р.　锡尔河 196

Т

Таврическая губ.　塔夫里达省 178
Таганрог, г.　塔甘罗格（城）253
Тамбов, г.　唐波夫（城）288
Тарговица, местечко　塔尔果维茨（小城）59
Тверь, г.　特维尔（城）68
Тверская губ.　特维尔省 156
Терек, р.　捷列克河 194
Тибетское государство　西藏 342
Тильзит, г.　提尔西特（城）452, 454
Тифлис, г.　第比利斯（城）47, 195
Тобольская губ.　托博尔斯克省 153
Туркестан　土耳克斯坦 196
Турция　土耳其 32, 34, 39, 45—47, 49—52, 57, 58, 94, 195, 197, 198, 200, 316, 341, 411, 412, 424, 441, 459
Тульчин, г.　土尔岑（城）252
Тянь-Шань, хребет　天山山脉

У

Украина　乌克兰 56
Умань, г.　乌曼（城）56
Урал　乌拉尔 261

Ф

Фер-Шампенуазе, г.　费尔—沙姆佩努阿兹（城）452

Финляндия 芬兰 194, 267, 273, 285
Франкфурт на Майне, г. 美因河畔法兰克福（城） 451
Франция 法国 23, 41, 42, 45, 63, 171, 198, 215, 235, 243, 315, 412, 433, 442, 443, 445, 450, 452, 454, 455
Фридланд, г. 弗里德兰（城） 452, 456

X

Харьковская губ. 哈尔科夫省 143, 156
Херсон, г. 赫尔松（城） 61
Херсонская губ. 赫尔松省 178
Хива, г. 希瓦（城） 196
Хиосский пролив 希俄斯海峡 48

Ц

Царское Село 沙皇村 326
Цербст, г. 策尔布斯特（城） 10, 34

Ч

Черкутино, с 切尔库丁诺村 216
Черниговская губ. 契尔尼哥夫省 143

Черногория 黑山 47, 59
Черное море 黑海 40, 46, 47, 50, 61, 195, 339, 341, 399
Чесма, креспность 切什梅要塞 48
Чита, г. 赤塔（城） 458

Ш

Швейцария 瑞士 456
Швеция 瑞典 9, 62, 194, 340, 413
Шемахинское ханство 舍马哈汗国 195
Шлиссельбург, крепость 什利谢尔堡要塞 458
Штеттин, г. 什切青（城） 6, 15, 34

Э

Эльба, р. 易北河 58, 455
Эриван ханство 埃里温汗国 195
Эрфурт, г. 爱尔福特（城） 217

Я

Якутск, г. 雅库茨克（城） 458
Ярославль, г. 雅罗斯拉夫尔（城） 67
Ярославская губ. 雅罗斯拉夫省 156, 299
Яссы, г. 雅西（城） 32

区域国别史丛书

第一辑

中亚史（全六卷）	蓝琪 主编
印度洋史	〔澳〕肯尼斯·麦克弗森 著
越南通史	〔越〕陈仲金 著
日本史	〔美〕约翰·惠特尼·霍尔 著
丹麦史	〔丹〕克努特·J.V.耶斯佩森 著
法国史（全三卷）	〔法〕乔治·杜比 主编
俄国史（全五卷）	〔俄〕瓦·奥·克柳切夫斯基 著
巴西史	〔美〕E.布拉德福德·伯恩斯 著
加拿大史	〔加〕查尔斯·G.D.罗伯茨 著
美国史（全两册）	〔美〕埃里克·方纳 著

图书在版编目(CIP)数据

俄国史：全五卷 /（俄罗斯）瓦·奥·克柳切夫斯基著；张草纫等译. —北京：商务印书馆，2023
（区域国别史丛书）
ISBN 978-7-100-23013-1

Ⅰ.①俄… Ⅱ.①瓦… ②张… Ⅲ.①俄罗斯—历史 Ⅳ.①K512.0

中国国家版本馆 CIP 数据核字（2023）第 175794 号

权利保留，侵权必究。

区域国别史丛书

俄国史
（全五卷）

〔俄〕瓦·奥·克柳切夫斯基 著
张草纫 浦允南 等译

商 务 印 书 馆 出 版
（北京王府井大街36号 邮政编码100710）
商 务 印 书 馆 发 行
北京艺辉伊航图文有限公司印刷
ISBN 978-7-100-23013-1

2023 年 12 月第 1 版　　开本 880×1240　1/32
2023 年 12 月北京第 1 次印刷　印张 72½　插页 10
定价：438.00 元